IJS 서울대학교 일본연구소

현대일본생활세계총서 **3**

현대일본의 전통문화
: 새로운 과거 오래된 현재

권숙인 엮음

박문사

　　서울대학교 일본연구소의 첫 기획 총서로서 〈현대일본생활세계총서〉(전5권)를 발간하게 되었다. 〈현대일본생활세계총서〉는 일본연구소가 2008년11월부터 수행하고 있는 인문한국(Humanities Korea, 약칭 HK)사업 제1단계 3년간의 핵심적인 연구 성과다. 첫 3년의 마무리 단계에 접어든 지금, 연구 활동과 학술 교류의 성과는 2009년 3월에 창간된 정기학술지『일본비평』을 비롯하여 〈현대일본생활세계총서〉, 〈SNU일본연구총서〉, 〈리딩재팬〉, 〈교양도서〉 등 다양한 형태의 출판물로 결실을 맺고 있다. 그 중에서도 〈현대일본생활세계총서〉는 아젠다에 입각하여 기획된 공동연구의 산물이라는 점에서 핵심적인 연구 성과로 자리매김될 수 있다.

　　서울대학교 일본연구소의 HK사업 아젠다는 '현대일본 생활세계 연구의 세계적 거점 구축'이다. 여기서 '생활세계'는 연구대상을 한정하는 것이 아니라, 거시적인 구조 변동과 인간의 주체적인 행위의 역동성을 구체적인 삶의 장에 주목하여 섬세하게 포착해낸다는 방법론적인 입장을 함축하는 개념이다. 우리는 문제의식의 출발점을 '현대일본'에 두고 일본사회의 중요한 현상들에 대한 경험적 연구를 추구하면서, 동시에 그 역사적·사상적 맥락에 대한 탐구를 중시하고, 우리의 일본연구가 갖는 역사성에 대해 성찰적인 시점을 확보하고자 한다.

이 같은 관점에서 HK사업단은 기획공동연구를 1단계 사업의 핵심 과제로 설정하고, 수차례의 기획회의를 통해 공동연구의 주제들을 정하고 연구팀을 구성하였다. 2009년 7월 '전후 일본과 동아시아', '일본의 사회변동과 지역사회', '전후 일본의 지식형성', '일본의 전통과 문화예술' 등을 주제로 4개의 공동연구팀이 발족했으며, 이듬해 7월에 '일본의 노사관계'를 주제로 새로운 연구팀이 발족하여, 총 5개의 기획 공동연구를 추진하게 되었다. 모든 연구팀은 HK사업단 구성원을 중심으로 인문학과 사회과학의 다양한 분야 연구자들로 구성하여, 학제적 연구를 통해 지역연구의 의의를 충분히 살릴 수 있도록 하였다. 1차로 출범한 4개 연구팀의 연구가 어느 정도 마무리 단계에 들어간 2011년 3월에는 연합 학술회의를 개최하여, 연구팀 간의 소통을 통해 '현대일본 생활세계의 연구'라는 아젠다 하에서의 통합성을 확보하고자 하였다. 이후 연구가 완료된 연구팀은 각 팀 별로 원고의 윤독회 등을 거쳐 단행본 출판을 준비해왔으며, 단행본의 제목은 이 과정에서 새롭게 정해졌다.

〈현대일본생활세계총서〉가 선을 보이기까지 다양한 분야의 연구자들이 연구의 기획에서부터 출판에 이르기까지 함께 해온 과정이 갖는 의미는 매우 크다. 그러나 무엇보다도 중요한 것은 우리의 연구 결과가 학술적으로, 또한 사회적으로 어떤 기여를 할 수 있는가 하는 것이다. 연구의 완성도 면에서는 아직 보완되어야 할 부분이 적지 않다고 생각되며, 읽는 분들의 냉정한 비판과 조언을 부탁드리고 싶다.

이 총서는 서두에 밝혔듯이 한국연구재단의 HK사업에 의해 탄생했다. 10년간의 장기 비전하에 연구를 수행할 수 있도록 획기적인 지원체계를 마련해준 한국연구재단에 깊은 감사를 드린다. 연구를 진행하는 동안, 워크숍, 연합 학술회의 등에서 다양한 분야의 연구자들로부터 좋은 논평을 받아 연구 수준을 제고하는 데 큰 도움을 받았다. 그 모든 분들께도 깊이 감사드린다. 연구 결과를 책으로 묶어 사회에 내보내는 것은 또 다른 의미를 갖는 중요한 작업이다. 학술 저서의 출판 사정이 그리 좋지 않은 가운데서도 기꺼이 총서의 출판을 맡아주신 박문사에 감사를 드린다. 끝으로 기획공동연구에 참여해주신 많은 동료 연구자들, 각 연구팀의 조교로서 모든 과정을 뒷받침해준 대학원생들, 원활한 연구 수행이 가능하도록 세심하게 행정적 지원을 해준 일본연구소 행정팀 등, 서울대학교 일본연구소 HK사업단 여러분께도 그동안의 노고에 감사드리고 싶다.

2011년 7월 26일
서울대학교 일본연구소 소장 · HK사업단장
한영혜

2부 표상

서문

전통문화, 그 번잡한 교차로

권숙인

현대일본생활세계총서 **3**

현대일본의 전통문화 : 새로운 과거 오래된 현재

서 문

전통문화, 그 번잡한 교차로

권숙인

　　현대일본사회의 변화와 아이러니에 대한 뛰어난 통찰력이 번득였던 이타미 주조(伊丹十三) 감독의 〈장례식〉이란 영화가 있다. 갑작스레 죽은 한 노인의 장례 과정에서 일어나는 에피소드를 담은 이 영화는 중요한 생애 의례중 하나인 전통장의가 현대 일본사회에서 어떻게 변모하며 그 기능을 담당하고 있는지 감독 특유의 풍자와 섬세함으로 담아낸다. 대폭 축소된 가족·친족관계, 의례 영역까지 깊숙이 침투한 상업주의와 세속주의 속에 장례 의례는 몸에 배인 익숙한 전통을 '행'하는 것이 아니라 새로 학습한 각본을 연기하는 '공연'으로 다가온다. 장례 의례용 매뉴얼 영상을 보며 자신들의 '배역'을 열심히 연습하는 상주 부부나 염불보다는 멋진 이태리 산 타일로 만든 테이블에 넋이 나간 승려의 모습은 관객의 쓴 웃음을 유발시키며 전통의 '와해'를 환기시키는 이타미 감독다운 풍자이다. 그러나 따지고 보면 일본의 전통 장의의 원형, 혹은 본연의 모습이라는 걸 어떻게 설정할 수 있을까? 혹은 그 옛날이라고 불교식 장례에 필수 역할을 하는 스님이 경제적 보상에 전혀 무심했을까? 그 옛날이라고 상주나 조문객들이 장례절차를 온전히 숙지하고 장의기간 중에는 오로지 고인을 추모하는 데만 집중했을까? 일본에서 불교식 화장에 기반한 전통장의가 보편화 된 것이 결국 메이지유신 이후라면, 현재의 장의가 영원히 '전통'의 자리를 고수할 당위성도 없는 셈이다.

현대일본사회의 전통문화를 탐구하는 이 책은 이타미의 영화에 빗대면 장례 의례의 원형에 대한 탐구, 혹은 정전(正典)화된 절차에 대한 소개가 아니다. 오히려 생활세계의 전반적인 변화 속에 나름대로 자신의 방식으로 장의를 치러내며 그 전통을 유지하고 있는, 동시에 기존의 전통에 새로운 요소를 가하거나 변형시키며 의미를 부여하고 있는 사람들에 대한 탐구이자 그 맥락에 대한 연구라 할 수 있다. 서두에 영화 이야기를 길게 한 것은 흔히 '전통문화'가 환기시키기 쉬운 정적인 이미지, 본질화된 원형 등의 인상을 불식시키기 위해서이다. 전통, 혹은 전통문화가 서 있는 자리는 오히려 분주하고 번잡한 교차로이다.[1] 그것은 박제화되어 박물관의 유리관 안에 모셔져 있는 것이 아니라 적어도 인간생활에서 의미를 가지고 있는 동안은 온갖 풍파를 겪으며 깎이기도 변형되기도 하는 해안가의 돌출된 바위 덩어리 같다.

전통문화를 박물관 전시실에서 번잡한 교차로로 불러내면 생활양식의 변화, 정책적·정치적 고려, 사회적 결속 기반의 변화, 소비 트렌드의 변화, 소수자 정치 등 박물관에서는 보이지 않던 다양한 흐름이 꾸준

---

1) '교차로'와 '박물관'의 비유는 일찍이 문화인류학자 레나토 로살도가 문화의 속성을 통찰하면서 사용했던 비유를 차용한 것임을 밝혀둔다(레나토 로살도 지음, 권숙인 번역, 『문화와 진리』, 아카넷, 2000).

히 관통하는 것이 드러난다. 이 책은 박물관의 필요성을 부정하지 않으면서 번잡한 교차로가 제공하는 통찰력으로 현대일본사회에서 전통문화가 갖는 의미와 위상에 대해 연구하고자 하였다. 그런 의미에서 이 책은 전통문화를 둘러싼 일본인들의 실천에 대한 탐구, 삶과 의미화 과정에 대한 고찰이다. 이러한 작업은 전통문화를 통해 현대일본사회에서 진행되고 있는 핵심적인 역학을 볼 수 있게 하고, 역으로 현대일본사회에서 전통문화가 갖는 의미를 보다 다층적으로 살필 수 있게 할 것이다. 이 책을 구성하는 각 장은 현대일본의 전통문화를 관통하고 있는 다양한 흐름과 역학에 대한 탐구이다.

먼저 제1장 박규태의 논문은 일본의 전통문화의 핵심 아이콘 중 하나인 신사의 변용과 그 의미를 탐색한다. 일본의 전통종교 자체가 초월성보다는 현실 혹은 현세와 긴밀한 관계를 맺고 있다는 점은 널리 알려진 특징이지만, 이 연구가 주목하고 있는 '회사신사' 현상은 신사의 현대적 변용을 보여주는 특히 극적인 사례라 할 수 있을 것이다. 일반적으로 회사나 기업은 현대사회의 에토스를 특징짓는 합리성의 첨단을 추구하는 집단으로 여겨진다. 그런 까닭에 수많은 일본 회사들이 구비하고 있는 각종 회사신사의 존재는 그 토대에 비합리적 주술성을 깔고 있다는 점에서 일면 모순으로 다가온다. 이 글은 이런 모순을 '주술적 합리성'의 관점에서 풀어나가면서 회사신사의 문제를 '회사종교' 혹은 '회사신종교'라는 보다 큰 맥락과 연관시켜 다루고 있다. 요컨대 현대일본사회에서 회사신사의 의의를 '주술적 합리성'의 관점에서 고찰하는 것은 전통과 현대를 조화시키려는 일본인의 한 방식을 엿볼 수 있게 하는 흥미로운 창구이다. 나아가 이는 현대사회에서 전통의 변용이라는 보다 커다란 문제에 대한 하나의 실마리를 시사해 줄 수 있으리라 기대된다.

　제2장 조아라의 연구는 일본에서 '아름다운 전통경관'이란 무엇을 의미하는가라는 문제의식에서 출발하여 전통경관이 사회적 실천에 의해 정의되고 권력관계에 의해 제도화되며 이데올로기적으로 포섭됨을 드러내 보이고 있다. 메이지 이후부터 최근까지 전통경관의 정의를 둘러싼 제도적 변천을 메이지에서 쇼와초기, 전후 고도성장기에서 버블경제기, 경관법 제정 이후라는 세 단계로 나누어 분석하고 있는 이 글은 각각의 정치적·사회경제적 맥락 속에서 전통경관의 시공간적 범주와 물리적 범주가 얼마나 상이하게 나타났는지, 그 판단기준이 어떻게 바뀌어 왔는지를 매우 다채롭게 보여주고 있다. "국가주의 경관" "조작적 경관" "본질주의 경관"이라 명명될 수 있는 각 단계의 전통경관의 특징이야말로 전통경관을 그 자체로 경계가 명확한 변함없는 존재라고 보기보다는 권력관계가 발현되는 정치적인 범주로 간주해야 한다는 점을 예시해 준다. 일본의 근·현대 경관제도의 변화를 통시적으로 분석한 이 연구는 그 학술적 의의뿐만 아니라 최근 우리나라의 문화재보호법 제도개선 등과도 관련하여 정책적 측면에서도 유용한 참고가 될 수 있을 것이다.

　일본 전통문화의 또 다른 아이콘이라 할 수 있는 료칸·오카미에 대한 제3장 이은경의 연구는 버블경제의 붕괴로 초래된 여행환경의 변화라는 맥락 속으로 료칸과 오카미를 옮겨온다. 1990년대 중반 이후 뚜렷해진 여행업계의 위기는 단체여행의 감소와 소규모화, 미혼 여성고객의 증가, 해외여행의 보편화 등의 변화와 함께 료칸업계에 심각한 도전을 제기했고, 료칸·오카미는 일본의 전통적 접대문화에 대한 종래의 기대에 부응하면서도 생존을 위한 특화와 혁신을 시도해야만 하였다. 이 연구는 60여 명의 오카미에 대한 인터뷰기사를 포함한 여러 자료를 통해 료칸·오카미의 다양한 혁신 사례를 구체적으로 보여준다. 물론 '전통적' 방식을 더욱 강화하면서 생존을 모색하는 경우도 있지만, 다른 한편에는 "오카미주쿠" "디지털 오카미" "지역살리기" 등의 사례에서 볼 수 있듯이 매우 '현대적'인 시도를 통해 오카미와 료칸이 '전통'을 매개로 하면서도 당대의 경제상황이나 지역사회의 변모 등 현대일본사회의 커다란 흐름과 스스로를 연결시키기 위해 흥미로운 노력을 하는 것을 볼 수 있다. 일본의 전통을 구현하는 대표적인 이미지로 남아 있는 료칸과 오카미에 대한 학술적 연구가 거의 전무한 상황에서 이 연구는 이를 '문제화'하는 첫 시도라는 점에서도 의미가 크다.

기모노를 다룬 제4장 김효진의 논문이 료칸·오카미를 다룬 장과 나란히 배치된 것은 어쩌면 매우 자연스럽다. 우아한 기모노 차림의 오카미가 정성스런 접대를 하는 전통여관의 모습은 매우 정형화된 일본적 전통의 대표 얼굴 중 하나이니까. 그러나 이미 '디지털 오카미'가 등장한 이상 조신한 '전통' 기모노 차림의 일본여성을 기대하는 건 조금 무리일지 모른다. 연구자가 주목하는 젊은 일본여성들의 "앤티크 기모노 붐"은 복식을 통한 전통의 실천이라기보다는 전통을 통한 이국성의 소비라는 의미를 내포한다는 점에서 일종의 반전이다. 앤티크 기모노가 흥미로운 이유는 일견 변하지 않는 전통을 상징하는 것으로 여겨지는 기모노가 실제로는 많은 변화를 거쳐 왔다는 점뿐만 아니라, 서구와 일본의 '혼종'으로서 현대의 일본인에게는 '타문화'에 가깝다는 점을 보여주기 때문이다. 앤티크 기모노의 착용을 현대 일본의 서브컬처인 '코스프레'로 해석할 수 있는 가능성 또한 여기에서 생겨난다고 할 수 있다. 이 글은 기모노 자체에 대한 분석을 넘어서 기모노를 입는 행위가 지닌 다양한 의미를 "앤티크 기모노 붐"을 통해 분석하고, 더 나아가 일본적 근대성이 갖는 가능성과 한계점을 논하고 있다는 점에서 독자적인 분석관점을 확보하고 있다.

일본의 궁중공연예술인 가가쿠(雅樂)의 현대적 변용을 다루고 있는 제5장 이지선의 논문은 전통공연예술이 현대사회에서 존속하고 의미를 확보해 나가는 최근의 한 주요 추세를 보여주는 흥미로운 연구이다. 전통사회에서 최고 예인들이 펼치는 궁중공연은 높은 수준과 품격을 갖춘 공연예술의 정수이다. 반면 현대를 사는 일반 대중과는 소통될 지점이 매우 제한적일 수밖에 없다. 따라서 궁중공연예술이 현대사회에 갖는 의미를 확대하기 위해서는 그것을 궁중이라는 공간, 과거의 전통이라는 자리에서 끌어내어 대중이 향유할 수 있도록 하는 노력이 필요하다. 이 연구는 국가의 문화콘텐츠 정책, 국립극장 등 공연기관의 노력, 개별 예술가들의 창조적 혁신 등을 통해 일본의 궁중공연예술이 단순히 "의식음악"에 머무르지 않고 "예술음악"과 "대중음악"으로, 나아가 다양한 미디어를 매개로 대중에 어필할 수 있는 문화콘텐츠로 재창조되고 있는 모습을 다채롭게 예시해 주고 있다. 이것은 일본의 전통공연예술이 현대의 대중들과 소통하기 위해 다양한 방식으로 변신·발전하고 있다는 점과, 동시에 전통예술의 문화산업으로서의 가치와 가능성을 보여주고 있다고 하겠다. 최근 한국에서도 전통문화에 기초한 문화콘텐츠 개발에 대한 관심이 고조되고 있는 상황에서 전통예술을 성공적으로 상품화시켜 온 일본의 사례를 살펴본 이 글은 그 학문적 의의뿐만 아니라 한국의 문화콘텐츠 개발에도 좋은 참조가 될 수 있을 것이다.

제6장 권숙인의 연구는 교토 전통섬유산업 속의 재일조선인에 초점

을 맞춰 일본의 핵심전통의 유지·재생산에 중요한 역할을 해 온 소수민족의 존재를 부각시킨다. '니시진오리'와 '교유젠'으로 대표되는 교토의 전통섬유는 고급기모노의 소재로 사용되면서 단순히 전통적 고급직물이나 공예품을 넘어 일본의 고유한 문화전통으로 표상되어 왔다. 그러나 교토의 전통섬유(산업)은 다른 전통과 마찬가지로 일본사회의 변화에 따라 끊임없이 변모해 왔으며, 그 생산담당자 내부에 계급, 젠더, 민족, 세대 등에 따른 차이와 역학을 내포하고 있다. 특히 20세기 초두부터 유입된 조선인 노동자들은 저임금과 열악한 노동환경 속에 니시진오리와 교유젠이 발전하고 지속되는데 중요한 역할을 했으며, 일본의 패전과 점령국면을 통해서는 이 섬유산업을 통해 개인적 자산을 쌓거나 재일조선인 커뮤니티의 경제적 기반을 다질 수도 있었다. 그러나 교토 전통섬유산업에 대한 재일조선인의 기여는 일본사회 일반이나 학계에서 거의 가시화되지 못했다. 연구자는 이러한 비가시성의 배경 중 하나로 일본의 문화민족주의적 지형에서 교토 전통섬유가 갖는 상징적 위상을 지적하며 주류 전통과 중심부 문화를 뒷받침해 온 주변부의 존재를 부각시킨다.

제7장 진필수의 논문은 일본사회 속의 또 다른 주변부인 오키나와에서 관찰되는 전통예능의 활성화 양상과 그 의미, 특히 소수민족 정체성을 자각시키는 주요 수단으로서 전통예능의 연행과 전승을 고찰한다. 이 연구가 분석하는 사례는 '에이사'라는 전통예능인데 이는 오키나와 각 촌락의 본오도리에서 유래한 것으로 1950년대 중반 오키나와 전도 에이사 경연대회를 통해 오키나와의 대표적인 전통예능으로 자리 잡게 되었다. 이러한 과정에서 에이사의 전승주체는 각 지역의 일반주민에서 청년회로 탈바꿈하였고 청년들은 지역에서 전승되는 에이사를 연습하고 경

연하는 과정을 통해 동년배들 간의 유대감과 지역에 대한 소속감을 공유한다. 나아가 에이사는 연행의 주체와 상황을 다양하게 마련함으로써 소규모 단위의 지역정체성을 넘어 오키나와라는 단위의 소수민족 정체성을 새롭게 창출해가는 문화적 장치가 되기도 한다. 여기에 더해 오키나와 관광이나 오키나와 출신자들의 해외이민자 커뮤니티에서의 연행 등 초국적 맥락이 가미되면서 에이사는 오키나와인 소수민족 정체성이 인식되는 다차원적 장으로 등장하고 있다. 이 연구는 에이사의 사례를 통해 소수민족 정체성이 언어, 혈통, 역사의식, 전통 신앙과 같은 원초적 표식뿐만 아니라, 예능적 자질의 신체화를 통해서도 유지될 수 있음을 충실한 현지조사를 통해 보여주며, 우리가 '일본의 전통문화'를 이야기할 때 그 주체의 단위를 복합적으로 사유할 필요가 있음을 환기시킨다.

이 책은 서울대학교 일본연구소가 수행하고 있는 HK(인문한국)사업의 일환으로 진행된 기획연구 과제의 산물이다. 2009년 여름 구성된 연구팀은 현대 일본인들의 삶과 의식의 변화 그리고 이에 따른 전통문화의 정체성과 변용을 탐구함으로써 현대일본사회 속의 문화전통의 실천양상과 그 지형도를 그려낸다는 것을 목표로 수차례의 아이디어 회의와 정기적인 연구진행 회의를 거쳤다. 일본지역연구 분야에서 종교학, 음악학, 역사학, 지리학, 인류학 등 상이한 분과학문을 전공하는 연구자들이었지만 문제의식에 대한 공감 덕택인지 학제적 공동연구에서 흔히 볼 수 있는 서걱거림보다는 오히려 상호간 자극과 공부가 되었던 점이 무엇보다 즐거웠고 감사한 일이다. 덕분에 이 책이 매우 다채로운 주제와 관점을 담을 수 있게 되었다. 각자의 분야에서 뛰어난 전문성을 발휘해 주시고 짧지 않은 연구기간 동안 끈기와 우정, 협동의 미덕을 넉넉하게 보여주신 모든 연구진 선생님들께 큰 감사를 드린다. 특히 연구팀 간사로서 특유의 꼼꼼함과 성실함으로 팀 실무를 챙겨주신 이은경 선생님, 일본유학 직전까지 조교 역할을 빈 틈 없이 해 준 서울대 인류학과 박사과정 지은숙, 후임 조교로 출판과정의 여러 번잡한 일을 챙겨준 서울대 인류학과 박사과정 서대승에게도 감사를 표한다.

처음 연구를 구상하면서, 일본연구 분야에서 이런 문제의식을 담은 책은 본 적이 없다며 가능하면 영어로도 출판해 보자고 열의를 다졌던 기억이 생생하다. 워낙 속전속결의 세상을 헤쳐 나가야하다보니 처음의 그 열의를 재고해 보기에도 버겁게 된듯하여 조금은 아쉽지만, 우선 국내 독자들에게 연구결과를 소개할 수 있게 된 것을 기쁘게 생각한다. 모쪼록 관련 연구 분야에 의미 있는 보탬이 되기를 바래본다. 마지막으로 이 연구를 위해 물심양면으로 지원을 해주신 서울대 일본연구소 한영혜 소장님 이하 구성원들께도 감사드린다.

2012년 봄의 끝자락, 보스턴에서
권 숙 인

제1부
제도

현대일본생활세계총서 3

현대일본의 전통문화 : 새로운 과거 오래된 현재

신사(神社)의 현대적 풍경, 회사신사*

박규태

일본을 여행하다 보면 가는 곳마다 신사를 만나게 된다. 일본지도에 신사는 'ㅠ'자 모양으로 표기되어 나오는데, 이는 신사의 입구인 '도리이'(鳥居)를 나타내는 기호이다. 전국적으로 약 12만개소에 이르는 신사는 일본 전통문화를 상징하는 대표적인 아이콘의 하나라 할 수 있다. 그런데 도쿄를 비롯한 대도시에서 버스나 전철을 타고 도로 위를 달리다 보면 촘촘히 들어선 빌딩 옥상에까지도 '도리이'와 조그만 신사가 서 있는 것을 쉽사리 목격할 수 있다. 이는 일본 회사의 '가미'(神)를 모시는 신사들이다. 일본의 수많은 회사들은 자기만의 신사를 세우고 정기적으로 회사 임원 및 종업원들과 함께 신에게 제사를 지내고 있는 것이다. 이런 현상을 어떻게 이해하면 좋을까? 왜 일본 기업들은 그런 회사신사를 필

---

* 이 글은 한국일본사상사학회 『일본사상』제20집(2011)에 수록된 「현대 일본의 회사종교: 회사신사를 중심으로」를 본 단행본의 취지에 맞게 수정·보완한 것이다.

요로 하는 것일까? 최대한의 경영 합리성을 추구하는 현대일본의 공공적 기업문화에 사적이고 주술적이며 종종 비합리적, 초현실적인 가미신앙이 모순 없이 결부되어 있는 현상에 접근하기 위해서는 어떤 관점이 필요할까?

〈그림 1〉 오사카시내 빌딩 옥상의 회사신사(필자 촬영)

현대일본의 회사신사를 이해하기 위해서는 먼저 '회사종교'라 칭해질 만한 현대일본사회에 특이한 현상을 살펴볼 필요가 있다. 회사신사는 그런 회사종교의 전형적인 사례라 할 수 있기 때문이다. 이와 같은 회사신사라든가 회사종교와 관련하여 종교인류학자 나카마키 히로치카(中牧弘允)는 종교를 창구로 하여 회사의 존재의의를 규명하려는 이른바 '경영인류학'[1]을 제창하기도 했다. 요컨대 종교학과 인류학 및 경영학이 교차되는 지점에서 현대일본의 기업문화를 분석해야 한다는 것이다. 실제로 일본에서는 특히 1993년 이래 국립민족학박물관의 공동연구를 중심으로 회사신사를 비롯하여 회사장, 회사의례, 회사신화, 기업박물관 등에 대해 다양한 연구가 이루어져 왔다. 이 글 또한 기본적으로 종교로써 회사문화를 설명하는 관점에 입각하여 특히 신사와 회사의 관계 유형 및

---

1) 경영인류학의 기획은 종교연구의 실증적 접근을 살려 회사연구에 적용해 보려는 데에 있다. 즉 이는 기업문화에 대한 자본주의 설명원리가 아니라 종교의 수사학을 통해 회사를 이해함으로써, 경영지표와 원가계산의 세계에 숨어있는 '가미'(神)와 '호토케'(佛)를 드러내어 경제합리주의의 세계에서 이계(異界)와 타계(他界)를 발견하려는 시도라 할 수 있다. 다시 말해 필드워크에 입각하여 회사문화를 종교로써 풀어내려는 인류학적 연구가 곧 경영인류학이라는 것이다 (中牧弘允, 『會社のカミ・ホトケ』, 講談社, 2006, 5-6쪽).

24 현대일본의 전통문화 : 새로운 과거 오래된 현재

그 의의를 규명하고자 한다. 이를 위해 이하에서는 먼저 현대일본사회에 있어 고유한 시설 및 장치(조직체계), 성직자나 회사간부에 의해 거행되는 의식(의례체계)이라든가 창업과 회사발전을 이야기하는 고유의 창업자 신화 및 세계관(신념체계) 등을 갖추고 있다는 점에서 하나의 종교시스템이라 할 수 있는 회사종교에 대해 살펴볼 것이다. 그런 다음 회사종교의 주축을 이루는 신사시설과 관련하여 특히 그 대표적인 사례라 할 수 있는 이나리(稻荷)신사를 비롯하여 다양한 사례들을 검토하겠다. 여기서 '회사신사'란 회사가 제사의 모체가 되는 신사를 가리키며, 그 제신은 '회사신' 혹은 '기업신'으로 부를 수 있겠다. 끝으로 이 글은 사업자나 창업자가 신앙하는 신(家神)을 모신 경우, 회사나 공장이 위치하는 지역의 신(氏神)을 모신 경우, 상업신=이나리신처럼 업종과 관계가 밀접한 신(직능신)을 모신 경우, 아마테라스와 같이 국가제사와 결부된 신(국가신)을 모신 경우, 사람을 신(人神)으로 모신 경우 등으로 회사와 신사의 관계유형화를 시도하면서 현대일본사회에서 회사신사의 의의에 대해 전망해 보고자 한다.

1. '회사종교'란 무엇인가

현대일본사회에서는 회사나 기업이 종래 가족이나 지역공동체가 수행해왔던 기능을 상당부분 흡수하여 사람들 사이의 연대와 네트워크 형성에 중요한 역할을 하고 있다. 특히 '일본적 경영'[2]이라 칭해져온 기

---

2) 오다카 구니오, 양기호 옮김, 『일본적 경영』, 소화, 1983 참조.

업문화와 관련하여 지연이라든가 혈연에 대응하는 '사연'(社緣)이라는 말
이 널리 퍼지기도 했다. 예컨대 전근대 일본사회에서의 장례식이 가족과
친지 및 지역공동체가 중심이 되어 행해졌다면, 근대 이후에는 창업자나
사장이 죽으면 회사장(社葬)을 거행하는 등 회사가 개개인의 인생의례까
지 주관할 만큼 '사연'의 지배력이 점차 확장되어 왔다.[3]

뿐만 아니라 회사는 질병이나 사고로 죽은 사원들을 위령하는 법요
를 행하며, 성지인 고야산(高野山)과 히에이잔(比叡山)에는 회사묘가 즐
비하다. 또한 회사는 회사 빌딩 근처 혹은 옥상 등지에 작은 회사신사를
세워 신을 제사지내기도 한다. 이 때 회사신사 등은 종교단체가 세운 것이
아니다. 빌딩 주인이나 회사가 가미를 권청(勸請)[4]해서 설치한 종교시설
이다. 이는 일본 회사가 주체적으로 신과 결부되어 있음을 보여주는 증
거라 할 수 있다. 그런가 하면
회사와 상점 관계자들은 장사
번창을 기원하여 '도리노이치'
(酉の市)[5]라든가 '도오카에비
스'(十日戎 또는 十日恵比須)[6]
등에 우르르 몰려 나간다.

일정한 체계를 갖춘 종교

〈그림 2〉 고야산의 야쿠르트사 회사묘(필자 촬영)

---

3) 井上順孝, 『神道入門』, 平凡社新書, 2006, 244쪽.
4) 신불(神佛)의 분령(分靈)을 청하여 모시는 것.
5) 11월의 유일(酉日)에 거행되는 오오토리(大鳥)신사의 마쓰리 때 서는 시장. 거
   기서는 복을 긁어모으라는 뜻의 갈퀴 따위의 기념물을 판매한다.
6) 정월 10일에 행해지는 하쓰에비스(初恵比須) 마쓰리. 효고현 니시미야(西宮) 에
   있는 에비스(蛭子)신사를 비롯하여 교토 겐닌지(建仁寺)라든가 오사카 이마미
   야(今宮) 마쓰리가 유명하다. 이 마쓰리 때 보물 모양의 연기물(縁起物)을 조릿
   대 가지 끝에 붙여 판매한다.

시스템이라는 점에서 회사와 종교의 이런 관계를 포괄적으로 '회사종교' 혹은 '회사교'라 칭할 수 있겠다. 즉 해당 회사는 신사라든가 업무 중 사고 등으로 죽은 종업원들의 묘와 같은 고유한 장치와 시설을 가지고 있으며, 성직자와 회사간부에 의해 정기적으로 의례를 거행한다. 또한 회사는 창업과 발전을 말하는 독특한 신화와 세계관을 내세우기도 한다. 나아가 회사종교에는 일종의 입문적 성격을 내포한 입사식(入社式)[7] 및 특수한 형태의 기업신화와 결부되어 비즈니스를 신성시하는 장치이자 일면 '회사의 신전'이라 칭할 만한 기업박물관[8]이 중요한 요소로서 존재한다. 종교학에서는 통상 신념체계, 의례체계, 조직체계로서 종교를 규정하는데, 회사종교는 분명 이런 요소들을 일정부분 구비하고 있다. 물론 회사종교는 종교법인이 아니므로 엄밀히 따지자면 법적 및 제도적 차원에서 일반 신사나 사찰 혹은 교회와 동일한 수준의 종교라고 말하기는 어렵다. 하지만 문화적 차원에서 볼 때 회사종교는 전통적인 종교의식과 유사한 측면을 많이 보여준다. 가령 일본문화에 고유한 이에(家)종교와의 유사성을 들 수 있겠다.

---

7) 일본에서는 통상 관청이나 학교와 마찬가지로 매년 4월 1일에 일제히 신입사원을 맞아들여 입사식을 거행한다. 이때의 입사식은 반드시 종교적인 것은 아니지만, 사연(社緣) 공동체로서의 회사에서 매우 중요한 의식으로 간주된다. 이런 공동체에의 가입을 상징화시킨 연출이 바로 입사식이라는 점에서 그것은 일종의 종교적 입문식이라는 측면을 공유한다.
8) 일본에는 2003년 현재 650여 개소의 기업박물관이 있다. 이처럼 일본에 유난히 기업박물관이 많은 까닭은 일본 기업들이 번영을 구가하기 때문만은 아니다. 이는 한편으로 일과 도구에 경의를 표하고 그것을 신성시해온 일본적 전통이 있기 때문이라고 보인다. 이 때 박물관 전시에는 두 가지 유형이 있다. 하나는 회사와 창업자의 역사를 전시하는 유형이다. 이는 과거와 사자를 문제 삼는다는 점에서 호토케(佛)의 세계에 비견될 만하다. 또 하나는 기술과 제품에 관련된 사업 전시인데, 이는 장사번창을 희구하는 가미(神)의 세계에 비견될 만하다.

일본민속학에서는 흔히 전통적으로 각 가정마다 가업번성과 조상 제사를 중심으로 하는 '이에(家)의 종교'에 대해 언급해 왔다. 이런 '이에의 종교'와 마찬가지로 회사에도 회사번영의 기원과 창업자에 대한 존숭을 핵심으로 하는 종교적, 상징적 표상들이 존재한다. 일본인은 회사라든가 사립학원이 종교적 제사를 행하는 데에 별 의문을 품지 않는다. 즉 일본에서는 각 가정에서 신불과 조상을 제사지내듯이, 회사가 신불 및 작고한 회사 창립자 등에게 가호를 기원한다 해서 전혀 이상할 것이 없다는 말이다. 실제로 대부분의 회사원들은 자신의 신앙과 관계없이 거부감을 가지지 않은 채 회사의 종교의례에 참석한다.

이 점에서 회사종교를 이해하는 첫걸음은 '이에 종교'와의 비교에 있다. 이에(家)는 건물로서의 가옥을 의미함과 동시에, 가족을 가리키기도 하고 가업과 가산을 계승하며 조상제사를 행하는 집단으로 간주된다. 사회인류학적으로 보자면, 이에는 순수한 혈연집단이 아니라 양자(養子)를 비롯한 가족과 친족 이외에도 봉공인 등을 포함하는 사회적 기본단위라 할 수 있다. 그것은 부계 혹은 모계에 관련된 쌍계적 집단으로, 혈연적 연속성 대신 가업에 의해 초래된 가산을 대대로 이어가면서 증대시키는 경제적 단위이다. 이처럼 경제성을 우선한다는 의미에서 일본의 이에는 혈연적 유대의 게마인샤프트라기보다는 이익을 중심으로 결성된 게젤샤프트라고 보는 견해도 있다.[9]

이와 같은 '이에의 종교'에서 가장의 최대 책무는 이에를 계승하고 다음 세대에게 넘겨주는 데에 있다. 민속학자 야나기다 구니오(柳田國

---

9) 梅棹忠夫, 『日本とは何か : 近代日本文明の形成と発展』, 日本放送出版協会, 1986, 77쪽.

男, 1875-1962)는 이를 '이에 영속의 바람'이라고 표현한 바 있다. 각 가정에서 불단(佛壇, 부쓰단)을 설치하여 행하는 선조제사의 역할은 바로 이와 같은 이에의 영속을 위해 조상을 비롯한 이에의 사자(死者)에 대한 의례를 단절시키지 않는 데에 있다. 역으로 말하자면 무연고 사령(死靈)에 의한 재앙(祟り, 다타리)을 막기 위해서도 선조제사가 필요한 것이다. 그래서 전통적인 각 가정에서는 조상의 위패를 모신 불단 앞에서 매일 음식과 물을 바치며 향을 올린다. 거기에는 불보살도 안치되어 있지만, 역시 가장 중요한 요소는 조상의 위패 안치와 선조공양이라 할 수 있다. 그래서 집에 불이 났을 때 무엇을 가장 먼저 챙기겠는가 라고 물으면 많은 일본인들은 선조의 위패라고 대답하곤 한다.[10]

이런 선조제사와 더불어 중요한 이에의 종교적 요소로서 '야시키가미'(屋敷神)에 대한 신앙을 빼놓을 수 없다. 여기서 '야시키가미'란 문자 그대로 집 한구석에 모신 가옥과 부지의 신을 의미한다. 이 신에 대한 호칭은 지역에 따라 다양하다. 하지만 일반적인 특징으로 첫째, 가옥내 및 인근 성지에 이에 내지 일족이 작은 사당을 지어 제사지내는 신이라는 점, 둘째, 선조가 개척한 토지와 생업(특히 벼농사)과 관련된 신이라는 점, 셋째, 33회기와 50회기가 끝난 선조의 영이 야시키가미가 된다는 전승이 있듯이, 조령신앙이 야시키가미의 성격에 가미되어 있다는 점, 끝으로 신사가 있는 숲의 나무를 벤다든지 정기적인 제사를 게을리 한다든지 하면 이 야시키가미가 재앙을 내려 가세가 기운다고 여겨진다는 관념 등을 꼽을 수 있다.[11]

---

10) 그러나 현재는 핵가족화가 진행되면서 선조의 위패를 모시지 않는 세대가 갈수록 증가하는 추세에 있다. 이에 따라 이에 영속의 책무감도 점차 희박해져 가고 있다고 한다.

회사신사라든가 회사묘는 이런 야시키가미와 관련된 종교시설이라는 측면을 내포하고 있다. 일본의 많은 회사에는 신사 및 신단(神棚, 가미다나)이라든가 불단이 안치되어 있으며, 죽은 경영자 및 종업원의 공양을 위해 가묘와는 별도로 회사묘를 설치하여 매년 추도법요를 집행한다. 즉 회사에도 '야시키가미'가 존재하는 셈인데, 거기서는 회사의 조상과 기업전사가 제사의 대상이 된다. 이 밖에 회사에서는 공장을 지을 때 통상 신도식으로 지진제(地鎭祭)12)를 거행한다든지 회사의 회장이 죽으면 회사장을 치루어 현창(顯彰)과 고별 의식을 행하는데, 이 또한 야시키가미와 관련된 의례라 할 수 있다.

이와 같은 '이에의 종교'에 내포된 두 가지 측면 즉 '선조제사'와 '야시키가미 신앙'이야말로 실질적으로 회사종교의 내용을 구성하는 가장 중요한 요소이다. 그런데 이 때 야시키가미 신앙이 신도(가미)에 속한다면, 선조제사는 불교(호토케)에 속해 있다고 말할 수 있다. 여기서 가미는 초자연적 힘을 가진 애니미즘적 존재를 가리킨다. 이에 비해 호토케는 원래는 불교의 깨달은 자 혹은 불상을 가리키는 말이었지만, 오늘날 일본에서는 특이하게도 사자 및 사령을 의미하는 용어가 되어 있다. 어쨌거나 가미와 호토케는 기원이 다른데도 불구하고 일본문화에서는 중세 이래 신불습합의 긴 세월을 거치면서 통상 동전의 양면 같은 성격을 띠게 되었으며, 다만 사회문화적 역할과 기능에서 독특한 분담의 배치전략에 따라 구분되었을 뿐이다. 이런 중층적 성격은 메이지 정부의 신불분리정책 이후 오늘날에 이르기까지도 구조상 큰 변함이 없이 이어지고

---

11) 야시키가미에 관해서는 특히 直江廣治, 『屋敷神の研究』, 吉川弘文館, 1966 참조.
12) 지진제는 단순히 안전기원을 위한 것만이 아니며, 궁극적으로 기업의 각종 사업에 신성한 가치를 부여하는 종교적 행사이기도 하다.

있다. 이에의 종교 및 회사종교에서 선조제사와 야시키가미 신앙이 공존하고 있는 현상은 이 점을 잘 보여준다. 이 때 신도적 가미는 현세적 생(生)의 문제를 담당하고 불교적 호토케는 선조제사와 관련된 사(死)의 영역을 담당한다는 신불(神佛)의 분업체계는 이미 근세에 정착된 것으로 보인다.

요컨대 일본에서는 비즈니스의 세계에도 신불과 조상이 깊이 관여되어 있다. 신불신앙과 조상숭배 외에도 종교적 관념이 비즈니스에 영향을 끼치는 또 하나의 사례로서 풍수를 들 수 있다. 풍수가 좋은 회사에 입사하면 성공 확률이 높다든가, 혹은 회사의 가상(家相)[13]이나 방각(方角)[14] 등을 이용하여 행복한 인생을 보낼 수 있다는 식의 언설이 많이 있다. 이런 것들은 사실 사적(私的) 성격을 가지는 주술적 관념에 기초한 것으로 이해될 수 있다.

하지만 회사는 엄연히 공적인 사회단위이다. 따라서 회사종교는 경영자와 종업원들의 개인적 신앙이나 그들의 '이에의 종교'와는 기본적으로 상이한 차원에 속해 있다고 말하지 않을 수 없다. 그런데도 일본에서는 이런 공적 차원과 사적 차원이 모순되지 않는다고 여겨진다. 이에의 종교에 오봉, 정월, 조상제사가 있듯이, 회사에도 회사의례가 존재할 뿐이다. 소수의 예외를 차치한다면, 회사는 특정한 종교단체와 불가분의 관계에 있지는 않다. 그러면서도 많은 회사의 사옥이나 건물 안에는 신불이 모셔져 있으며, 지역 마쓰리(祭) 때에 회사가 조직적으로 참가하고 협력하는 경우도 일상다반사이다. 그렇다면 이처럼 사적인 성격을 지니

---

13) 음양오행설에 입각하여 길흉에 관계된다고 여겨지는 집의 위치나 방향을 가리키는 말.
14) 방향이나 방위가 인간의 길흉과 밀접한 관계가 있다고 여겨진 민간신앙.

는 이에의 종교와 공적인 성격을 지니는 회사의 종교가 공존하는 현상을 어떻게 이해하면 좋을까? 이런 물음과 관련하여 회사종교의 의의를 다음 세 가지 측면에서 정리할 수 있겠다.

첫째, 회사종교는 '회사번영의 바람' 및 '회사 영속의 바람'을 보증해 준다고 간주된다. 이 점에서 회사는 하나의 종교공동체로서 이에와 유사한 기능을 수행하는 것이 가능해진다. 그리하여 회사는 종종 가족공동체의 연장선상에서 받아들여지게 된다. 이를 위해 일본의 회사들은 특수한 신념체계, 상징체계, 의례체계를 다양한 방식으로 고안하여 회사 안에서 연출함과 동시에, 그것들을 회사장과 같이 공적인 장면에서 대외적으로 표출하기도 한다. 그럼으로써 사내의 연대와 회사의 목표달성을 위해 사원들에게 강력한 동기를 부여하고자 하는 것이다.

둘째, 회사종교는 세속적인 사업이나 조직에 신성한 의미를 부여한다는 점에서 일종의 성속(聖俗)일치론에 입각한 종교시스템으로 간주할 수 있다. 거기서는 성성(聖性)과 세속성이 대립적인 것이라기보다는 상호 보완적인 것으로 받아들여진다.

셋째, 이와 더불어 회사종교는 애니미즘적 종교시스템으로서의 성격을 강하게 보여준다. 회사와 업계에서는 각종 동물이나 회사의 생산제품 및 생산도구 등의 영을 정기적으로 제사지내거나 공양한다. 가령 우에

〈그림 3〉 도쿄 우에노공원내　　〈그림 4〉 도쿄 우에노공원내　　〈그림 5〉 도쿄 우에노공원내
　　복어공양비(필자 촬영)　　　　 물고기묘(필자 촬영)　　　　　 안경묘(필자 촬영)

〈그림 6〉 도쿄 야스쿠니신사
경내 군마위령비(필자 촬영)

〈그림 7〉 도쿄 야스쿠니신사
경내 군견위령비(필자 촬영)

노공원의 시노바즈노이케(不忍池)에는 복어 공양비(그림 3), 새(鳥)묘, 물고기묘(그림 4)를 비롯하여 심지어 안경묘(그림 5), 부채 공양비, 캘린더 공양비도 있다. 이 밖에 전국적으로 우마 공양, 밀봉 공양, 우나기 공양, 사케 공양, 모혼비(毛魂碑), 가위(聖鋏)관음, 바늘 공양, 솔(브러시)묘 등 다양한 형태의 애니미즘적 공양이 존재한다. 물론 이런 것들은 대개 근현대의 산물이다. 예컨대 야스쿠니신사 내에는 군마 위령비(그림 6)라든가 군견 위령비(그림 7) 등이 세워져 있다. 통상 공양이라고 하면 불교적 이미지를 떠올리게 되지만, 이것들은 사실상 불교 이전의 애니미즘적, 신도적 감수성에 토대를 두고 있다. 여기서 애니미즘이란 자연계의 아니마(영혼, 정령)에 대한 관념에 입각하여 그것이 살아서 작용한다는 신앙을 가리킨다. 이것이 사람의 배를 채우기 위해 죽인 새나 물고기, 생업의 도구인 바늘이나 부채, 사람이 부리는 말이나 소 혹은 개에게도 각각 영혼이 깃들어 있으며, 각각의 역할이 끝난 후에는 공양해야 한다는 일본인 특유의 신앙으로 전개되어 오늘날에 이르고 있는 것이다.

2. 이나리신사가 회사신사의 전형적 사례로 꼽히게 된 이유

이상에서 살펴본 현대일본의 회사종교 가운데 본고는 특히 회사신사에 주목하고 있다. 그런데 일본 신사계 유일의 신문사인 신사신보사(神社新報社)에서 펴낸『기업의 신사』15)에 의하면, 다음〈표1〉에서 제시하듯이 회사신사 가운데 가장 전형적인 사례로서 이나리신(稲荷神)을 모시는 이나리신사가 꼽히고 있다.

〈표 1〉 이나리신을 모시는 대표적인 회사신사

기업명	업종	신사명	유래 및 특징
미쓰코시(三越) 백화점	서비스업	미메구리(三囲) 신사	1673년에 에치고야(越後屋)라는 포목전을 개점한 미쓰이 다카토시(三井高利)에 의해 시작됨.
다케나카 코무텐(竹中工務店)	건설업 (빌딩, 병원 등)	다케치요 이나리(竹千代稲荷)	1610년 나고야에서 창업. 초창기 신사 및 사원 조영업. 1899년 고베에 진출, 근대기업으로 발돋음. 1939년 교토 후시미이나리대사(伏見稲荷大社)로부터 다케치요대신(竹千代大神)을 권청하여 오사카에 신사 건립. 1984년 오사카부 미나미가와치군(南河内郡)에 본전 신축.
가고메(カゴメ)	토마토소스 등 농산물가공업	후시미이나리(伏見稲荷) 신사	1899년 가니에 이치타로(蟹江一太郎)에 의해 창업. 1914년 아이치(愛知) 토마토소스 제조합자회사 설립. 1962년 이바라기현 히가시이바라기군(東茨城郡)에 교토 후시미이나리대사의 분령(分靈)을 권청하여 신사를 설립.
도요수산(東洋水産)	인스턴트식품(컵라면 등) 및 수산가공업	사이와이 이나리(幸稲荷) 신사	1950년 창업. 1951년 사이와이이나리신사의 분령을 권청. 현재 신사는 도쿄 시나가와 소재 본사 건물에 진좌(鎮坐).
주부제당(中部製糖)	제당업	쥬토이나리사(中糖稲荷社)	제당업은 오키나와의 기간산업. 1959년 창업. 1979년 교토 후시미이나리대사로부터 분령을 권청하여 신사 건립.

---

15) 神社新報社編,『企業の神社』, 神社新報社, 1986 참조.

기업명	업종	신사명	유래 및 특징
시세이도 (資生堂)	화장품, 비누, 샴푸 제조 등	세이코이나리 (成功稲荷)	1872년 창업. 도쿄 긴자의 본사 옥상에 진좌.
요코하마 (橫浜)고무	고무업	이나리(稲荷) 신사	미에현 요코하마고무 미에공장에 진좌. 정초 연중 행사로 사원들이 근처의 이세신궁을 참배.
다이도특 수강(大同 特殊鋼)	특수강	훗코이나리 (福光稲荷)	업계 최고의 나고야 호시자키(星崎)공장에 진좌. 1942년 화재안전을 위해 교토 후시미이나리대사 로부터 분령을 권청.
미쓰비시 금속 (三菱金屬)	금속업	도사이나리 (土佐稲荷) 신사	미쓰비시그룹의 수호신. 오사카 제련소에 진좌. 신 사본청 솔하의 신사. 별칭 미쓰비시이나리.
미쓰비시 은행 (三菱銀行)	금융업	미쓰비시 이나리 (三菱稲荷)	오사카 니시다(西田)지점에 진좌. 미쓰비시 창업 의 정신적 지주. 현 신사는 1950년에 건립. 매년 2 월 미쓰비시이나리 축제 개최. 별칭 도사이나리.
이시카와 지마하리 마(石川島 播磨) 중공업	조선업	이시카와 이나리 (石川稲荷) 신사	도쿄 제1공장에 진좌. 신사의 기원은 940년까지 거 슬러 올라감.
아사히 방송 (朝日放送)	방송사	테레비아사히 이나리(テレ ビ朝日稲荷) 신사	1959년 창사. 1964년 도쿄 테레비아사히 방송사 옥 상에 진좌.
미야자키 방송 (宮崎放送)	방송사	MRT센터 고쇼이나리 (五所稲荷)	큐슈 미야자키시 방송사 옥상에 진좌. 미야자키신 궁의 말사인 고쇼이나리신사의 분령을 권청.
도쿄가스 (東京瓦斯)	가스 제조업	도요스이나리 (豊洲稲荷)	간토(關東)지방의 가스 수요를 담당. 6개소의 공장 에 안전 기원을 위해 이나리신사를 건립. 매년 3월 이나리축제 거행.
니혼쿠코 (日本空港) 빌딩	항공업	아나모리 이나리 (穴守稲荷) 신사	도쿄 하네다공항 주차장내 진좌. 원래는 1963년 일 본공항빌딩 주식회사가 경영하는 터미널건물 옥 상에 있었음.

이나리신앙은 황조신 아마테라스를 모시는 이세신앙, 무사의 수호신을 모시는 하치만신앙, 학문의 신을 모시는 천신신앙과 더불어 고대에서 오늘날에 이르기까지 가장 대중적으로 널리 퍼져 있는 대표적인 신도신앙 중 하나이다.16) 전술했듯이 현재 일본의 신사는 많게는 12만개소에 이르는데, 그 중 식물신, 농경신, 상공업신으로서의 이나리신을 모시는 이나리신사가 전체의 약 3분의 1 정도를 차지하는 것으로 추정된다. 여

우상과 붉은 도리이(鳥居)가 특징인 이나리신사는 오늘날 일본인들에게 가장 친숙하고 인기 있는 신사라 할 수 있다. 그래서 많은 일본인들은 이나리신을 친근한 호칭인 '오이나리상'이라고 부르기도 한다.

〈그림 8〉 전국 이나리신사의 총본산인 교토의 후시미이나리대사(필자 촬영)

전국 이나리신사의 총본사는 교토에 있는 후시미이나리대사(伏見稲荷大社)로 제신은 이나리대명신(稲荷大明神, 그림 8)이다.17) 이 이나리대명신에게 기원하는 자는 빈부귀천을 막론하고 그 소원이 반드시 이루어진다 하여 매년 1천만명 이상이 참배하는 이 유서 깊은 신사는 711년 가야=신라계 이주민 씨족인 하타씨(秦氏)에 의해 창건된 이래 대대로 하타

---

16) 현대일본의 대표적인 신도신앙에 관해서는 박규태, 『일본의 신사』, 살림, 2005, 20-27쪽 참조.

17) 현재 후시미이나리대사는 교토 히가시야마(東山) 남단의 이나리산 세 봉우리와 그 서쪽 산록 주변을 포함한 약 26만평의 신역으로 구성되어 있다. 본전 내부는 중앙에 하사(下社, 제신은 우카노미타마대신), 북쪽에 중사(中社, 제신은 사타히코대신), 남쪽에 상사(上社, 제신은 오미야노메대신), 최북단에 다나카사(田中社, 제신은 다나카대신), 최남단에 사대신사(四大神社, 제신은 시대신)의 5좌인데, 이 5좌의 제신을 모두 합쳐 이나리대명신이라 칭한다.

씨 일족이 신직을 맡아왔다.[18) 『야마시로쿠니노후도키』(山城國風土記)
의 〈이나리샤〉(伊奈利社) 항목을 비롯하여 여러 문헌기록에 나오는 설화
에 의하면, 하타씨의 먼 조상인 하타노키미이로구(秦公伊侶具)라는 부유
한 인물이 어느 날 떡을 화살 과녁을 삼았다. 그러자 떡이 백조로 변하여
이나리산 봉우리로 날아가 '이네나리생'(伊禰奈利生)했다는 것이다. 여기
서 '이네나리생'의 정확한 의미는 알 수 없으나 대략 "백조가 벼가 되었
다" 혹은 "백조가 내려앉은 곳에 벼가 생겨났다"라는 뜻으로 보인다. 바
로 이 '이네나리'(伊禰奈利)라는 말이 줄어서 '이나리'가 되었다는 설이 유
력하다. 요컨대 이 설에 따르자면, 그 떡이 백조가 되어 산봉우리에 머물
렀는데 그곳에 벼가 생겨났으므로 이를 기이하게 여겨 사당을 세우고
'이나리'라 이름붙였다는 말이 된다.

한편 기타바타케 지카후사(北畠親房)의 『니주이치샤키』(二十一社
記)에 의하면, 홍법대사 구카이(空海)가 교토의 도지(東寺)에 있었을 때
제자인 지쓰에(實惠)가 남대문 근처를 지나가다가 벼를 짊어진 기묘한
풍채의 노부부가 많은 종자들을 거느리고 쉬고 있는 모습을 보았다. 이
상하게 여긴 지쓰에가 스승에게 이를 고하자, 홍법대사는 이 일행을 중
문으로 모시고는 어디로 가시느냐고 물었다. 그러자 노부부는 히에이잔
의 사찰 수호를 위해 전교대사 사이초(最澄)의 초청을 받았다고 답했다.

---

18) 『니주니샤츄시키』(二十二社註式)는 "711년 하타씨의 조상인 나카쓰이에(中家)
등이 나무를 뽑아 새로 심었다. 그리하여 처음으로 이나리산 세 봉우리의 평지
에 진좌하게 되었다. (그 이래로) 하타씨 일족이 네기(禰宜)와 하후리(祝)로서
춘추 제사를 거행해 왔다."고 적고 있다. 실제로 후시미이나리대사의 신직은
오래 동안 하타씨의 일족인 가다씨(荷田氏)가 담당해왔다. 에도시대의 유명한
국학자 가다노아즈마마로(荷田春滿)도 이 가문 출신이다. 하타씨와 후시미이
나리대사에 관해서는, 박규태, 「교토와 도래인 : 하타씨와 신사를 중심으로」,
한양대학교 한국학연구소, 『한국학논집』 45, 2009, 251-269쪽 참조.

이에 홍법대사는 히에이잔에는 히요시신(日吉神)이 수호를 맡고 있으니, 이 도지를 수호해 달라고 부탁했다. 노인이 이를 수락하여 현재 후시미이나리대사의 경내지에 진좌했다는 것이다. 오늘날 이나리신의 한자 표기인 '稻荷'는 바로 이 설화에 나오는 노인이 등에 벼를 짊어졌다 하여 비롯되었다는 설이 있다.

그렇다면 이와 같은 이나리신사가 현대일본사회에서 전형적인 회사신사로 꼽히게 된 이유는 어디에 있을까? 그 이유는 무엇보다 먼저 이나리신의 출현과 그 역사적 변천과정에서 읽어낼 수 있으리라 본다. 상기 첫 번째 설화에서도 짐작할 수 있듯이 이나리신은 원래 농경신이었으나,[19] 하타씨가 이나리신사의 제사권을 장악한 이래 상공업신의 성격이 부가되기 시작한 것으로 보인다. 즉 고대 교토 지방에는 소박한 형태의 농경이 행해지고 있었는데, 거기에 하타씨 일족이 선진적인 토목 및 관개기술을 가지고 들어와 비약적으로 생산력을 높여 풍성한 수확을 거두어들임으로써(벼를 산더미처럼 쌓아놓고 떡을 빚어 활쏘기 과녁으로 삼을 만큼) 지역생활의 중심집단이 되었다. 거기서 이전부터 제사지내오던 소박한 형태의 농경신이 하타씨 일족의 '우지가미'(氏神)인 이나리신으로 새롭게 모셔지게 된 것임을 추측할 수 있다.[20] 그런데 하타씨는 양잠과 직조술을 통해 많은 부를 축적한 고대일본의 대표적인 식산(殖産)호족이었으므로, 하타씨 세력의 상업권이 확대되면서 이나리신앙 또한 함께 확장되어 나갔을 것이다. 그러니까 오늘날 이나리신을 모시는 회사신사의

---

19) 지금도 후시미이나리대사의 주신으로는 농경신 우카노미타마대신(宇迦之御魂大神)이 모셔져 있다. 이 제신의 이름에 나오는 '우카'는 식물을 뜻하는 '우케'의 옛 형태로 곡령을 가리킨다.
20) 박규태, 「교토와 도래인 : 하타씨와 신사를 중심으로」, 268쪽.

사례에서 잘 엿볼 수 있듯이, 이나리신앙이 산업계 각 방면에 걸쳐 존재하게 된 뿌리는 고대까지 거슬러 올라간다는 말이다.

한편 상기 두 번째 설화는 하타씨에 의한 이나리신앙의 새로운 전개와 관련하여 또 하나의 중요한 계기를 시사하고 있다. 즉 교토의 도지(東寺)는 당시 민중들과 깊이 밀착된 주술적인 진언밀교계의 국가적 대사찰로서, 천태종 본산인 엔랴쿠지(延曆寺)와 경쟁관계에 있었다. 하타씨의 후시미이나리대사로서는 이런 도지와 손을 잡음으로써 국가의 보호를 받을 수 있을 뿐만 아니라 도지를 매개로 하여 민중적 기반을 확장시켜갈 수 있었을 것이다. 이렇게 해서 하타씨에 의해 새로운 발전의 계기를 이룬 이나리신앙은 특히 794년 헤이안(平安, 교토의 옛이름) 천도 이후 진언밀교와 습합하여 이나리곤겐(稻荷權現)이라 칭해지고 현세이익적인 특성이 두드러지면서 일본화되어갔다. 그 후 근세 이래 교토 후시미이나리대사로부터 에도(江戶, 도쿄의 옛이름)를 비롯한 전국 각지에 상공업의 수호신으로서 이나리신의 권청(勸請)이 대거 유행하게 되었다. 그리하여 당시 에도 시중에는 "에도에 넘치도록 많은 것은 이세출신 상인, 이나리신사, 개똥"이라는 말이 널리 인구에 회자될 만큼 이나리신사가 많았다. 오사카 지방에서도 "질병에는 구카이 대사, 소원 충족에는 이나리신"이라 하여 특히 상인들 사이에서 이나리신에 대한 신앙과 숭경이 매우 두터웠다고 한다. 이와 같은 역사적 배경을 밑그림으로 하여 이나리신사가 오늘날 가장 사랑받는 민중적 신앙으로서 회사신사의 한 전형적 형태로 나타나게 된 것이다.

이나리신앙의 광범위한 민중성은 이나리신사가 전형적인 회사신사로 꼽히게 된 보다 중요한 이유라 할 만하다. 이 때 이나리신앙의 민중성은 특히 야시키가미 신앙에서 두드러지게 나타난다. 오늘날 일본 전국 어디서든 쉽게 찾아볼 수 있는 이나리신사는 비단 회사신사로서 뿐만 아니라 전술한 '야시키가미'(屋敷神) 즉 가옥의 수호신으로서 택지 내에도 많이 모셔져 있다. 특히 간토지방의 이나리신사 중에는 후시미이나리대사와는 별개의 계통으로 이런 야시키가미가 많다. 중세 이전까지만 해도 관동지역에는 공양비라든가 묘석 같은 것은 전혀 없었다. 대개 사자는 집 부지 내에 토장되었고 그것이 이윽고 선조(=조령)가 된다고 관념되었는데, 바로 이와 같은 조령이 집을 지켜주고 생활을 수호해 주는 신으로서 흔히 이나리라 불렸던 것이다. 그리하여 야시키가미로서의 이나리는 종종 우지가미(氏神)라든가 진주사마(鎭守樣)라고 불린다. 오늘날 시골에서 이런 이나리는 작은 사당에 모셔지거나 혹은 큰 상록수 밑에 돌을 놓은 것도 있다. 어떤 것은 흙더미 위에 마른 짚으로 사당을 세운 경우도 많다.

오늘날 일본전국의 이나리신사는 대체로 교토 후시미이나리대사 계통의 것이 많지만, 방금 살펴본 야사키가미 계통의 이나리신사를 비롯하여 그 명칭과 신앙내용도 매우 다양하다. 예컨대 (1)앞서 언급한 농업신적 이나리(가령 이나무라[稻村]이나리, 고쿠호[穀豊]이나리, 다나카[田中]이나리처럼 稻, 穀, 田자가 들어가는 경우)가 있는가 하면, (2)지명을 따서 토지신적 성격을 보여주는 경우(가령 히비야[日比谷]이나리), (3)이나리신이 나타난 성지의 명칭을 붙인 경우(가령 야나모리[柳森]이나리), (4)이나리신의 현현과 관련된 신목 이름이 붙은 경우(가령 고마쓰[小松]이나리), (5)빙의대상(사람)과 관련된 인명을 붙인 경우(가령 산주로[三十郎]이나리), (6)여우와 관련된 명칭을 붙인 경우(가령 뱌코[白狐]이나리),

(7)복덕장수를 기원하는 명칭(가령 슛세[出世]이나리, 후쿠토쿠[福德]이나리, 후키[富貴]이나리), (8)자녀양육, 안산, 치병을 기원하는 명칭(가령 고야스[子安]이나리), (9)화재방지와 관련된 명칭(가령 진카[鎭火]이나리) 등, 천차만별이다.[21]

이 가운데 특히 (7), (8), (9)처럼 현세이익적인 특성이 두드러진 경우는 물론이고 대부분의 이나리신사는 공통적으로 기복적이라 할 수 있다. 이런 특징은 복신(福神)신앙을 적극적으로 수용하고 함양시킨 근세 상공업자들의 기대에 상응하는 것이었다. 본래 중국계의 호테이오쇼(布袋和尙), 주로진(壽老人), 후쿠로쿠주(福祿壽), 인도계의 벤자이텐(弁才天), 다이고쿠텐(大黑天), 비샤몬텐(毘沙門天) 등이 일본신 에비스(惠比壽, 戎)와 짝을 이루어 무로마치시대 후기에 등장한 칠복신(七福神)신앙이 15세기경부터 점차 명확한 형태를 띠게 되는데, 그 과정에서 이나리신앙도 복신신앙의 흐름에 합류하게 되었다. 예컨대 후시미이나리대사 이나리산의 오즈카(お塚)신앙[22]에는 에비스라든가 다이고쿠텐과 같은 복신들이 밀접하게 관련되어 있다. 사실상 이와 같은 이나리신앙의 현세이익적 기복성이야말로 이나리신사가 전형적인 회사신사로 꼽히게 된 가장 직접적인 이유라 할 수 있겠다.

---

21) 宮田登, 「江戶町人の信仰」, 山折哲雄編, 『稻荷信仰事典』, 戎光祥出版株式会社, 1999, 267-268쪽.
22) 후시미이나리대사와 관련된 대표적인 신앙. 이나리산의 약 1만기에 달하는 고분(오즈카)을 참배하고 제사지내는 신앙. 오늘날 후시미이나라대사에는 이나리산 정상에 이르는 참배로에 약 2만여 개의 붉은 색 도리이가 세워져 있다.

3. 회사신사의 기타 사례

요컨대 이나리신사는 일본인의 기복신앙 내지 상공업자들의 기호
에 잘 들어맞는 측면이 있다. 따라서 오늘날 회사신사의 전형으로 이나
리신사가 꼽히게 된 것도 매우 자연스러운 현상이라 할 수 있다. 가령
앞의 〈표 1〉에서 제시한 미쓰코시(三越)백화점의 미메구리(三囲)신사를
대표적인 사례로 들 수 있겠는데, 에도시대부터 미쓰이 가문이 숭경해온
유서 깊은 이 신사에는 이나리신이 제신으로 모셔져 있다. 원래는 1673
년에 에치고야(越後屋)²³⁾라는 포목전을 개점한 미쓰이 다카토시(三井高
利, 1622~1694)가 신봉한 신사로, 근세에 스미다가와(隅田川) 칠복신 신
앙으로도 유명했으며 지금도 경내 말사에는 에비스와 다이코쿠가 모셔
져 있어 매년 정월에는 5만여 명이 정초에 하쓰모우데(初詣) 참배를 한
다. 한편 신사 경내의 에비스 동상과 다이코쿠 동상은 본래 미쓰이 다카
토시가 보유하고 있었던 것인데 사후 이 신사에 봉납되었다고 한다. 이
미메구리신사에는 매년 3회 미쓰이계열 회사의 대표들이 모여 회사 발
전을 기원하며, 전국 미쓰코시 백화점의 옥상에는 이 신사의 분령이 모
셔져 있다.

하지만 전체적으로 보자면 이나리신사 외에 다른 신사신앙과 결부
된 회사신사도 적지 않다. 이하에서는 회사신사의 유형화를 시도하기에
앞서 그 다양한 양상을 살펴보기 위해 이나리신사와는 다른 신사를 모시
는 몇몇 기업의 대표적인 사례들을 제시해 보고자 한다.²⁴⁾

---

23) 에도 니혼바시 스루가정(駿河町)에 위치. 현 미쓰코시의 전신.
24) 이하의 제사례는 中牧弘允, 『會社のカミ·ホトケ』, 47-63쪽 ; 神社新報社編,
　　『企業の神社』, 52-53쪽 및 78-79쪽 참조.

• 도요다자동차(豊田自動車)의 호코(豊興)신사

도요다 사키치(豊田佐吉, 1867~1930)가 창업한 〈도요다 자동방직기 제작소〉의 한 부서로서 사키치의 아들 도요다 기이치로(豊田喜一郎, 1894~1952)의 주도하에 1933년 9월에 설립된 자동차부서가 기원으로, 이 부서는 1937년에 〈도요다 자동차공업 주식회사〉로 독립했다. 2007년 1/4 분기에 미국 GM의 총판매대수를 앞질러 생산과 판매대수에서 세계 1위에 오른 도요다자동차는 '사랑받는 자동차 만들기'를 지향하면서, 풍부한 자금 및 고도의 기술력과 더불어 세계에 자랑할 만한 일본 제일의 우량 기업으로 성장했다.

아이치현 도요다시에 있는 본사 공장의 한켠에 도요다의 안녕과 흥륭을 기원한다는 의미의 호코신사가 자리잡고 있다. 이 신사는 본사공장이 완성된 다음 해인 1939년 11월 2일, 나고야의 우지가미인 아쓰타신궁의 제신 외에 업종과 관련된 광산과 철의 수호신인 가나야마히코노카미(金山比古神)와 가나야마히메노카미(金山比賣神)를 제신으로 봉재하는 진좌제가 거행됨으로써 시작되었다. 매년 11월 3일의 예제(例祭) 외에 정월 4일의 신년제, 6월과 12월의 대불제(大祓祭)가 행해지고 있으며, 이 밖에 매년 두 차례 임원들이 이세신궁을 참배하여 가구라를 바치고 신차에 대한 오하라이(정화의례)를 받는다.

• 치치부시멘트의 유코(有恒)신사

사이타마현 치치부시(秩父市) 부코잔(武甲山) 기슭에 1923년 치치부시멘트(현 태평양시멘트)가 창립되었는데, 이 회사의 유코신사는 1936년에 건립되었다. 거기서는 궁중삼전 즉 가시코도코로(賢所),[25] 코레이덴

(皇靈殿),26) 신덴(神殿)27)을 모델로 하여 정전(正殿)인 신명사(神明社),28) 섭사(攝社)인 조령사(祖靈社), 협사(脇社)인 어령사(御靈社)29)의 삼사가 설치되어 있다. 이 중 정전에는 황조신 아마테라스, 섭사에는 부코잔의 신 야마토타케루 및 산신 오야마쓰미노미코토30) 및 치치부신사의 제신인 야고코로오모이카네노미코토가 진좌하고 있다. 그리고 협사에는 시부사와 에이치(渋沢榮一)를 비롯한 창업공로자 및 재직중에 사망한 사자들의 영이 모셔져 있다. 즉 정전에는 황실=일본의 신이, 섭사에는 광산=산업의 신과 치치부 지방신이, 그리고 협사에는 회사의 조상(=사망한 공로자)이 각각 제신으로 숭경되고 있는 셈이다.

유코신사에서는 매월 1회씩 치치부신사의 신직이 월차제(月次祭)를 거행한다. 11월 3일31)의 예대제(例大祭) 때에도 치치부신사의 신직을 불러 제사를 거행한다. 이때에는 임원, 직장대표, 관계회사 대표, 과거 1년 동안에 사망한 종업원들의 유족 백 명 정도가 참가한다. 신직은 노리토(祝詞, 기도문) 낭송을 통해 감사와 기원 및 회사의 연간사업 보고를 진상하며, 제사 후에는 대회의실에서 나오라이(直會)32)가 행해진다.

---

25) 황조신 아마테라스를 모신 신사.
26) 역대천황들의 영을 모신 종묘신사.
27) 천황을 수호하는 팔신(八神)과 천신지기를 모신 신사.
28) 이세신궁 계통의 신사를 일컫는 명칭.
29) 이 때의 어령이란 영혼의 존칭. 어령사는 특히 비정상적인 죽음을 당한 사자의 다타리를 예방하기 위해 사자를 위무하는 신사를 가리킨다.
30) 에히메현 오오미시마(大三島)의 오오야마쓰미(大山祇)신사에서 권청한 분령.
31) 메이지시대의 천장절(天長節). 현재는 '문화의 날'이라 하여 국가공휴일로 지정되어 있다.
32) 제사가 끝난 후 공물로 바친 술이나 신찬을 함께 나누어먹는 주연.

• 마쓰시타전기(松下電気)의 다이칸도(大観堂)

종신고용을 비롯한 가족주의적 경영으로 이른바 일본적 경영의 표
본으로 잘 알려져 있는 마쓰시타전기의 구 본사빌딩(오사카부 가도마시
소재) 옆에는 다이칸도(大觀堂)라 불리는 종교시설이 있는데, 거기에는
용신 등을 모시고 있다. 이 다이칸도는 마쓰시타전기의 창립자로 '경영
의 신'이라 불리는 마쓰시타 고노스케(松下幸之助, 1894~1989)의 카운슬
러였던 종교자 가토 다이칸(加藤大觀, 마쓰시타전기 초대 사제)의 이름
에서 따온 것이다. 간사이지방에서 용신은 장사번창의 신으로 알려져 있
다. 오늘날 '내셔널' '파나소닉' '테크닉스' 등의 브랜드로 우리에게도 친숙
해져 있는 마쓰시타전기에서는 오행설에 입각하여 청, 백, 적, 흑, 황의
각 용신을 각 사업소 계열에 맞추어 모시고 있다(가령 백룡은 전화사업
본부, 적룡은 자전거사업본부 등등). 각 공장에서는 매월 1회 사원이기도
한 전속 사제가 제례를 거행하는데, 이때는 공장장 이하 각 부서의 간부
들의 출석이 의무화되어 있다.

마쓰시타전기는 가미(神)의 세계로서 이와 같은 용신 제사를 거행
할 뿐만 아니라 다른 한편 호토케(佛)의 세계로서 고야산(高野山)에 회사
묘지를 소유하고 있기도 하다. 마쓰시타전기는 재직중에 사망한 종업원
들을 위해 1938년 고야산에 공양탑을 건립했다. 구카이(空海)가 개창한
진언밀교의 성지이자 정토신앙의 영장이기도 한 고야산에는 예로부터
고야정토라 불리면서 고야히지리(高野聖)의 활동을 통해 납골의 관습이
널리 행해져 왔다. 에도시대에는 다이묘의 공양탑이 줄줄이 세워졌는데,
20세기에 들어서서 마쓰시타전기에 의해 최초로 회사 공양탑이 등장하
게 된 것이다. 이후 간사이 지방의 회사들이 줄지어 고야산에 회사 공양

탑을 세움으로써 오늘날 고야산은 회사묘지의 성소와 같은 곳이 되었다. 이곳에는 현재 마쓰시타 가문의 묘소(여기에 창업자 마쓰시타 고노스케의 분골이 수납되어 있다)가 사망한 종업원들의 묘소(분골은 없고 영혼을 모실 뿐)와 함께 안치되어 있다. 이와 같은 회사묘지는 '입사에서 무덤까지'를 내세우는 사원의 복지 중시 및 종신고용의 관행과 밀접하게 연관되어 있으며, 위령과 공양을 통해 회사의 번영과 영속을 기원하고자 하는 데에 그 목적이 있다. 1989년 9월의 위령법요에는 마쓰시타전기의 사장 이하 간부 및 노동조합대표 외에 과거 1년 동안 사망한 종업원 유족 등 157명이 참여했다. 법요는 먼저 마쓰시타전기의 보제사(菩提寺)인 사이센인(西禪院)에서 거행되었으며, 정오 직전에 마쓰시타전기 산하의 모든 사업소에서 1분간 묵도를 올렸다. 그런 다음 사장이 조사를 통해 사망한 종업원들의 덕을 칭송하고 유족에게 애도의 뜻을 표함과 아울러 회사의 근황보고 및 회사번영을 위한 기원을 드렸다.[33]

· 삿포로맥주의 에비스(惠比壽)신사

1994년 JR야마노테선 에비스역 근방에 에비스 가든플레이스가 준공되었는데, 거기에 삿포로맥주 본사, 미쓰코시백화점, 에비스 가든플레이스 타워, 도쿄도 그림미술관, 웨스틴호텔 등이 들어섰다. 또한 기업박물관으로서 에비스맥주 기념관(그림 9) 및 에비스신사(그림 10)가 오픈되었다. 일반인에게도 공개하는 이 에비스신사 옆에는 1937년부터 삿포로맥주 사장이었던 다카하시 류타로(高橋龍太郎)의 흉상과 전후 일본맥주주식회사로 분리 독립한 때부터 사장이었던 시바타 기요시(柴田清)의 흉상

---

33) 中牧弘允, 『會社のカミ·ホトケ』, 25-28쪽.

〈그림 9〉 도쿄 에비스역 근방의 에비스맥주박물관(필자 촬영)

〈그림 10〉 도쿄 에비스역 근방의 에비스신사(필자 촬영)

〈그림 11〉 도쿄 에비스맥주박물관내 에비스상(필자 촬영)

이 세워져 있다.

매월 1일과 15일에 행해지는 본 신사의 정기의례에는 사장 이하 총무담당 임원을 비롯한 총무들, 영업, 와인제조 부서, 비서 등 간부 대표 12~15인이 참여한다. 한편 1월과 5월의 예제는 20일을 전후한 주일날 10시부터 30분정도 거행된다. 또한 20일에는 '맥주의 날'이라 하여 일과가 끝난 후 사원들간의 소통을 위한 장이 마련된다. 이는 간토지방에 '20일 에비스'의 전통이 있기 때문이다. 한편 중부지방에는 10월 20일 혹은 11월 20일의 에비스강(恵比寿講)[34]이 널리 분포되어 있다.

에비스는 전술한 칠복신 중 하나이다. 칠복신 신앙은 무로마치시대 말기에 정착했으며, 근세 에도에서 대유행했다. 유일하게 일본고유의 신으로 알려져 있지만 그 기원은 다양하다. 가령 이자나기와 이자나미의 국토창생신화에서 최초로 태어난 히루코가 니시미야 포구에 표착하여 니시미야에비스(西宮戎)가 되었다는 전승이 있다. 또한 국토이양신화에서 오쿠니누시(大國主神)의 아들 고토시로누

---

34) 에비스 복신의 신앙집단을 가리키는 말.

시(事代主命)가 미호(三保)곳에 낚시하러 갔다는 전승으로부터, 낚싯대를 오른손에 쥐고 왼손으로 도미를 잡고 있는 에비스상의 원형이 생겨났다. 이 밖에 에비스를 풍어신, 표착신, 해신, 어업신으로 제사지내는 등, 에비스신앙은 역사적으로 바다와 밀접하게 연관되어 있다. 후에 에비스신에게는 해산물 교역의 장인 시장과의 연관성에서 '이치가미'(市神)로서의 성격이 부여되었고, 상업의 수호신으로서 널리 발전했다. 요컨대 에비스는 어업과 상업의 '기능신'이 된 것이다. 나아가 에비스는 에비스 얼굴을 한 복신으로서 쌀포대에 진좌하는 다이코쿠(大黑) 복신과 더불어 농가에서도 매우 친숙해졌다. 이런 의미에서 에비스다이코쿠는 농업, 어업, 상업의 삼위일체의 관계를 체현한 신격이라 할 수 있다. 이렇게 보건대 에비스가 맥주산업과 같은 근대 공업과 결부된 것도 전혀 이상할 것이 없다. 말하자면 에비스는 근대에 이르러 공업의 신으로 변신을 거듭한 것이다.

에비스신사의 예대제는 10월 20일 전후에 시행되는데, 이때는 도쿄의 시타마치(下町)인 무코지마(向島)에 있는 미메구리(三囲)신사의 구지(宮司)를 불러 제사를 올린다. 진행은 총무부장이 맡아 하며, 의례 절차는 슈바쓰(修祓, 목욕재계), 가이히(開扉, 문열기), 겐센(獻饌, 신찬 진상), 노리토 진상, 다마구시 봉재, 뎃센(撤饌, 신찬 치우기), 헤이히(閉扉, 문닫기) 순으로 이루어진 후 끝으로 참석자들간에 나오라이가 행해진다. 여기서 신찬에는 흑맥주, 에비스맥주, 삿포로 와인 백포도주와 적포도주 등이 등장한다. 에비스맥주는 1890년부터 시작되었다. 이 맥주는 특히 도쿄에서 인기가 많았는데, 도쿄의 에비스맥주 공장은 에비스라는 이름의 야마노테선 전철역으로도 유명하다. 에비스맥주는 전시에 중단되었다가 1971년에 다시 부활했다. 맥주 상표에는 검은 모자를 쓰고 옆구리에 도미를 안고, 낚싯대를 쥐고 허리에 어롱을 찬 모습이 그려져 있다. 이는 근세의 니시미야에비스(西宮戎) 이미지를 모델로 한 것이다. 일본맥주 주조회사는 1887년에 도쿄에서 시작되었는데, 3년후부터 에비스맥주를 판매했다. 당시 맥주업계는 잘나가는 유망직종으로 그밖에도 삿포로맥주, 기린비어의 전신인 쟈판 블루와리, 그리고 오사카맥주 등 전국 각지에 맥주회사가 우후죽순처럼 생겨나고 있었다. 그리하여 1887년부터 1901년까지 무려 130여개의 맥주브랜드가 패권을 다투게 된 것이다. 상표는 칠복신을 비롯하여 텐구(天狗) 등도 많이 등장했다. 가령 다이코쿠 상표(나카야맥주), 후쿠로쿠주 상표(후쿠로쿠맥주), 호테이(호테이맥주), 텐구(텐구맥주, 도요다맥주) 등이 그것이다. 일본맥주는 1893년에 공장 부지내에 에비스신사를 건립했고, 다음 해 도쿄 본사에서 니시미야에 있는 에비스 총사인 니시미야에비스신사에 사원을 파견하여 에비스 동상을 구입하는 한편 니시미야신사의 분령을 모셨다.[35]

4. 회사신사의 유형과 특징

신사신보사 기자였던 우노 마사토(宇野正人)는 이상에서 살펴본 회사신사의 세 가지 유형으로 (1)창업자 혹은 그에 준하는 인물이 신앙하는 신사, (2)회사나 공장이 들어선 지역의 우부스나가미 혹은 우지가미의 신사, (3)해당 업종에 관련된 신을 모시는 신사 등을 들고 있다. 그리

---

35) 中牧弘允, 『會社のカミ・ホトケ』, 47-57쪽 참조.

고 이와 같은 분류를 좀 더 확장시켜 나카마키 히로치카는 다음과 같이 유형화시키고 있다.[36]

첫째, 업자 내지 창업가가 신앙하는 회사신사. 창업자의 출신지에 진좌하는 큐슈 북부 무나가타대사(宗像大社)의 제신을 모신 슛코코산(出光興産)이라든가 제2대 당주가 숭경한 고토히라(琴平)신사를 모시는 깃코망(キッコ-マン) 등을 들 수 있다. 이 경우는 야시키가미를 비롯한 '이에의 신'이 회사신사의 모델이 되어 있다.

둘째, 회사나 공장이 들어선 지역의 회사신사. 가령 핫토리신사의 제신을 모시는 나리타 일본항공이라든가 삿포로신사의 분령을 모신 삿포로맥주 등을 들 수 있다. 이는 해당 지역의 우지가미를 회사신사의 제신으로 삼은 경우라 할 수 있다.

〈그림 12〉 전국 양조업자들의 성지인 교토의 마쓰노오대사(필자 촬영)

셋째, 업종과 관계된 회사신사. 상매번성을 기원하는 이나리신사를 비롯하여 술의 신 마쓰노오(松尾)대사(그림 12) 등이 대표적 사례인데, 이는 농업, 어업, 상업 등의 각 분야를 관장하는 일종의 직능신적 성격을 지닌다.[37]

---

36) 中牧弘允,『會社のカミ・ホトケ』, 42-43쪽.
37) 일본에는 회사신사와는 별도로 산업의 신들을 모시는 신사가 무수히 많이 있다. 가령 곤냐쿠(こんにゃく)신사(곤냐쿠의 신, 후쿠시마현), 세이츄(精忠)신사(박고지의 신, 도치기현), 시바(芝)대신궁(생강의 신, 도쿄도), 가야쓰(萱津)신사(절인 식품의 신, 아이치현), 독코(德光)신사(고구마의 신, 가고시마현), 호만(寶滿)신사(赤米의 신, 가고시마현), 우라다(浦田)신사(백미[白米]의 신, 가고시마현), 시모(霜)신사(농업의 신, 구마모토현), 고카겐산(蚕影山)신사(양잠의 신, 이바라키현), 시도리(倭文)신사(직물의 신, 돗토리현), 와타(わた)신사(목화의 신, 아이치현), 이와사키(岩崎)신사(등심초의 신, 구마모토현), 리큐하치만

넷째, 국가제사와 결부된 회사신사. 이세신궁 내궁의 제신인 황조신 아마테라스를 제사지내는 회사신사들이 이에 해당된다.

다섯째, 사람을 신으로 제사지내는 회사신사. 가령 메이지천황을 제 사지내는 회사신사가 있는가 하면, 초혼사(招魂社)[38]에 창업 공로자라든 가 회사를 위해 일하다가 사고 등으로 사망한 사원들을 제사지내는 경우 도 있다.

그렇다면 이처럼 다양한 유형의 회사신사에 모셔진 회사신들에게 서 어떤 공통된 특징을 찾을 수 있을까? 앞서 언급한 마쓰시타전기의 경 우 본사와 전화(電化)사업부는 백룡, 전지공업부는 청룡, 전자공업부는 황룡, 전공(電工)부는 흑룡, 자전거부는 적룡 등 통일성 있게 오색의 용 신을 제사지낸다. 하지만 전체적으로 볼 때 회사신사의 제신은 반드시 일관성이 있다고 말하기는 힘들다. 예컨대 삿포로맥주 본사의 제신은 에 비스이지만, 지사 및 공장의 제신이 에비스로 통일되어 있지는 않다. 합 병과 분리를 반복하는 과정에서 종래 각각 모셔온 제신을 그대로 모시게 되었기 때문이다. 그리하여 현재 에비스를 모시는 것은 도쿄에비스의 본 사뿐이다. 예전에는 본사였다가 지금은 도쿄 지사가 되어 있는 '긴자 본 사'에서는 옥상에 히에신사의 분령을 모시고 있다.[39] 한편 삿포로맥주의

　　궁(離宮八幡宮, 기름의 신, 교토부), 가바산(加波山)신사(담배의 신, 이바라키
　　현), 사케(鮭)신사(연어의 신, 후쿠오카현), 와이나이(和井內)신사(송어의 신,
　　아키타현), 오카모토(岡太)신사(종이의 신, 후쿠이현), 스기(杉)신사(삼나무의
　　신, 돗토리현), 오오기미키지소(大皇器地祖)신사(임업의 신, 시가현), 싯키(漆
　　器)신사(칠기의 신, 후쿠이현), 도키(陶器)신사(도자기의 신, 시가현) 등을 들
　　수 있다. 林正巳, 『産業の神々』, 東書選書, 1981 참조.
38) 메이지유신 전후기부터 국가를 위해 죽은 자들의 사령을 모신 신사. 야스쿠니
　　신사도 이런 초혼사의 일종이다.

공장이라고 하면 삿포로공장이 대표적인데, 거기에는 삿포로신사(현재의 홋카이도신궁)의 제신이 모셔져 있다. 즉 국토개발의 신으로 숭경받는 오쿠니타마노미코토(大國魂命), 오나무치노미코토, 스쿠나히코나노미코토의 세 신이 그것이다. 하지만 삿포로맥주의 오사카공장에서는 이바라키(茨木)신사, 군마(群馬)공장은 신메이(神明)신사, 사이타마공장은 다이토쿠(大德)이나리, 치바공장은 후나바시(船橋)대신궁 등으로 제신들이 제각각이다.

이와 같은 다양성과 비통일성에도 불구하고 회사신의 공통된 특징을 말할 수가 있다. 예컨대 도시의 근대적 빌딩 옥상에는 신사의 숲(社叢)을 꾸며놓은 붉은 색 도리이의 이나리신사가 많다. 물론 이나리신을 모신 회사신사는 전체의 2,3할 정도에 그친다. 광산업계의 회사는 산신, 전력업계의 회사는 수신, 해운이나 교통은 고토히라(琴平)신이라든가 가토리(香取)신, 약품관계는 약조(藥祖), 장사번창은 이나리신 외에도 용신(龍神)을 모시는 등 회사신사의 제신은 천차만별이다. 거기에 하치만과 에비스도 가끔 눈에 띤다. 그럼에도 불구하고 전술했듯이 이나리신이 회

〈그림 13〉 시세이도 세이코이나리신사(필자 촬영)

사신의 전형적 사례임은 틀림없다. 예컨대 기업과 회사의 본사빌딩이 집중된 도쿄 긴자에는 폴라화장품의 폴라이나리, 도에이(東映)의 도에이이나리, 오사카전기난방의 덴타마(天玉)이

39) 이는 긴자 본사의 위치가 나가타정(永田町)에 있는 히에신사의 우지코 지역이기 때문일 것이다. 이 지역의 산노마쓰리(山王祭)는 에도시대에 간다마쓰리(神田祭)와 더불어 천하의 삼대 마쓰리로 불렸다.

나리, 시세이도(資生堂)의 세이코(成功)이나리(그림 13), 마쓰사카야(松坂屋)의 가쿠오(龕護)이나리 등 이나리신을 모신 회사신사가 특히 두드러진다.[40]

또한 회사신사의 제사는 주로 회사내에서 행해지며 외부인에게는 공개되지 않는다. 즉 사연공동체 내부에서만 통용된다. 하지만 기업이 위치한 곳의 근린 지역에서는 회사신이 '우지가미'(氏神)로서의 역할을 수행하기도 한다. 그래서 지역주민들이 회사신사의 의례에 함께 참석하는 경우도 많이 있다. 그리고 많은 회사신사들이 무엇보다 재액을 방지하고 안전을 기원하기 위해 신을 권청한다. 즉 번영의 기원도 중요하지만 그보다 더 일차적인 목적은 안전기원에 있다는 말이다.

요컨대 일본의 회사는 재액을 피하고 사원의 건강과 안전을 기원하기 위해 신사를 세우고 신을 모신다. 하지만 이것만이 회사신사의 유일한 목적이 아님은 말할 나위 없다. 회사는 사업번창 및 때로는 경영위기극복을 위해 신을 권청하기도 한다. 가령 위기극복을 위해 니시미야에비스(西宮戎)신을 권청한 에비스맥주의 경우는 그 대표적인 사례라 할 수 있다. 이 뿐만 아니라 회사는 사업의 완수를 기념하기 위해 신사를 건립하기도 한다. 가령 미쓰코시에서는 지점을 낼 때마다 미메구리신사를 건물 옥상에 분사한다. 또한 사옥이나 공장 완성 및 기념사업으로서 다수의 신사를 건립하기도 한다. 말하자면 회사신사는 복신과 마찬가지로 완성과 발전을 축복하기 위해 권청되기도 하는 것이다.

이와 더불어 회사는 조직의 결속과 통제를 위해 신사를 세우기도 한다. 회사신에 대한 의례는 엄격한 규율이 요구되는 회사조직에 있어

---

40) 石井硏士, 『銀座の神々』, 新曜社, 1994 참조.

중요한 의미를 가진다. 앞서도 언급했듯이 회사신사의 대제 때에는 사장 이하 중역과 간부들이 서열에 따라 참례한다. 거기서는 노리토(祝詞)와 함께 업무보고가 진상되고, 회사 발전과 안전 및 사원의 건강 등을 기원한다. 가령 마쓰시타전기 세탁기사업부에서 행해진 대제에서는 출석예정자들에 딱 맞추어 의자가 준비된다. 따라서 결석한 사람이 있을 경우는 즉시 알 수 있다. 이 점에서 회사신사의 의례는 '사내에 대한 통제 수단'이 되기도 한다. 그런 통제 목적이 아니라 할지라도 회사신에 대한 의례는 회사조직에 대한 아이덴티티와 밀접히 연관되어 있다. 예컨대 마쓰시타전기의 신사의례에서는 당해 공장에서 생산된 전기세탁기 등의 제품을 햇공물로 봉납하기도 하는데, 이는 사원들에게 자신이 소속된 회사조직에 대한 아이덴티티를 깊이 각인시켜 주는 역할을 할 것임에 틀림없다.

5. 회사종교, 회사신사, 회사신종교

이상의 논의를 요약해 보자면 다음과 같다.

첫째, 사연(社緣)의 지배력이 강화된 현대일본사회에서 회사는 신사라든가 회사묘와 같은 시설, 창업신화, 입사식 등의 제요소에 있어 '회사종교'라 칭할 만한 종교시스템의 측면을 보여준다.

둘째, 선조제사 및 '야시키가미'(屋敷神)신앙을 핵심으로 하는 이에 (家)종교와 구조적 유사성을 내포한 회사종교는 회사영속의 원망, 성속의 일치, 애니미즘적 신앙에 입각한 종교시스템이라 말할 수 있다.

셋째, 회사종교의 핵심에 속하는 '회사신사'의 유형과 내용은 매우 다양하지만, 그 전형적 사례로 현대 일본인들에게 가장 사랑받고 있는 장사번창의 이나리신사를 들 수 있다.

넷째, 이나리신은 원래 농경신이었으나, 양잠과 직조술을 일본에 전파한 한반도계 이주민 식산씨족인 하타씨가 제사권을 장악한 이래 민중적인 진언밀교와 습합함으로써 대중들 사이에 널리 퍼져나가는 한편 야시키가미로서 매우 친근한 신이 되었다. 특히 근세 이후에는 에도를 중심으로 하는 간토지방의 상공인들 사이에서 기복적이고 현세이익적인 상공업신으로 숭경받으며 오늘에 이르고 있다. 이것이 이나리신사가 회사신사의 전형이 된 배경적 이유이다.

다섯째, 회사가 신사를 세워 가미를 모시는 데에는 일차적으로 재액을 막거나 사원들의 건강과 안전 및 사업번창을 기원한다는 일종의 주술적 목적이 깔려있으나, 이와 동시에 경영위기를 극복한다든지 사업성공을 기념하기 위한 것이라든지 혹은 조직의 결속과 통제 및 회사 아이덴티티의 유지와 강화 등과 같은 경영상의 지극히 현실적이고 합리적인 이유도 중요한 부분을 차지한다. 요컨대 회사신사는 궁극적으로 '주술적 합리성'이라 칭할 만한 에토스를 잘 보여준다.

전통적으로 신사는 일본사회에서 이른바 마을의 수호신인 우지가미(氏神)에게 지역 공동체의 안녕과 오곡풍양을 기원하고 감사드리는 역할을 해왔다. 봄의 기넨사이(祈年祭)와 가을의 니이나메사이(新嘗祭)를 비롯한 공동체 제사가 중심이 되는 이런 전통적 신사를 우지가미형 또는 우부스나(産土)형 신사라고 부를 수 있다면, 이에 비해 개개인의 현세이익적이고 주술적인 복을 비는 형태의 신사를 권청(勸請)형 혹은 숭경형 신사라고 칭할 수 있겠다. 오늘날에도 지방의 농촌사회에서는 우지가미형 신사가 많이 남아 있지만, 도시의 경우에는 대체로 권청형 신사가 주류를 이루고 있다. 권청형 신사는 각 신사마다 권청 및 창사 유래가 상이하지만, 일반적으로 가내안전, 장사번창, 질병치유, 건강장수, 자손번영, 남녀인연의 성사, 대학합격, 재액퇴치, 원적퇴산(怨敵退散) 등의 사적 기원이 가장 중요한 요소를 구성한다. 앞서 살펴본 이나리신사는 이런 권청형 신사의 대표적인 사례라 할 수 있겠다.[41)

사실 이와 같은 제액초복(除厄招福)의 사적 기원이 오늘날 일본인의 일상생활에서 차지하는 비중은 대단히 크다. 일본인들에게 종교가 있느냐고 물으면 많은 경우 자신은 '무종교'라고 대답한다. 그런데 이처럼 특정 종교를 신앙하지 않더라도 제액초복 행위를 하지 않는 일본인은 거의 없을 정도이다. 전술했듯이 일본에서는 매년 정초가 되면 '하쓰모우데'(初詣)라 하여 평균 8천만 명 이상의 일본인들이 신사를 참배하여 제액초복을 기원한다. 이 뿐만 아니라 많은 일본인들은 인생의 중요한 전환기 때마다 신사를 참배한다. 예컨대 아기가 태어나면 일정 기간(통상 남아는 32일, 여아는 33일)이 지난 다음 모친이 아기를 데리고 신사를 참배하여 건강과 행복을 기원한다. 이를 '미야마이리'(宮参り)라 한다. 또한 아이가 3세(남녀 공통), 5세(남아), 7세(여아)가 되는 해의 11월 15일에도 신사를 참배하는데, 이런 관례를 '시치고산'(七五三) 축하연이라 한다. 게다가 성인이 된 후에도 통상 남자는 25세와 42세 때, 여자는 19세와 33세 때 액땜을 위해 신사를 참배하는 관습이 지금까지도 뿌리 깊게 남아있다. 나아가 자동차를 새로 사면 먼저 신사부터 들러 교통사고가 나지 않

---

41) 安蘇谷正彦,『現代社會と神道』, ぺりかん社, 1996, 50-52쪽 참조.

도록 자동차에 대한 신도식 정화의례를 받는 일본인들도 쉽게 목격할 수 있다. 통상 신사나 사찰에 가면 '에마'(絵馬)라 하여 사적 기원을 적은 나무판들이 즐비하게 걸려 있으며, 남녀노소를 불문하고 '오미쿠지'(御神籤)라 불리는 점을 치거나 '오마모리'(御守り) 혹은 '오후다'(御札)라 불리는 부적을 사는 것이 일본에서는 판에 박힌 행동양식으로 굳어져 있다. 그리하여 택시를 타면 교통안전을 기원하는 부적이 운전석 앞에 걸려 있는 것을 흔히 볼 수 있다. 심지어 우주 로켓트에까지 부적을 붙여야 마음을 놓는 것이 일본인이다. 가령 〈마이니치 신문〉 2003년 1월 기사에 보면, H2A 로켓트 4호기가 발사장인 가고시마현 다네가시마 우주센터로 수송되기 전에 거기다 나고야시 소재 아쓰타신궁(熱田神宮) 및 교토부 야와

〈그림 14〉 도쿄의 도고신사(필자 촬영)

〈그림 15〉 도쿄의 노기신사(필자 촬영)

타시(八幡市)에 있는 비행신사(飛行神社)[42]의 부적을 붙였다고 한다.

일본인들은 참으로 신사 세우기를 좋아한다. 역사적으로 새로운 개척지나 식민지에 신사를 세웠을 뿐만 아니라 인간을 신격화하여 제사지내는 신사를 세우는 일도 비일비재하다. 예컨대 도요토미 히데요시를 신으로 제사지내는 도요쿠니(豊國)신사, 도쿠가와 이에야스를 모신 닛코(日光) 도쇼궁(東照宮), 러일

42) 1891년 일본최초로 모형비행기를 발명한 니노미야 추하치(二宮忠八, 1866-1936)가 자택 부지에 세운 사당이 1927년에 항공업계 발전을 기원하는 '비행신사'로 불리게 되었다. 현재 항공관련 희생자 약 19만명의 사령들이 신으로 모셔져 있다.

전쟁의 영웅 도고 헤이하치로(東鄕平八郎, 1847~1934)를 신으로 모신 도고(東鄕)신사(그림 14), 메이지천황을 신으로 모신 메이지신궁(明治神宮), 메이지천황을 따라 순사한 노기 마레스케(乃木希典, 1849~1912)를 신으로 제사지내는 노기(乃木)신사(그림 15), 245만 여명에 이르는 전사자들을 신으로 제사지내는 야스쿠니(靖国)신사 등 그 사례는 얼마든지 많이 있다. 심지어 1998년 프로야구팀인 요코하마 마리너즈가 센트럴리그에서 우승한 해에 주역인 사사키 투수를 신격화하여 그의 별명인 '다이마'(大魔)를 따서 '하마노다이마'(浜の大魔)라는 신사를 요코하마역 동쪽 출구에 세웠을 정도이니 더 이상 할 말이 없다. 그러니 회사에서 신사를 세운다 해도 전혀 이상할 것이 없다.

문제는 회사신사를 비롯한 회사종교의 '주술적 합리성'이 향후에도 계속 유지 발전될 수 있을까 하는 점이다. 전술했듯이 일본의 회사는 종교적으로 보자면 야시키가미와 조상신 혹은 가미와 호토케를 동원함으로써 사업(社業)을 성화(聖化)하고 회사의 번영에 종교적 차원을 개입시킨다. 이 때 사업(社業)을 대대로 계승해야 하는 경영자의 책무는 사연(社緣)공동체를 유지 발전시키면서 현재 사업의 이익과 번영을 도모하는 데에 있다. 사연공동체는 현대일본사회에서 가장 발달한 사회관계 중 하나임에 틀림없다. 거기에는 연중행사에 비견될 만한 세시기(歲時記)가 있으며, 또한 사시(社是), 사훈(社訓), 가헌(家憲) 등 사내질서를 유지하기 위한 독특한 규율이 존재한다.

그런데 오늘날 일본사회에서는 이런 사연공동체가 흔들리고 있다. 이에의 기능을 이어받은 회사가 기업인수합병(M&A)에 흔들리고 사원들은 구조조정의 폭풍우에 내몰리고 있다. 회사는 글로벌화의 파도에 휩쓸려 조직의 생존전략을 우선시하고 있다. 종신고용, 연공서열, 정년제, 기업별 노동조합 등으로 특징지워지는 '일본적 경영'도 더 이상 바람직한 모델로 여겨지지 않게 되고 있다. 고야산에는 회사공양탑 건립이 눈에 띠게 줄고 있으며, 이제는 파산한 회사의 묘도 생겨나고 있다. 이런 상황에서는 전통적인 신불 대신 새로운 신불이 등장하기 십상이다.

그 일사례로 일본 최대급의 경영자문회사로서 무려 5천 개소 이상의 회사를 자문하는 '후나이종합연구소'의 경우를 들 수 있다. 이 연구소의 회장인 후나이 유키오(船井幸雄, 1933~현재)는 비즈니스계의 뉴에이지적 정신세계를 제창하고 있다. 그는 대본교(大本敎)로부터 많은 영향을 받아 기, 파동, 우주의식과의 조화, 잠재의식의 개발, 내세, 윤회전생, 수행, 영혼 등의 종교적 개념들을 즐겨 사용하는 한편, 자본주의 사회의 종언을 예언하면서 도래할 이상사회에서는 의식의 진화가 이루어져 공생, 융합, 공개, 절약, 에콜로지 등을 키워드로 하는 조화로운 세계가 실현될 것이라고 말한다.[43] 종교학자 시마조노 스스무는 이런 후나이의 사례를 일컬어 '성공의 스피리추얼리티'라고 부르기도 한다.[44] 본고의 맥락에서 말하자면 '회사의 신종교'라 칭할 만하겠다. 그런 회사신종교가 회사신사를 포함하는 회사종교의 장래에 어떤 영향을 미칠지 좀 더 지켜볼 일이다.

나카마키 히로치카는 사무라이야말로 일본 기업전사의 전신이며 무사들의 주군에 대한 충성이 사장이나 기업에 대한 충성으로 계승되었다는 점을 지적한 바 있고,[45] 야마모토 시치헤이(山本七平)는 회사신의

---

43) 中牧弘允, 『會社のカミ・ホトケ』, 195-198쪽 참조.
44) 島薗進, 『スピリチュアリティの興隆』, 岩波書店, 2007, 15-19쪽.
45) 中牧弘允, 『宗教に何がおきているか』, 平凡社, 1990, 21쪽.

존재가 조직에 대한 일본인의 종교적 충성 내지 신앙을 보여준다는 점을 갈파한 바 있다.[46] 이는 현대일본사회의 변화된 경제환경 및 최근 동일본 대지진과 같은 재난에도 불구하고 조직에 대한 일본인 특유의 감각이 유지되는 한, 회사종교나 회사신종교든 회사신사든 쉽게 사라지지 않을 것이라는 전망을 뒷받침해주는 듯싶다.

http://www.

참고문헌

박규태, 『일본의 신사』, 살림, 2005.
_____, 「교토와 도래인 : 하타씨와 신사를 중심으로」, 한양대학교 한국학연구
　　　　소, 『한국학논집』 45, 2009.
이노우에 노부타카 외, 박규태 옮김, 『신도, 일본태생의 종교시스템』, 제이앤씨,
　　　　2010.
이하라 데쓰오, 양기호 옮김, 『일본의 포스트대기업 체제』, 소화, 1997.
오다카 구니오, 양기호 옮김, 『일본적 경영』, 소화, 1983.
近藤喜博, 『稲荷信仰』, 塙新書, 1978.
大和岩雄, 『神社と古代民間祭祀』, 白水社, 1989.
大村英昭, 『現代社會と宗敎』, 岩波書店, 1996.
島薗進, 『スピリチュアリティの興隆』, 岩波書店, 2007.
ぽーるすわんそん, 林淳編, 『異文化から見た日本宗敎の世界』, 法藏館, 2000.
山本尙幸編, 『神社紀行 伏見稲荷大社』, 學習硏究社, 2003.
山本七平, 『日本人の人生觀』, 講談社學術文庫, 1978.
山折哲雄編, 『稲荷信仰事典』, 戎光祥出版, 1999.
三好和義他, 『日本の古社 伏見稲荷大社』, 淡交社, 2004.
石井硏士, 『銀座の神々』, 新曜社, 1994.
松前健編, 『稲荷明神』, 筑摩書房, 1988.
神社新報社編, 『企業の神社』, 神社新報社, 1986.

---

46) 山本七平, 『日本人の人生觀』, 講談社學術文庫, 1978, 109-111쪽.

林正巳, 『産業の神々』, 東書選書, 1981.

井上順孝, 『神道入門』, 平凡社新書, 2006.

中牧弘允, 『會社のカミ・ホトケ』, 講談社, 2006.

_____, 『むかし大名, いま會社 : 企業と宗教』, 淡交社, 1992.

_____, 『宗教に何がおきているか』, 平凡社, 1990.

中牧弘允他, 『會社じんるい學』, 東方出版, 2001.

直江廣治, 『屋敷神の研究』, 吉川弘文館, 1966.

현대일본생활세계총서 3

현대일본의 전통문화 : 새로운 과거 오래된 현재

02 전통경관의 제도적 생산과 변화*

조아라

1. 전통경관의 범주, 무엇이 전통경관인가?

최근 한국뿐 아니라 일본에서도 경관에 대한 관심이 증가하고 있다. '아름다운 경관'의 중요성이 삶의 질 측면에서 혹은 도시나 국가의 경쟁력 확보 측면에서 강조되고 있다. 경관에 대한 관심은 일련의 제도적 성과로 나타나 일본에서는 2004년, 한국에서는 2007년에 경관법이 제정되었다. 그런데 이러한 법제도 속에서 아름다운 경관은 곧 전통적인 경관으로 치환되는 경우가 많다. 이 연구는 아름다운 경관이라고 명명되는 전통경관의 범주는 과연 무엇인가, 즉 '일본에서 전통경관은 무엇이라 정의되고 있는가?'라는 질문에서 출발하였다.

사실 전통과 경관은 모두 문제가 많은 용어이다. 어떠한 사상(事象)이 전통으로 인정받기 위해서는 역사적 진정성이라 할 수 있는 일정한

---

* 이 글은 『문화역사지리』 제23권 제1호(2011)에 「일본 전통경관의 생산과 변화: 제도적 변천을 중심으로」라는 제목으로 게재된 것을 수정 보완한 것이다.

조건이 필요하다. 역사적 진정성은 시간·고유성·가치 등의 측면에서 정당화되곤 한다. 그런데 전통의 범주에 편입되기 위해서는 어느 정도의 세월이 흘러야 하는가? 혹은 어느 정도까지 고유한 요소를 지녀야 인정받을 수 있는가? 오래되고 고유한 것으로 인정된다 할지라도 바람직하다고 평가되는 것만이 전통으로 인정되는데, 무엇이 바람직하고 가치 있는 것인가? 이러한 질문은 전통으로 정의되기 위해 필요한 역사적 진정성이 상대적이고 협상가능하며 심지어 이데올로기적이라는 점을 암시한다.

경관은 학계는 물론 일반에서도 상당히 오랫동안 사용된 용어이다. 경관은 지리학의 핵심용어로 사용되었으며, 그 외 도시계획·건축학은 물론 문학·식물학 등 다방면에서 사용되어 왔다. 풍경이라는 용어와 치환되기도 하는 경관은 사용하는 사람과 목적에 따라 상의한 의미로 사용되었다. 경관은 물리적 현상을 지칭하는 시각적 개념에서 인간생활의 총체를 의미하는 지리적 개념까지 포괄적으로 사용되고 있다. 경관용어의 상이함은 건축경관·사경(社景)·언어경관·인구경관·심상경관·지역경관 등 다양한 사용법에서도 나타난다. 경관이 가리키는 공간적 범위뿐 아니라 그 의미도 상이하게 정의되고 있는 것이다.

이 글은 일본에서 전통경관이 어떻게 공식적으로 정의되고 생산되어 왔는지, 전통경관과 관련된 법제도의 변천사를 분석하여 통시적으로 추적하고자 하였다. 이 연구의 대상이 되는 제도는 근대 이후 경관을 보존 혹은 관리하기 위해 제정된 법제도다. 2004년 경관법이 제정되기 이전까지 전통경관은 크게 문화재 관련제도와 도시계획 관련 제도 등에 의해 관리되었다(표 1).[1] 주요 법제도를 살펴보면 전통경관의 정의는 크게

---

1) 자연경관과 관련된 주요 법은 1957년 제정된 자연공원법으로, 그 전신은 1931

<표 1> 경관관련 주요 법제도

구분	문화재 관련 제도	도시계획 관련 제도	기타 주요 제도
제 1 기	고사사보존법(古寺社保存法)(1897)		
	사적명승천연기념물보존법(史蹟名勝天然紀念物保存法)(1919)	(구)도시계획법 (풍치지구)(1919) 시가지건축물법 (미관지구)(1919)	
	국보보존법(1929) 중요미술품 등의 보존에 관한 법률(1933)		국립공원법(1931)
제 2 기	문화재보호법(1949) 고도보존법(1966)	건축기준법(1950) - 1963년 개정 (용적지구제도 도입) (신)도시계획법 (1968)	자연공원법(1957) 관광기본법(1963)
	문화재보호법 개정 - 1975 개정(전통적 건조물군 보존제도) - 1996 개정(문화재 등록 제도) 지방자치단체의 경관조례(1968년 이후)	건축기준법 및 도시계획법 1987년 이후 수차례 개정(규제완화) 리조트법(총합보양지역정비법)(1987)	
제 3 기	문화재보호법 개정 - 2005 개정(문화적 경관 제도) 역사마치즈쿠리법(2008)	건축기준법 및 도시계획법 개정(미관지구가 경관지구로 일체화) (2004년)	경관법(2004) 도시녹지법 개정(2004) 자연공원법 개정(2009) 국토형성법(2005) 관광입국추진기본법(2007)

세 시기에 걸쳐 대대적인 변화를 겪었음을 짐작할 수 있다. 먼저 메이지에서 쇼와 전기까지 근대적 법제도가 정비되던 시기, 전통경관의 범주도이에 발맞추어 확립되었다. 전후 경관관련 제도는 격변하여 이전 법제도

년 제정된 국립공원법이다. 자연공원법은 1970년(경관이라는 용어가 처음으로 법률에서 사용)과 2009년(생태계 유지회복 사업)에 주요 개정이 이루어졌는데, 자연경관과 관련된 논의는 본고에서는 생략한다.

를 대신한 새로운 법제도가 수립되었는데 그 안에서 전통경관의 범주도 대대적으로 개편되었고 서서히 확대되었다. 또한 최근 경관법이 제정되면서 전통경관 관련 법제도는 새롭게 정돈되었다.

이 연구는 경관 관련 제도가 격변한 계기가 되었다고 판단되는 전후와 경관법 제정 즈음을 기준으로 시기를 구분하여 전통경관의 정의와 범주를 통시적으로 추적하고자 한다. 다만 이러한 시기는 명확한 시점으로 경계 지을 수 있는 것이 아니며, 오히려 연속되는 가운데 중첩되는 것으로 상정해야 함을 부기한다.

2. 일본의 경관연구: 일본풍경론에서 비판적 경관읽기까지

(1)『일본풍경론』이후 경관연구의 계보

일본에서 근대적 풍경관 형성의 원점으로 평가되는 상징적인 저서는 지리학자인 시가 시게타카(志賀重昂)가 저술한『일본풍경론』이다.[2] 시가는 과학적 시점에 입각하여 일본풍경을 체계적으로 논하고자 하였는데, 특히 일본풍경의 특징을 화산과 하천의 침식이 만들어낸 웅대한 자연환경에서 찾고자 하였다. 이는 그 이전시기까지의 화조풍월(花鳥風月)의 정적이고 정서적인 풍경관과 크게 다른 것이었다.

『일본풍경론』이후에도 일본산악회 초대회장이었던 고지마 우스이(小島烏水)의『일본산수론』, 우에하라 게지(上原敬二)의『일본풍경미론』

---

2) 志賀重昂,『日本風景論』, 政教社, 1894. 일본풍경론은 1894년 초판이 간행되었는데, 이후 1903년까지 제15판이 간행되면서 메이지기의 베스트셀러가 되었다.

등 국토의 풍경미를 과학적으로 설명하고자 한 연구가 이어졌다.[3] 이들 연구는 경관연구의 원점으로 그 의의가 평가되는 한편, 경관을 민족적 특성과 연계시키는 내셔널리즘을 다수 내포하고 다는 점에서 비판받았다.[4]

20세기에 접어들면서 자연경관에 대한 연구는 1931년 국립공원법 제정을 위한 기초적 성격의 연구로 이어졌다.[5] 인문경관에 대한 연구는 다소 뒤늦은 1920년대에 서서히 주목받기 시작하였는데, 당시 연구는 쓰지무라 다로, 辻村太郎)의 『경관지리학강화』에서 보이듯 경관형식에 기반하여 이론을 전개하는 경향이 강했다.[6]

전후에는 자연경관과 인문경관의 유형론을 넘어서 다방면의 이론적 사조 속에서 다양한 경관연구가 진행되었다. 첫째, 경관자원론적 혹은 경관유형론적 연구가 진행되었다. 경관자원론은 환경문제가 대두되면서 도시화의 생태학적 평가를 중심으로 진행되었으며, 경관유형론은 '아름다운 경관은 어떠한 특징을 가지고 있는가'라는 문제설정 속에서 경관유형을 추출하는 연구로 이루어졌다. 둘째, 경관의 시각구조를 해석하거나 심리학적 연구를 응용하는 풍경론이 제기되었다.[7] 풍경론은 '원풍경·심상풍경'에 대한 연구로 진행되었는데, 공간계획의 기초자료로서

---

3) 小島烏水, 『日本山水論』, 隆文館, 1905. 上原敬二, 『日本風景美論』, 大日本出版, 1943. 이 두 저서 모두 러일전쟁과 제2차 세계대전 시기에 발표되었다는 점에서 『일본풍경론』과 유사하게 내셔널리즘과 풍경을 연계시킨 저서라 할 수 있다.

4) 米地文夫, 「北日本の火山に関する志賀重昂日本風景論の記載: 剽窃とその背景としての政治的意図」, 『Journal of policy studies』 1巻 4号, 1999.

5) 예를 들면 本多静六, 『日本森林植物帯論』, 三浦書店, 1912; 田村剛, 『森林風景計画』, 成美堂書店, 1928; 脇水鉄五郎, 『日本風景誌』, 河出書房, 1939 등.

6) 辻村太郎, 『景観地理学講話』, 地人書館, 1937. 쓰지무라는 경작경관, 교통경관, 촌락경관, 도시경관, 공업경관 등 주로 토지이용을 기준으로 경관 특성을 분류하고 고찰하였다.

7) 대표적으로 樋口忠彦, 『景観の構造』, 技報堂, 1975.

경험적 정보를 모색하는 연구, 소설·가이드북·언어를 텍스트로 한 경관이미지를 해독하는 연구 등으로 진행되었다. 셋째, 통계적 수법을 도입한 경관평가론이 경관공학을 중심으로 발달하게 된다. 특히 경관설계를 지원하는 것을 목적으로 하는 다양한 도시계획수법의 연구가 진행되었다. 넷째, 경관보존운동의 고양과 함께 쾌적환경으로서의 경관론 속에서 커뮤니티 생활경론까지 다양한 논의가 발달하였으며, 경관보존 법제도의 확충을 반영하여 전통경관 제도운영에 대한 평가도 활발히 제기되었다.

그러나 그동안 경관개념 자체에 대한 비판적 검토는 상대적으로 미흡했다. 과연 전통경관의 정의는 누구나 동의할 수 있는 것인가? 이들 논의는 전통경관이 명확히 정의내릴 수 있는 실체이자 발견되는 것으로 간주하고 있는데, 과연 그러한가에 대한 검토가 필요하다.

(2) 경관텍스트론과 비판적 경관읽기

21세기 들어서 경관연구에서도 비판적 접근이 제기되었다. 이는 경관을 독해 가능한 텍스트로 간주하고, 그 의미를 읽어내는 접근이다. 특히 근대 일본인의 풍경관 형성의 시작이라 할 수 있는 메이지 시대에서 쇼와 전기에 이르는 시기의 풍경을 비판적으로 해석하고자 한 연구가 제기되었다. 예를 들면 니시다 마사노리(西田正憲)는 세토나이카이(瀬戸内海)를 사례로 메이지 시기 당시 풍경관의 변천과 국립공원 지정에 따른 자연풍경의 시선 변화를 다루었으며, 오노 요시로(小野芳郎)는 고라쿠엔(後楽園)과 세토나이카이를 사례로 풍경의 성립을 둘러싼 정치적 역학관계를 다루었다.[8] 고이즈미 다케에이(小泉武栄)는 『만요슈』(万葉集) 이후 특히 메이지의 풍경관과 천연기념물 보존사상을 분석하였다.[9] 이들 논의는 자연풍경에 주목하고 있는 것이 그 특징이다.

메이지부터 쇼와 초기까지의 전통경관을 재해석하고자 한 연구도 등장했는데, 구로다 노부(黒田乃生)와 오노 료헤(小野良平)는 사적명승 천연기념물 제도 제정 과정을 분석하였으며, 이와타 교코(岩田京子)는 교토 풍치지구의 성립과정을 고찰하였다.[10] 니시무라 유키오(西村幸夫)는 〈고사사보존법〉과 사적보존제도의 성립과정을 장기간에 걸친 연구 속에서 검토하고 있다.[11] 이들 연구는 전통경관의 범주가 수립되던 시기에 대해 풍부한 자료를 제시하고 있다.

한편 오늘날의 전통경관을 대상으로 삼은 연구도 일부 진행되었다. 예를 들면 후쿠다 오사무(福田 理)와 마루야마 야스아키(丸山泰明)는 최근의 경관행정이 경관의 획일성을 야기하고 있다고 비판하였고, 기쿠치 아키라(菊地 暁)는 계단식 논을 사례로 문화적 경관의 정치학을 분석하

8) 西田正憲, 「瀬戸内海の近代的風景の発見と定着」, 『J JILA』 63巻 1号, 1999; 西田正憲, 「自然風景へのまなざしの変遷と新たな風景視点」, 『ランドスケープ研究』 68巻 2号, 2004; 西田正憲, 「自然風景論の基本的諸概念」, 『奈良県立大学研究年報』 16巻 1号, 2005; 小野芳郎, 「田村剛の景観の発見」, 『景観・デザイン研究講演集』 5号, 2009.
9) 小泉武栄, 「日本人の風景観と美的感覚の変遷: 万葉集の時代から現代まで」.
10) 黒田乃生, 小野良平, 「明治末から昭和初期における史蹟名勝天然記念物保存にみる風景の位置づけの変遷」, 『LRJ』 67巻 5号, 2004); 岩田京子, 「風景整備政策の成立過程: 1920-30年代における京都の風致地区の歴史的位置」, 『Core Ethics』 6号, 2010.
11) 西村幸夫, 「建造物の保存に至る明治前期の文化財保護行政の展開: 歴史的環境概念の生成史その1」, 『日本建築学会論文報告集』 340号, 1984; 西村幸夫, 「明治中期以降戦前における建造物を中心とする文化財保護行政の展開: 歴史的環境概念の生成史その2」, 『日本建築学会論文報告集』 351号, 1985; 西村幸夫, 「史蹟保存の理念的枠組みの成立: 歴史的環境概念の生成史その4」, 『日本建築学会論文報告集』 452号, 1993.

였다.[12] 이러한 연구는 유용한 논의를 제공해주는 한편, 특정 시기 특정 사례에 국한되어 전통경관의 흐름을 통시적이고 총체적으로 보여주기에는 한계가 있다.

물론 경관에 대한 통시적 접근도 시도된 바 있다. 니시무라 유키오(西村幸夫)는 메이지 이후 도시경관의 형성을 보존과 파괴의 반복이라는 관점에서 분석하면서 경관 보존을 주장하였으며, 다무라 아키라(田村明)는 아름다운 경관이라는 관점에서 전후 일본 경관을 비판하며 경관 민주주의를 주장하였다.[13] 이들 연구는 흥미로운 통찰을 제시하고 있는데, 다만 저자의 주관에 의거한 논의로, 근거가 불분명하다.

경관연구의 성과에 근거하여 경관사상을 분석한 연구도 다소 진행되었는데, 고토 하루히코(後藤春彦)는 메이지 이후 1990년대까지의 경관사상의 변천을 다섯 시기로 나누어 분석하면서 커뮤니티 경관인 생활경의 재발견을 제창하였으며, 이토 가레(糸賀黎)는 전후 경관연구 계보를 환경문제 동향과 연계하여 서술하였다.[14] 와타나베 아키오(渡部章郎)는 식물학과 문학 연구에서 경관개념의 변화를 연구하였고, 시바타 히사시(柴田久)와 도비 마사토(土肥真人)는 전후 토목, 건축, 조경, 도시계획 분야의 경관연구 동향을 분석하였다.[15] 이들 연구는 경관연구에 대한 흥미

12) 福田理, 「都市景観形成の意義: 景観法の成立と課題」, 『レファレンス』 2005年 2号; 丸山泰明, 「文化遺産化する景観: 観光旅行, 博覧会, 博物館の20世紀」, 神奈川大学21世紀CEOプログラム研究推進会議, 『非文字資料研究の可能性: 岩手研究者研究成果論文集』, 2008; 菊地暁, 「문화적 경관의 정책: 石川県 輪島市 白米의 千枚田를 사례로 하여」, 『한국민속학』 49권 5호, 2009.
13) 西村幸夫, 「都市風景の生成 : 近代日本都市における風景概念の成立」, 『ランドスケープ研究』 69巻 2号, 2005); 田村明, 『まちづくりと景観』, 岩波書店, 2005
14) 後藤春彦, 『景観まちづくり論』, 学芸出版社, 2007); 後藤春彦, 2007, 景観まちづくり論, 学芸出版社; 糸賀黎, 「景観研究の系譜(発展期)」, 『造園雑誌』 50巻 2号, 1986.

로운 분석을 제시하고 있으나, 연구대상이 경관연구 자체에 있어 이 장이 제기한 질문에 대한 대답을 찾기는 힘들다.

이 글은 전통경관의 제도 변천사를 통시적으로 검토함으로써, 전통경관이 무엇으로 정의되고 어떻게 생산·변화되어 왔는지 비판적 경관독해를 통해 추적해보고자 한다.

3. 근대적 전통경관의 형성

메이지 근대국가의 형성과 함께 전통경관은 법 제도를 통해 정의되기 시작하였다. 이 절에서는 먼저 메이지 이전의 풍경관은 어떠한 것이었는지 여러 선행연구를 중심으로 간략하게 개관하고, 이후 근대 풍경관 형성에 막대한 영향을 주었다고 평가되는 『일본풍경론』을 살펴본다. 이후 〈고사사보존법〉, 〈사적명승천연기념물보존법〉, 〈도시계획법〉의 풍치지구와 〈시가지건축물법〉의 미관지구 등을 분석하여 이 시기 법제도에서 전통경관은 무엇으로 정의되었으며, 어떻게 생산되었는지 분석한다.

1) 메이지 이전의 풍경관: 문예적·명소적 풍경

메이지시대(1868~1912)는 경관을 바라보는 시선이 크게 바뀌어 간

---

15) 渡部章郎,「専門分野別による景観概念の変遷に関する研究: 特に植物学系分野, 文学系分野に関して」, 『四天王寺大学紀要』 47号, 2009; 渡部章郎, 進士五十八, 山部能宜, 「造園学分野および工学分野の景観概念の変遷」, 『東京農大農学集報』 54巻 4号, 2010; 柴田久·土肥真人, 「目的別研究系譜からみた景観論の変遷に関する一考察」, 『土木学会論文集』 674号, 2001.

시기이다. 즉 전통적인 보는 방식을 대신하여 새로운 근대의 경관이 발견되고, 경관을 바라보는 오늘날의 시선이 만들어진 시기라 할 수 있다. 메이지시대 이전 일본의 풍경은 주로 신앙의 풍경과 우타마쿠라(歌枕)[16]의 문예적 풍경, 『메이쇼즈카이』(名所図会)[17]의 명소적 풍경으로 구성되어 있었다.

신앙의 풍경은 주로 산악을 중심으로 한 풍경이었다.[18] 고대 사람들은 소박한 자연숭배와 선조숭배에서 산악신앙을 만들어냈다. 화산을 숭배하거나 근처의 산을 가무나비산(神奈備山), 미쿠와리산(水分山)이라 칭하며 산의 신으로 숭배하였다. 이후 중국의 도교사상·불교사상의 영향을 받아 산악은 신선경으로 여겨졌으며, 신불습합(神仏習合)[19] 사상과 연계되면서 산악신앙은 에도시대까지 신앙의 풍경으로 간주되었다.[20] 일례로 『만요슈』에 실린 후지산 풍경은 자연 자체의 아름다움이 칭송된 것이 아니라 자연종교적인 신앙의 대상으로 노래된 것이었다.[21] 후지산은 불로불사의 약이 있다는 신선사상의 봉래산으로, 극락에 이를 수 있는 산악불교의 산으로 여겨졌으며, 여가를 위한 등산의 대상이 아니라 신성함과 외경감의 대상으로 간주되었다.[22]

---

16) 우타마쿠라란, 일본 고유의 정형시인 와카(和歌)를 짓는데 사용된 단어와 소재를 모아 놓은 서적 혹은 와카의 소재가 된 명승지를 지칭한다.
17) 『메이쇼즈카이』는 『겐지모노가타리』(源氏物語) 등의 문학과 고사, 전설의 땅, 절과 신사 등 각지의 명승과 구적을 다룬 서적이다(西田正憲, 「瀬戸内海の近代的風景の発見と定着」).
18) 西田正憲, 「自然風景へのまなざしの変遷と新たな風景視点」.
19) 토착의 신앙과 불교신앙을 엮어 하나의 신앙체계로 재편성하는 것. 일반적으로 일본에서의 신도 신앙과 불교 사이에 일어난 현상을 지칭한다.
20) 西田正憲, 「自然風景へのまなざしの変遷と新たな風景視点」.
21) 小泉武栄, 「日本人の風景観と美的感覚の変遷: 万葉集の時代から現代まで」.
22) 西田正憲, 「自然風景論の基本的諸概念」.

한편 8세기 말『만요슈』가 편찬된 이후, 우타마쿠라의 문예적 풍경이 일본의 전통적 풍경이 되었다. 이러한 문예적 풍경은 흔히 화조풍월, 백사청송(白砂靑松) 등으로 요약된다. 특히 헤이안 시대에 편집된『고킨와카슈』(古今和歌集)에 수록된 와카(和歌)는 화조풍월을 노래한 것으로 섬세하고 가냘픈 노래가 많았다. 봄의 벚꽃과 가을의 낙엽을 특히 아름다운 것으로 간주했던 헤이안 시대의 귀족문화적 감각은 감상적·개인적·비행동적 성격이 강한 것이었다.[23] 고대에서 근세에 이르기까지 정치·문화의 중심지는 나라와 교토였는데, 이 지역의 온화한 자연환경으로 정적이고 정서적인 풍경관이 형성되었다고 설명되곤 한다.[24] 이 시기의 시선으로 바라본다면, 현재의 국립공원인 다이세쓰잔(大雪山), 시레토코(知床), 쿠시로(釧路) 습원, 미나미 알프스(南アルプス) 등은 아름다운 경관이 아닌 불모의 땅으로 평가될 것이다.

　한편 에도시대에 이르러서는『메이쇼즈카이』의 풍경이 유행하면서, 각지의 명승과 구적을 다룬 명소적 풍경이 정착되었다. 이 시기에는 일본삼경·일본팔경·오우미팔경(近江八景)·혼초십이경(本朝十二景) 등이 선정되면서 화조풍월 이외의 새로운 풍경이 발견되게 되었다. 에도시대의 이러한 변화는 목판화를 사용한 출판문화의 발달과 함께, 다이묘(大名)의 참근교대(參勤交代) 제도가 그 계기가 된 것이라 할 수 있는데, 교통로가 해안을 따라 정비되었기 때문에 명승으로 선정된 곳도 모두 해안경관에 한정되어 있었다.

　이러한 명소경관은 중국문화권의 영향 속에서 선정된 것이었다. 고

---

23) 小泉武栄, 「日本人の風景観と美的感覚の変遷: 万葉集の時代から現代まで」.
24) 油井正昭, 「景観研究の系譜(胎頭期)」, 『造園雑誌』, 50巻 2号, 1986.

이즈미는 에도시대에 일본3경이라 불리던 마쓰시마(松島)・아마노하시다테(天橋立)・이쓰쿠시마(厳島)는 모두 바위섬이나 모래톱에 소나무가 서있는 풍경이었다고 지적하며, 이러한 아담한 아름다움은 명백하게 중국적인 미적 감각에서 온 것이라고 지적하고 있다.[25] 니시다는 세토나이카이(瀬戸内海)가 전통적인 풍경에서 근대적 풍경으로 전환되는 과정을 설명하고 있는데, 조선통신사가 절찬했던 세토나이카이의 풍경은 서호팔경(西湖八景) 등 중국문화의 영향 하에서 정형적으로 나타나는 풍경의 보는 방식이었으나, 메이지 이후 다도해적 풍경이 새롭게 발견되었다고 한다.[26] 니시다는 이러한 풍경의 변화를 전통적 풍경, 즉 은유에 의한 '의미의 풍경'에서 근대적 풍경, 즉 '시각의 풍경'으로 전환된 것이라고 고찰하고 있다.[27]

〈그림 1〉 일본 삼경. 미야기현 마쓰시마(松島)(왼쪽), 교토부 아마노하시다테(天橋立)(가운데), 히로시마현 이쓰쿠시마(厳島)(오른쪽)
　　　※ 출처: plaza.rakuten.co.jp; wearebearz.com; mblog.excite.co.jp

---

25) 小泉武栄,「日本人の風景観と美的感覚の変遷: 万葉集の時代から現代まで」,『東京学芸大学紀要3部門』53号, 2002, 137-156쪽.
26) 西田正憲,「瀬戸内海の近代的風景の発見と定着」.
27) 西田正憲,「自然風景へのまなざしの変遷と新たな風景視点」.

현대일본의 전통문화 : 새로운 과거 오래된 현재

2) 시가 시게타가의 『일본풍경론』: 근대적 풍경관으로 전환

메이지시대 일본의 전통적 풍경관은 근대적 풍경관으로 전환되었는데, 앞서 언급했듯이 그 상징적인 저서가 지리학자 시가 시게타카의 『일본풍경론』이었다. 『일본풍경론』은 1894년 초판이 간행되었는데, 이후 1903년까지 제15판이 간행되면서 메이지시대의 베스트셀러가 되었다. 『일본풍경론』이 일반인의 풍경관에 큰 영향을 주었기에, 일본의 근대 풍경론은 시가에서 시작되었다고 평가된다.[28] 시가의 『일본풍경론』은 자연경관에 대한 과학적 시점에서의 고찰에 입각하여 일본의 풍경을 체계적으로 논한 것이었다.

『일본풍경론』을 계기로 일본인의 풍경에 대한 인식은 크게 변모하게 된다. 문예적 풍경이 시각적 풍경으로 전환된 것이다. 과학적 용어로 설명되면서, 현전하는 시야에 들어온 풍경이 중요시되었기 때문이다. 풍경은 지형·지질·식생 등의 용어로 설명되었고, 그 결과 전설속 풍경이 아닌 침식지형 등이 흥미로운 풍경으로 평가되었다. 이는 이전시기와 다른 일본적 풍경의 특징이 부여되었음을 의미한다. 『일본풍경론』은 화조풍월의 정적이고 정서적인 풍경이 아닌, 화산과 하천의 침식이 만들어낸 웅대한 자연환경을 일본의 특징으로 부각시켰다. 시가는 일본풍경의 특징으로 숙주(瀟酒)·미(美)·질탕(跌宕)을 꼽고 있는데, 숙주란 산뜻하고 맑은 시원스럽고 질이 좋은 상태를 지칭하며, 질탕이란 세세한 일에 얽매이지 않고 모연한 모습을 지칭한다. 시가는 일본이 길이가 긴 섬나라이기 때문에 해양의 영향이 강하고, 이에 따라 기후가 다양하고, 동식

---

28) 渡部章郎, 「專門分野別による景観概念の変遷に関する研究: 特に植物学系分野, 文学系分野に関して」.

물 종류가 풍부하며, 화산맥이 발달하여 지형의 경사가 급하여 하천의 침식작용이 활발하다고 설명하며 웅대한 자연경관이 일본적 특성임을 설명하였다. 시가는 "웅대한 자연경관을 통해서 일본풍토의 생명력·발전력·활력을 강조"하고자 하였던 것이다.[29] 흥미로운 점은 일본인은 벚꽃이 일본인의 성향을 대표한다고 여기지만, 당시 시가는 벚꽃이 아닌 송백이 일본인의 천성이라고 주장하였다는 점이다. 시가는 송백은 토양이 소량이고 주위 환경이 나쁘더라도, 절벽이나 험한 석면이라도 뿌리내리고 풍우와 빙설을 참아 살아나가기 때문이라며 송백이야말로 일본인의 성격을 대변한다고 주장하였다.

한편 『일본풍경론』이 발간되어 베스트셀러가 된 시기는 청일전쟁과 러일전쟁으로 내셔널리즘이 고양되던 시기였는데, 『일본풍경론』도 이 내셔널리즘을 반영하고 있다. 시가는 민족과 민족의 고유문화는 지리적 특징과 서로 유기적으로 연계되어 있다고 설명하며, 풍경과 민족을 연짓고자 하였다. 즉 일본의 지리적 환경 속에서 긴 역사적 과정을 거쳐 야마토 민족의 국민성이 발전해왔다는 것이다. 시가에게 풍경이란 국민의 정신적 통일의 상징이었으며, 일본의 풍경은 정신문화에 대해서도 적극적인 의미를 지닌 것으로 세계에서 가장 뛰어난 것이었다.[30] 시가는 향토에 대한 애착심을 애국심으로 연결시키고자 하였다. 시가는 향토의 풍경을 국토의 관점에서 평가하고 질서를 부여하고자 하였는데, 이는 후지산을 기준으로 일본의 산을 통일적으로 보려고 한 점에서도 잘 드러난다.[31] 후지산에 대한 애착은 국가에 의한 국민교화의 수단으로 받아들여

---

29) 帆苅猛, 「近代風景観の成立とナショナリズム: 志賀重昂の日本風景論を中心として」, 『関東学院大学人間環境研究所所報』 4号, 2005.
30) 後藤春彦, 『景観まちづくり論』.

져 현재까지도 영향을 미치고 있다.

3) 〈고사사보존법〉(1897)

오늘날 성곽과 절·신사의 경관은 지극히 일본적인 전통경관으로 인식되고 있다. 그런데 메이지유신 직후를 상상하면 상황은 전혀 달라진다. 에도막부의 질서를 대신하여 들어선 메이지 정부가 이전 권력의 상징적인 경관을 전통으로 묵묵히 수용하기는 힘들었을 것이다. 실제로 메이지유신 이후 태정관 포고 신불분리령(神仏分離令)이 내려져 절이 폐합(廢合)되었고, 에도시대 지니고 있었던 다양한 특권이 폐지되었다. 1871년 판적봉환(版籍奉還)의 연장선으로 내려진 〈사사령상지령〉(寺社領上知令)[32]은 경내를 제외한 모든 절·신사의 토지를 국유화하는 것이었는데, 이에 의해 대부분의 절과 신사는 경제적 기반을 상실하게 되었다. 또한 1873년 태정관 포달(布達)에 의해 144성 19요해 126진야(陣屋)의 폐성이 결정되었고, 성곽의 대부분은 민간에 불하되어 개발이 추진되었다.[33]

---

31) 시가는 중국의 풍경에 대해 광대하지만 단일하고 살풍경하며 정취가 부족하다고 주장하였다. 당시 지리학자였던 우치무라 간조(内村鑑三)는『일본풍경론』이 청일전쟁의 적이었던 중국에 대한 격렬한 적개심을 표출한 전체적으로 애국심에 의해 왜곡된 것이라고 비평하였다고 한다. 즉 세계에는 나이아가라나 아라비아 사막 등 일본에 보이지 않는 미(美)가 있다며 시가의 논의를 반박했었다고 한다(帆苅猛,「近代風景観の成立とナショナリズム: 志賀重昂の日本風景論を中心として」).

32) 에도시대에는 인정되었던 사원과 신사의 영지(寺社領)가 1871년(메이지 4년)과 1875년(메이지 8년)의 두 차례의 상지령(上知令)에 의해 몰수되었다. 폐번치현(廃藩置県)에 따라, 사원과 신사의 영지를 주는 주체였던 다이묘 권력이 소멸되었기 때문에, 그 법적 근거가 사라졌으며, 토지세 개정에 따라 모든 토지에 세금을 부과하는 원칙이 세워지면서, 절과 신사의 영지를 포함한 모든 토지에 대해 면세특권이 파기되었다(http://ja.wikipedia.org).

33) 西村幸夫,「都市風景の生成 : 近代日本都市における風景概念の成立」.

에도막부의 산물은 봉건제의 구폐를 상징하는 것으로 여겨지면서 대거 사라지게 되었다.

그러한 가운데 1897년 절·신사의 보존을 꾀하는 〈고사사보존법〉 (古社寺保存法)이 성립되었다. 고사사보존법은 1871년 〈고기구물보존 방〉(古器旧物保存方)과 1890년 〈고사사보존금 제도〉를 거쳐 성립된 법 이었다. 고사사보존금 제도[34]는 상지령에 의해 유지관리가 어려워진 사 사(寺社) 재산의 유지관리를 지원하기 위해 제기된 제도였다. 제도의 목 적이 사사제도의 존속에 있었기 때문에, 문화재 보호보다는 재산의 보충 이 일차적인 목표가 되었다. 고사사보존제도의 배경에는 경제적 문제 이 외에 정치적 이유도 존재했다. 즉 "[고사사는] 인민이 귀향할 곳으로, 귀 향의 후함과 박함은 정치상 영향"을 주는데, 특권을 상실하여 이미 정치 적으로 위험하지 않은 존재가 된 절·신사를 너무 몰아세울 경우 오히려 역효과가 나타날 수 있다는 것이었다.[35] 이처럼 그 성립과정을 살펴보면, 고사사보존법은 단순히 문화재보호의 측면에서 제정된 것이 아니라, 종교 행정에서 기인한 경제적·정치적 이유에서 제정된 측면이 강함을 알 수 있다.

고사사보존법의 대상은 무엇이었는가. 고사사보존법에서는 "고사사 에서 그 건조물 및 보물을 유지·수리할 수 있도록 보존금의 출원을 내 무대신이 할 수 있으며"(제1조), "국비로 보조·보존해야 하는 사사의 건

---

34) 고사사보존금 제도는 메이지 13년~메이지27년까지 시행된 것으로, 539여 사찰 에 121,000엔을 교부하고, 그 보존금의 이자를 사찰 건축의 유지 수리에 사용 하게 한 제도였다(福島正樹, 「新しい文化財保護のあり方: 文化財保護法の改正 をめぐって」, 『文化財信濃』 31巻 4号, 2005).
35) 西村幸夫, 「建造物の保存に至る明治前期の文化財保護行政の展開: 歴史的環境 概念の生成史その1」.

축 및 보물은 역사의 증징(證徵), 유서의 특수 또는 제작이 우수한 것을 고사사보존회의 자문으로 내무대신이 정하게" 하였다(제2조). 또한 "특히 역사의 증징 또는 미술의 모범이 되는 것을 특별보호건축 및 국보 자격을 부여"할 수 있게 하였다(제4조). 즉 고사사보존법의 대상으로 정의되어 법제도상 가장 먼저 전통으로 인정받은 것은 절·신사의 건축과 물건이었다. 이는 이것이 가장 소중한 전통이었기 때문이 아니라, 앞에서도 살펴보았듯이 일련의 정치·경제적 상황 때문이었다.

그런데 고사사보존법에서 오래된 절과 신사는 어떻게 규정되고 있었는가. 고사사를 명확하게 정의하고, 그 보존을 의식한 일본 최초의 법령은 1878년 제출된 내무성 달을(達乙) 제41호이었다.[36] 이는 사사 경내를 민유지로 변경하는 것을 일정조건 하에 허가한 것이었는데, 단, "분메이(文明) 18년 이전에 창립된 사사는 민유지로 변경할 수 없다"고 규정되었다. 분메이 18년은 1486년으로 당시 대략 400년 이전에 건립된 것을 상정하였음을 의미한다.[37] 한편 20년 뒤 고사사의 정의에 변화가 생기는데, 오래된 절과 신사가 아닌 '황실과 유서 깊은 절과 신사'를 중시하는 천황 중심 사고가 등장하게 되었다.[38] 이는 당초 정치적 이유에서 절과 신사의 경영비 보충을 목적으로 제기된 제도가 이후 전통보호의 성격으

---

36) 西村幸夫, 「明治中期以降戦前における建造物を中心とする文化財保護行政の展開: 歴史的環境概念の生成史その2」.

37) 단, 이 때 400년 이전이라는 규정은 건축물의 건설연도가 아닌 조직의 건립연도에 적용된 기준이었다. 문화재로서 건축을 보호하는 것이 목적이 아니라, 사사제도를 보존·유지하는 것이 그 목적이었기 때문이다.

38) 1895년 내무성이 정한 '고사사보존금출원규칙'에서 400년 이전이라는 규정이 사사의 '창립'에서 건축의 건설연대의 문제로 바뀌었으며, 보호해야 할 대상의 강조점도 "역사가 오래된 절과 신사"에서 "황실과 유서가 깊은 절과 신사"로 바뀌었다(西村幸夫, 「明治中期以降戦前における建造物を中心とする文化財保護行政の展開: 歴史的環境概念の生成史その2」).

로 전환되는 과정에서 나타난 변화였다.

〈그림 2〉 절과 신사는 가장 먼저 전통경관의 범주에 포함되었다. 사진은 교토시 구라마(鞍
馬) 기부네(貴船) 신사(왼쪽)와 군마의 하루나(榛名) 신사(오른쪽) (필자 촬영)

4) 〈사적명승천연기념물보존법〉(1919년)

1919년 〈사적명승천연기념물보존법〉이 제정된다. 현 〈문화재보호
법〉의 전신인 이 법은 1900년대 전후 사적 및 천연기념물의 보존을 꾀하
려는 움직임에서 출발하였다. 사적을 보존하려는 움직임은 지식인을 중
심으로 향토운동의 일환으로 각지에서 전개되었으며,[39] 천연기념물의
보존은 도쿄제국대학 식물학 교수였던 미요시 마나부(三好学)[40]를 중심
으로 제창되었다. 특히 미요시는 개발로 인해 향토의 천연물이 사라져가

---

39) 당시에는 『역사지리』(歴史地理, 1899), 『제국고적취조회회보』(帝国古蹟取調会
会報, 1900), 『사적명승천연기념물』(史蹟名所天然記念物, 1914), 『역사와 지리』
(歴史と地理, 1917) 등의 학술잡지가 창간되었는데, 이들 저널에는 각지에서
사적 보존을 목적으로 하는 다양한 활동이 기재되고 있어, 사적보존이 "근시
(近時)의 유행"이었음을 보여주고 있다(西村幸夫, 「史蹟保存の理念的枠組みの
成立: 歴史的環境概念の生成史その4」).
40) 일본에서 '경관'이라는 용어는 지리학자 쓰지무라 타로가 『경관지리학강화』(景
観地理学講話, 1937) 에서 사용하면서 널리 보급되어 정착되었는데, 쓰지무라
에 의하면, 일본에서 경관이라는 용어를 가장 먼저 사용한 학자는 미요시 마나
부(三好学)로, 1902년 『식물생태미관』(植物生態美観)에서 독일어 'landschaft'의
번역어로 경관이라는 용어를 사용한 것이 효시라고 한다.

는 것을 안타까워하며 일본에 천연기념물 보존사업을 도입할 필요가 있다고 제언하였는데, 이후 사적 부문이 결합되면서 민간단체인 〈사적천연기념물보존협회〉가 출범하게 되었다.[41] 보존협회에 참가한 전문연구가들은 천연기념물 후보 선정을 위한 조사와 계몽활동에 임하였고,[42] 1911년 〈사적 및 천연기념물 보존에 관한 건의안〉을 제국의회 귀족원에 제출하였다. 이 건의안이 법으로 성립되면서 사적명승천연기념물에 대한 조사가 국가사업으로 행해지게 된 것이었다.

일반적으로 사적명승천연기념물법은 청일·러일 전쟁 후 급속한 국토개발 속에서 파괴되어 간 사적·천연기념물을 지키기 위해 제정된 것이라고 설명된다. 그러나 사적명승천연기념물 보존운동은 비록 애향운동에서 출발한 것이었으나, 점차 내셔널리즘을 강화하는 하나의 수단으로 조직화되어갔다. 이는 사적명승천연기념물이 대상으로 하는 전통의 변화에서도 나타난다.

사적명승천연기념물법의 보존대상은 현재 문화재보호법의 '기념물'로 계승된 문화재인데,[43] 그러나 세부요목에 따르면 구체적인 대상은 현

---

41) 보존협회 활동은 당초 순수하게 민간의 명사에 의한 활동이었으나, 〈사적명승천연기념물보존법〉이 제정된 후 정부가 그 활동을 떠맡게 되어 국가주도에 의한 '국민교화' 수단으로 사적명승천연기념물 보존체계가 완성되게 된다(目代邦康, 「史蹟名勝天然紀念物と昭和初期の日本の自然保護運動」, 『学芸地理』 54号, 1999).

42) 篠田真理子, 「学術的意義と地域性との隘路: 大正期の天然紀念物調査報告に基づいて」, 『生物学史研究』 65号, 2000.

43) 문화재보호법에서 기념물은 "패총, 고분, 도성적, 성적, 구택, 기타 유적으로 일본에서 역사상 또는 학술상 가치가 높은 것, 정원, 교량, 해빈, 산악 기타 명승지로 일본에서 예술상 또는 관상상 가치가 높은 것 및 동물(생식지, 번식지 및 도래지를 포함), 식물(자생지를 포함) 및 지질광물(특이한 자연 현상이 발생하는 토지를 포함)로 일본에서 학술상 가치가 높은 것"으로 정의되어 있다(제2조)

재와는 사뭇 다르다. 가장 큰 차이점은 '천황 관련 사적'에 있다. 1920년 제정된 〈사적명승천연기념물보존요목〉은 가장 먼저 보존해야 할 대상으로 "도성적, 궁적, 행궁적(行宮跡), 기타 황실에 관계 깊은 유적"을 제시하고 있다.[44] 당시 내무성은 황실 관계 사적을 필두에 둔 이유를 "일본은 제외국과 달리 위로 천양무궁(天壤無窮)의 황실을 받들고 있다. 따라서 일본국민이 보존해야 할 사적 중 가장 소중한 것은 황실관계의 것이 되어야 한다. 그러므로 보존요목의 첫 번째로 황실관계의 사적을 놓은 것이다"라고 설명하고 있는데,[45] 즉 보존대상의 기준을 황국사관에 입각한 가치관에 따라 제시하였던 것이다.[46] 이에 따라 당초 천연기념물 보존을 중심으로 제안되었던 사적천연기념물보존법은 사적 중심으로 나아가 메이지천황의 성적(聖跡) 중심으로 변질되게 되었다.

특히 그 소관이 내무성에서 문부성으로 이관된 것을 계기로, 1930년 메이지천황 성적의 현창(顯彰), 1940년 진무천황(神武天皇)의 성적 조사 등이 국가적 사업으로 적극 추진되었다.[47] 그러나 종전 후 GHQ는 〈사적명승천연기념물조사회〉를 긴급 소집하였고, 메이지 천황의 성적 등

---

44) 文化財保護委員会,『文化財保護のあゆみ』, 大蔵省印刷局, 1960.
45) 西村幸夫,「史蹟保存の理念的枠組みの成立: 歴史的環境概念の生成史その4」
46) 한편 천황 관계의 '고적'을 필두에 둠으로써 사적의 보존에 논리적 근거가 생겼기 때문에, 기념협회에 참가하였던 많은 전문가와 지식인이 이에 동조했다는 의견도 있다(西村幸夫,「史蹟保存の理念的枠組みの成立: 歴史的環境概念の生成史その4」).
47) 小野芳郎,「田村剛の景観の発見」. 메이지 천황 성적의 사적 지정은 1933년 개시되었는데, 점차 역대 천황 성적의 사적 지정으로 확대되었다. 전시 시국이 악화됨에 따라, 기념물 보호 행정이 축소되고, 1943년 내각결의안으로 '명승' 및 '천연기념물'의 지정사무는 중지되었으나, '사적' 지정 사무는 여전히 존속되었다(西村幸夫,「史蹟保存の理念的枠組みの成立: 歴史的環境概念の生成史その4」).

총 377건을 일괄 해소하였다. 결과적으로 전후 일본의 문화재보호 행정은 '사적' 보호 이념의 전부를 부정하면서 재출발하게 된 것이다.[48]

5) 풍치지구와 미관지구

1919년 도시계획의 틀을 정하는 법규로 〈(구)도시계획법〉과 〈시가지건축물법〉이 제정되어, '풍치지구'와 '미관지구' 제도가 성립되었다.[49] 풍치지구가 실제로 지정된 것은 1926년이었는데, 도쿄의 메이지진구(明治神宮) 주변이 첫 번째 풍치지구로 지정되었다.[50] 지정이유는 "환경의 풍치를 유지하여 진구(神宮) 숭배의 뜻을 완성하기 위함"이었다.[51] 메이지진구는 민중에게 참배되기 위해서 교통편이 좋은 시가지 가까이 입지할 필요가 있었으나, 천황은 신성함 그 자체였기 때문에, 기념품점·건축·간판·휴게소 등 세속을 기피할 필요도 있었다. 그러나 진구 주변의 토지를 매매하는 것은 비용이 많이 들었기 때문에, 풍치유지를 위한 합법적인 방법으로 풍치지구가 채택되었던 것이다.[52]

풍치지구는 이후 1930년 교토와 도쿄에서 지정된 후 전국으로 확산

---

48) 西村幸夫,「史蹟保存の理念的枠組みの成立: 歷史的環境概念の生成史その4」.
49) 풍치지구는 1968년 (신)도시계획법에서도, "도시의 풍치를 유지하기 위해 정한 지구"로 정의되어(제9조 22), 현재까지도 운영되고 있다. 미관지구는 경관법 시행으로 경관지구로 일체화되어 현재에 이르고 있는데, 그 명확한 정의는 제시된 적이 없었다. 현재는 대체로 풍치는 자연적·전통적 경관, 미관은 도시적·서구적 경관이라는 뉘앙스로 사용되곤 한다.
50) 정확하게는 참도(參道)와 내외원 연락도(内外苑連絡道) 연안이다.
51) 種田守孝, 篠原修, 下村彰男,「戰前期における風致地区の概念に関する研究」,『造園雑誌』52巻 5号, 1989.
52) 古賀史朗,「風致の聖と俗」; 原田勝正·塩崎文雄 편,『東京·関東大震災前後』, 日本経済評論社, 1997; 原 泰之·小野良平·伊藤 弘·下村彰男,「戰前期における風致地区制度の位置付けに関する歷史的考察」,『LRJ』, 69巻 5号, 2006에서 재인용.

되었다. 그런데 1930년대 이후 지정된 풍치지구는 초기에 지정된 메이지진구와 다소 성격이 다르다. 1930년 지정된 풍치지구 중 다마고료(多摩御陵)는 다이쇼천황의 능으로 메이지진구와 마찬가지의 목적을 지니고 있었지만, 그러나 그 외의 풍치지구는 대부분 연못과 강을 중심으로 하는 자연풍경지로, 시가지 근교의 행락지로 이용되었던 지역이었다(표 2). 이러한 경향은 이후에도 지속되어 1933년 도쿄에서 지정된 풍치지구는 모두 무사시노(武蔵野)의 자연풍경지로(표 3), "풍요로운 무사시노의 향토풍경을 보존하는 이상적인 주택지" 구성을 목적으로, 양호한 주택지나 이미 택지화 결정이 된 장소가 지구로 지정되었다.[53] 교토의 경우도 풍치지구는 임야경영(사사림(寺社林)의 유지관리)뿐 아니라 공중위생과 관광산업을 목적으로 지정되었다.[54] 즉 1930년대 풍치지구는 행락지·별장지·교외·공원 등 도시계획의 일환으로 지정되는 것으로 그 성격이 바뀌었다고 할 수 있다. 이는 제1차 세계대전을 통해 공업화가 비약적으로 진행되면서 시가지가 확대되고 교외주택지가 개발되어 가던 당시의

〈표 4〉 전쟁 전 구 도시계획법에 근거하여 도쿄에서 지정된 풍치지구

	지정시기	풍치지구	주요 지정이유
1차	1926.9	메이지진구(明治神宮)	신역의 보존
	1930.4	다마고료(多摩陵)	
2차	1930.10	센조쿠(洗足), 젠부쿠지(善福寺), 샤쿠지이(石神井), 에도가와(江戸川)	무사시노 고지(武蔵野 台地)와 수변(水郷) 경관 유지
3차	1933.1	다마가와(多摩川)·와다보리(和田掘)·노가타(野方)·오이즈미(大泉)	무사시노 경관 보존과 전원주택지 육성

자료: 東京都, 『都市計画概要』(1997).

---

53) 種田守孝, 篠原修, 下村彰男, 「戦前期における風致地区の概念に関する研究」.
54) 岩田京子, 「風景整備政策の成立過程: 1920-30年代における京都の風致地区の歴史的位置」.

시대적 배경을 반영한 것이라 할 수 있다.

한편 미관지구는 풍치지구보다 다소 늦은 1933년 황거(皇居) 주변을 대상으로 처음으로 지정되었다. 미관지구 지정의 계기가 된 사건은 경찰청 청사 망루 문제였다. 관동대지진 후 시가지의 본격적인 재건이 진행되던 가운데, 당시 경찰청 신청사에 10~11층 높이의 망루가 계획되어 신축되기 시작했다. 이에 망루가 황거를 부감하게 된다는 것이 문제로 등장하였고, 궁내성의 사전협의 요청, 〈도시미협회〉[55]의 철거 청원서 등에 의해 경찰청 망루는 10m를 단축하는 것으로 설계가 변경되었다.[56] 이 사건은 단적으로 미관지구가 황국사관과 연계되어 있었음을 보여주는 사례라 할 수 있다. 다이쇼기 이후 쇼와 초기에 이르기까지, '기원(紀元) 2600년'을 맞이하여 개최가 예정되었던 도쿄 올림픽(1940년)·만국박람회 등을 배경으로,[57] 미관은 '국위선양의 도구'[58]로서 천황제와 강

---

55) 시카고 박람회(1893년)를 계기로 하는 20세기 초두 미국 도시미 운동의 영향을 받아, 1926년 도시미 연구 및 계몽·보급 활동을 목적으로 '도시미 협회'가 설립되었다. 이를 계기로 도시미라는 용어가 일반에 널리 보급되었으나, 그 활동 자체는 당시 군부의 태두라는 시대적 배경 하에서 천황제의 유지·강화를 위해 도시공간을 컨트롤 하는 것에 이용될 위험을 안고 있었다(後藤春彦, 『景観まちづくり論』)

56) http://ud.t.u-tokyo.ac.jp/project/p98/marunouchi/keikan/history1.html

57) 鈴木伸治, 『東京都心部における景観概念の変遷と景観施策の展開に関する研究: 東京美観地区を中心として』, 東京大学博士論文, 1999.

58) 미관은 메이지 초기부터 국위선양의 도구로 사용되어 왔다. 1872년 대화재 이후 '긴자 렌가로(煉瓦路)'가 그 상징적인 사업이다. 당시 메이지 정부는 불평등조약 개정을 추진하기 위해 외국에게 체면상 중앙집권적 통일국가를 반영한 도시경관을 보여줄 필요가 있다는 판단 하에 도쿄 전체를 기와 가옥으로 만들어 불연화하는 방침을 세웠다. 그러나 긴자 렌가로 건설 이후, 대장성과 도쿄부(당시)의 내분, 주민의 저항, 렌가(煉瓦) 건축의 기능적 문제(누수·통풍·습기 등)로 계획구역은 긴자 및 신바시(新橋)의 매립지로 한정되었고 대폭 축소되었다. 그 후에도 1988년 시구개정을 시작으로 히비야(日比谷)의 관청 집중계획, 마루노우치(丸の内) 렌가로 건설 등이 진행되었는데, 이러한 미관 정비 사

하게 연결되었다. 전쟁 전까지 미관지구는 오사카시의 미관지구를 제외하고는 황거와 천황릉(天皇陵) 주변에 한정되어 있었다. 풍치지구가 첫 지정 이후 점차 도시계획수단으로 바뀌어 간 것에 비해 미관지구는 천황제를 중심으로 한 당시의 사회체제를 유지·강화하기 위한 "위정자의 프로퍼갠더" 수단으로 이용되었다고 할 수 있다.[59]

〈그림 3〉 가장 먼저 지정된 메이지진구 주변 풍치지구와 황거 주변 미관지구
※ 출처: http://ja.wikipedia.org/

결론적으로, 제1기는 메이지에서 쇼와 전기에 이르는 시기로, 각 제도들이 도입되고 정비되던 시기였다. 이 시기에 성립된 고사사보존법, 사적명승천연기념물보존법, 풍치지구와 미관지구 등을 살펴보면, 제도에 따라 또한 시대적 배경에 따라 다소간의 성격 차이는 존재하지만, 이 시기의 전통경관은 국가주의 경관이었다고 설명가능하다.

업은 국가의 위신을 내외에 나타내기 위한 것이었다(後藤春彦, 『景観まちづくり論』, 学芸出版社, 2007).
59) 後藤春彦, 『景観まちづくり論』.

4. 경제성장과 전통경관의 생산

전후 일본의 전통경관 관련 법제도는 천황제를 지지하는 국가주의
적 시선에서 벗어나 근본적으로 재구축될 필요가 있었다. 이 절에서는
전후부흥에서 고도성장기와 버블경제기 전후를 분석하여 전통경관이 어
떻게 새롭게 해석되고 정의되었는지 고찰하기로 한다.

1) 〈문화재보호법〉의 제정과 문화재 범주의 확대

2차 대전 동안 국보와 사적의 지정·관리 사무를 제외한 문화재 행
정은 모두 중지되었다. 그러나 전후 문화재보호행정은 곧 재개되어, 1947
년 5월에는 황실박물관이 문부성 소관의 국립박물관으로 개칭되었고 사
적명승천연기념물·중요미술품 지정 사무를 담당하게 되었다.[60] 그러던
가운데 1949년 호류지(法隆寺) 금당벽화가 소실되는 사건이 일어났다.
화재의 원인은 누전이었는데, 일부를 제외한 벽화 12면이 소실되었다.[61]
이 사건을 계기로 '문화재'라는 개념 하에, 〈국보보존법〉·〈사적명승천
연기념물보존법〉을 통일한 〈문화재보호법〉(1949년)이 성립되었다.

문화재보호법은 1954년 1차로 개정되었는데, 문화재는 유형문화재
·무형문화재·기념물·민속문화재로 구분되었으며, 그 중 중요한 것이
각각 중요유형문화재·중요무형문화재·특별사적명승기념물·중요민
속문화재로 지정되었다. 또한 중요유형문화재 중 특히 중요한 것은 국보
로 명명되어 등급화되었다.(〈그림 4〉).[62] 이러한 문화재 분류에서 특이

---

60) 福田理, 「都市景観形成の意義: 景観法の成立と課題」.
61) 昭和毎日 (http://showa.mainichi.jp/news/1949/01/post-f6e9.html) 기사 참조. 호
류지는 1993년에 세계문화유산으로 등록되었다.

한 점은 이전에 없었던 민속문화재라는 범주가 등장하였다는 점이다. 이전 유형문화재와 무형문화재가 "우리나라에 있어서 역사상 예술상 가치가 높은 것"으로 정의된 것에 비해, 민속문화재는 "우리 국민의 생활의 추이를 이해하기 위해서 결여될 수 없는 것"으로 정의되었는데, 이는 위정자의 문화가 아닌 일반 대중의 문화가 문화재의 관점에서 중요하게 다뤄지게 되었다는 점에서 그 의의가 있었다고 할 수 있다.

문화재보호법이 제정된 이후 문화재 범주는 꾸준히 확대되어 왔다. 1975년에는 〈전통적 건조물군 보존지구〉가 문화재에 포함되었으며, 1996년에는 〈문화재 등록제도〉가 실시되면서 등록유형문화재라는 범주가 신설되었다. 이후 2005년 등록문화재는 기념물과 유형민속문화재로 확대되었으며, 문화적 경관이라는 범주가 새롭게 부가되었다. 이하 각 절에서 문화재 범주가 확대된 경위와 시대적 맥락을 고찰하고자 한다.

---

62) 참고로 현재 〈문화재보호법〉 제2조의 정의에 따르면, 유형문화재는 "건축·회화·조각·공예품·서적·전적(典籍)·고문서 기타 문화적 소산으로 우리나라에 있어서 역사상 또는 예술상 가치가 높은 것(일체를 이루어 그 가치를 형성하고 있는 토지 기타 물건을 포함) 및 고고자료, 기타 학술상 가치 높은 역사자료", 무형문화재는 "연극·음악·공예기술 기타 무형의 문화적 소재로 우리나라에서 역사상 또는 예술상 가치가 높은 것", 민속문화재는 "의식주·생업·신앙·연중행사 등에 관한 풍속관습·민속예능·민속기술 및 이에 사용되는 의복·도구·가옥 기타 물건으로 우리 국민의 생활의 추이를 이해하기 위해 결여될 수 없는 것", 기념물은 "패총·고분·도성적·성적·구택·기타 유적으로 우리나라에 있어서 역사상 또는 학술상 가치가 높은 것, 정원·교각·협곡·해안·산악·기타 명승지로 우리나라에서 예술상 또는 관상상 가치가 높은 것 및 동물(생식지, 번식지 및 도래지를 포함)·식물(자생지를 포함) 및 지질광물(특이한 자연 현상을 만들어내는 토지 포함)로 우리나라에서 학술상 가치가 높은 것", 문화적 경관은 "지역에 있어서 사람들의 생활 또는 생업 및 해당지역의 풍토로 형성된 경관지로 우리 국민의 생활 또는 생업의 이해를 위해 결여될 수 없는 것", 전통적 건조물군은 "주변의 환경과 일체를 이루어 역사적 풍치를 형성하고 있는 전통적인 건조물군으로 가치가 높은 것"으로 정의된다.

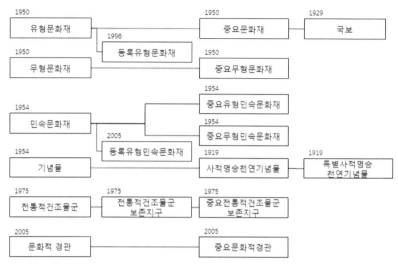

〈그림 4〉 문화재보호법의 문화재 분류 변화

2) 역사적 경관 보존제도

1960년대 역사적 경관의 보존을 둘러싼 논쟁이 제기되면서 고도(古
都) 보존이 문제가 되기 시작하였다. 대표적인 것이 교토타워 논쟁이다.
1963년 착공된 교토타워는 건설당초부터 '도지(東寺)'의 탑보다 높은 건
물을 세우는 것에 대한 반대가 제기되었고, 고도인 교토에서 이러한 건
물이 필요한가에 대해 찬반논쟁이 오랫 동안 진행되었다.[63] 이 사건을
계기로 〈고도보존법〉[64]이 1966년 성립되었다. 고도보존법에서 정의하
는 고도는 "왕시(往時)의 정치, 문화의 중심 등으로 역사상 중요한 지위
를 갖는 교토시·나라시·가마쿠라시 및 정령에서 정하는 기타 시정촌"

---

63) 결과적으로 당시 높이 제한이 엄격했던 건축물이 아닌 공작물로 교토타워는
    건설되었다.
64) 정식명칭은 〈고도에 있어서 역사적 풍토 보존에 관한 특별조치법〉이다.

으로, 역사적 풍토는 "역사상 의의를 지닌 건조물·유적 등이 주위의 자연적 환경과 일체를 이루어 고도의 전통과 문화를 구현 및 형성하고 있는 토지 상황"으로 정의되어 있다(제2조). 이러한 정의는 고도보존법에 의해 '전통경관'이 직접적인 관리대상으로 포섭되었음을 보여준다.

한편, 교토·나라·가마쿠라 등 고도보존법이 대상으로 하는 지역 이외에서도 시민들의 주체적인 역사적 마치나미(町並み) 보존운동이 진행되었고, 보존조례가 제정되기 시작하였다. 대표적으로 나카센도(中山道)의 쓰마고(妻籠)의 마치나미 보존운동을 들 수 있다. 나가노현(長野県)에 있는 쓰마고는 메이지 이후 철도교통에서 멀어지면서 숙박지(宿場)로서의 기능을 상실한 이후 이렇다 할 산업없이 쇠퇴의 길을 걷게 되었다. 그러나 1965년 관광개발의 일환으로 집락을 보존하자는 논의가 시작되면서 1968년 쓰마고쥬쿠(妻籠宿) 보존사업이 실시되게 되었다. 지역주민은 '쓰마고를 사랑하는 모임'을 설립하고 '팔지 않고 빌려주지 않고 붕괴하지 않는다'라는 원칙을 공유하면서 쓰마고의 경관보존 사례는 전국적으로 유명해졌다.[65] 1968년에는 〈가나자와시(金沢市) 전통 환경 보존조례〉와 〈구라시키시(倉敷市) 전통미관 조례〉가 제정되었고, 1972년에는 〈교토시 시가지 경관 조례〉가 제정되어 역사적 경관의 보존을 향한 움직임이 가속화되었다. 결국, 1977년 문화재보호법의 개정으로, 〈전통적 건조물군 보존지구〉는 법적 근거를 갖게 되었고, 전국 각지에서 전통적 건조물 보존지구가 선정되었다. 경관조례는 1971년 처음 제정된 이후 1980년대 후반부터 급속히 증가하여 2002년 경관조례를 제정한 시정촌수는 445개에 이르고 있다.

---

65) 쓰마고 관광협회 홈페이지 참조(http://www.tumago.jp/hozon.html).

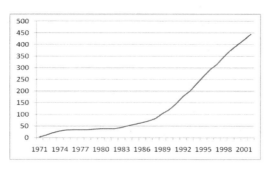

〈그림 5〉 시정촌 경관조례 제정수 추이
※ 자료: 国土交通省, 『土地白書』(2003)

〈그림 6〉 역사적 경관 보존운동과 관련된 대표 지역. 왼쪽은 교토(도지(東寺) 너머로 교토 타워가 보인다), 가운데는 구라시키 미관지구, 오른쪽은 쓰마고의 마치나미
※ 출처: www.city.kyoto.lg.jp; http://k-brand.city.kurashiki.okayama.jp/kankou; http://www.tumago.jp.

　　이러한 역사적 경관에 대한 제도는 개발과 보존이라는 대립도식으로 설명된다. 고도경제성장기의 급속한 도시화로 무차별적인 스프롤(sprawl)과 난개발이 초래되었고, 이에 대한 반성으로 인간 본래의 생활을 직시하는 열쇠로 경관의 중요성이 부각되었다는 것이다.[66] "마치나미는 모두의 것"임을 주장했던 역사적 마치나미 보존운동은 고도경제성장으로 "마치나미가 서서히 사라지는 희생을 겪은 뒤 지켜내야 하는 도시풍경의 공공성"이라는 가치를 겨우 깨닫게 되면서 제기된 운동이었다.[67] 고도보존법과 마치나미 경관조례, 전통적 건조물군 보존지구 등 1960~

---

66) 柴田久・土肥真人, 「目的別研究系譜からみた景観論の変遷に関する一考察」.
67) 西村幸夫, 「都市風景の生成：近代日本都市における風景概念の成立」.

70년대의 성과는 문화재 보호대상을 점에서 면으로 전환하였다는 점에서도 그 의의가 높게 평가되곤 한다.

그런데 이러한 일련의 변화의 배경으로 개발과 보존이라는 이분법 이외에 두 가지 요소를 더 지적할 수 있다. 첫째, 역사적 경관의 보존은 단순한 개발에 대항한 보존이 아닌 개발의 또 다른 방법을 추구한 것이라는 점이다. 역사적 경관 보존은 관광개발을 의도하며 진행되었다. 1965년 고도보존법을 제안하면서 다나카 이사지(田中伊三次) 의원은 "역사적 풍토는 널리 전 국민에게 친밀할 뿐 아니라, 외국 사람들도 중요한 관광자원으로 높게 평가하고 있다"고 인정하는 동시에 "저속한 오락·관광시설·공장 등 그 환경에 어울리지 않는 택지 조성·건물 건설계획이 무분별하게 진행되고 있어, 고도의 고유한 풍치경관이 현저하게 파괴되고 있다"고 설명하고 있는데,[68] 이는 고도보존법이 관광산업의 개발을 염두에 두고 제정되었음을 보여준다. 나아가 앞서 예로 든 쓰마고의 사례도 마치나미 보존운동은 관광산업을 전제로 진행되었다.[69] 마치나미 보존운동은 단순한 현상 동결이 아니라, "보존을 통해 관광산업을 일으키고 경제를 진흥하자"고 주장으로 정당성을 획득하였다.[70] 이는 역사적 경관의 보존이 단순히 개발과 보존의 이분법에서 출발한 것이 아니며, 경제적 상황에서 자유로운 것도 아니었음을 보여준다.

---

68) 寺前秀一, 『観光政策学』, イプシロン出版企画, 2007.
69) 사실 이전 시기 제정된 풍치지구 역시 관광산업에 기여하기 위해 만들어진 측면을 지니고 있었는데, 풍치지구는 현상변경 금지를 원칙으로 하면서도 반드시 필요한 개발은 부정되지 않았으며, 1934년 발행된 팜플렛에서는 지구지정의 목적을 "풍경을 자본화하는 것"이라고 설명하고 있었기 때문이다(岩田京子, 「風景整備政策の成立過程: 1920-30年代における京都の風致地区の歴史的位置」)
70) 조아라, 「문화관광지의 문화정치와 정체성의 사회적 구성: 일본 홋카이도 오타루의 재해석, 제도화, 재인식」, 『대한지리학회지』 44권 3호, 2009.

둘째, 이전시기와 마찬가지로 경관보존이 애국심의 고양으로 연결되었다는 점이다. 1964년 일본은 OECD에 가입하였고 도쿄올림픽을 개최하였으며, 1968년 세계 2위의 GNP를 자랑하게 되었다. 고도의 경제성장을 통해 전후 상실된 국민적 자부심은 서서히 회복되었다. 이러한 시대적 배경 하에서 제정된 고도보존법은 "우리나라 고유의 문화적 유산으로 국민이 함께 그 혜택을 향수하고, 후대의 국민에게 계승해야 마땅한 고도의 역사적 풍경을 보존하기 위해 국가 등이 강구해야할 특별한 조치를 정하고, 이로써 국토애의 고양에 기여함과 동시에 널리 문화의 향상 발전에 기여하는 것을 목적"(제1조)으로 내세웠다. 요약하면 교토·나라·가마쿠라의 경관 보존을 통해 국토애를 실천하겠다는 것이다. 고도보존법으로 교토·나라·가마쿠라는 일본의 국가성(nationhood)을 정의하는 일본 영토의 진수로 간주되었고, '우리 역사유적'의 증거를 체험할 수 있도록 경관 보존이 꾀해지게 되었다.

전통적 건조물군 보존지구는 지방의 특성을 살린 마치즈쿠리를 의도하며 시작된 것이었다.[71] 그러나 문화재보호법에 포함된 이후 보존지구의 전통경관도 국가정체성에서 자유로울 수 없었다. 역사적 경관은 '가치'가 있을 때 보존지구로 정의되게 되는데, 문화재보호법 상 그 가치를 평가하는 주체는 국가이며 가치의 기준도 국가적 문화이기 때문이다. 전통적 건조물군 보존지구는 1980년대에 이르기까지 각지에서 지정되었는데, 이들 지구는 흔히 절·신사·무사가(武士家)와 마치나미(町並み)

---

71) 전통적 건조물군 보존지구는 지자체의 경관조례가 국가의 법제도의 개정을 초래하는 원동력이 되었다는 점에서 그 의의가 크다. 즉 국가에서 일방적으로 내려진 법제도가 아닌 상향식으로 전개되었다는 점에서 지방의 시대를 여는 계기로 평가된다.

등 스테레오타입으로 구성되었다. 절·신사는 '와(和)'라는 일본적 가치를 대표하며,[72] 무사가는 용맹스러운 정신(大和魂)을 상징한다. 결과적으로 보존지구가 보여주는 역사적 경관은 진정한 일본으로 이상화된 경관이었다. 역사관광지로서 고도(古都)와 전통적 건조물군 보존지구는 국가의 핵심을 구체화함으로써, 관광객에게 국가와 국민에 대한 신체적·경험적인 연계를 제공하게 된다. 관광객은 과거를 재현하는 관광지를 방문함으로써 공통된 기억·문화를 지니고 있다는 것을 인식하게 되는 것이다.[73]

〈그림 7〉 성과 전통적 건조물. 위는 오카야마성(岡山城)과 내부에 장식된 갑옷 및 히메지성(姬路城) 내부의 총기장식, 아래는 마쓰에(松江) 전통적 건조물군 보존 지구에서 재현된 무사가 (필자 촬영)

72) Graburn, N, *To Pray, Pay and Play: The Cultural Structure of Japanese Domestic Tourism*, Aix-en-Provence: Centre des Hautes Etudes Touristique, Cahiers du Tourism, 1983.
73) 역사관광지의 이러한 특성에 대한 더 자세한 논의는 Palmer, C., "Tourism and the symbols of identity," *Tourism Management*, vol. 20, no. 3, 1999; Sternberg, E., "The iconography of the tourism experience," *Annals of Tourism Research*, vol. 24, no.4, 1997 등을 참조.

3) 도시계획제도

도시계획제도는 전통경관을 적극적으로 평가하지 않았다. 1960년대부터 시작된 인구의 급격한 도시집중은 무계획적으로 교외를 확대시켰고, 지가도 고양시켰으며, 계획적인 도시정비도 어렵게 만들었다. 이러한 상황에서 1963년 〈건축기본법〉 개정으로 용적지구가 도입되면서, 기존의 절대높이 규제가 철폐되고 용적률에 의한 밀도규제가 도입되었다. 이로 인해 31m 이상의 건축 건설이 가능해지게 되었고, 도시건물의 고층화가 초래되었다. 용적률제도의 도입은 당시 도시로의 인구집중과 지가고양으로 토지의 유효활용과 입체적인 도시 건설을 요망하는 건설업계・경제계의 목소리가 높았기 때문이었다. 그러나 용적률제도가 도입되면서 도시의 스카이라인의 유지가 어려워져 도시경관을 황폐화시켰다는 비판도 제기되었다.[74]

이처럼 도시화를 지향하는 도시계획 속에서 전통경관이 중요하게 다뤄지게 된 초기 대표적인 사례로 마루노우치의 미관논쟁을 꼽을 수 있다. 미관논쟁은 1964년 도쿄해상화재가 초고층 본사빌딩의 신축을 계획하면서 시작되었다.[75] 당시는 일률적으로 31m 높이로 정해져 있던 높이제한을 대신하여 용적률제도가 도입되던 시기였다. 도쿄해상화재의 계획에 대해, 도쿄도(東京都)는 '미관지구조례' 제정을 시도하며 건설에 반대하였다.[76] "황거를 내려다보는 것은 불경"이라는 것이 반대의 주요 이

---

74) 西村幸夫, 「都市風景の生成 : 近代日本都市における風景概念の成立」.
75) 당초 안에서는 지상 30층 높이 127m의 건물이었는데, 결국 25층 99.7m로 수정되었다. 이후 마루노우치 일대 건물은 약 100m 높이로 짓는 것이 불문율처럼 적용되었다.
76) 도쿄도의 미관지구조례는 두 번의 보류 끝에 결국 폐기되었는데, 당시 건설상(建設相)이 도입한지 얼마 되지 않은 용적률 제도를 적극 활용하고 싶다는 입

유였다.[77] 결과적으로 도쿄해상화재는 기존 계획보다 20m 낮아진 설계 안을 제출하였고, 이것이 인정되어 1974년 착공되었다. 결과적으로 마루 노우치 미관논쟁은 전통경관에 대한 배려가 아니라 황거의 상징성이 문제가 되었던 사건이었다.

<표 5> 도시계획제도의 주요 개정

연도	법제도	내용
1961	건축기준법	특정지구 제도 도입, 높이제한 철폐
1963	건축기준법	용적지구제도 도입
1974	도시계획법, 건축기준법	개발행위 정의, 시가지개발사업예정구역, 공업전용지구 건폐율 강화
1987	건축기준법	규제완화(제1종 주거전용 지역 12m로 높이제한 완화, 경사제한 완화, 준방화지역의 목조건물 높이 제한 완화(3층))
1987	리조트법	총합보양지역정비법 제정.
1988	도시계획법, 건축기준법	재개발지구계획제도 도입, 기존 용도지역제한을 백지로 하고, 계획규제의 대폭완화를 가능하게 함.
1990	도시계획법, 건축기준법	완화형 계획제도 (주택지 고도 이용지구, 용도별 용적형 지구계획 등)
1994	건축기준법	주택 지하실을 용적률 산정에서 제외. 그 후 이 규정을 악용한 경사면 공동주택 증가
1997	도시계획법, 건축기준법	고층주거유도지구, 규제완화책(공동주택의 복도·계단 용적률 불산입 등)
2000	도시계획법, 건축기준법	도시계획구역 마스터플랜, 도시계획구역 외에 개발허가제 적용, 준도시계획구역제도 등

※ 자료: 石田賴房,『日本近現代都市計劃の展開: 1868-2003』, 自治體硏究社(2004).

장에서 조례의안 제출을 보류하도록 요구하였기 때문이었다고 한다. 그러나 건설상도 이후 도쿄해상화재 빌딩 건설을 찬성하는 입장에서 건설을 반대하는 입장으로 전환하게 된다.

77) 西野智博, 鵜沢隆, 「丸の内美観論争と京都景観論争について」,『学術講演梗概集』, F-2, 建築歴史・意匠, 2005.

한편 1970년대 중반 용적률과 건폐율이 일시적으로 강화되었던 시기를 제외하면, 도시계획법과 건축기준법에서는 일관되게 규제완화가 이루어졌다(표4). 이러한 규제완화는 특히 1987년 〈리조트법〉 제정과 맞물리면서 대대적인 경관재편으로 이어졌다.

　1980년 후반에는 버블경제라는 시대적 배경 속에서 "경관이란 노력과 시간과 자본을 투자해서 만들어내는 것"이라는 사고가 팽배해졌다.[78] 이러한 사고 하에 중앙정부와 지자체의 경관 정비 사업이 전국 각지에서 실시되었다. 학계에서는 통계학적 방법론, 정보처리기술의 진전에 힘입어 조작적(operationalism) 경관연구가 크게 발전을 이루었다.[79] 당시 경관연구는 경관구성요소 분석과 경관평가의 객관적 지표화 등이 중심이 되어 진행되었고, 이러한 방법론적 접근은 도시계획수법으로 확립되어 갔다. 그러나 결과적으로 이는 경관양식을 고정화시킴으로써, 마치나미를 획일화시키고 혹은 미니어처로 만들어버리는 문제를 양산했다.[80] 역앞의 건물·교외의 주택군 등 획일화된 풍경이 대량 양상된 것이다. 과학 실증주의에 근거한 조작적 사조는 역사적 경관에도 적용되었다. 보전지구의 정형적인 구성도 이러한 조작적 사조의 성과로 이루어진 것이다. 경관을 아름답게 조작한다는 것은 무엇을 강조하고 무엇을 배제하는가의 문제로 이어진다. 경관연구에서 도출된 객관적인 지표는 사실상 객관적인 것이 아닌 이데올로기적이었던 것이다.

　조작적 경관은 지역진흥의 수단으로 활용되면서 더욱 두드러지게

---

78) 西野智博, 鵜沢隆, 「丸の内美観論争と京都景観論争について」, 『学術講演梗概集』, F-2, 建築歴史・意匠, 2005.
79) 糸賀黎, 「景観研究の系譜(発展期)」.
80) 柴田久・土肥真人, 「目的別研究系譜からみた景観論の変遷に関する一考察」.

나타나게 되었다. 1980년대 국가는 〈도시경관모델사업〉을 개시하였고,[81]
1989년 〈고향사업〉(ふるさと創生事業)을 계기로 전국적으로 도시경관
형성계획 기본계획의 책정·심벌로드(symbol road) 정비·모델지구사업
이 추진되었다. 경관사업은 1990년대에도 지속되었는데 일련의 경관사
업이 진행되면서 정형화된 경관이 전국적으로 나타나게 되었다. 한편
1990년대가 되면 경관정비의 경제효과가 더욱 중요시되게 되었는데, [82]
이는 더 많은 경제적 효과를 초래하기 위해서 어떻게 경관을 만들어야
하는가라는 이슈를 제기했고, 그 결과 눈에 잘 띄는 화려한 외관을 갖춘
경관 치장에 각종 사업이 치중되면서, 빈약한 경관을 양성하는 문제로
이어졌다.[83]

전후부터 고도성장기를 거쳐 버블경제기에 이르는 시기는 이전 시
기에 제정된 제도들이 새롭게 정비되고 확대되던 시기였다. 문화재보호
법은 1949년 제정된 뒤 1975년(전통적 건조물군 보존제도), 1996년(문화
재 등록제도), 2005년(문화적 경관제도) 개정으로 그 틀이 크게 확대되었
다. 문화재보호법과는 별도로 1966년에는 고도보존법이 수립되었고,
1968년 가나자와시 〈전통 환경 보존조례〉 이후 전국의 지방자치단체로
경관조례의 제정이 확산되었다. 그러나 이 시기 단순히 전통경관 범주가
확대되기만 한 것은 아니었는데, 규제완화를 동반한 도시계획 수법의 확

---

81) 1978년 고베시는 역사적 마치나미뿐 아니라 고베다운 경관을 '지키고, 기르고,
   만든다'는 개념을 제기하며 〈도시경관조례〉를 책정했는데, 이 조례가 국가의
   〈도시경관모델사업〉의 계기가 되었다.
82) 문화청이 1997년 발간한 「문화의 경제적 효과에 대한 조사연구」에서 단적으로
   나타나듯, 경관을 비롯한 문화자원의 경제화는 더욱 촉진되고 있다(友岡邦之,
   「地域社会における文化的シンボルと公共圈の意義: 自治体文化政策の今日的課
   題」, 『地域政策研究』 8巻 3号, 2006).
83) 西村幸夫, 「都市風景の生成 : 近代日本都市における風景概念の成立」.

립 속에서 전통경관은 '과거 그대로의 경관'이 아니라, 시간과 자본을 투자하여 아름답게 '만들어내는 경관'으로 재편되어간 것이다.

5. 〈경관법〉과 문화적 경관의 정치

법제도 측면에서 전통경관 정의의 획기적 변화는 21세기에 나타났다. 2004년 직접적으로 경관 자체를 다룬 최초의 법규인 〈경관법〉이 제정되었다. 다음으로는 경관법 제정의 배경과 그 내용을 분석하여, 이 시기 전통경관에 대한 정의가 어떻게 변화하였는지, 이러한 변화는 무엇을 의미하는지 고찰해보고자 한다.

1) 경관법 제정의 배경

(1) 경관보존제도의 한계의 극복

경관법 제정의 직접적인 배경으로 지방자치단체의 경관조례가 지닌 한계가 지적된다. 1990년대 경관에 대한 관심이 증가하면서 지자체의 경관조례도 증가하였으나, 경관조례는 법적 강제력이 없었다. 헌법에서 보장하는 재산권을 제약할 권한이 없었기 때문에, 대부분의 경관조례는 지도·권고제도에 의거하여 경관을 규제하고 있었다. 경관법 제정 이전에 경관은 환경권이라는 시점에서 검토되었다. 즉 주거환경에 걸맞지 않은 건물이나 역사적 환경을 파손하는 개발행위를 규제하기 위한 근거로 환경권 침해라는 논리가 제기된 것이다. 그러나 환경권 논리로는 "재산권 제약은 전국에서 평등하게 취해져야 한다"라는 헌법 14조 1항의 논리에 승소할 수 없었고, 결국 경관조례는 법적 구속력이 없는 행정지도를 중심으로 할 수밖에 없었다.[84] 사업자가 행정지도에 불복해도 강제적인 처분은 불가능했으며, 그 결과 각지에서 경관논쟁이 제기되었다.

1990년대 대표적인 논쟁으로 '구니타치(国立) 맨션 소송'을 들 수 있다. 1999년 메이와지소(明和地所, 개발업체)는 구니타치시의 대학로 부근 약 18,000㎡ 부지에 18층 높이 53m의 고층 분양맨션을 건설하겠다고 발표하였다.[85] 이 대학로는 대학도시로 조성된 구니타치의 상징으로 여겨지던 공간으로, 벚꽃 가로수 경관을 지키기 위해 그 동안 건물 높이를 20m 이내로 억제하는 자기규제가 이루어졌던 곳이었다.[86] 이 계획이 알려진 뒤 고층 맨션 건설 반대운동이 제기되었고, 시정부도 〈구니타치시 도시경관형성 조례〉에 의거하여 행정지도를 하였으나 효력은 없었다. 시정부는 지구계획을 변경하여 높이 20m 이상의 건물 건설을 규제하였으나 이미 메이와지소는 도쿄도의 허가를 받은 후였다. 인근 주민들은 2000년 도쿄지방재판소에 건축금지 가처분 요청을 하였으나 건축기준법을 위반한 부적격 건물이 아니라는 점에서 각하되었고, 주민은 다시 항소하였으나 환경권 침해의 인내한도를 넘어선 것이 아니라며 기각되었다. 그러나 2001년 14층 높이 44층의 맨션이 완성된 후, 주민은 다시 높이 20m 이상 부분의 철거를 요구하는 민사소송을 제기했고, 2002년 12월

---

84) 縣幸雄, 「財産としての文化的景観: 景観法との関係において」, 『法律論叢』 79 巻 2-3号, 2007.
85) 福田理, 「都市景観形成の意義: 景観法の成立と課題」.
86) 구니타치시는 1989년 용도지구를 변경하면서 이 대학로 부근 상업지의 고도규제를 철폐하고 용적률을 대폭 완화하였고, 이에 1990년대 이후 고층건물의 건설계획이 지속적으로 제시되어 분쟁이 제기되었다. 1994년 시민의 경관조례 제정 직접청구가 이루어졌으며(시의회 부결), 1998년에는 〈도시경관형성조례〉가 제정되었다.

도쿄지방재판소는 이 건물이 법률상 위법은 아니지만 이전부터 지역주민이 노력하여 경관을 형성해왔기에 '경관이익'이 존재한다고 하며 철거를 명령하였다.[87] 이 판결은 경관이익을 인정한 첫 번째 사례로 전국적인 주목을 모았다. 그럼에도 불구하고 결과적으로 2004년 도쿄고등재판소는 경관을 지역주민의 개별적 권리로 해석할 수 없다고 하며 주민 청구를 기각했다.

〈그림 8〉 구니타치(国立) 경관 논쟁 지역.
왼쪽은 맨션 건립 이전의 벚꽃 거리, 오른쪽은 건립 이후의 모습.
※ 출처: nakamuratakao.sblo.jp; uraken.net

구니타치의 경험처럼 경관조례의 한계가 명확히 나타나면서, 경관법을 요구하는 움직임이 높아졌다. 그 결과 경관법이 제정되면서 경관법에 의해 '양호한 경관'의 이익이 인정되었으며, 건물 등의 규제에 법적 근거가 생겼고 위반시 벌칙을 부과할 수도 있게 되었다. 경관법과 함께 도시계획법이 개정되면서 도시계획의 지역지구로 경관지구가 규정되었으며, 건축기준법도 개정되어 경관지구에서 건축물을 규제할 수 있게 되었다. 경관법 107조에서는 이를 위반한 자에 대해 50만 엔 이하의 벌금을 처한다는 규정도 설치되었다.[88]

---

87) 平成14年12月18日判決言渡(http://www.courts.go.jp).

경관법 제정 이전까지는 일부 지방자치단체에서 경관조례나 경관정책을 실시하는 경우에 그쳤으나, 경관법이 제정된 이후 전국 각지에서 경관정책에 임하는 사례가 크게 증가하였다. 국토교통성에 따르면, 2010년 2월 시점 경관행정단체는 434단체이며, 그 중 경관계획을 책정한 단체는 214단체에 이르고 있다.

(2) 관광입국전략: 신성장전략과 국가 자존심

경관법 제정을 지지한 또 다른 배경이 관광진흥이었다. 2003년 1월 고이즈미 준이치로(小泉純一郎) 수상 아래에서 〈관광입국 좌담회〉(觀光立国座談会)가 열리면서, 관광은 국가적 정책 목표로 제시되었다. 2003년 7월에는 〈관광입국행동계획〉(観光立国行動計画)이 작성되었으며, 2006년 〈관광입국추진기본법〉(観光立国推進基本法)이 제정되었고, 2008년 10월에는 '관광청'이 발족하였다. 관광입국 전략 속에서 경관정비는 이를 이루는 중요한 수단으로 제시되었다.[89]

관광입국을 국가적 정책으로 내세우게 된 배경으로는 먼저 지역진흥 수단으로 관광산업의 역할이 중요해졌다는 점을 들 수 있다. 1990년대 이후 심각해진 지방의 인구경제적 과제로 관광산업은 주요한 지역개발 수단으로 더욱 주목받게 되었다. 즉 인구증가를 기대할 수 없는 상황

---

88) 물론 경관법이 경관 문제를 모두 해결한 것은 아니었다. 일례로 중요 문화적 경관의 선정 대상은 지자체의 신청에 의거하여 이루어지는데, 주민의 동의를 얻은 곳만 신청되기 때문에, 반드시 중요한 경관이 선정되는 것은 아니며, 또한 보존이 필요한 문화적 경관의 경계도 합리적으로 선정되기는 않기 때문이다.

89) 2003년 7월 책정된 '관광입국행동계획'은 관광입국을 이루는 중요한 수단으로 경관정비를 제시하며, 향후 실시해야 하는 조치 중 하나로 경관에 관한 기본법제의 정비를 언급하였다.

에서 지역개발의 목표는 정주 인구 증가에서 교류 인구 확보로 전환되었으며, 지방의 기간산업이 쇠퇴하면서 관광이 유력한 혹은 유일한 지역 활성화 수단으로 여겨지게 된 것이다.[90] 특히 중국 관광객의 증가와 함께 관광은 경제발전의 주요 성장산업으로 자리잡았다. 2009년 12월에 각의 결정된 〈신성장전략 기본방침〉에서도 관광산업은 6개의 신성장전략 분야 중 하나로 자리매김 되었다.[91]

관광입국의 배경에는 국가 자존심 문제도 있었다. 관광의 수급 불균형 문제가 국가 자존심 문제로 사회적 이슈가 되었던 것이다. 관광입국 정책은 기본적으로 대외적 관계를 중시한 것이었다. 이는 "약 500만 명에 그치고 있는 방일 외국인 여행자를 2010년까지 1,000만 명으로 배증시키는 것을 목표로 한다"는 고이즈미 수상의 2003년 시정방침 연설에서도 잘 나타난다.[92] 2006년 제정된 〈관광입국추진기본법〉에서는 "외국인 관광객수 상황도 국제사회에서 우리나라가 점하는 지위에 걸맞은 것이 아니다"라며 국가 자존심적 측면을 지적하고 있다.[93]

90) 조아라, 「일본 지방도시의 문화전략과 지역다움의 논리」, 『한국지역지리학회지』 14권 5호, 2008.
91) 경제적 목적을 달성하는 수단으로서 경관정비는 2007년도 국토교통성이 감수한 『경관형성의 경제적 가치 분석에 관한 검토보고서』에서 잘 나타난다(財団法人都市づくりパブリックデザインセンター, 『景観形成の経済的価値分析に関する検討報告書』, 2007).
92) 2009년 현재 일본인 해외여행자수는 약 1,544만 명인데 반해 방일 외국인 여행자수는 679만 명에 그치고 있다. 방일 외국인 여행자수는 2008년 835만 명으로 최고조에 달했으나, 세계적 불황과 엔고 등으로 인해 2009년 다소 감소하였다. 외국인 해외여행자수의 국제 순위를 보면, 2007년도 현재 독일이 1위로 7천만 명이 넘는 여행자가 방문하고 있으며, 이어서 영국, 미국, 폴란드, 중국 순이다. 일본은 세계 15위를 기록하고 있다(国土交通省, 『観光白書』, 2010).
93) 寺前秀一, 『観光政策学』.

2) 〈경관법〉의 목적: 지역의 매력과 일본의 매력

2004년 제정된 경관법의 핵심은 지역의 개성을 살린 경관만들기를 전 국토적 차원에서 정비하고자 한 것이었다. 경관법 제1조는 "일본의 도시·농산어촌 등에서 양호한 경관형성을 촉진하기 위해 경관계획 책정 등 기타 시책을 총합적으로 강구함으로써, 아름답고 풍격(風格)있는 국토의 형성, 윤택하고 풍요로운 생활환경의 창조 및 개성적이고 활력 넘치는 지역사회의 실현을 꾀하고, 이로써 국민생활 향상 및 국민경제와 지역사회의 건전한 발전에 기여하는 것을 목적으로 한다"고 밝히고 있다. 즉 경제적인 측면, 삶의 질의 측면과 함께 지역의 아름다운 경관을 조성하여 아름다운 국토를 만들자는 논리로 전개되고 있다.

그런데 여기서 이야기하는 아름다운 경관은 무엇인가. 경관법은 제2조 기본이념에서 "양호한 경관은 지역의 자연·역사·문화 등 사람의 생활·경제활동 등과의 조화에 의해 형성된 것(제2항)"이며 "지역의 고유한 특성과 밀접하게 관련된 것(제3항)"이라고 정의하면서, 양호한 경관을 보존하고 창출해야 한다고 주장하고 있다. 이는 마치 다원주의적인 아름다움을 옹호하는 것으로 보인다. 그러나 실제로 지역의 개성은 국토의 차원에서 자리매김 된 것이라는 점에서 다원주의로 간주하기에는 무리가 있다. 이는 지역의 개성을 아름다운 경관으로 정의하는 계보를 고찰하면 보다 명확하게 드러난다.

우선 문화정책의 측면에서 1998년 문화청의 〈문화진흥을 위한 마스터플랜〉은 "문화는 본질적 가치를 지니고 있으며, 국가적 특성을 부여하고 나라의 주춧돌이 되는 것"이라 설명하며, 문화 강국이 되고자 하는 국가적 열망 속에서 지방문화에 중요성을 부여하였다. 이러한 시각은 2003

년 설립된 문화청의 문화정책위원회가 2005년 출판한 보고서 〈지방문화로 일본 부활(Revitalization of Japan with Local Cultures)〉이라는 제목에서도 나타난다. 이 보고서에서 지방 문화는 '일본적 가치와 공동체감을 풍만하게 하는 것'으로 정의되었는데, 이는 지역의 강조가 일본다움이라는 시점 속에서 제기된 것임을 보여준다.

2003년 책정된 〈관광입국행동계획〉은 1지역 1관광을 추진하고 있는데, 1지역 1관광이란 각 지역이 각각이 지닌 매력을 자주적으로 발견하고 높이고 경쟁함으로써, 국민이 스스로 살고 있는 곳의 매력을 발견하고 점검하는 것을 촉진하는 시책이다. 그러나 1지역 1관광을 제시하고 있는 장의 제목 '일본의 매력·지역의 매력 확립'에서 보이듯, 지역의 매력은 궁극적으로 일본의 매력이 되는 것을 목적으로 하는 것이다.[94]

경관법 제정에 앞서 2003년 7월 국토교통성이 발표한 〈아름다운 나라 만들기 정책대강〉에서도 사정은 마찬가지이다.[95] 정책대강의 전문은 "…(경제발전으로) 사회자본은 어느 정도 양적으로는 충족되었으나, 우리 국토는 국민 한명 한명에게 정말로 매력적인 것일까"라는 반성에서 출발하여, 국토를 국민의 자산으로 하여 전 국민이 아름다운 국토만들기를 향해 나아가자고 제안하고 있다. 여기에서도 지역의 경관은 전 국토적 차원에서 자리매김 되고 있다. 즉 일련의 정책 속에서 지역의 고유성은 일본의 고유성으로 자연스럽게 연계되고 있으며, 아름다운 경관은 논쟁의 여지가 없는 것으로, 명확한 미추의 기준을 일본인이라면 누구나 다 알고 있는 것인 것처럼 제시되고 있다.

---

94) 観光立国関係官僚会議, 『観光立国行動計画』, 2003.
95) 国土交通省, 『美しい国づくり政策大綱』, 2003.

그러나 아름다운 경관에 대한 정의는 마찰이 있을 수밖에 없다. 최근 들어 도심 재개발 사업으로 즐비하게 늘어서고 있는 고층건물 혹은 포스트모던 건물의 미추는 선호도에 따라 의견이 나뉜다. 에도의 풍정이 남아있는 공간으로 각광받는 목조건물도 내진의 입장에서 보면 극히 위험한 건물이다. 나아가 지역에 살고 있는 다양한 공동체 중 어느 공동체의 경관이 보다 아름다운 경관인가를 결정하는 문제도 갈등의 대상이 된다. 화려한 서구식 경관인가, 가난한 판자촌의 경관인가? 노인의 경관인가 청소년의 경관인가, 혹은 다수민족의 경관인가, 소수민족의 경관인가? 이러한 갈등은 경관법에서 전혀 언급되지 않고 있다. 이는 경관법이 정의하는 경관 개념의 특성에서 기인된 문제이다.[96]

3) 문화적 경관의 특성

(1) 문화적 경관의 정의

경관법 제정과 함께 새롭게 문화재의 범주에 들어선 개념이 문화적 경관이다. 경관법 제정에 따라 2005년 문화재보호법이 개정되면서, 문화적 경관은 새로운 문화재의 한 유형으로 신설되었다. 문화재보호법 제2조에서 문화적 경관은 "지역 사람들의 생활 또는 생업 및 해당지역의 풍토로 형성된 경관지로 우리 국민의 생활 또는 생업의 이해를 위해 결여될 수 없는 것"으로 정의되고 있다. 또한 경관법에 의거한 경관계획 혹은

96) 한편, 정책대강은 전문에서 아름답지 못한 경관으로 "도시에 전선이 늘어서있고, 녹지가 적고, 집들은 블록 담장으로 둘러싸여있고, 건물의 높이는 제각각이고, 간판과 표식이 어수선하게 늘어서 있고, 아름다움과는 거리가 먼 풍경이다"라고 지적하고 있는데, 이는 아름다움을 단순한 미관의 문제로 간주하고 있다는 점에서 한계를 드러내고 있는 것이라 할 수 있다.

경관지구 내에 있는 문화적 경관 중 도도부현 혹은 시정촌의 신청에 근거하여 특히 중요한 것을 〈중요 문화적 경관〉으로 책정하게 되었다(제134조). 이러한 문화적 경관 정의의 철학적 기반이 되는 것은 '본질론'이다. 즉 자연스럽게 형성된 경관, 생태계의 일환이자 유기체로서의 경관이 문화재보호법의 정의로부터 부상된다. 학계에서는 극복되고 있는 본질론적 경관이 법제도적 측면에서 다시 강화된 것이다.

이러한 정의에 의거하여 문화청은 2000년부터 2003년에 걸쳐 〈농림수산업에 관련된 문화적 경관의 보호에 관한 조사연구〉를 실시하였고, 2005년부터 2007년까지 〈채굴·제도, 유통·왕래 및 거주에 관련된 문화적 경관의 보호에 관한 조사연구〉를 실시하였다. 농업경관에 대한 조사가 선행한 뒤 도시경관에 대한 조사가 실시된 것인데, 문화재의 범주에 들어선 만큼 현재의 경관이 아닌 과거부터 지속되어 온 '전통적인' 경관이 그 대상이었다.[97]

(2) 일본인의 원풍경 농업경관

문화적 경관은 본래 농업경관을 의식하며 마련된 제도였다. 그 배경

---

97) 중요 문화적 경관의 선정 기준은 ①논·밭 등 농경에 관한 경관지, ②초원, 목장 등 채초(採草)·방목에 관한 경승지, ③용재림(用材林)·방재림 등 삼림 이용에 관한 경관지, ④양식 뗏목·김 양식대 등 어로에 관한 경관지, ⑤저수지·수로·항 등 물의 이용에 관한 경관지, ⑥광산·석재장·공장군 등 채굴·제조에 관한 경관지, ⑦길·광장 등 교통·왕래에 관한 경관지, ⑧울타리·야시키림(屋敷林) 등 주거에 관한 경관지, ⑨전항 각호에서 언급한 것이 복합된 경승지이다. ①~⑤까지는 농업경관이며, ⑥~⑧까지는 도시경관이다. 조사 이후 2006년 1월 시가현(滋賀県)의 '오우미하치만(近江八幡)의 수향(水郷)'이 중요 문화적 경관 제1호로 선정되었고, 이후 2011년 2월 현재 24건의 경관이 중요 문화적 경관으로 선정되어 있다.

에는 전 세계적인 움직임도 있었다. 1980년대 유네스코 세계유산위원회에서는 세계문화유산이 서구의 기념비적 건조물에 편중되어 있어서 본래 문화유산이 포함하고 있는 다양한 가치관을 반영하지 못하고 있다는 지적이 제기되었다. 이에 1992년 제16차 유네스코 세계유산 위원회에서 〈세계유산조약 이행에 관한 작업지침〉이 개정되었고, 1993년 제17차 회의에서 "살아있는 문화(living culture), 살아있는 전통(living tradition) 등 널리 인간의 제반 활동에 관련된 자연적 문화적 요소를 경관으로 파악하고, 그 곳에 거주하는 인간의 생활의 증거로 삼는다는 취지"로 '문화적 경관' 개념이 도입되었다.[98] 문화적 경관은 제1영역인 인간의 설계 의도 하에 창조된 경관, 제2영역인 유기적으로 진화하는 경관, 제3영역인 신앙이나 종교·문학·예술 활동 등과 직접 관련된 경관으로 범주화되었는데, 특히 제2영역의 문화적 경관으로 1995년 필리핀의 계단식 논이 최초로 등록되었다. 필리핀의 사례는 특히 아시아에서 계단식 논·밭의 가치를 재평가하는 계기가 되었다. 일본의 문화적 경관이 계단식 논의 보호에서 출발한 것도 이러한 맥락에서 이해될 수 있다. 일본의 문화재보호법이 정의하는 문화적 경관은 유네스코의 정의와 달리 제2영역 '유기적으로 진화하는 경관'에 국한된다.

한편 일본 국내에서도 계단식 논과 '사토야마'(里山) 등에 대한 관심이 1990년대 들어서면서 크게 고양되었다.[99] 본래 계단식 논이나 사토야마 등은 문화재로서 크게 관심을 기울이던 대상이 아니었다. 계단식 논

---

98) 山村高淑, 長天新, 「文化的景観と場所論: 文化的景観概念の歴史的市街地保全への適用に関する考察」, 『京都嵯峨芸術大学紀要』, 29号, 2004.

99) 다나타(棚田) 혹은 센마이타(千枚田)라 불리는 계단식 논이 소재하는 시정촌의 수장이 중심이 되어 '전국 계단식 논 연락협의회를 조직하여, 계단식 논의 보전에 의한 지역 활성화를 내걸고 '계단식 논 서미트'를 매년 개최하게 되었다.

이 경지면적 축소를 꾀하는 정책 속에서 경작이 어려운 불합리한 농업의 상징으로 간주되어 왔으며,[100] 사토야마도 평범한 숲으로 보존 가치가 있는 것은 아니었다. 심지어 너도밤나무 숲의 경우는 임야청에 의해 사라지기도 했었다.[101] 그러나 1990년대 계단식 논과 사토야마는 일본의 원풍경으로 대대적으로 칭송하게 된다. 이는 농업정책이 환경정책·문화정책과 맞물린 결과라 할 수 있다.

1995년 WTO 출범 이후 각종 조성제도를 근간으로 하는 일본의 농업행정은 근본적인 전환을 겪게 된다. 중산간 지역에서는 인구유출과 경작의 어려움 및 채산성 악화로 인해 휴경지가 증가하게 되었다. 이러한 배경 속에서 계단식 논의 다면적 기능이 부각되기 시작한다. 즉 계단식 논은 국토의 보존과 양호한 경관의 형성이라는 문화적 가치뿐 아니라, 수원의 함양과 자연환경의 보존의 생태적 가치도 지니고 있음을 강조되었다. 국토정책 속에서 지방의 농산어촌은 '다자연(多自然) 거주 지역'으로 자리매김 되어, 농림어업에 의한 지역진흥을 넘어서 환경과 경관의 시점에서 접근되었다. 1999년 〈식량·농업·농촌기본법〉도 농촌의 농업 생산기능 외의 다기능을 강조하는 가운데, 2000년에는 중간산지 등에 직접지불제도가 실시되어 계단식 논에 대한 보조금이 지급되게 되었다.

환경과 경관의 관점은 관광산업에 의해 경제적으로 정당화된다. 그런데 왜 농업경관이 원풍경으로 칭송된 것인가? 왜 원풍경이 관광으로 이어지는가? '계단식 논 100선'은 왜 관광객을 끌어들이는가? 그리고 왜 그 경관이 원풍경인가.[102] 국민의 원풍경에 대한 열망은 과소화된 농촌

---

100) 菊地暁, 「문화적 경관의 정책: 石川県 輪島市 白米의 千枚田를 사례로 하여」.
101) 小泉武栄, 「日本人の風景観と美的感覚の変遷: 万葉集の時代から現代まで」.
102) 원풍경이라는 용어가 대중화된 것은 1972년 오쿠노 다케오(奥野健男)가 『문학

의 위기와 현실을 감추려는 중앙정부의 문화정책과 지역개발 수단으로 활용하려는 지방정부의 전략이 맞물려진 결과이자, 일상생활의 불확실성에서 도피하여 소속감을 찾고, 정신적 안정을 꾀하고 싶었던 대도시 거주민의 사회심리적 요인으로 인해 야기된 것이었다.[103]

〈그림 9〉 대표적인 농업에 관한 문화적 경관. 왼쪽은 가시하라(樫原)의 계단식 논, 오른쪽
은 시만토가와(四万十川) 유역.
※ 출처: http://www.bunka.go.jp

그런데 농업풍경을 일본인의 원풍경으로 간주하는 본질주의 속에서, 문화적 경관은 조작적 경관이 될 수밖에 없다. 관광객이 보고 싶어하는 이상화된 원풍경으로 위장할 수밖에 없기 때문이다. 그 결과 지역의 다양한 생활을 보여주는 것이라고 주장된 문화적 경관인 농업경관은

의 원풍경』을 발표한 이후였다. 이 책에서 오쿠노는 "유소년기와 청소년기의 자기형성 공간으로 심층의식 가운데 고착된, 혈연·자연의 두터운 인간관계와 밀접하게 얽힌, (그래서 저자의) 문학을 무의식에서 규정하고 있는 시공간, 이를 상징하는 이미지를 원풍경으로 정의하고자 한다"고 밝히고 있다(渡部章郎,「専門分野別による景観概念の変遷に関する研究: 特に植物学系分野, 文学系分野に関して」). 이때의 원풍경은 어느 집단의 특성을 좌우하는 시공간이 아니라, 개인적인 실존감을 의미하는 '장소성(placeness)'이라 할 수 있다. 그런데 이후 국민정신에 큰 영향을 주는 '일본인의 원풍경'이라는 개념으로 원풍경이 확대 해석되었다.
103) 조아라,「일본 지방도시의 문화전략과 지역다움의 논리」.

일본적인 경관으로 획일화될 위험을 안게 되었으며, 지역의 기억과는 상반된 경관으로 꾸며질 위험도 다분히 가지게 되었다.

한편 일본의 원풍경이라는 본질주의가 농촌경관을 보편적으로 찬미하는 관점이긴 하였으나, 선정되었던 지역에서 이를 일방적으로 받아들인 것은 아니었다. 문화적 경관으로 선정된 비라토리초(平取町)의 〈아이누 전통과 개척에 의한 사루가와(沙流川) 유역의 문화적 경관〉의 경우 그 동안 일본의 문화에서 배제되었던 아이누 문화를 공식적으로 당당하게 일본의 중요한 문화적 경관으로 선언하였으며, 지역의 아이누 문화 진흥 정책에 일정 정도 기여하게 될 것이라는 점에서 80년대의 고향 이미지와는 일선을 긋는다고 할 수 있다.

사실 문화적 경관제도는 그 궁극적 목적이 일본의 매력 향상에 있었다고는 해도 국가주의적 시선보다는 지역의 고유성을 강조하고자 한 제도였다. 2003년 진행된 조사에서 기준으로 제시된 것은 '고유성', '유명세(명성)', '경관의 유지', '본질적인 가치' 등이었다(표 5). 즉 지역의 고유성이 가장 먼저 중요한 선정 기준으로 제시되었던 것이다. 비록 선정하는 주체는 여전히 국가였고 아름다움의 가치는 농촌 고유의 풍경을 보여주는 원풍경에 기반을 두고 있었음에도 불구하고, 문화적 경관 제도는 국가주의적 시선과는 다소 거리를 유지하려 하였다.

그러나 비록 국가주의적 시선과 거리를 두고 있음에도 불구하고 제시된 선정기준은 여전히 '본질론'적 관점에 입각해 있다.[104] 이러한 기준은 경

---

104) 문화적 경관의 정의는 고전 지리학의 사고에서 크게 영향을 받은 것이었다. "다른 지역과 구별되는 어떤 종류의 통일성 또는 유기적인 원칙을 지닌 어느 정도 경계 지워진 영역"으로 지역(경관)을 정의하는 이러한 사고는 지리학에서 지역을 정의하는 가장 고전적인 정의이다(Johnston, R. J., Gregory, D., Pratt, G. and Watts, M., *The Dictionary of Human Geography*, Blackwell

관을 유기체로 간주하고, 시간의 흐름에 따라 진화하는 것으로 상정한다. 그러나 경관은 유기체가 아니다. 경관은 중립적이고 안정적인 것이 아니며, 오히려 '사회적 실천과 내재된 권력관계의 발현'이라 할 수 있다.[105]

경관을 유기체로 간주하는 본질론적 관점은 지역경관에 내포된 다양한 권력관계를 은폐해버린다. 앞서 예로 든 비라토리정의 문화적 경관도 개척 과정에서 나타난 민족 탄압의 역사를 드러내기보다는 마치 '아이누 전통'과 '홋카이도 개척'이 시간의 흐름처럼 병렬적으로 이미지화 된 것도 이와 같은 맥락 때문이다. 혹은 시만토가와(四万十川) 유역의 문화적 경관도 과소화된 농촌의 문제를 은폐하며 미화시키고 있다.

〈표 6〉 조사에 적용된 문화적 경관 선정 기준

1차 조사 현상 파악 기준	중요 문화적 경관 선정 기준
1. 농림수산업의 경관 혹은 농림수산업과 깊은 관련성을 가지는 경관으로 독특한 성질과 구성요소가 인정되는 것. 2. 경관백선 등에 선정 혹은 출판물에 소개되어 일반적으로 풍경상의 가치가 널리 알려진 것. 3. 현재도 농림수산업 혹은 이를 대신한 운영이 계속되어 경관이 유지되는 것 4. 최근 변화에 의한 대규모적 영향을 받지 않고 본질적인 가치를 전달해주는 것.	1. 농산어촌 지역의 고유한 전통산업 및 생활과 밀접하게 관련된 것으로, 독자적인 토지 이용의 전형적인 형태가 현저하게 나타나는 것. 2. 농산어촌지역의 역사 및 문화와 밀접하게 관련되어 고유의 풍토적 특색을 현저하게 보여주는 것. 3. 농림수산업의 전통적 산업 및 생활을 보여주는 단독 또는 일군의 문화재 주변에 전개되어, 이와 일체적인 가치를 구성하는 것. 4. 1~4의 복합으로 지역적 특색을 현저히 보여주는 것.

※ 자료: 農林水産業に関連する文化的景観の保存・整備・活用に関する検討委員会,
『農林水産業に関連する文化的景観の保護に関する調査研究』, 2003.

Publishers Ltd, 2000, p. (687).
105) Paasi, A., *Territories, Boundaries and Consciousness*, John Wiley & Sons, 1996, p. 35.

(3) 생활경(community landscape)의 도시경관

도시경관의 경우는 전통과 현재의 경계가 보다 불분명하기 때문에, 보다 그 기준이 더 모호할 수밖에 없다. 2010년 작성된 보고서는 문화적 경관의 평가지표를 선정하였는데, 그 기준을 살펴보면 '중충성(전통)', '고유성(상징성)', '유기성(전체성)'이었다. 이 기준도 농업경관과 마찬가지로 본질론의 관점에서 제기된 기준이다.

그러나 도시경관의 경우 무엇이 전통적인 것인지, 무엇이 고유한 것인지, 무엇이 유기성을 해치는 것인지, 그 경계를 판단하는 것은 쉽지 않다. 또한 본질주의적 정의에 의하면, 경관은 시간의 흐름에 따라 자연스럽게 변화하는 것인데, 이를 문화적 경관으로 보존하기 위해 인위적으로 손을 대는 것은 바람직하지 않다는 결론이 나온다. 그래서 보고서는 어느 특정한 경관에 되돌리기 위한 복원사업은 원칙적으로 실시하지 않으며, 어디까지나 경관 저해 요소의 제거를 포함한 최소한의 정비에 그치는 것이 바람직하다고 제언하고 있다. 도시경관의 경우 경관정비 사업이 단순한 녹화나 미화에 치중될 수밖에 없는 한계가 여기서 발생하는 것이다. 또한 보고서는 문화적 경관 정비에서 가장 어려운 것이 '경관의 일체성'이라는 가치와 '건축물의 진실성'이라는 가치라고 지적하였다. 즉 건축물 수리사업이 일정한 시대에 너무 비중을 두면 경관의 중충성이나 일체성을 해치는 경우가 나타난다는 것이다. 보고서는 이 문제를 극복하기 위해 "본질적 가치를 확인하는 것에 기초"를 두고, 여러 요소 중 "절대로 잃어서는 안 되는 것은 무엇인가를 판단하는 센스가 필요하다"고 제안한다. 즉 중요 문화적 경관이 되는 도시경관을 판단하는 것이 '센스'의 문제가 된 것이다.

구분	내용
조사 제외 대상	1. 대규모 재개발 등으로 경관형성 과정의 흔적이 사라진 것. 2. 새롭게 형성된 경관으로 아직 전체적으로 하나의 가치를 보이지 않는 것. 3. 글로벌화의 영향으로 지역 고유의 풍토를 찾을 수 없게 된 것. 4. 도시의 부분적인 개발이 문화적 경관의 가치에 결정적인 부의 영향을 　 준 것.
평가 지표 B	1. 경관의 중층성: 역사적·사회적으로 중층되어 형성된 것. 2. 경관의 상징성: 어느 시대 혹은 어느 지역의 고유한 전통·습관, 생활양 　 식, 기억, 예술·문화 활동의 특징이 현저하게 나타나는 상징적인 것. 3. 경관의 장소성: 특정 장소와 거기서 행해지는 인간 행위(활동)의 관계 　 가 경관형성에 영향을 주는 것. 4. 경관의 일체성: 제 요소가 형태·기능상 유기적인 연관을 현저하게 보 　 이며, 전체적으로 하나의 가치를 나타내고 있는 것.

※ 자료: 採掘·製造、流通·往来及び居住に関連する文化的景観の保護に関する調査
　　　 研究会編, 『採掘·製造、流通·往来及び居住に関連する文化的景観の保護に
　　　 関する調査研究』, 2010.

　　사실 문화적 경관의 도시경관은 전통적 건조물군 보존제도와 함께

등장한 '생활경' 논의에서 출발한 것이라 할 수 있다. 생활경이란 지역풍

토와 전통에 의거한 생활체험에 기반을 둔 인간화(humanize)된 시각적

환경의 총체로, 권력자·전문가·지식인이 아니라 서민의 일상생활이

영위되는 거주환경의 가시적 표상으로 정의된다.106) 일상의 삶을 반영

하는 생활경은 고도성장 이후 생활의 질에 대한 반성에서 출발한 개념으

로, 도시경관 마치즈쿠리 사고의 주요 담론으로 제기되었다. 즉 도시경

관을 '다테와리'(縦割り)의 행정영역과 전문가 중심의 패러다임에서 탈

피하여 생활자 주체의 시점에서 총합적으로 보자는 논리였으며, 도시 경

---

106) 생활경은 익명성(anonymous), 자연발생성/자주성(spontaneous), 재래성/대중
　　성(vernacular), 토착성(indigenous), 상호의존성(interdependence)을 지닌 것으
　　로 특징된다(後藤春彦, 『景観まちづくり論』.).

관을 도시의 공유재산으로 하여 잃어버린 풍경을 재생시키고, 자동차에게 점유된 공간을 보행자가 실감 가능한 거리로 되돌리자는 논리였다.[107]

〈그림 10〉 대표적인 도시적 문화적 경관인 우지(宇治)의 모습
※ 출처: www.city.uji.kyoto.jp/

이처럼 경관주체(주민)의 생활감각을 중심에 놓자고 제안된 경관 마치즈쿠리였으나, 실행 과정에서는 주민과의 대화가 결여되는 등 실무상의 괴리가 나타나는 문제가 곳곳에서 보고되었다.[108] 그리고 생활경은 개인의 실존적인 경관으로 제기되었음에도 불구하고, 이윽고 스테레오타입의 이미지로 고착되었다. 즉 서민의 삶을 대변하는 듯 한 시타마치(下町)의 골목 공간, 혹은 NHK의 〈프로젝트 X〉에 소개된 것 같은 쇼와 시대의 노스탤지어의 경관이 생활경으로 이미지화 된 것이다. 이러한 생활경 이미지는 진정한 개인의 실존감을 반영한 것이 아니라, 농촌경관의 원풍경 담론과 마찬가지로 국가의 문화정책과 문화집단의 공모 속에서, 순수한 일본다움의 발견이라는 키워드로 도시경관이 이상화되면서 나타난 것이다. 이는 개인의 경관은 실존경험으로 접근 가능하지만 공동체의 경관은 실존적으로 접근되기 힘들기 때문에 나타난 상황이다. 지역의 경관은 중립적이거나 자연스럽게 형성되어 온 것이 아니며, 개인의 장소감

107) 西村幸夫, 「都市風景の生成 : 近代日本都市における風景概念の成立」.
108) 柴田久・土肥真人, 「目的別研究系譜からみた景観論の変遷に関する一考察」.

(sense of place)으로 환원될 수 있는 진정한 무언가도 아니다. 오히려 고도의 정치적 현상으로 사회적 관계 속에서 구성되어 온 것이라 할 수 있다.

결론적으로 일상생활의 유산화 움직임에서 문화적 경관으로서 도시경관은 자연스럽게 성장하는 혹은 지역의 본질을 담고 있는 유기체로 간주되었는데, 이는 오히려 일상생활과의 간극을 불러오고 있다. 도시의 전통경관은 아름다운 것으로만 간주되면서 내부의 다양한 정치적 역학 관계는 은폐되고 있다. 역사적 중층성을 중시하면서도 불편한 경관은 모두 정비됨으로써, 도시경관은 미화되고 도시의 전통경관은 테마파크의 경관으로 조성되고 있는 것이다. 한편 일부 도시경관사업의 경우 경관사업으로 명명되어 있으나 실제 사업은 지역의 숙원사업이었던 재개발 사업인 경우도 있다. 즉 중앙정부로부터 보조금을 획득하기 위해 경관사업이라는 명칭으로 사업을 진행하고 있으나, 실제로는 역주변 재개발 사업인 경우가 나타난다. 이는 '문화적 경관'이 법제도의 정의상으로는 전통적 요소를 다수 포함하고 있음에도 불구하고, 현실에서 일반인에게는 전통경관의 범주로 받아들여지고 있지 않음을 암시한다. 문화적 경관의 법제도상의 정의가 향후 얼마나 영향력을 발휘할 것인지 그 전망은 아직 불투명하다고 할 수 있다.

6. 정치적 범주로서의 전통경관

이 연구는 메이지 이후 전통경관과 관련된 제도적 변천사를 통해 전통경관이 정의되고 생산되는 양상을 통시적으로 고찰하였다. 연구결과는 다음과 같다.

일본의 전통경관 관련 제도는 그 변화양상에 따라 크게 세 시기로 나뉜다. 제1기는 메이지에서 쇼와초기에 이르는 시기로 각 제도가 도입되고 정비되던 시기이다. 이시기의 전통경관은 '국가주의 경관'이라 명명할 수 있다. 가장 처음으로 정비된 고사사보존법은 국가의 종교행정에 따른 절·신사의 경제적 상황과 정치적 판단으로 성립된 제도였다. 고사사보존법의 대상은 초기에는 400년 전 창건된 절과 신사였으나, 이후 건물의 연도가 기준이 되었으며, 나아가 천황과의 관계를 중시하는 것으로 성격이 전환되었다. 사적명승천연기념물보존법은 향토운동의 일환으로 출발한 것으로 과학적 관점에 입각한 천연기념물 보존론이 중심이 되어 제정된 것이었다. 그러나 법제정 이후 사적 중심으로, 사적 중에서도 천황제와 관계된 유적 중심으로 성격이 크게 바뀌게 되었다. 즉 향토운동에서 황국사관을 지지하는 것으로 바뀌게 된 것이다. 풍치지구와 미관지구는 당초부터 천황제의 강화를 의도하며 수립된 제도였다. 다만 풍치지구는 1930년대 즈음하여 도시계획적 수단으로 성격이 확대된 것에 비해 미관지구는 전쟁이 끝나기 전까지 천황제 중심의 성격을 고수하였다. 이처럼 각제도 속에서 천황제를 공고히 하는 것으로서 전통경관으로 정의되고 관리되었던 것이다.

제2기는 전후부터 고도성장기를 거쳐 버블경제기에 이른 시기로 새롭게 각 제도가 정비되고 확대되던 시기이다. 이 시기의 전통경관은 '조작적 경관'이라 명명할 수 있다. 전후 문화재보호법이 이전 제도를 계승하면서 성립되었다. 문화재보호법은 이후 몇 차례에 거쳐 개정되면서 전통의 범주가 확대되었다. 특히 역사적 경관의 보존과 관련된 각종 제도가 서서히 성립되었는데,[109] 고도보존법·전통적 건조물 보존지구·경관조례 등이 이에 속한다.

이 때 역사적 경관의 보존은 단순한 보존이 아니라 새로운 개발로의 전환을 꾀한 것으로, 관광개발을 강하게 의식하면서 정비된 것이었다. 그 결과 관광에 적합한 경관으로 정비하는 '조작적 경관'으로 획일화되게 되었다. 고도(古都)는 일본영토의 진수를 보여주는 경관으로 정비가 꾀해졌다. 전통적 건조물군 보존지구는 지방의 고유성을 추구했으나, 이 때 고유성은 대도시와 반대되는 특성을 의미한 것으로, 결과적으로 과거 진정한 일본을 보여주는 이상화되어 획일화되는 문제가 나타났다.

한편 도시계획에서는 용적률 제도가 도입되면서 전통적 요소는 적극 평가되지 않았다. 이 시기 마루노우치 미관논쟁은 전통경관의 보존문제가 아닌 천황의 상징성이 쟁점이 되었던 것이었다. 버블 경제 하에서 자본과 시간을 투자하면 도시미관은 아름다워진다는 조작적 사고는 더욱 팽배해졌고, 경관 외면에 치중된 사업이 전국적으로 추진되면서 마치 나미의 획일화 또는 미니어처화(miniaturization)가 문제로 제기되었다.

제3기는 경관법 제정으로 도시계획에서 경관이 중요하게 다뤄지게

---

109) 이러한 측면에서 전후 전통경관은 점에서 면으로, 하향식에서 상향식으로, 획일성에서 개성을 존중하는 것으로 전환되었다는 의의가 인정되고 있다. 즉 전통적 건조물 보존제도는 보존 수법을 점에서 면으로 확대시켰다는 점, 지방의 경관 보존 운동이 국가의 법제 재편을 이끌어냈다는 점에서 지방자치의 성과로 그 의의가 인정되고 있으며, 경관법도 마찬가지로 그 의의가 강조되고 있다. 특히 경관법은 국가나 지자체가 일방적으로 보존대상을 정하는 것이 아니라, 주민 간 합의를 전제로 지자체가 신청하고 국가가 선정하는 방식을 채택하고 있으며, 경관 보존 방법도 국가가 일률적으로 정하는 것이 아니라 지역이 스스로의 개성을 반영하여 다양하게 정하게 하고 있는데, 이는 지방분권에 걸맞은 상향식 패러다임이자 국토의 획일성을 지양하는 것이라는 점에서 그 의의가 주목되고 있다.

된 시기로, 이 시기의 전통경관은 본질주의 경관이라 칭할 수 있다. 경관법이 제정된 배경으로는 경관조례가 한계에 부딪치면서 경관논쟁이 끊이지 않아 법적 수단이 강화될 필요가 있었다는 점과, 국가의 신성장전략이자 국가 프라이드론에 힘입어 제기된 관광입국을 이루는 주요 수단이 아름다운 경관의 형성이었다는 점을 들 수 있다. 경관법의 목적은 아름다운 지역의 매력을 일본의 매력으로 만드는 것이 목적인데, 그러나 이는 다원주의의 관점에 입각한 것이라 보기는 힘들다. 지역의 아름다운 경관은 일본의 고유성으로 자연스럽게 연결되고 있으며, 일본인은 모두 동일한 미추의 기준을 가지고 있는 것처럼 제시되고 있기 때문이다.

경관법 제정과 함께 문화재 범주로 포함된 문화적 경관이 다원주의가 되지 못한 이유는 '문화적 경관'이 본질론적 관점에서 규정되었기 때문에 나타난 현상이다. 물론 본질주의 경관은 이 시기만의 특성은 아니다. 일본의 경관이 민족의 고유성과 연계되었던 메이지시대부터 본질론은 경관제도에 내제되어 있었다. 그러나 이러한 본질론이 그 동안 학계에서는 극복되어 왔음에도 불구하고, 문화정책에서는 최근 경관법을 통해 다시 전면에 등장하게 된 것이다.

문화적 경관 중 농업경관은 지역의 고유한 경관이자 국민적 원풍경으로 찬미되었는데, 이는 과소의 위기와 현실을 감추려는 중앙정부의 문화정책과 환경정책이 맞물린 결과 창조되었다. 농업경관은 기본적으로 본질론의 관점에서 접근되었다. 즉 농업경관은 조화로운 유기체로 간주되었으며, 이에 그 속에 내포된 다양한 권력관계는 은폐되는 문제가 나타났다.

도시의 문화적 경관은 본질론 속에서 본질적 가치를 지닌 것이 무엇인지 그 경계와 기준이 모호하게 제시되었다. 그 결과 도시경관의 정비는 여전히 녹화나 미화에 치중되는 문제가 지속되는 한편, 경관형성사업이라는 명목 하에 기존에 계획되고 있었던 재개발이 진행되는 경우도 다수 존재하는 결과가 나타나게 되었다. 본래 도시의 문화적 경관은 생활경 논의에서 출발한 것이었다. 일상의 삶을 반영하는 생활경은 인간주의 지리학에서 제기하는 개인의 실존감을 담은 장소와 동일어로 제기된 것이라 할 수 있다. 그러나 현장에서 생활경은 스트레오타입의 이미지가 되었으며, 현장에서는 오히려 주민과 괴리가 보고되고 있다. 이는 도시경관이 자연스럽게 성장한 유기체도, 개인의 장소감으로 환원될 수 있는 것도 아님을 보여주는 것이다.

처음에 제기했던 문제로 돌아가 보자. 즉 전통경관으로 인정받기 위해서는 어느 정도의 세월과 고유성이 있어야 하는가? 그리고 무엇이 전통경관의 범주에 들어가며, 어떤 것이 바람직한 가치로 제시되는가?

메이지시대 고사사 보존 제도가 성립되었을 때만 해도 경관 혹은 물리적 속성의 시간은 중요하지 않았다. 그러나 점차 400년 전이라는 기준이 제시되었으며, 경관의 물리적 속성이 중시되게 되었다. 전후 문화재보호법이 성립된 이후에는 시간에 따라 등급이 나눠지면서 점차 시간적 기준도 단축되었다. 1996년 개정되면서 도입된 근대화 유산은 제2차 세계대전 동안 건설된 것을 대상으로 하였는데, 이에 의하면 전통이 되기 위해 필요한 시간은 약 50년으로 단축되었다. 최근의 문화적 경관은 살아있는 경관을 대상으로 하는 것으로 전통적 생활양식의 본질을 담고 있기만 하면 현재의 것도 전통에 포함되게 되었다.

'전통' 경관의 범주에 가장 먼저 포섭된 것은 종교경관으로 이는 메이지시대 정치적 상황에서 기인한 것이었다. 이후 사적과 명승 등 천황제 중심의 경관이 전통의 범주로 확립되었다. 전후 문화재 범주의 확대와 역사적 경관 보존운동에 힘입어 전통의 범주는 더욱 확대되었다. 전통경관은 위정자의 경관에서 민간의 경관으로 확대되었으며, 최근 경관법에서는 일상의 경관으로까지 확대되었다. 그러나 여전히 등급은 남아있다. 국가 문화재·도도부현의 문화재·시정촌의 문화재의 위계등급이 존재함은 물론, 국보·지정문화재·등록문화재 사이에서도 문화재 취급의 등급이 존재하기 때문이다. 한편 전통 '경관'이 지칭하는 범위도 변화되었는데, 처음에는 물리적 현상을 지칭하는 것으로 문화재 주변만이 포함되었으나, 문화적 경관에서는 지역의 고전적 정의와 일치되는 것으로 공간적 범주가 확대되었다.

전통경관의 선정기준도 바뀌었다. 메이지에서 쇼와초기에는 국가주의적 경관 혹은 천황 중심의 경관이 보존해야할 중요한 전통경관을 선정하는 기준이었다. 전후에는 개발에 의해 사라져가는 경관이 중요 전통경관의 선정기준이 되었다. 이는 조작적 경관으로 재현되고 소비되었다. 최근의 문화적 경관은 일본의 아름다움을 담고 있다고 판단되는, 국토의 아름다움 속으로 포섭되는 지역의 경관, 그리고 지역 그리고 일본에서 공동체의 재생을 꾀하는 경관이 그 판단 기준이 되고 있다.

결론적으로 전통경관을 무엇이라고 정의할 수 있는 변함없는 존재라고 보기보다는 권력관계가 발현되는 정치적인 범주로 간주할 수 있다. 그런데 전통경관의 정의 속에서 변하지 않는 것이 존재하는데, 이는 바로 본질론의 관점이다. 일본인의 특징을 천황의 경관에서 찾았던 논리는 일본인의 원풍경을 주창한 논리나 조화로운 지역의 고유한 풍토로 일본 국토를 부활시키자는 주장과 묘하게 일치된다. 이들 논리는 아름다움의 기준에 전혀 의문을 제기하지 않고 있으며, 전통경관에 내포된 격차와 차이, 억압을 은폐하는 이데올로기를 강화하고 있다. 일본인 마음 속에 새겨진 무언가의 존재를 당연시 하는 한, 전통경관에서 민족의 특성을 발견하려는 시도를 멈추지 않는 한, 본질론은 극복될 수 없다. 본질론을 극복하기 위해서는 공동체의 경관을 지향하는 시도를 넘어서 오히려 지역 내 차이의 경관을 지향할 필요가 있을 것이다.

http://www.

참고문헌

菊地 暁, 「문화적 경관의 정책: 石川県 輪島市 白米의 千枚田를 사례로 하여」, 『한국민속학』, 49권 5호, 2009.

조아라, 「일본 지방도시의 문화전략과 지역다움의 논리」, 『한국지역지리학회지』, 14권 5호, 2008.

_____, 「문화관광지의 문화정치와 정체성의 사회적 구성: 일본 홋카이도 오타루의 재해석, 제도화, 재인식」, 『대한지리학회지』, 44권 3호, 2009.

農林水産業に関連する文化的景観の保存・整備・活用に関する検討委員会, 『農林水産業に関連する文化的景観の保護に関する調査研究』, 2003.

渡部章郎, 「専門分野別による景観概念の変遷に関する研究: 特に植物学系分野, 文学系分野に関して」, 『四天王寺大学紀要』, 47号, 2009.

渡部章郎, 進士五十八, 山部能宜, 「造園学分野および工学分野の景観概念の変遷」, 『東京農大農学集報』, 54巻 4号, 2010.

鈴木伸治, 『東京都心部における景観概念の変遷と景観施策の展開に関する研究: 東京美観地区を中心として』, 東京大学博士論文, 1999.

糸賀 黎, 「景観研究の系譜(発展期)」, 『造園雑誌』, 50巻 2号, 1986.

目代邦康, 「史蹟名勝天然紀念物と昭和初期の日本の自然保護運動」, 『学芸地理』, 54号, 1999

文化財保護委員会, 『文化財保護のあゆみ』, 大蔵省印刷局, 1960.

米地文夫, 「北日本の火山に関する志賀重昂日本風景論の記載: 剽窃とその背景としての政治的意図」, 『Journal of policy studies』, 1巻 4号, 1999.

帆苅 猛, 「近代風景観の成立とナショナリズム: 志賀重昂の日本風景論を中心として」, 『関東学院大学人間環境研究所所報』, 4号, 2005.

福島正樹, 「新しい文化財保護のあり方: 文化財保護法の改正をめぐって」, 『文化財信濃』, 31巻 4号, 2005.

福田 理, 「都市景観形成の意義: 景観法の成立と課題」, 『レファレンス』, 2005年 2号, 2005.

寺前秀一, 『観光政策学』, イプシロン出版企画, 2007.

山村高淑, 長天新, 「文化的景観と場所論: 文化的景観概念の歴史的市街地保全への適用に関する考察」, 『京都嵯峨芸術大学紀要』, 29号, 2004.

西野智博, 鵜沢 隆, 「丸の内美観争と京都景観論争について」, 『学術講演梗概集』, F-2, 建築歴史・意匠, 2005.

西田正憲, 「瀬戸内海の近代的風景の発見と定着」, 『JJILA』, 63巻 1号, 1999.

_____, 「自然風景へのまなざしの変遷と新たな風景視点」, 『ランドスケープ研究』, 68巻 2号, 2004.

_____, 「自然風景論の基本的諸概念」, 『奈良県立大学研究年報』, 16巻 1号, 2005.

西村幸夫, 「建造物の保存に至る明治前期の文化財保護行政の展開: 歴史的環境概念の生成史その1」, 『日本建築学会論文報告集』, 340号, 1984.

_____, 「明治中期以降戦前における建造物を中心とする文化財保護行政の展開: 歴史的環境概念の生成史その2」, 『日本建築学会論文報告集』, 351号, 1985.

_____, 「史蹟保存の理念的枠組みの成立: 歴史的環境概念の生成史その4」, 『日本建築学会論文報告集』, 452号, 1993.

_____, 「都市風景の生成：近代日本都市における風景概念の成立」, 『ランドスケープ研究』, 69巻 2号, 2005.

石田頼房, 『日本近現代都市計劃の展開: 1868-2003』, 自治體研究社, 2004.

小野芳郎, 「田村剛の景観の発見」, 『景観・デザイン研究講演集』, 5号, 2009.

篠田真理子, 「学術的意義と地域性との隘路: 大正期の天然紀念物調査報告に基づいて」, 『生物学史研究』, 65号, 2000.

小泉武栄, 「日本人の風景観と美的感覚の変遷: 万葉集の時代から現代まで」, 『東京学芸大学紀要3部門』, 53号, 2002.

柴田 久・土肥真人, 「目的別研究系譜からみた景観論の変遷に関する一考察」, 『土

木学会論文集』, 674号, 2001.

岩田京子, 「風景整備政策の成立過程: 1920-30年代における京都の風致地区の歴史的位置」, 『Core Ethics』, 6号, 2010.

友岡邦之, 「地域社会における文化的シンボルと公共圏の意義: 自治体文化政策の今日的課題」, 『地域政策研究』, 8巻 3号, 2006.

原 泰之, 小野良平, 伊藤 弘, 下村彰男, 「戦前期における風致地区制度の位置付けに関する歴史的考察」, 『LRJ』, 69巻 5号, 2006.

油井正昭, 「景観研究の系譜(胎頭期)」, 『造園雑誌』, 50巻 2号, 1986.

種田守孝, 篠原修, 下村彰男, 「戦前期における風致地区の概念に関する研究」, 『造園雑誌』, 52巻 5号, 1989.

縣 幸雄, 「財産としての文化的景観: 景観法との関係において」, 『法律論叢』, 79巻 2-3号, 2007.

丸山泰明, 「文化遺産化する景観: 観光旅行, 博覧会, 博物館の20世紀」, 神奈川大学 21世紀CEOプログラム研究推進会議, 『非文字資料研究の可能性: 岩手研究者研究成果論文集』, 2008.

後藤春彦, 『景観まちづくり論』, 学芸出版社, 2007.

黒田乃生, 小野良平, 「明治末から昭和初期における史蹟名勝天然記念物保存にみる風景の位置づけの変遷」, 『LRJ』, 67巻 5号, 2004.

田村 明, 『まちづくりと景観』, 岩波書店, 2005.

Graburn, N, *To Pray, Pay and Play: The Cultural Structure of Japanese Domestic Tourism*, Aix-en-Provence: Centre des Hautes Etudes Touristique, Cahiers du Tourism, 1983.

Johnston, R. J., Gregory, D., Pratt, G. and Watts, M., *The Dictionary of Human Geography*, Blackwell Publishers Ltd, 2000.

Nogué, J. and Vicente, J., "Landscape and national identity in Catalonia," *Political Geography*, vol. 23, 2004.

Paasi, A., *Territories, Boundaries and Consciousness*, John Wiley & Sons, 1996.

Palmer, C., "Tourism and the symbols of identity," *Tourism Management,* vol. 20, no. 3, 1999.

Sternberg, E., "The iconography of the tourism experience," Annals of Tourism Research, vol. 24, no.4, 1997.

제2부

표상

현대일본생활세계총서 3

현대일본의 전통문화 : 새로운 과거 오래된 현재

03 현대 일본 료칸・오카미의 전통과 변화*

이은경

1. 여행업계의 위기와 료칸・오카미

1996년 예기치 못한 한 줄의 광고 문구가 일본 매스컴의 관심을 끌었다. "하얀 눈발이 날리는 수증기로 자욱한 거리에서 온천료칸의 오카미가 되어 보지 않으시겠습니까."[1] 교육을 통해서 제대로 된 '오카미'(女将)[2]를 양성하겠다며 일종의 오카미를 위한 학교를 자처하는 〈오카미주쿠〉(女将塾)의 학생모집 광고였다. 일본의 오카미와 '료칸'(旅館)[3]의 전

---

* 이 글은 서울대학교 일본연구소 『일본비평』 5집(2011)에 수록된 「일본 전통 료칸・오카미의 현대적 모색과 도전」에 실렸던 것을 단행본의 장에 맞게 수정・보완한 것이다.

1) 「白い雪が舞う湯けむりの街で、温泉旅館の女将(おかみ)さんになりませんか」, 『朝日新聞』(1996.1.20. 석간).

2) '오카미'(女将)란 일본의 전통적인 음식점이나 술집(料亭), 혹은 숙박업소(旅館)의 여주인을 부르는 용어로, 최근에는 경영자의 일족으로 주로 접대를 담당하는 여성을 지칭하는 하나의 직함으로 정착하는 경향이 있다.

3) '료칸'(旅館)이란 대개 일본식(和式) 구조 및 설비를 주로하는 일본의 숙박시설을 지칭한다. 영업 형태에 따라 온천료칸・관광료칸・요리료칸 외에, 비지니

통적인 존재양식에 대해 다소라도 지식이 있다면 이 문구가 예사롭지 않음을, 당시 일본 매스컴이 이 사건의 취재에 열을 올린 이유를 다소 짐작할 수 있을 것이다. 이것은 대부분의 일본인에게 그리고 외국인에게조차도 일본의 전통을 비교적 잘 간직하고 또 구현하고 있다고 여겨져 왔던 료칸이 더 이상 관습적인 방식으로는 유지될 수 없다는 선언이었다. 조금 더 과감하게 이야기하자면 혁명적인 발상의 전환 없이는 료칸업계가 더 이상 살아남기 힘들다는 현실의 폭로이자 고백인 셈이었다.

고도성장기와 버블경기를 거치면서 다른 모든 분야와 마찬가지로 일본의 여행산업은 크게 발전했고, 온천을 중심으로 한 료칸업계도 별반 다르지 않았다. 버블이 붕괴되기 직전까지 여행사에 의한 대규모 단체손님이 고객의 대부분이었는데, 회사연수 및 단체관광객이 약 50%를 차지했고 25%가 수학여행, 25% 정도가 소그룹 내지는 가족 단위 여행객이었다.[4] 당연히 남성 고객 수가 여성 고객 수를 압도했다. 그러나 버블경기 붕괴 이후인 1990년대 초반부터 일본 관광산업은 고전하지 않을 수 없었다. 만성화한 불황과 그에 따른 관광객 감소가 가장 큰 이유였지만 그 외에도 원인은 여러가지였다.

첫째, 과도한 시설투자의 누적을 들 수 있다. 본래 료칸은 상당한 비용이 들어가는 리뉴얼 오픈(renewal open)이 주기적으로 필요하여, 지속적으로 고객을 확보하지 못하면 도산의 위험이 높은 업종이다. 그러나

스와 수학여행을 겨냥한 역전료칸 등으로 구분할 수 있으며, 규모는 개인과 가족 경영의 개인주택 정도부터 대규모 시설에 이르기까지 천차만별이다.

4) 「全国名女将に聞く-3-北海道湯の川温泉 湯の川グランドホテル / インタビュー 鈴木 恵子」, 『トランスポート』41(12), 1991.12, 83쪽. 일본에서의 단체여행의 역사와 문화에 대해서는 『일본인의 여행과 문화』(문옥표·황달기·권숙인, 소화, 2006)를 참조할 것.

현대일본의 전통문화 : 새로운 과거 오래된 현재

고도성장기 이래 료칸은 수백 단위의 단체객 유치를 위한 시설 확장에 인색하지 않았다. 대규모 단체객을 위한 숙박·연회 시설만이 아니라 음식점·기념품·유흥업소 등을 설치하는 등 무리한 투자를 계속했기 때문에, 버블 붕괴로 인한 고객 감소가 료칸의 위기로 이어지는 것은 자연스러운 현상이었다.

둘째, 여행 패턴의 변화이다. 버블(1980년대 후반~90년대 전반, 자산가치가 대폭 상승했던 호경기) 붕괴 이후 더 이상 여행사를 통한 고객의 대량유치, 대량소비의 공식이 통용하지 않게 되었다. 단체여행은 대폭 감소했고, 그 대신 가족과 소수의 그룹여행 혹은 단순한 관광유람(物見遊山)만이 아니라 세미나 개최 등 특정한 목적을 가진 관광(SIT)이 주류가 되어갔다.5) 단체여행 중심 시대에는 여행사와의 관계를 매끄럽게 하는 것 외에 고객 유치를 위한 특별한 노력이 거의 필요하지 않았다. 그러나 더 이상 단체고객에 의존할 수 없게 되었다는 현실이 료칸업계의 변화를 요구하는 대전제가 되었다.

셋째, 해외여행의 보급과 여성고객의 급증에 따라 료칸에 대한 고객들의 욕구가 다양해졌다는 점이다. 공교롭게도 버블 붕괴를 즈음하여 일본의 연간 해외여행객은 1천만 명을 돌파했고 불황기에도 그러한 흐름에는 큰 변화가 없었다.6) 다양한 해외여행의 경험을 가진 고객들의 요구를 만족시키기 위해, 주로 자연과 전통적인 이미지를 무기로 삼아온 료칸업계는 대책에 부심했다. 특히 미혼 여성들의 여행이 급증하여 료칸의

---

5) 森彰英,「「女将サミット」の世話役－「日本の宿 古窯」の女将 佐藤幸子さん」,『道経塾』1(1), 1999.6, 58쪽.
6) 조한철,「일본인 해외여행시장의 신동향과 한국인바운드 산업에의 영향」,『경주대학교논문집』6, 1994, 92쪽.

주된 고객으로 등장하면서, 이들의 섬세하고 다양한 요구를 얼마나 충족시킬 수 있는지가 생존을 위한 관건이 되었다.

넷째, 인터넷의 보급과 이에 따른 여행 유치 패턴의 변화다. 1996년 처음으로 호텔·료칸 숙박 예약사이트 〈호텔의 창구〉(ホテルの窓口)가 개설됨으로써 고객은 직접 마음에 드는 료칸을 골라 예약할 뿐 아니라 자신의 체험과 평가를 공유할 수 있게 되었다.[7] 인터넷 이용의 확대에 따라 고객은 신뢰할 수 있는 정보에 기반하여 자신의 욕구에 맞는 료칸을 고를 수 있게 되었고, 료칸은 전화예약보다 '노쇼'(No Show, 고객이 연락없이 나타나지 않는 것)율이 낮고 중개수수료가 저렴한 인터넷 활용의 필요성을 느끼게 되었다. 소규모 료칸조차도 고객과 직접 소통하기 위해, 여행사가 아닌 인터넷 중개사이트를 통해 찾아드는 고객을 직접 상대하기 위해 시스템을 정비할 필요가 생긴 것이다.[8]

이와 같은 급격한 환경의 변화 속에 료칸은 생존의 기로에 섰고 1980년 최고 8만 3226개소에 이르던 료칸의 수는 급격히 감소하기 시작했다.[9] 결국 료칸의 감소 원인은 버블 경기의 붕괴와 맞물려, 이러한 여행 패턴의 변화에 제대로 적응하지 못했기 때문이라는 추정이 가능하다. 하지만 그러한 외적요인만으로 료칸의 위기를 전부 설명했다고 할 수는

---

7) 강현숙, 「일본에 있어서의 인터넷 여행업의 변천과 동향에 관한 연구」, 『한국관광학회 학술대회 발표논문집』, 2007, 357-358쪽. 〈호텔의 창구〉는 2004년에 〈라쿠텐트래블〉(楽天トラベル)에 합병되었으며, 2006년에는 다시 〈전일본공수〉(ANA)와 합병되었다.
8) 倉澤紀久子, 『旅館の女将に就職します』, basilico, 2002, 122쪽.
9) 료칸 개수는 1980년 이후 28년 연속으로 감소하여, 2003년에는 46년 만에 6만개소 이하로 떨어졌다. 2009년 3월에는 50,846개소로 감소, 5만 이하로의 추락도 멀지 않은 것으로 보인다.
http://www.travelnews.co.jp/news/yado/0912031705.html (2011.1.15. 검색)

없다. 무시할 수 없는 또 다른 이유는 바로 료칸의 내부에 존재했는데, 바로 후계자의 부족과 자질 문제였다. 전통적으로 료칸은 세습에 의해 운영되어 왔으나 근래에는 '저출산'(少子化) 등의 이유로 후계자를 확보하지 못했거나, 혹은 후계자의 위치에 있는 이가 료칸 세습을 원치 않는 경우가 늘어났다. 가업을 계승한 경우에도 료칸 경영에 적합한 적성을 가지고 있는지는 별개의 문제였다. 경영자의 수완 부족에 따른 경영부진과 도산도 드문 일은 아니었다.[10] 고령화한 료칸 경영진이 새로운 시대의 요구, 즉 인터넷의 보급이라는 환경변화와 해외여행 경험이 있는 고객에 대응하기는, 특히 젊은 여성고객들의 요구에 섬세하게 반응하기는 어려운 것도 사실이었다. 료칸의 구조적 문제가 90년대 이후 다양화하는 고객의 요구에 민첩하게 대응하지 못하는 이유로 지적되는 것은 당연한 일이었다.

1990년대 중반부터 료칸이 위기에 처했다는 공감대가 확산되기 시작했다. 위기를 타개하기 위해 개별적 혹은 협력적으로 방안을 모색했으며, 료칸에 고객을 유치하기 위한 새로운 시도를 주저하지 않았다. 본고에서는 바로 이러한 료칸의 위기와 극복이라는 점에 초점을 맞추어 현대 일본 속의 료칸·오카미의 존재 양상에 대해 살펴보고자 한다. 특히 이른바 료칸의 '전통적'인 요소와 그 현대적 '변화'의 내용을 중심으로 접근할 것이다. 즉 일본의 료칸이라는 공간이 전통적으로 혹은 일반적으로 어떻게 인식되어 왔는지, 그리고 지금은 어떠한 변화를 시도하고 있으며 그러한 변화가 일본 안에서 대중들에게 어떻게 받아들여지고 있는가를 중심으로 고찰하려는 것이다. 이것은 료칸을 매개로 하여 소위 일본의

---

10) 倉澤紀久子, 『旅館の女将に就職します』, 123쪽.

'전통문화'라고 불리는 존재의 실상을 검증하는 작업임과 동시에, 한편으로는 현대 일본에서 '전통'이 어떤 방식으로 재생산·소비되는지를 고찰하는 작업이 될 것이다.[11]

이를 위해 첫째로는 일본의 전통료칸과 오카미가 역사적으로 혹은 일반인의 인식 속에서 어떻게 규정되고 있는지를 개관할 것이다. 다음으로는 위기를 극복하는데 성공했다고 평가되는 료칸 가운데 전통료칸 본래의 정체성을 지키면서 비교적 '소극적'인 변화를 시도한 사례들을 살필 것이다. 셋째로는 전통료칸 본래의 모습을 고수하기보다는 새로운 요구에 부응하기 위한 혁신적인 도전을 통해, 심지어 '료칸'과 '오카미'로서의 정체성마저 흔들릴 정도의 큰 변화를 통해 경영상의 성공뿐 아니라 사회적으로도 의미 있는 메시지를 던지고 있는 사례들을 살펴보고자 한다. 마지막으로는 이상에서 살펴 본 사례들을 망라하여, 이들 현대 일본 사회 속에서 전통료칸의 다양한 시도와 변화에 존재하는 특징을 정리하고 그 의미에 대해서 필자의 의견을 덧붙이고자 한다.

2. 전통적인 이미지와 역할

1) 일본 료칸의 역사

현대 일본에서 이른바 일본의 '전통적'인 생활양식을 단편적으로나마 체험할 수 있는 대표적 공간이 료칸이라는 사실에 이의를 제기하는 사람은 없을 것이다. 종업원들이 일본 전통의상을 입고 나와 무릎을 꿇

---

11) 권숙인, 「현대 일본 사회와 '전통(성)'의 공간」, 『한국문화인류학』 29(1), 1996.

고 인사를 하며, 일본 전통의 차와 꽃꽂이, 평소 보기 힘든 화려한 음식(懷石料理), 목조건물 안에 다타미(畳)가 깔린 차분한 공간, 유카타(浴衣)[12]와 노송나무로 만들어진 욕조 안에서 즐기는 온천 등으로 상징되는 료칸은, 일본을 방문한 외국인에게도 전통 일본의 생활을 가장 잘 체험할 수 있는 공간으로 인식되고 있다. 물론 일본인에게도 료칸은 일상을 떠나 자연과 일본 전통의 생활을 만끽할 수 있는 비일상적인 공간이다. 그 가운데서도 단정하게 기모노를 입고 접대하는 오카미는 료칸의 꽃과 같은 존재로 인식된다.

한편으로는 료칸과 오카미에 대한 이상과 같은 전형적 인식과 이미지가 타당한 것인지 이의를 제기하는 목소리도 존재한다. 역사적인 지식의 축적이나 학술적 접근이 거의 이루어지지 않은 채, 료칸과 오카미의 이미지가 고도성장·버블기의 급격한 발전 속에서 원형을 알기 어려울 만큼 변형되고 또 미디어에 의해 왜곡되어 왔기 때문이다. 특히 료칸 오카미의 경우, 미디어에 의해 환영받고 또 경쟁적으로 소비되는 가운데 만들어진 이미지가 전형적 오카미상(像)으로 자리 잡아 이제는 돌이키기 힘들어졌다는 탄식이 적지 않다.[13] 이른바 전형적 오카미상에 대한 이러한 회의로부터 최근에는 이를 탈피하려는 시도들이 나타났는데, 이에 대해서는 3~4장의 내용을 통해 구체적으로 살펴볼 것이다.

현대 일본에서의 료칸과 오카미에 관한 논의를 위해서는 먼저 그 기원과 역사를 살펴볼 필요가 있다. 료칸의 기원은 나라(奈良)시대 여행

---

12) 목욕 후나 여름에 입는 두루마기 모양의 긴 무명 홑옷.
13) 岩崎信也, 「〈吉本加代子〉石川県 山中温泉 お花見久兵衛」, 『宿を支える女将たち』, 柴田書店, 2006, 110쪽.

객을 위한 숙박시설이었던 '후세야'(布施屋)까지 거슬러 올라간다. 헤이안(平安)시대에는 황족이나 귀족들의 참배여행이 활발해짐에 따라 장원이나 사원에 의해 운영되는 숙박시설인 '슈쿠보'(宿坊)가 등장하였고 점차 일반인에게도 개방되었다. 가마쿠라(鎌倉)시대에는 식사를 제공하지 않는 숙박시설인 '기친야도'(木賃宿)가 등장했다. 에도(江戸)시대에 이르면 도로가 정비되고 화폐경제가 발달하여 상인들의 왕래가 빈번해지면서, 식사를 제공하는 '하타고'(旅籠)가 나타났고 에도시대 후기 숙박시설의 주류로 자리 잡게 된다. 한편 당시 막부(幕府)는 지방 다이묘(大名)의 대두를 억눌러 충성을 맹세케 하기 위해 에도와 각자의 영지를 주기적으로 왕래하게 하는 참근교대제(参勤交代制)를 시행했고, 이 때 많은 수의 종자를 거느린 일행이 이용한 숙박시설이 지방 명가(名家)나 사사(寺社)가 운영하던 '혼진'(本陣) 혹은 '와키혼진'(脇本陣)이었다. 하타고는 지금의 일반료칸, 혼진과 와키혼진은 고급료칸의 역할을 한 셈이었다.

에도시대에는 자유로운 이동은 불가능했지만 종교적인 순례나 참배는 예외로 인정되었고 온천치유(湯治)나 관광유람에 대해서도 비교적 관대했기에, 일반 대중의 여행붐이 일어났다.[14] 인기 관광지나 온천에서는 료칸이 발전하기 시작하여 현존하는 '시니세'(老舗)[15] 료칸의 원조가 되었다. 특히 메이지유신 이후 근대화의 물결 속에서 철도가 보급되기 시작하자 여행의 양상도 급변하여, 철도역 주변을 중심으로 료칸이 급증했다. 여행의 목적도 피서·피한(避暑避寒)이나 레크레이션 등으로 확대되면서 곳곳의 관광지나 온천지에 많은 료칸이 탄생하였다. 과거부터 존

---

14) 근세 일본의 여행문화에 대해서는 권숙인, 「참배여행과 대중관광의 출발」(『일본인의 여행과 관광문화』, 소화, 2006)을 참조.
15) 대대로 가업으로 이어져 내려온 신용 있는 가게.

재하던 도로 주변의 하타고는 쇠퇴하고 혼진은 사적(史跡)으로만 남게 되었지만, 식사를 제공하던 하타고와 일본식 접대(もてなし) 문화를 성장시킨 혼진의 장점은 '일본의 전통문화'로서 계승되어 료칸의 원형이 되었다. 즉 현존하는 전형적인 료칸의 형태는 사실상 이전 숙박시설의 장점들을 차용하여 근대 이후 철도의 보급과 함께 시작된 것이라고 정리할 수 있다.16)

2) 료칸 오카미의 이미지

료칸이나 음식점의 여주인을 지칭하는 '오카미' 혹은 '오카미상'(女将さん)이라는 용어는, 발음은 같으나 한자가 다른 '오카미'(御上)에서 유래한 것으로 보인다.17) 앞서 언급한 바와 같이 일본에서 료칸 오카미에 대한 이미지가 고정되기까지는 주로 방송의 영향이 컸으며, 90년대 초반은 하나의 분기점이 되었다. 1990년 교토에서 전국 130여 명의 오카미가 '오카미의 조건'을 주제로 모인 〈전국 오카미 서미트〉(全国女将サミット)가 최초로 개최되면서 새삼 그들의 존재가 주목을 받게 되었다. 1992년에는 그들의 이야기를 다룬 드라마 「배짱있는 여자」(おんなは度胸)가 NHK를 통해 방영되어 평균시청률 38.5%를 기록했고, 오카미 관련 인터뷰나 수기도 인기를 끌기 시작했다. 이상과 같은 미디어의 보도와 오카미의 수기, 필자의 료칸 체험 등에 근거하여 정리된 오카미에 대한 개략

---

16) 료칸이 형성되어 가는 과정에 관해서는 주로 「日本旅館の始まり、そして今日に至るまで」(http://www.ryokan.or.jp/select_pdf/history.pdf)의 내용에 의거함.

17) 일본의 가장 권위있는 사전(『広辞苑』第六版)에 따르면, '오카미'(御上)는 ①천황 ②조정, 정부, 관청, 막부, ③귀족에 대한 존경어, ④주군이나 주인, ⑤남의 아내 ⑥'女将'이라고도 써서 요리점이나 료칸의 여주인을 지칭한다.

적인 정보는 다음 같다.

오카미는 대개 혈연에 의해 결정된다. 가장 일반적인 방식은 료칸업을 하는 집안의 며느리로 들어가 오카미인 시어머니 아래에서 이른바 '와카오카미'(若女将, 오카미 계승자)로서 학습을 거친 후 가업을 계승하는 것이다. 또 다른 방식은 료칸 집안의 딸이 어머니의 뒤를 이어 오카미가 되고, 경우에 따라서는 데릴사위를 맞이하는 방식으로 결혼하는 것이다. 가업은 아들이 계승하는 경향이 강했기 때문에 딸보다는 며느리가 다음 오카미가 되는 경우가 많았다. 오카미의 역할은 료칸에 따라 제각각이어서 명확히 정의하기는 어렵지만, 대체적으로는 료칸을 대표하는 상징이자 '꽃'과 같은 존재로서 다도·꽃꽂이·무용·서예·요리 등 전통예술에 일가견을 가지고 있으며, 고객 접대와 관련된 제반업무를 직접 담당하거나 객실 서비스를 맡은 '나카이'(仲居)와 주방요리장 '이타마에'(板前) 등을 지휘하는 총지배인과 같은 역할을 한다. 특히 저녁 무렵에 기모노 차림으로 고객이 머무는 각 객실을 돌며 무릎을 꿇고 두 손 모아 인사하는 것은 료칸을 찾는 고객이 기대하는 가장 전형적인 오카미의 역할로, "1박 2식, 오카미 인사 포함"과 같은 숙박플랜이 통용될 정도였다.[18]

오카미가 중심적 역할을 하는 것은 사실이지만, 료칸 운영에는 좀 더 많은 사람들이 관련되어 있다. 앞서 언급한 이타마에와 나카이 외에도 이불개기나 객실 및 온천 청소 등을 담당하는 종업원에 더하여, 오카미와 함께 료칸 경영의 또 다른 축을 이루는 사장(경영자)은 료칸을 설명할 때 결코 빼놓을 수 없는 존재다. 사장은 대개 오카미의 남편인 경우가 많은데, 오카미가 료칸 경영의 소프트웨어적인 측면을 담당한다면 그들

---

18) 岩崎信也, 「〈今井麻紀子〉 岡山県 倉敷市 旅館御園」, 『宿を支える女将たち』, 30쪽.

은 대개 하드웨어적인 측면을 담당한다. 즉 자금의 조달과 운용을 비롯 료칸 건물의 구조와 리뉴얼, 식재료의 거래, 종업원의 고용과 훈련, 혹은 고객 유치를 위한 대외 영업활동에 이르기까지, 접객 외에 료칸의 경영 ・유지와 관련된 제반업무를 오카미와의 협력 속에서 수행해 나가는 것이다.[19]

　그렇다면 바로 이러한 료칸이 고객에게 제공하는 기본적인 서비스는 무엇일까? 표현을 달리 하여, 비싼 비용을 지불하는 고객들이 료칸에서 기대하는 것은 무엇일까? 일단은 료칸 서비스의 가장 기본적인 세 가지 요소인 온천 등이 포함된 건물(시설), 서비스 그리고 요리일 것이다. 기본적으로 료칸은 이 세 가지로 고객의 기대에 부응할 수 있어야 한다. 여기에 하나를 더한다면 빼어난 주변의 자연경관이 추가될 수 있을 것이다. 대략 1인당 1박(2식 포함)에 최저 1만 5천 엔에서 고급인 경우 5만 엔 정도의 결코 적지 않은 금액을 지불하면서까지 료칸을 찾는 궁극적인 이유는 무엇일까. 전통료칸과 오카미에 대한 일본인의 요구와 기대가 어떤 것이었는지, 어느 오카미의 인터뷰 기사 중에서 단서를 발견할 수 있었다.

　　어느 날 숙박한 일연종(日蓮宗)의 승려가 차분히 이야기했다. 인간은 어머니의 태내에서 양수 중에 있을 때는 아무런 위험도 없다. [그곳은] 편안한 세계지만, 태어나서 세상으로 나오면 모든 위험과 맞닥뜨리게 된다. 어쩌면 바쁜 현대인이 온천에 몸을 담그고 맛있는 음식을 먹으

---

19) 본고에서 다루는 인터뷰 자료에 따르면, 규모가 작은 료칸의 경우나 오카미의 남편이 다른 직업을 가진 경우에는, 오카미가 사장의 역할을 병행하는 경우도 적지 않은 듯하다.

며 이삼 일 편안히 뒹굴며 스트레스를 해소하려 하는 것은 그 양수의 감각을 추구하는 것이 아닐까. "따라서 료칸 오카미는 자애 넘치는 어머니의 얼굴로 손님을 맞이하고, 피곤에 지칠 때면 언제라도 이곳에 와주시라고, 배웅하지 않으면 안 되는 것입니다."[20)]

이상과 같이 모태에 비견할만한 편안한 공간 제공이라는 역할에 더하여, 료칸은 일본의 전통을 수호할 책임과 사명이 있다는 주장이 더해지기도 한다. 즉 일본요리나 노송나무 욕조뿐 아니라 다타미나 문풍지, 족자, 꽃꽂이, 유카타, 게타, 종이우산에 이르기까지 현대 일본에서 점차 사라져가는 전통의 문화가 남아 있으며, 또 남아 있어야 한다는 것이다. "합리성만을 생각해서 일본 고래로부터의 전통문화를 없앨 수는 없습니다. 직원 전원이 소중히 지켜가는 것이지요. 그렇기 때문에 '전통을 현대로'를 캐치프레이즈로 만들었습니다." 이것이야말로 일본 료칸업계가 생존을 위해 적극적인 변화를 시도하기 전까지 통용되었던 전형적인 료칸의 이미지였고, 실은 지금까지도 여전히 잠재적으로 때로는 노골적으로 전통료칸에게 요구되고 있는 과제이기도 하다.

3. 전통의 유지와 현대적 변화

1) 일본을 대표하는 료칸·오카미: 〈가가야〉·오다 마유미

일본에서 료칸업에 정통한 이들은 현재 이시카와현(石川県) 와쿠라

---

20) 森彰英, 「「女将サミット」の世話役-「日本の宿 古窯」の女将 佐藤幸子さん」, 63쪽.

(和倉) 온천 〈가가야〉(加賀屋)를 최고의 료칸으로, 이곳의 오카미인 오다 마유미(小田真弓)를 최고의 오카미로 꼽는다. 실제 많은 오카미는 자신의 후계자를 〈가가야〉에 견습생으로 보내 오다 마유미의 모습을 배우게 하고 싶어 한다. 이러한 평가는 오카미 개인에 그치지 않고 료칸의 영업실적에 있어서도 마찬가지다. 90년대 중반 이후 업계 전반에 불어 닥친 위기와 변화의 시기를 성공적으로 견뎌낸 〈가가야〉의 사례는 기업 경영의 좋은 연구대상으로 종종 언급되곤 한다. 이러한 결과를 볼 때 〈가가야〉는 앞서 열거한 90년대 이래의 급격한 환경변화와 고객의 새롭고 다양한 요구에 적절히 부응해왔다는 해석이 가능하다. 그러나 참으로 아이러니한 것은 바로 이 〈가가야〉가 일본 료칸업의 최전성기인 1980년에 〈전문가가 선정하는 일본의 호텔·료칸 100선〉 종합부문에서 1위로 뽑힌 이래 최근까지 31년 연속 부동의 1위를 고수하고 있다는 점이다.[21] 즉 1980년대부터 전형적인 전통료칸·오카미의 '최고'였던 〈가가야〉와 오다 마유미가 버블 붕괴 및 여행시스템의 변화뿐 아니라 고객의 욕구변화에도 가장 잘 견뎌낸 셈이다. 이것은 일본의 료칸·오카미에 대해 전통과 현대를 관통하는 일관된 기대가 있음을 반증하는 것이기도 하다. 이것이 본고에서 상당한 지면을 할애하여 일개 료칸인 〈가가야〉에 대해 고찰하려 하는 이유이다.

　　1906년 12실 30인 수용 규모로 시작된 〈가가야〉는 개업 100주년이

---

21) 여행신문신사(旅行新聞新社) 주최로 매년 선정되며 현재 36회까지 진행 되었다. 전국 1만 7250개소 여행회사에 투표용지를 배포하여 '접대'·'요리'·'시설'·'기획' 부문으로 나누어 2010년 10월 한달 동안 투표하게 한 후, 12월에는 여행 관련 단체의 관계자 및 작가·잡지편집자 등으로 구성된 〈선고(選考)심사위원회〉가 열려 100위까지를 순위를 결정했다. 〈가가야〉는 시설과 종합 점수에서 1위를 기록했다. http://www.ryoko-net.co.jp/(2011.1.16)

되는 2006년 시점에서 246실, 1450명 수용 규모로 성장했다. 현재의 오카미 오다 마유미가 며느리로 들어온 것은 1962년이며, 료칸의 토대를 일군 오다 다카(小田孝)의 뒤를 이어 정식으로 오카미의 자리를 이어받은 것은 1990년의 일이었다. 선대(先代) 오카미인 인 다카가 시설의 노후함을 정성을 다한 '접대'로 대신하면서 〈가가야〉의 토대를 만들었다고 한다면, 마유미는 주

〈그림 1〉 오다 마유미
※ 출처: 〈가가야〉 홈페이지

로 고객 서비스와 종업원 교육 등을 담당하여 〈가가야〉의 성장과 발전의 시기를 이끌어냄으로써 최고 료칸의 자리를 지키는데 성공했다는 평가를 받는다.[22] 하지만 그 역시 선대가 만든 '〈가가야〉만의 서비스'를 지키는 것을 료칸 경영의 원점으로 삼았다는 점은 중요하다. 그는 〈가가야〉만의 서비스에 대해, "손님이 제일. 즉 손님에게 절대로 '노'라고 하지 않는 것이다. 손님의 모든 것을 수용한다. 이것이 내가 결혼 후에 가장 처음 시어머니에게 배운 것으로, 우리의 소중한 전통이다"라고 설명한다. 하지만 그 자신의 말대로 "이러한 서비스는 생각해보면 오직 〈가가야〉에 그치지 않는, 빼어난 일본적 접객의 요체다. 중요한 것은 어디까지 철저할 수 있는가의 차이일 것이다".[23] 이것은 일본 료칸이 전통적으

---

22) 「日本を代表する旅館「加賀屋」」
http://bs.doshisha.ac.jp/download/files/business_case1/08-03-dbCase-Ishikawa-Toya-Final.pdf (2011.1.16) 2쪽.
23) 岩崎信也, 「〈小田真弓〉 加賀屋」, 『宿を支える女将たち』, 280쪽.

로 그리고 지금도 여전히 포기해서는 안 되는 것 중의 하나가 바로 '접객'임을, 다시 말하면 고객이 매우 극진한 대접을 받았다고 느끼게 하는 '서비스'라는 점을 보여준다.

이처럼 료칸에게 기대되는 핵심적인 요소이자 〈가가야〉의 자랑이기도 한 '각별한 접대'의 전통을 만들었던 오다 다카의 서비스는, "설탕 위에 꿀을 얹고 또 그 위에 단것을 뿌린 것 같다"라고 표현된다.[24] 지금은 오카미의 대표적 서비스가 된 이른바 '각방 인사'를 처음 시작한 것도 바로 그였다. 매일 한 방도 빼지 않고 각방 인사를 돈 결과 만년에는 무릎이 각질화하여 정좌가 불가능해졌다고 할 정도로,[25] 그는 지금도 오카미의 '전설'로 회자되고 있다. 하지만 고객이 원하는 것이라면 당장 택시를 타고 달려가서 사올 정도로 '채산을 무시하는' 접대에는 그 나름의 계산이 있었다.

> 와 계신 손님께서 반드시 만족하셔서 다시 오시도록 한다, 이것도 변치 않는 신념입니다 …… 눈에 보이는 손님을 통해서 보이지 않는 손님에게도 인사를 드리려는 것이죠 …… [텔레비전 광고보다도] 손님이 손님을 부르는 접대가 되도록 신경 쓰는 것이 중요하지 않을까요. 여자로서의 무서운 계산이겠죠.[26]

다카에 이어 〈가가야〉의 오카미가 된 마유미도 고객의 만족을 최우

---

24) 小田真弓・田口香世, 「和倉温泉「加賀屋」の小田真弓女将が語る先代女将・義母の後姿」, 『Value creato』 269, 2007.10, 16쪽.
25) 「加賀屋の先代女将、小田孝が心を語る'元気でやってるかい'」
    http://www.kagaya.co.jp/omotenashi/genki/index.htm (2011.1.16), 15쪽.
26) 小田真弓・田口香世, 「和倉温泉「加賀屋」の小田真弓女将が語る先代女将・義母の後姿」, 17쪽.

선으로 했던 선대의 서비스 정신을 최우선으로 삼았다. 한 걸음 더 나아가, 마유미가 최고의 서비스와 더불어 〈가가야〉의 양대 원칙으로 삼은 것이 '종업원의 만족'을 중시하는 경영이었다. 그러한 경영 방침이 상징적으로 드러난 것은 2007년 3월 이 지역[能登半島]에 진도 6의 큰 지진이 일어났을 때의 대응일 것이다. 건물 보수를 위한 34일의 휴업기간 동안 약 5000건, 2만 8천여 명의 예약이 취소되는 피해를 입었지만, 550여 명의 종업원에게 급료를 지불하고 이 기간을 종업원과의 친밀감 향상 및 재교육, 지역공헌의 기회로 삼았던 것이다.

접객 담당 종업원들이 불만을 갖는다면 결코 훌륭한 서비스가 이루어질 수 없습니다. 손님을 소중히 하고 손님의 모든 것을 수용한다는 것은, 동시에 진정한 의미에서 종업원을 소중히 하지 않으면 안 된다는 것입니다. 어머니께서는 자주, 본래 내가 하지 않으면 안 되는 것을 모두가 대신 해 주는 것이다, 이들은 종업원이 아니라 가족이라고 말씀하셨습니다.[27]

종업원의 만족을 중시하는 경영 또한 결국은 고객을 향한 최고의 서비스를 완성시키기 위한 것이었다. 그리고 종업원을 만족시키는 경영이란 단순히 그들에 대한 배려나 동정이 아니라, 지진 당시의 대응과 같이 비상시의 생활을 보장하고 더 나아가 상시적인 복지까지를 포함하는 것이었다. 즉 보육원이 딸린 기숙사(母子寮) 건설, 자동운반시스템 도입과 같은 편의시설 강화뿐 아니라 이불개기와 청소 등의 단순작업을 외주화하고 휴식시간을 늘리는 등 종업원을 위해 과감한 투자를 계속한 것이

27) 岩崎信也, 「〈小田真弓〉 加賀屋」, 283쪽.

다. 그 가운데 버블 붕괴 후에도 직원 수를 줄이지 않았다는 것이야말로 가장 큰 종업원 복지라 할 것이다.

〈가가야〉에서는 항상 종업원의 품 안에 '〈가가야〉 그룹 품질방침 카드'라는 것을 소지하게 하며, 이것이 정평 있는 〈가가야〉 서비스의 배경이 된다고 설명한다. 이것은 어떠한 자세로 고객을 대해야 하는가에 관한 이른바 '마음의 매뉴얼'로,[28] 여기에서 강조하는 것은 "'또 올게요'라며 고객이 만족하는 것'이 진정한 기쁨이자 자랑이라는 것, 고객의 불만을 적극적으로 해결해 나아가리라는 것 등이며, 팀워크의 중요성 등에 관한 내용도 담고 있다.[29] 오카미는 이상과 같은 정신의 기초 위에 종업원들이 기쁘게 자율적으로 일할 수 있는 환경을 만들어주고 송영(送迎)과 방 인사, 요리 및 서비스 체크 정도의 일을 솔선하는 역할이지, 그 이상의 화려함이나 주목은 불필요하다는 것이 오다 마유미의 지론이다.

이처럼 〈가가야〉는 선대 오카미가 방향을 제시하고 또 토대를 놓은 '고객과 종업원의 만족'이라는 두 가지 원칙을 축으로 하여, 버블 붕괴 이후의 위기를 극복하고 관광산업을 둘러싼 시대적 변화에도 적응하면서 지금까지도 최고 료칸의 위치를 점하고 있다. 물론 위기극복을 위한 시설의 다양화, 번화가 료테(料亭) 개점 등 하드웨어적인 면에서의 수완이 적절히 발휘된 때문이기도 하지만, 그러한 발전 자체가 바로 고객과 종업원을 중심으로 한 경영원칙과 무관하지 않다. 즉 선대가 토대를 놓은

---

28) 료칸에 매뉴얼이 필요한가에 대해서는 오카미들의 의견이 갈린다. 〈가가야〉 뿐 아니라 뒤에서 다룰 〈오카미주쿠〉에서는 오히려 매뉴얼 없이 스스로 생각해서 고객을 접대하라고 가르치는 반면, 스튜어디스 출신을 비롯한 일부 오카미는 철저한 매뉴얼이 반드시 필요하다고 주장한다.

29) 田口香世,「連載企業研究 和倉温泉「加賀屋」が27年間日本一の座にあり続ける秘密を小田真弓女将に聞く」, 2007.9, 37-38쪽.

가장 '전통적'인 방식을 기초로 하여 '현대적'인 고객의 요구에 성공적으로 대응하고 있는 셈이다.

2) 전통료칸·오카미의 현대적 모색

오카미들의 인터뷰 중에는 '이치고이치에'(一期一会)[30]라는 용어가 자주 등장한다. 찾아온 고객에게 최선을 다하겠다는 마음의 표현이기도 하지만 단 한 번의 기회를 놓치면 다시 만회할 기회를 얻을 수 없는 료칸업의 특징을 반영하는 말이기도 하다. 즉 일상의 필요가 아니라 상당한 액수를 지불하고 비일상적 시간과 공간을 찾는 것이기에, 마음에 들지 않는 곳을 일부러 다시 찾는 고객은 없다는 사실을 새삼 기억하려는 것이다.

여행사의 안내에 따라 밀려드는 단체고객 대신 가족 등 소그룹과 까다로운 여성 고객이 주류로 등장한 이래, 료칸 오카미들은 첫째, 각각의 료칸은 고객이 무엇을 원하는지를 알고 이에 대응해야 하기 위해 노력하지 않으면 안 된다는 것, 둘째, 그러나 고객이 바라는 것은 너무도 다양하여 하나로 정리하기 어렵다는 모순적 상황에 대한 곤혹스러움을 토로한다. 하지만 성공적으로 적응한 료칸도 적지 않은데 그들의 전략을 임의로 구분해 보자면 다음의 세 가지 정도로 정리가 가능할 듯하다.

첫째, 한 두 종류의 요구(여행 목적)에 맞춰 료칸을 특화함으로써

---

30) 다회(茶会)에서의 마음가짐에서 나온 용어로서, 생애에 단 한번만 볼 수 있는 것, 일생 한번 뿐인 것이라는 뜻. "당신과 이렇게 만날 수 있는 이 시간은 두 번 다시 오지 않을 단 한번 뿐이다. 그렇기에 이 순간을 소중히 여기고, 지금 할 수 있는 최고의 접대를 하겠다"라는 뜻으로, 센리큐(千利休)가 다도에서 최고로 삼았다는 마음가짐이다.

대상을 한정하는 대신 경영비용을 줄이는 전략, 둘째, 전통료칸의 모습을 유지하면서 참신하고 신선한 요소를 추가하는 전략, 셋째, 모든 사람들의 다양한 요구를 수용할 수 있도록 다양한 설비를 갖춘 대규모 건물을 지향하여 그 안에서 주기적으로 변화를 계속하는 전략이다. 세 번째의 경우는 새로운 모색이라기보다 사실상 자본력에 의존하는 것이기에 이를 굳이 새로운 전략으로 소개할 필요는 없을 것이다. 이하에서는 첫 번째와 두 번째에 해당되는 사례들을 약 60여 명에 이르는 오카미 인터뷰 기사를 기초로 하여 구체적으로 살펴보려 한다. 60여 명의 인터뷰 가운데 의미 있다고 여겨지는 시도들을 몇 가지 유형으로 분류하고 그 중 대표적인 사례들을 중심으로 서술할 것이며, 본고에서 직접 인용되지 않는 사례들도 충분히 고려되었다는 사실은 미리 밝혀둔다.[31]

(1) 숙박의 목적 특화

・소규모 개인 별장

영업 목적을 특화한 것으로 가장 먼저 눈에 띄는 사례는 일종의 '개인 별장'을 지향하는 회원제 소규모 료칸이다. 대표적인 곳으로는 연예인 가족 출신이라는 수식어가 붙는 오카미 히라노 요코(平野洋子)가 경영하는 객실이 단 6개 뿐인 〈료소 후나코시〉(旅荘 船越, 이하 후나코시)

---

31) 인터뷰 자료로서는 「全国名女将に聞く」(1~8)(『トランスポート』, 1991.10-1992. 8), 일부가 단행본으로 묶여 출판되기도 했던 이와사키 신야(岩崎信也)의 「現代の宿神—宿を支える女将たち」(1~41)(『月刊ホテル旅館』, 2003.3-2006.7), 「平成細腕繁盛記」(1~37)(『Venture link』, 2006.1-2009.6) 등의 시리즈 외에, 일본 국회도서관의 검색을 통해 확인 가능한 1990년대 이후의 오카미 인터뷰 기사 대부분을 수집하여 사용했다. 연인원은 100여 명을 넘으나 유명 오카미의 인터뷰나 기사는 중복된 경우가 많기에, 대략 60여 명의 오카미에 대한 내용을 검토한 셈이 된다.

로,[32] '별장과 같은 료칸'이라는 방침을 명확히 한 경영으로 우량기업에 선정되기도 했다. 치유(いやし)와 편안함(くつろぎ)을 주제로 분위기 연출에 철저했던 것이 고객의 호평을 받았다. 〈후나코시〉는 '다른 고객과 얼굴을 마주치지 않도록' 일체의 공유시설을 없애고 노송나무 욕조를 비롯한 모든 시설을 객실 내에 완비했다. 선물조차도 객실에 비치된 목록을 보고 주문, 객실 내에서 계산하게 한다거나 한 팀의 고객을 한 명의 나카이(仲居)가 전담하여 접대하는 등의 서비스를 특화했다. 특히 손님을 끌기 위해 개보수를 거듭하는 다른 료칸들과 달리 오히려 오래 된 '일본의 것'을 지키고자 기존 시설의 유지 및 청결에 신경을 쓴다는 점도, '언제 와도 변함이 없는' 별장과 같은 료칸을 유지하기 위한 것이었다.[33]

개개인을 중시하고 별장과 같은 분위기를 지향하는 것은 외국인 오카미로 유명한 후지 지니(藤ジニ)가 이끄는 료칸 〈후지야〉(藤屋)도 마찬가지다. 금발의 외국인인 그가 '일본 전통과 일본인의 친절함을 느낄 수 있는' 공간으로서의 료칸을 추구한다는 영업 방침을 가진 것은 아이러니해 보인다. 하지만 외국인이기에 오히려 일본인보다 더 일본다움을 민감하게 짚어낼 수 있었다는 고백도 설득력이 있다. 그는 2006년의 리뉴얼 오픈을 계기로 객실 면적을 넓힌 대신 객실 수를 8개로 줄이는 소규모 정책으로 전환했다. 〈후지야〉 역시 관내에서 다른 고객과 마주칠 가능성

---

32) 유명 배우 후나코시 에지(船越英二)와 하세가와 유미코(長谷川裕見子)가 부모이며, 현역 배우인 에이치로(英一郎)가 오빠이다. 〈후나코시〉는 1965년에 개업했으며 계승자인 에이치로가 배우를 선언했기 때문에 딸인 요코가 가업을 승계하게 되었다.

33) 「平成細腕繁盛記 旅荘船越 女将・平野洋子さん 自分の別荘感覚でゆったりとやすらげる」, 『Venture link』 22(9), 2008.2, 岩崎信也, 「〈平野洋子〉 旅荘船越」, 『宿を支える女将たち』.

은 거의 없으며 같은 시간대의 고객에게조차 송영 차량을 개별적으로 제공할 정도로 개개인의 시간과 공간을 중시한다. 방문에 명패나 심지어 손잡이도 없앨 정도로 '은신처'(隠れ家)와 같은 분위기 조성에 힘을 기울이고 있다.[34]

이와 같이 소규모 '별장' 혹은 '은신처'를 추구하는 료칸은 사라져가는 일본 전통문화와 생활에 대한 향수와 동경, 그리고 90년대 중반 이후 일본사회 전반을 휩쓸었던 '치유'에 대한 갈망이라는 사회적 요구가 더해져 출현한 것이다. 물론 연예인 가족 출신 혹은 금발에 푸른 눈을 가진 서양인이라는 유명세가 있기에 가능한 것이기도 했다. 즉 오카미나 료칸이 이미 미디어를 통해 전국적 지명도를 확보했기에 광고나 고객 유치에 대한 부담이 상대적으로 적었다. 그 때문에 가격 경쟁에 휘말리지 않고,[35] 고가정책을 유지하면서 소신껏 자신의 철학을 담은 경영이 가능했던 것이다.

• 애완동물과의 동반 숙식

현대 일본의 추세를 반영해서 료칸 숙박의 목적을 특화시킨 또 하나의 흥미로운 사례는 '애완동물'과의 동반숙식을 제공하는 〈기누카와 국제호텔〉(きぬ川国際ホテル, 이하 기누카와)이다.[36] 오카미인 아쿠쓰

---

34) 「平成細腕繁盛記　藤屋　女将・藤ジニーさん　米国女性が見た「日本のよさ」をサービスに取り入れる」, 『Venture link』 21(13), 2007.5.

35) 히라노 요코는 그 기준에 대해, "주기적으로 머무는 비용이 별장을 직접 소유하는 가격을 넘지 않을 정도"라고 설명한다.

36) 일본의 법률상 '호텔'은 양식의 구조 및 설비 위주의 숙박시설이며, '료칸'은 주로 일본식 구조 및 설비 위주의 숙박시설로 규정되어 있다. 그러나 최근에는 관광료칸의 경우 이름에 '호텔'을 붙이는 경우가 많기 때문에, 이름만으로는 일본 전통의 분위기를 갖춘 '료칸'인지를 확인하기 쉽지 않다. 법률상의 신고와는

게에코(阿久津恵永子)가 애완동물 동반객실 운영에 착안한 것은 1986년으로, 당시는 설령 애완동물 동반이 가능한 료칸의 경우에도 입실할 때는 별도의 시설에 맡기거나 다른 고객의 눈치를 봐야 하는 형편이었다. 게에코는 고객에게 눈치를 보게 하기보다는 차라리 애완동물을 위한 숙박플랜을 마련하는 편이 낫다고 판단, 1박 2식에 500엔의 요금을 책정했다. 이것이 매스컴의 주목을 받으면서 예약이 쇄도하여, 오랜 기간 누적됐던 적자가 일거에 해소될 정도였다.

"인격과 마찬가지로 '견격(犬格)'을 중시한다"라는 신조를 내세운 〈기누카와〉는 고객의 99%가 애완동물을 동반할 정도로 고객 특화에 성공하였고, 획기적인 성과를 남긴 케이스로 꼽힌다. 특히 15마리 이상의 개가 숙박하는 날 개최하는 '멍멍 친목회'(わんわんコンパ), 애완동물을 위한 별도의 식사 및 온천 제공 등의 이벤트와 서비스를 갖춘 〈기누카와〉는, 본래 애완동물에 대해 애착을 갖고 있던 오카미가 자신의 관심과 새로운 소비자의 요구를 적절히 조화시켜 경영난까지 타개해 낸 대표적인 사례라 할 수 있다.37) 아울러 〈기누카와〉의 성공은 전통적인 공간과 그 서비스를 체험하려는 고객들이, 자신의 동반자로서 같은 사람만이 아니라 애완동물을 선택하는 시대가 왔음을 보여준다.

별개로, 상식적인 선에서의 '료칸'과 '호텔'의 구분은 결국 시설이 위치한 환경이나 요리, 서비스, 숙박의 목적 등을 종합적으로 고려하여 구분할 수밖에 없으나, 최근에는 양식과 일본식 시설을 함께 구비하는 곳도 많아지고 예상을 넘는 파격적인 시도들이 이뤄지고 있기 때문에 '료칸'과 '호텔'의 구분은 점점 더 모호해질 것으로 보인다.

37)「平成細腕繁盛記 きぬ川国際ホテル 阿久津恵永子女将 客の99%はペット同伴 ターゲットを絞り成功」,『Venture link』23(6), 2008.11.

• '무장애'와 유니버설 설계

영업적으로 성공을 거두었는지와는 별개로 시도 자체에 의미를 두고 싶은 특화의 사례는 '무장애'(barrier-free)를 내세운 〈료칸 퓨어 필드 가제요비〉(ピュア・フィールド風曜日, 이하 가제요비)다. 개장은 1999년으로 결코 역사가 길지 않지만, 복지 전문가인 오카미 미키 가즈코(三木和子)가 장애인이 쉽게 이용하도록 료칸의 문턱을 낮추기 위해 노력한 것은 주목 받기 충분하다. 그가 설명하는 〈가제요비〉의 정경은 다음과 같다.

> 예를 들면 프런트. 휠체어 이용자를 위해 일반적 높이 옆에 한 단 낮은 카운터가 설치되어 있다. 복도의 폭은 휠체어 두 대가 동시에 통과할 수 있도록 여유 있게 만들어졌고, 객실의 도어는 모두 [옆으로 미는] 미닫이식이다. 욕실을 포함한 객실 면적이 넓은 것은 물론이고, 냉장고 높이도 휠체어에 탄 채로 이용한다고 상정했다. 가족 욕실에는 휠체어를 탄 채로 욕조에 몸을 담글 수 있는 특수한 리프트가 준비되어 있다. 또 시각 장애인에 대한 배려로서 현관 프론트의 위치를 음성으로 알리는 유도장치가 설치되어 있고, 로비와 복도의 바닥재도 [장애인에게 편리한 것으로] 교체했다. 복도 양 벽의 손잡이에는 방 번호를 표시하는 점자가 찍혀있는 것 등이다.[38]

상당한 경제적 부담 뿐 아니라 비장애인의 입장에서 볼 때는 관광 시설로서 감점요인이 될 수 있음에도 불구하고, 이러한 시설을 갖추기까지는 다음과 같은 문제의식이 작용했다. "장애인, 혹은 개호(介護)를 필

---

38) 岩崎信也,「〈三木和子〉 ピュア・フィールド風曜日」,『宿を支える女将たち』, 235쪽.

요로 하는 노인들에게는 밖으로 나가는 것이 최고의 재활입니다. 즉 활성화라는 거죠. 실제로 여행을 가고 싶다고 생각하는 장애인도 많습니다. 그렇지만 일본에는 그러한 사람들이 안심하고 지낼 공간이 좀처럼 없습니다."[39] 〈가제요비〉는 지금까지 이동식 화장실, 리모콘 작동이 가능한 전동침대, 휠체어에서 침대나 자동차로 옮겨 앉을 때 사용하는 리프트 등 장애인·고령자를 위한 시설을 확충했다. 그리고 이러한 노력이 평가를 받아 여러 차례에 걸쳐 복지·서비스 관련 상을 받으면서 '무장애' 료칸으로 명성을 얻고 있다. 그 외에 〈호텔 다마노유〉(ホテル玉之湯, 이하 다마노유)처럼 료칸의 차별화를 위해 '온기 있는 숙소(宿)'를 테마로 설정하여 서비스의 일환으로 휠체어를 탄 채로 욕조 안에 들어가 노천탕을 즐길 수 있도록 하는 등, 부분적으로 '무장애' 시설을 갖추는 경우도 있다.[40]

'무장애' 혹은 유니버설 디자인을 채택하는 경우, 지리적 이점 혹은 지역과의 협조는 필수적이다. 〈다마노유〉가 '무장애' 료칸을 지향하게 된 것은 교통이 편리하고 병원과 가깝다는 위치상의 이점에 착목한 데서 비롯되었다. 〈가제요비〉의 경우, '무장애' 건물로 리뉴얼 공사를 할 당시 자금 수주에 난항을 겪었으나 고령자 및 장애인이 원활하게 사용할 수 있는 건물에 대한 지원을 규정한 지자체 법률에 의해 저리융자를 얻을 수 있었다. 우연히 료칸에 투숙했던 신사(神社)의 궁사(宮司)는 료칸의 취지에 동의하여 부근 숲에 '무장애' 분사(分社)를 세워주었고, 지역 주민

---

39) 岩崎信也,「〈三木和子〉ピュア・フィールド風曜日」, 241쪽.
40)「平成細腕繁盛記 ホテル玉之湯 女将・山崎圭子さん バリアフリーで車イスの客にも対応」,『Venture link』21(10), 2007.3, 岩崎信也「〈山崎圭子〉ホテル玉之湯」,『宿を支える女将たち』.

들은 신사의 참배로에 휠체어 바퀴가 빠지지 않도록 자발적으로 도로를 포장해 주었다. 이처럼 장애인이라는 사회적 약자에 대한 배려의 필요뿐 아니라 인간의 수명 연장에 따라 고령자 고객이 늘어날 수밖에 없는 사회적 흐름을, 지리적 이점 혹은 지역의 협조와 결합시켜 '무장애' 료칸으로 발전시키는 움직임은 금후 점차 확대될 것으로 예상된다.

(2) 기본 서비스 일부분의 특화

전통료칸의 분위기를 대체로 유지하면서 자신만의 특징을 어필하기 위한 개성있는 시설이나 기획을 덧붙이는 료칸은 워낙 많고 또 내용도 다양해서, 분류하여 정리하기가 쉽지 않다. 그럼에도 최근의 트렌드를 반영하고 있다고 생각되는 의미있는 시도들을 중심으로 분류한다면 첫째, 전통료칸의 기본 요소들, 즉 건물·요리· 서비스·자연관광 중의 한두 가지를 선택적으로 강조하는 경우, 둘째, 특별히 전통료칸의 특징으로 간주하기 어려운 혁신적인 프로그램을 창조적으로 도입하는 경우, 셋째, 고객의 신뢰와 호감을 높이기 위한 편리한 도구·수단을 채용하는 경우 정도로 정리할 수 있다.

• 전통료칸 기본요소의 부분적 특화

전통료칸의 요소들 중 하나를 특화한다면, 아무래도 비중이 크고 또 상대적으로 가장 실행이 용이한 '요리'를 특화하는 것이 대표적이다. 향토의 신선한 재료를 이용하여 계절감을 살린 요리를 낸다는 료칸의 기본 외에, 특별한 테마를 가진 요리로 고객의 마음을 잡으려는 것이다. 〈묘진칸〉(明神館)의 경우는 료칸업계 최초로 프랑스 요리를 도입, 고급 가

이세키요리[41] · 모던 일식과 더불어 서로 다른 세 종류의 식사를 준비함으로써 고객의 기호에 따라 선택이 가능하도록 했다.[42] "온천, 사람, 숯불의 온기로 고객의 마음을 따뜻하게 한다"는 표어를 내세운 〈다쓰미칸〉(辰巳館)은 숯불요리를 료칸의

〈그림 2〉 료칸의 저녁식사(필자 촬영)

상징으로 내세운다. 오카미인 후카쓰 가요코(深津香代子)는 료칸을 다름 아닌 '기억의 장사'라고 단언한다. 이를 위해 차분한 분위기로 연출된 공간에 이로리(囲炉裏)[43]를 설치, 직접 숯으로 구워먹는 요리의 온기와 정취를 느끼게 한다는 것이다.[44]

〈그림 3〉 이로리

　료칸의 또 다른 요소인 건물을 특화하는 사례도 있다. 현관과 복도, 객실은 물론 공동욕탕(大浴場)과 씻는 곳(洗い場)까지 료칸 전체에 다타미(畳)를 고집하는 〈린센로 가시와야 벳소〉(臨泉楼 柏屋別荘, 이하 린센로)가 대표적이다. 오카미 야스다 마사요(安田昌代)는 다타미가 본래 전통

---

41) 가이세키(懐石)요리: 다회(茶会)에서 차를 마시기 전에 내놓는 간단한 음식에서 유래한 일본 전통식 식사.
42) 「平成細腕繁盛記 明神館 齊藤百代女将 ひっそりとした山中で客足が絶えない名旅館」, 『Venture link』 23(4), 2008.10.
43) 방바닥 일부를 네모나게 잘라낸 후 재를 깔아 취사용 · 난방용으로 불을 피우는 장치
44) 「平成細腕繁盛記 辰巳館 女将 · 深津香代子さん 『温泉』『人』『炭火』で客の心を温める」, 『Venture link』 22(13), 2008.5.

일본의 공간을 구성했으며 현대에는 비일상적 공간을 구현하는 소재이기 때문에 고객이 료칸을 생각할 때 다타미를 곧잘 떠올린다는 점을 선택의 이유로 든다.[45] 그 외에 미끄럼방지 및 보온효과와 같은 안전성·실용성에 주목하는 경우도 있다.[46] 건물을 특화한 또 다른 사례로는 초가지붕(茅葺き屋根) 혹은 기와지붕의 고민가(古民家)를 매입·이축하여 10여 개의 객실을 마련, 역사 속의 가고시마(鹿児島) 시골을 재현한 〈망각의 마을 가조엔〉(忘れの里 雅叙苑)이 있다. 가고시마 산천의 생활문화를 재현함으로써 료칸을 일상을 '망각할 수 있는' 공간으로 구현한 것이다. 평소 도시인의 생활을 유심히 관찰하여 그들에게 무엇이 결핍되어 있는지 혹은 무엇을 욕구하는지를 발견함으로써 이러한 공간을 만들어낸 오카미 다지마 에쓰코(田島悦子)는, 료칸으로서의 성공이 아니라 일본 '유일(only one)의 료칸'을 지향하기 때문에 투자를 아끼지 않은 것이라고 강조한다.[47]

· 전통료칸에서 벗어난 낯선 요소의 도입

전통료칸의 요소로 상상하기 어려운 창조적 시도로는 특별 공연행사를 들 수 있다. 고객을 유치하기 위한 이벤트는 대부분 새로운 료칸 소비층이자 유행에 민감한 젊은 여성들을 대상으로 기획된다. 〈료칸 미소노〉(旅館 御園)는 '좌석(座敷)과 재즈와 일본술(日本酒)'이라는 다소 기묘한 이름의 행사를 비롯, 클래식이나 일본음악, 일인극, 낭독회 등의 다

---

45)「平成細腕繁盛記 楽山やすだ 安田昌代女将 ロビーから風呂の洗い場まで総畳敷きで日本の文化を重視」,『Venture link』23(11), 2009.4.
46)「平成細腕繁盛記 臨泉楼柏屋別荘 斎藤かおる女将 かゆい所に手が届く和の心でおもてなし」,『Venture link』23(9), 2009.2
47) 岩崎信也,「〈田島悦子〉 忘れの里 雅叙苑」,『宿を支える女将たち』, 129쪽.

양한 행사를 정기적으로 개최하고 있다. 이것은 오카미 이마이 마키코(今井麻紀子)가 료칸의 이미지와는 맞지 않는다는 주변의 반대를 물리치고 "료칸이라는 '장'(場)을 예술적으로 사용하려는 사람에게 제공한다"는 신념을 관철시킨 결과였다.[48] 심지어는 아예 예술적 재능이 넘치는 오카미 자신과 종업원을 포함한 멤버들이 매일 저녁 다양한 예술공연을 펼치는, 이른바 '오카미극장'이 미디어를 통해 명물로 자리잡은 경우도 있다.[49]

보여주는 공연에 그치지 않고 한 걸음 더 나아가 료칸을 매개로 사람과 사람의 교류를 활발하게 하기 위한 노력도 적지 않다. 즉 종업원과 고객의 '접촉'(触れ合い)은 물론이고 고객 간의 교류의 장을 만들려는 것인데, 이것은 앞서 소개했던 소규모 별장식 회원제 료칸과는 정반대의 정책이라 할 수 있다. 〈사루가교 호텔〉(猿ヶ京ホテル, 이하 사루가교)의 경우, 어린이들이 가마를 끄는 '어린이 미코시'(子供みこし)나 민화이야기(民話の語り)・떡찧기(餅搗き)・클래식과 샤미센 연주 등과 같이 고객과 종업원의 접촉과 부대낌이 많은 행사를 마련하고 있다. 이것은 단순히 이벤트를 통해 고객을 유치하겠다는 것뿐 아니라 '고객'과 '직원'의 만족을 양립시키려는 의도가 있다. 즉 고객의 만족이 직원의 만족으로 이어진다는 점에 착목하여 양자의 교류를 증대시킬 수 있는 이벤트를 기획했다는 것이다.[50]

앞서 무장애 시설로 소개했던 〈다마노유〉에서는 플룻・피아노・샤미센・플라망고 기타 등의 연주를 중심으로 한 '원형콘서트'(車坐コン

---

48) 岩崎信也, 「〈今井麻紀子〉 旅館御園」, 『宿を支える女将たち』, 25-26쪽.
49) 「平成細腕繁盛記 西の雅 常盤 女将・宮川高美さん 自らステージに立ち、歌って踊る「女将劇場」」, 『Venture link』 22(14), 2008.6.
50) 「平成細腕繁盛記 豆腐懐石猿ヶ京ホテル 若女将・持谷美奈子さん—顧客の健康を第一に考え人気を得る」, 『Venture link』 22(2), 2007.8, 65쪽.

サート)가 명물로 자리를 잡았는데, 이 행사 역시 고객 간의 담소뿐 아니라 종업원의 참여를 적극적으로 장려한다. "앞으로는 함께 노래를 한다거나 고객끼리 혹은 종업원과 접촉할 수 있는 시간을 만드는 것이 료칸의 새로운 평가 기준이 되지 않을까요. 종업원도 합창단이라는 다른 각도에서 손님과 접하면 무엇인가 발견할 수 있지 않을까 기대합니다."[51] 비슷한 맥락에서 대상을 여성 고객으로 한정, '여성만의 가을 축제'·'여성만의 크리스마스'와 같은 다소 의외의 기획을 통해 새로운 인간관계 형성을 지향하는 경우도 있다.[52] 〈사루가쿄〉와 〈다마노유〉의 사례는 고요하고 아름다운 자연, 전통 일본을 구현한 시설 속에서 비일상적인 시공간을 향유한다는 이전의 료칸 숙박에서 한 걸음 더 나아가, 적극적인 이벤트를 통해 고객끼리 혹은 고객과 종업원의 접촉 기회를 확대하는 새로운 양태의 료칸에 대한 수요가 증가하고 있음을 보여준다. 나아가 개인화와 고독이 극한의 지경에 다다르고 있는 현대 사회의 양상을 역설적으로 증명하는 시도라고도 할 수 있다.

・편의와 접근성 제고를 위한 개선

이 외에 고객 유치로 이어지는 적극적인 기획들 가운데는 고객들에게 현지의 자연과 유적 등을 가장 잘 만끽할 수 있는 '역사탐방' 정보 혹은 '1박 2일 스케줄 제안'을 한다거나, 오후 3시 체크인, 오전 10시 체크아웃인 통상의 규칙을 깨고 2시 체크인, 11시 혹은 12시 체크아웃으로 체재

---

51) 「平成細腕繁盛記 ホテル玉之湯 女将・山崎圭子さん バリアフリーで車イスの客にも対応」, 『Venture link』 21(10), 2007.3, 57쪽.
52) 「平成細腕繁盛記 四万やまぐち館 女将・田村久美子さん 昔の町並みの館内にオリジナル化粧品。観光名物を自ら作り出す」, 『Venture link』 21(3), 2006.9.

시간을 연장하여 평소보다 프로그램을 하나 더 소화할 수 있도록 배려하는 경우도 있다. 외국인 유치를 위해 외국 여행사를 통한 홍보는 물론이고 아예 훈련된 다국적 스태프를 고용하거나, 홈페이지 활성화 및 편지 등을 통해 지역과 료칸의 동정이나 오카미의 사적인 감상 등을 발신하는 방법으로 고객과의 친밀감을 높이려는 시도는 상당히 일반화되고 있다.

더 나아가 〈일본의 숙소 고요〉(日本の宿 古窯, 이하 고요)처럼 료칸업에 어울리지 않는다는 냉소에도 불구하고 철저한 위생관리를 중심으로 하는 독자적인 서비스 관리시스템 구축에 공을 들인 결과, ISO 취득을 통해 서비스에 대한 신뢰를 높여 도산의 위기를 타개한 경우도 있다.[53] 선대 오카미(佐藤幸子)는 1990년대 초반 〈전국 오카미 서미트〉 조직에 중요한 역할을 했었고, 2장 2절에서도 소개했던 바와 같이 〈고요〉는 편안한 '양수의 감각'을 느낄 수 있는 전통적 분위기를 추구하는 대표적인 료칸이었다. 바로 그 〈고요〉가 ISO 취득에 매달려 성공을 거두었다는 점은 현대적 경향에 부응하여 변화하는 료칸의 일면을 상징적으로 보여주는 것이기도 하다.

(3) 성공한 료칸의 가치관

이처럼 료칸 서비스는 점점 전형을 찾기 힘들만큼 개인적·시대적 요구에 응하여 다양화하고 있으며 점점 도전적인 시도가 늘어나고 있다. 일본의 전통 생활양식 재현이라는 고전적 범주를 넘어선 지는 오래 되었으며, 서양식 리조트를 넘어 이제는 동남아의 이국적 분위기를 채용하여

---

53) 「戦略経営者登場 佐藤信幸 旅館古窯社長 女将 佐藤洋詩恵 ISOでサービス品質の向上はかる地域トップ旅館の革新力」, 『戦略経営者』 20(1), 2005.1.

낯선 분위기로 변신을 도모하는 경우도 있을 정도다.[54) 이같이 다양한 실험은 료칸에 대해 '개인'·'치유'·'비일상성'·'이벤트' 등이 요구되는 현 추세 속에서는 당분간 계속될 것이며, 점점 더 예상을 뛰어넘는 방향으로 나아갈 것으로 보인다. 그러나 외적으로 보이는 차이에도 불구하고 성공한 료칸의 오카미들이 공유하는 가치관이 있는데 이하에서는 이를 지역과의 연대·종업원 정책·오카미 역할론이라는 세 가지 항목으로 나누어 살펴보려 한다.

 • 지역과 연대

료칸을 경영하는 이들은 대개 료칸이 속한 지역사회에 관심을 기울이고 협력하는 것을 당연한 것으로 여긴다. 역사적으로 유서 깊은 곳에 자리잡고 있거나 료칸 자체가 역사적 유물로서 가치가 높아 지역의 역사적 계승자를 자임하는 가고시마현(鹿児島県)의 〈하쿠스이칸〉(白水館)의 경우는 별개로 하더라도,[55) 호텔이나 게스트하우스 같은 서양식 시설과 달리 료칸은 지역에서 분리되어서는 존재할 수 없기 때문이다. 건물이나 서비스, 요리와 같은 요소는 료칸 스스로 특화할 수 있더라도 또 하나의

---

54) 전통있는 온천료칸의 내부를 인도네시아풍으로 일신하고, 그 안의 가구와 염색, 미술품까지도 인도네시아풍으로 교체한 경우도 있다(岩崎信也,「現代の宿神—宿を支える女将たち(40) 杉山照子さん(YUTORIAN修善寺ホテル/静岡県・修善寺温泉」,『月刊ホテル旅館』43(6) (通号 509), 2006.6, 144쪽).

55) 가고시마(鹿児島) 부스키(指宿) 온천의 하쿠스이칸은 사쓰마(薩摩)의 역사유물을 대거 간직한 지역 유수의 역사 유적지로, 2004년에는 고이즈미 준이치로 일본 총리와 노무현 한국 대통령이 숙박하기도 했다(「平成細腕繁盛記 指宿白水館 下竹原成美女将 薩摩流おもてなしと伝統文化を伝える宿」,『Venture link』23(3), 2008.9). 앞서 언급되었던 야마가타현(山形県) 〈고요〉의 경우, 료칸 부지 안에 다수의 역사 유적이 발굴되어 관광 자원으로 이용되고 있다.

중요 요소인 '자연'을 스스로 구축할 수는 없으며, 식재료도 향토의 영향을 받을 수밖에 없다. 하지만 더 큰 이유는 우다가와 후미에(宇田川富美江)의 말처럼 "료칸업 발전을 위해서는 지역의 료칸이 연대하여 온천지 전체에 활기를 띠는 것이 불가결"하기 때문이다. 즉 금후 료칸의 생존을 위해서는 '장기체재형' 고객의 증가를 노려야 하며, 이를 위해서는 지역 전체의 발전이 필수적이라는 것이다.56) 특히 해외 고객을 유치하기 위해서는 더더욱 그렇다. 자신의 료칸만을 선전하는 것보다 지역 료칸의 〈오카미회〉(女将会)가 주도하여 대도시나 해외에 나가 온천을 비롯한 '지역'을 선전하는 것이 훨씬 효과적일 것임은 짐작하기 어렵지 않다.

료칸과 지역사회와의 협력은 반드시 고객 유치와 같은 영업전략 차원에 그치지 않고 장기적인 지역공생의 길을 찾으려는 노력으로 이어지고 있다. 후쿠시마현(福島県) 다케(岳)온천에 위치한 〈화창한 날의 고향 아즈마칸〉(陽日の郷 あづま館)의 오카미인 스즈키 미사코(鈴木美砂子)의 경우 "우리 료칸이 있는 것은 '지역'이 있기 때문"이며 "다케온천 전체가 활성화되지 않으면 아무런 의미가 없다"는 신념 아래, "지역과 공생하는 료칸 만들기"에 도전하고 있다고 말한다.57) 이를 위해 지역 신문사 및 관광협회의 후원 하에 대형 행사를 개최하는 것은 그다지 신선한 일도 아니지만, '여성 특유의 감성을 살린' 행사에 주력하는 이유가 료칸 오카미들이 주축이 되어 행사를 주도하기 때문이라는 점은 의미심장하다. 료칸 오카미로서 단련된 여성의 리더십이 지역살리기로까지 활동 영역을

---

56)「平成細腕繁盛記 皆生つるや 女将・宇田川富美江 女手一つで築いた敷地3000坪の大旅館」,『Venture link』21(1), 2006.7.
57)「平成細腕繁盛記 陽日(ゆい)の郷あづま館 女将・鈴木美砂子さん 女性の感性で新たな温泉街をつくる」,『Venture link』21(7), 2006.12.

확장하고 있음을, 그들의 역할과 위상에 대한 시선에도 변화가 필요함을 시사하기 때문이다.[58] 그 외에도 지역의 활성화에 기여하기 위한 방법으로 베이커리나 크레이프 가게를 내어 직접 상가에 뛰어들거나,[59] 지역시장의 활성화에 도움이 될 만한 품목을 우선적으로 골라 료칸의 장식품이나 판매용으로 대량 구매하는 사례도 있다.

이처럼 주로 온천이나 지역의 역사문화를 배경으로 유지되는 료칸의 특성상, 료칸 오카미의 시선이 료칸의 담을 넘어 지역브랜드의 가치 향상까지 도모하는 것은 지방자치 시대의 필연적인 흐름으로 보인다.

· 종업원 정책

앞서 소개했던 〈가가야〉뿐 아니라 대부분의 오카미는 종업원의 훈련 및 그들과의 관계가 료칸의 성패를 좌우한다는 점에 대체로 공감한다. 종업원이야말로 료칸에 대한 오카미의 철학을 실제 구현하는 주체이자 료칸·오카미의 모습이 실제로 고객에게 전달되는 주된 통로가 되기 때문이다. 종업원이 편해야 고객도 편안함을 느끼며, 종업원에 대한 부당한 대우나 과도한 엄격함은 고객마저 불편하게 만들 수 있다는 인식에 대부분 공감한다. 더 나아가 업무 수행능력의 제고나 비용절감 지도와 같은 수준을 넘어, 고객을 감동시키기 위해서는 종업원에게서 그 이상의 무엇인가를 끌어내야 한다는 필요성이 제기되기에 이르렀다.

료칸의 종업원 관련 정책의 변화 가운데 가장 눈에 띄는 움직임은

---

58) 오카미의 활동 영역이 지역사회에까지 확장되어 '지역살리기'를 위한 활동가로서 공헌하고 있는 등, 오카미의 역할과 이미지의 변화에 대해서는 4장에서 구체적인 사례를 들어 논의할 것이다.

59) 「平成細腕繁盛記 和多屋別荘 小原真弓·女将 心なごます自筆の絵で客と心を通わせる」, 『Venture link』 23(2), 2008.8.

나카이(仲居)의 연령대를 낮추는 것으로, 구체적으로는 청년들을 종업원으로 유치하기 위한 복지 확충이다. 선대부터 료칸의 경영을 도와 온 나이든 종업원이 다수를 점하던 상황에서, 젊은 고객들의 요구에 부응하고 한편으로는 고령자 고객에게 '건강'한 기운을 장점으로 어필하기 위해 료칸들은 종업원의 평균연령을 낮추고자 노력하기 시작했다. 한적한 시골이나 산간지대에 자리잡은 료칸이 젊은층을 종업원으로 유치하기 위해서는 일반기업과 비교하여 뒤떨어지지 않는 대우를 보장할 필요가 있다. 교토의 요리 료칸 〈미야마소〉(美山荘)의 오카미 나카히가시 가즈코(中東和子)가 자신의 집보다 종업원의 기숙사를 먼저 건축하고 식사를 항상 함께 하는 방식으로 종업원을 최우선으로 하는 자신의 자세를 증명했다면,[60] 〈후나코시〉를 비롯한 다수의 료칸들은 종업원에게 사회보험·고정급여·보너스와 같은 경제적인 보상에, 공공요금 무료의 기숙사를 제공하거나 업무시간 단축과 유급휴가 등을 실시하고 있다.

근무환경과 복지의 개선 다음에는 그들을 서비스의 전문가로 만들기 위한, 그리고 서비스의 질을 지속적으로 유지하기 위한 장치들이 필요하다. 이를 위해 치밀한 접객 매뉴얼과 신입사원의 엄격한 연수과정 혹은 정기적으로 스태프 미팅과 모임을 갖는 것 등이 보편적이다. 반대로 종업원들이 보다 창조적이고 책임감 있게 임할 수 있도록, 고정된 형식의 훈련을 폐지한 채 오로지 고객을 위한 '마음가짐'만을 강조하는 〈가가야〉와 같은 경우도 존재한다. 여기에 또 다른 유형을 하나 더 추가하자면, 종업원들이 자발적으로 문제를 발견하고 또 해결할 수 있는 장치를 고안하는 경우가 종종 보인다. 즉 QC(품질관리)와 CS(고객만족)를 위

---

60) 岩崎信也, 「〈中東和子〉 美山荘」, 『宿を支える女将たち』, 256쪽.

해 종업원들이 위원회를 만들어 자치적으로 활동하게 하고 그 성과물에 대해 보상하는 시스템을 도입하는 것이다.[61] 그 외에도 결혼 후 육아를 위해 퇴직한 직원이 파트타임으로 컴백할 수 있는 제도를 만듦으로써 료칸은 경력직원을 확보하여 탄력적으로 운용하고 기혼여성에게는 사회활동을 병행할 수 있는 기회를 주는, 일석이조의 효과를 노리는 경우도 늘어가는 추세다.

• 오카미 역할론

료칸에서 오카미라는 존재가 갖는 의미와 역할은 무엇일까. 표현을 달리 하자면, 오카미들은 스스로의 정체성을 어떻게 규정하고 있을까. 료칸 집안의 딸로 태어나 줄곧 오카미인 어머니의 모습을 보고 자라면서 충분히 마음의 준비를 한 후에 오카미를 계승했든 결혼의 부산물로서 정보도 없고 마음의 준비도 없이 '와카오카미'(若女将)가 되었든, 오카미라면 누구라도 자신만의 '오카미상'(像)을 고민하게 된다. 최근에는 저명한 오카미 중에도 '오카미'라는 호칭을 거부하는 이들이 종종 보이는데,[62] 이는 오카미라는 호칭이 주는 고정된 이미지 혹은 역할에서 탈피하려는 의지의 표현으로 생각된다. 아마도 '오카미'(女将)라는 용어가 주는 위압적인 느낌 때문인지 오카미 대신 '언니'(おあねさん)나 사장이라는 호칭

---

61) 이러한 내용은 주로 '시행자'인 오카미 자신의 평가에 기초한 것으로, 실제 종업원들이 어떻게 이를 수행하고 어떤 효과를 냈는지에 대해서는 별도의 관점에서 실증적인 접근이 필요할 것으로 생각된다.

62)『宿を支える女将たち』의 저자 이와사키 신야(岩崎信也)는 저서의 서문에서 인터뷰이 중에는 오카미보다는 '사장'으로 불러주길 원하거나 료칸 안에서는 오카미로 불리더라도 대외적으로는 이를 피하는 이들이 있었지만, 편의상 오카미라는 용어로 정리했다고 밝히고 있다.

을 선호하는 경우도 있으며, 굳이 오카미의 존재에 특별한 의미를 부여하지 않고 아예 업무별로 복수의 '섹션 오카미'(section 女将)를 두는 경우도 있다. '오카미'에 대한 규정과 인식은 신성하고 고정불변한 것이기보다는 유동적이며 시대적 필요에 따라 변화하고 있는 것이다.

그럼에도 여전히 오카미 대부분은 자신을 료칸의 '얼굴', 즉 료칸을 대표하는 존재라고 인식하고 있다. 다만 역할을 수행하는 방식에 있어서는 '꽃'이 되기도 하고 눈에 보이지 않는 경영자인 '사장'의 역할에 집중하기도 하는 것처럼, 각각의 의미 부여는 매우 다르다. 어떤 이는 모든 종업원의 롤모델(roll model)을, 어떤 이는 유사시에 나타나 문제를 해결하는 핀치히터(pinch hitter)를, 어떤 이는 종업원들 사이의 혹은 종업원과 사장과의 관계의 윤활유를, 어떤 이는 총지배인(general manager)을 자임한다. 오카미로서의 자신의 모습에 대해 "오카미의 존재란 기모노에 비유하자면 흰 옷깃(襟)이라고 생각합니다. 없어서는 안 되지만 너무 튀어도 안 됩니다. 또 흰색은 어떤 곳에도 대응 가능하고 격조도 높습니다. 그리고 항상 청결하지 않으면 안 됩니다"[63]라는 표현은 매우 인상 깊다. 실제로는 어떠하든 일본인들이 원하고 또 많은 오카미들이 지향하는 모습을 함축적으로 가장 잘 표현하고 있는 것처럼 보이기 때문이다.

과거의 오카미상이 주로 전면에 나서는 일종의 '얼굴마담'(笑顔美人) 같은 것이었다면, 90년대 중반 이후 업계의 위기를 거치면서는 이미지보다는 실용성을 강조하는 경향이 있다. 업무 별로 복수의 오카미를 두거나 오카미 역할의 상징과도 같았던 각방 인사를 폐지한 료칸이 점점 늘

---

63) 「平成細腕繁盛記 和多屋別荘 小原真弓・女将 心なごます自筆の絵で客と心を通わせる」, 『Venture link』 23(2), 2008.8, 62쪽.

어가는 것도, 오카미의 역할이 상징보다는 실무 쪽으로 비중이 높아지고 있음을 보여준다. 앞서 언급한 종업원 정책의 중요성 강화도 이러한 오카미의 역할 변화와 떼어놓고 생각할 수는 없을 것이다. 고객들에게 료칸을 대표하여 호감을 갖게 하는 기본적인 역할 외에, 눈에 보이지 않는 장악력과 존재감으로 료칸 전체를 장악하는 오카미상이 추구되는 것은 이제 필연적인 흐름으로 보여지는데, 바로 이러한 오카미의 성격 변화를 기억하는 것이 4장에서의 논의를 위한 준비가 될 듯하다.

4. 혁신적 시도와 지역사회

앞서 살핀 각 사례들은 료칸의 후계자 선택에 있어서 딸이든 며느리든 여전히 혈연에 의한 계승이라는 전통적 방식에서 벗어나지 않은 채, 료칸이 갖는 전통적인 요소들을 기본적으로 유지하면서 다소의 변화를 가미한 것이었다. 이하에서는 여기에서 한 걸음 더 나아가 혈연이라는 요소를 배제한, 완전히 새로운 오카미의 출현 과정과 그 존재 양태에 대해 살펴보고자 한다. 이들의 출현과 존재방식에 대한 고찰은 단순히 료칸업이나 오카미에 대한 이해를 넘어 현대 일본 사회 전반의 변화를 이해하는데 있어서도 중요한 시사를 제공한다.

1) 〈오카미주쿠〉의 설립과 그 의미

혈연 혹은 결혼과 같은 전통적 방식의 세습이 당연시되던 료칸 오카미를 학습에 의해 양성하겠다는 당돌한 발상을 내놓은 것은 료칸 〈기센카쿠〉(城泉閣)의 오카미 미야케 미사코(三宅美佐子)였다. 결혼 후 10년 동안 평범한 주부로 살았던 그는 갑작스럽게 시댁의 가업을 잇게 되면서 적자에 허덕이는 료칸의 오카미가 되었다. '모범으로 삼아 따라할 만한 오카미도 없는 상태'에서 마지못해 오카미가 된 그는, 경리 업무에 매달리면서 점차 료칸의 경영에 눈뜨게 되었다. 이른바 '낙하산'으로 들어온 어린 오카미에 대한 나이 많은 종업원들의 불신과 불만 속에서도, 미사코는 적자 발생의 원인이 되었던 관습적인 부분을 과감하게 혁신하고 종업원들의 모범이 되도록 솔선수범한 지 3년 여 만에 〈기센카쿠〉를 흑자로 전환시킬 수 있었다.[64] 그는 여기에서 그치지 않고 새로이 료칸을 시작해 보고 싶은 욕심을 갖게 되었다. 이를 준비하는 과정에서 고교 동창이자 경영 컨설턴트를 하던 야마모토 도시요시(山本稔精)를 만나 의기투합하였고, 결국은 예상보다 커다란 규모인 2000평 규모 대지에 료칸 〈긴카〉(銀花)를 신축하게 되었다. 〈오카미주쿠〉(女将塾, 이하 주쿠) 설립의 아이디어가 떠오른 것은 바로 1997년으로 예정된 〈긴카〉 건물의 완공을 앞두고의 일이었다.

　　'건강·치유'를 기본 테마로 마음의 편안함을 제공하는 일본의 숙소. 손님의 접대에는 어떤 서비스가 적합할까, 오카미(미야케 미사코)는 생각했다. 그러려면 역시 젊은 여성의 서비스가 적합하다. 마음씀씀이와 배려가 있고 젊음은 고령자에게 에너지를 주기 때문이다. 하지만 요즘 같은 때에 료칸에서 일하려는 젊은 여성은 많지 않다. 인재 모집은 간단치 않을 것이다. 한편으로 료칸은 언제나 후계자난이 문제가 되고

---

64) 무 하나도 당장 배달해주는 작은 지역인데도 과도하게 재고를 축적하는 습관이 적자 요인임을 간파하여, 너무도 당연하게 존재해 오던 재고창고를 없애버린 것은 대표적인 사례에 속한다.

있다. 대학을 졸업한 아들은 매력 떨어지는 료칸업을 버리고 다른 직업을 찾고 만다. 또 료칸 오카미는 그 집안의 딸이나 며느리에게만 이어진다. 과연 그것이 옳은가.[65]

이상이 료칸에 몸담고 있는 현역 오카미인 미사코의 문제의식이라면, 료칸과 무관한 경영자의 입장에서 상담에 응했던 야마모토는 료칸업계의 현실을 처음으로 알고 큰 충격을 받았다.

'이런 업계가 아직도 있었나' 기겁할 정도로 전근대적인 업계입니다. 가족끼리 하는 작은 료칸은 그렇다 쳐도 종업원 수가 천명을 헤아리는 거대 료칸에서도 거의가 오너(owner)의 동족경영이라는 예전부터의 방식을 계속 이어오고 있습니다. 자본과 경영이 전혀 분리되어 있지 않습니다. 일반 기업 같은 경영이념도 없고 노무관리도 근대화 이전의 가내공업 같은 상탭니다. 이래서는 경영이 기우는 것도 무리는 아니라고 생각했습니다.[66]

이러한 문제의식에서 시작했던 만큼 〈주쿠〉는 료칸업계에 대한 안티테제라는 것이 야마모토의 설명이다. 료칸업의 위기가 90년대 중반 즈음부터인 것을 고려하면, 료칸업계에 대한 이들의 문제제기와 〈주쿠〉 설립은 위기타개를 위한 자연스러운 몸부림이자 해결을 위한 선구적 시도라 것이라 할 수 있다. 그들이 〈주쿠〉 설립을 통해 목표로 삼은 것은 '여성 경영자'로서의 오카미 양성, 그리고 료칸의 소유와 경영을 분리함으로써 〈주쿠〉에서 훈련된 오카미들이 경영자로 투입되는 시스템을 마련

---

65) 三宅美佐子, 「城崎温泉「銀花」女将 三宅美佐子さん 日本初の「女将塾」を開き、日本旅館再生を目指す」, 『人材教育』13(5), 2001.5, 47쪽.
66) 倉澤紀久子, 『旅館の女将に就職します』, 121쪽.

하는 것이었다.

〈주쿠〉 설립에는 몇 가지 동기가 작용했다. 첫째는 새로운 료칸 개업을 앞두고 젊은 오카미가 필요하다는 현실적 이유 때문이었다. 앞서도 살핀 바와 같이 종래 료칸에서 접객을 담당하는 나카이들은 대부분 연령이 높았다. 하지만 미사코가 새로운 료칸에서 함께 일하기 원하는 인재는 "젊고 지식이 있으며 청결감을 몸에 지니고 있고, 센스가 있고 밝으며 목표를 갖고 있는 사람"이었다. 둘째로는 오카미로서의 수업(修業)을 위해 다른 료칸이나 존경하는 오카미 아래에서 배우고 싶었으나 이룰 수 없었던 미사코 자신의 아쉬웠던 기억이었다. 오카미가 되기에 앞서 배움의 장을 원했으나 어디에서도 찾을 수 없었던 것이다. 마지막으로 "료칸의 남자와 결혼한다든가 인척관계가 없으면 될 수 없었던 오카미가 될 수 있는 찬스"를 제공할 수 있다는 점에서, 여성들에게도 매력적인 선택이 될 것이라 생각했기 때문이었다.[67] 료칸 오카미는 현대의 진취적인 여성에게 특별히 적합한 직업이며, 따라서 혈연이 아니라 학습과 훈련을 통해 이를 위한 적성을 계발해야 한다고 생각했기 때문이었다.

> 료칸 오카미라는 직업은 여성의 직업으로 가장 훌륭한 것이 아닐까 생각합니다. 제가 젊었을 때와 달리 지금은 여성도 다양한 직업을 갖게 되었지만, 경영의 제일선에서 총무도 경리도 영업도 모두 장악하는 직종은 아직 그렇게 많지 않지요. 오카미란 그런 것이 전부 자기 생각대로 될 뿐 아니라 여성에게만 가능한 일입니다. 따라서 물론 어려운

---

67) 三宅美佐子 ; 松永美佐寿, 「三宅美佐子さん－城崎温泉「銀花」女将/女将塾 塾長 口を出して教えたほうが楽ですが、それでは"経営のプロ"は育ちません」, 『人事マネジメント』 12(2), 2002.2, 62쪽.

일이긴 하지만 의욕이 있는 여성에게는 아주 매력있는 직업이라고 생각합니다.[68]

특히 야마모토는 료칸의 오카미야말로 여성이 최고책임자인 것이 당연시되는, 여성이라고 차별받기는커녕 오히려 여성만이 최고책임자가 될 수 있는 특별한 직업일 뿐 아니라 젊은 나이에 이른바 사회 지도층을 직접 접하면서 일할 수 있는 매력있는 직업이라는 점을 거듭 강조한다.[69] 즉 젠더적인 관점에서 오카미의 위상을 높이 평가하고 있는 것이다. 하지만 여기서 말하는 사회 지도층이란 대부분 기업 경영인이나 전문직의 남성들을 의미한다고 볼 때, 그들의 자리에 오카미로서 동석하는 것이 동경할 만한 일인지에 대해서는 의문의 여지가 있다. 그 자리에서 기대되는 역할이나 젊은 오카미를 바라보는 고객의 시선 등을 고려하면, 야마모토의 주장은 오카미의 역할에 대한 남성의 전형적인 편견이 반영된 것이기 때문이다. 그럼에도 불구하고 이러한 해석이 오카미의 존재 의미를 부각시키고 또 진취적 여성에게 맞는 전문직이라는 자부심을 갖게 했던 것은 사실이어서, 당시 〈주쿠〉의 견습생 지원문의는 주최측의 예상을 훌쩍 뛰어넘었다. 매스컴에서 다루어준 탓도 있겠으나 실제 료칸 업계, 특히 오카미 당사자들에게서도 '세습제도의 껍질을 깬 것을 크게 환영'하는 격려가 이어졌다는 것을 보면, 실제로 이들의 주장이 상당한 설득력을 얻었음을 알 수 있다.

반신반의하는 마음으로 낸 구인광고를 『아사히신문』에서 기사로 다룬 후,[70] 쇄도하는 전화 때문에 식사조차 제대로 할 수 없을 지경이었

---

68) 倉澤紀久子, 『旅館の女将に就職します』, 87쪽.
69) 倉澤紀久子, 『旅館の女将に就職します』, 128쪽.

다. 최종적인 응모자는 700명 정도로 "경영자로서 일하고 싶다는 의욕을 가진 여성이 이토록 많다"는 것이 증명되었다. 사실 평소 일본 여성들에게 '오카미'의 역할이 미지의 세계라고 할 수 없었고 〈주쿠〉 졸업생에게 요구되는 역할도 기존의 오카미의 그것과 크게 다르지 않았다. 하지만 이를 여성 '경영자'라는 측면에서 의미를 부여했을 때 이토록 열광적인 반응이 나왔다. 가업을 계승하여 료칸 오카미가 되려는 재원이 부족한 현실과 반대로, 선택 가능한 '직업'으로서의 '오카미'는 여성들에게 충분히 매력적으로 다가왔던 것이다.

〈주쿠〉의 설립이 전례 없는 시도였던 만큼 그 시작은 평탄하지 못했다. 도쿄와 오사카에서의 설명회, 필기시험, 1·2차면접 등을 거쳐 최종적으로 선발된 수는 20명이었다. 하지만 지정된 날까지 훈련 장소인 효고현(兵庫県) 기노사키(城崎) 온천의 료칸 〈긴카〉에 집결한 이는 고작 13명이었다. 광고와 매스컴의 조명으로 떠들썩했던 것에 비하면 초라한 출발이었지만 이는 시작에 불과했다. 3일 만에 한 명, 1개월 후에 다시 한 명이 포기하는 식으로 탈락자가 이어져 1년이 지났을 때는 단 5명만이 남게 되었다. 제대로 된 오카미로 성장하기까지 걸리는 기간으로 상정했던 3년이 지났을 때는 단 한 명만이 남아 〈주쿠〉의 유일한 1기 졸업생이 되었다.71)

70) 「女将さん養成塾 城崎温泉で候補生20人を公募」, 『朝日新聞』(1996.1.20. 석간) 여기에는 "젊은 오카미가 없어서 고민하는 료칸도 많다. 료칸 출신이 아니지만 오카미는 될 수 있다. 젊은 발상과 파워로 료칸업계에 자극을 줬으면 한다"라는 미사코 오카미의 인터뷰와 더불어, 기사의 말미에는 긍정적인 시도이기는 하나 "료칸 종업원은 가족 같은 관계이기에, 밖에서 와서 녹아들어가기는 쉽지 않을지도"라는 우려와, "오카미는 책임도 무거워, 현대 여성에게는 궁극적인 직업(総合職)이 될 수 있다. 취직난에 고생하는 여대생이나 전직 희망 여성의 관심이 많을 것"라는, 업계 관계자의 서로 다른 의견이 실렸다.

〈주쿠〉의 설립자들은 오카미에게 매뉴얼이 있을 수 없다는 신념을 갖고 있었기 때문에, 당연히 〈주쿠〉의 견습생들에게도 매뉴얼은 주어지지 않았다. 각 상황에서의 대응방법은 스스로 결정할 수밖에 없으며 따라서 어떤 것이든 우선 스스로 생각한다는 습관을 들여야 한다고 지도한다. 즉 "스스로 생각해서 가장 좋다고 생각되는 방법으로 해보라"는 것이다. 대부분의 견습생들은 '누군가 처음에는 전체적으로 한번 시범을 보여줬으면'이라는 희망을 갖지만 원칙적으로 이러한 기대는 받아들여지지 않았다. 기존의 서비스를 모방하는 습관보다는 스스로 생각해서 고객이 기뻐할 수 있는 길을 찾으라는 것이다. 〈주쿠〉의 훈련과정에서는 특히 리더로서의 강한 정신력을 기르는 것에 중점을 두었는데, 이것은 1기생 모집 당시의 시행착오를 반영한 것이기도 했다. 과도한 관심으로 예상을 넘는 희망자가 몰렸기 때문에 면접 이전의 서류와 필기시험에서는 일단 '성적우수자'를 선발할 수밖에 없었다. 그런데 바로 이러한 선발방식 때문에 육체노동과 정신노동을 겸비해야 하는 오카미의 업무를 감당해낼 정신력과 육체적 강건함을 가진 이들을 제대로 골라내지 못했다는 반성이 있었기 때문이다.

특히 야마모토는 오카미는 '(스스로) 되는 것'(なる)이지 '(남이) 만들어 주는 것'(ならせる)이 아니라는 소신을 갖고 있다. 가르쳐서 몸에 익히는 것은 기껏해야 3할 정도에 불과하며 무엇보다 '절대 오카미가 되겠다', '오카미가 되려면 무엇을 해야할까' 혹은 '자신에게는 무엇이 부족한가'와 같은 생각과 정신이 필요하다는 것이다.[72] 다른 무엇보다 절대

---

71) 倉澤紀久子, 『旅館の女将に就職します』, 104-106쪽.
72) 倉澤紀久子, 『旅館の女将に就職します』 133-134쪽.

로 오카미가 되겠다는 의지와 근성이 필요하다는 견해는 독학으로 적자에 허덕이던 료칸의 재생을 이끈 경험을 가진 미사코도 마찬가지였다. 그리고 바로 그렇게 강한 의지와 정신이 필요한 3년의 훈련과정을 버텨낸 유일한 1기 졸업생이 사무원(OL) 출신인 오카자키 유코(奧崎祐子)였다.

그의 말에 따르면 〈주쿠〉의 훈련이란 첫날부터 료칸 〈긴카〉의 고객접대에 투입되어 좌충우돌 실무를 처리하는 것이 대부분이었다. 물론 〈긴카〉에서는 경험이 없는 견습생들이 서비스를 한다는 사실을 사전에 공표하여 처음부터 이들의 서비스를 기대하는 고객들이 이곳을 찾게 했다. 청소와 음식나르기(配膳) 등의 일이 매일매일 아침부터 밤까지 이어졌고, 실무 이외의 시간은 다양한 '기예학습'(習い事)과 '강의'(座学)로 채워져, 기모노 입기, 전통무용, 서도, 꽃꽂이(華道), 다도, 하이쿠(俳句), 샤미센 등 오카미에게 필요한 교양을 체득해야 했다. 휴식시간이 주어져도 이러한 과목의 연습에 충당해야 했기에 사실상 온종일 쉴 수 없는, 혹시라도 정말 쉬는 시간이 주어지면 죽은 듯이 잠을 자는 혹독한 시간이었다.

어쨌거나 이쪽은 문외한이었기에 손님이 무슨 말씀을 하셔도 100%를 그대로 수용해 버리죠. 그렇지만 미야케 오카미는 거의 도와주지 않습니다. 아슬아슬한 지경까지 놔두었다가 마지막에 불쑥 구원해주는 방식이라서, 그때까지 우리들이 저거 아닌가 이거 아닌가 고생고생을 하죠. 미야케 오카미가 "이렇게 하면 좋지 않겠나"라고 하면 금방 끝날 것도 우리끼리 해결법을 생각하고 또 생각하느라 …… 오늘은 30분 걸렸지만, 내일은 20분, 다음날은 10분이었다는 식으로 점차 방법을 익혀갔던 셈이죠.[73]

훈련을 시작한 지 3년이 되어가던 1999년 11월의 어느 날, 유코는 "내일부터는 오카미가 되는 거다"라는 말과 함께 도산 위기에 있던 인근의 〈고요로〉(向陽樓)로 파견되었다. 〈긴센카쿠〉가 〈고요로〉의 건물을 빌려 임대료를 내는 대신, 경영에서 오는 수익은 〈긴센카쿠〉가 갖는 형식이었다. 〈긴센카쿠〉에서 월급을 받는 그로서는 월급 이상의 역할은 해야 한다는 부담을 느끼지 않을 수 없었다. 〈주쿠〉 1기 졸업생이라는 상징적 의미도 있었다. 경영을 궤도에 올리기 위해서라면 '하고 싶은대로 해도 좋다'는 말도 덧붙여졌다. 인건비 긴축을 위한 적극적 방안 도입, 거래처와의 신뢰 회복, 혹은 비즈니스호텔의 특성을 살린 영업전략 구사의 결과 〈고요로〉는 곧 흑자경영으로 돌아섰다. 9개월 후 요코는 이곳을 〈주쿠〉 4기생인 후배에게 맡기고 새로이 시니세(老舖) 료칸 〈간나와엔〉 (神和苑)으로 파견되었다. 이곳에서 〈주쿠〉 5기생 후배 교육을 겸하여 운영을 담당하게 된 것이다.

오쿠자키 유코가 기울어가던 〈고요로〉를 흑자로 전환시킬 수 있었던 동력이 무엇이었을까. 물론 유코의 경우는 그가 〈주쿠〉의 첫 졸업생이라는 상징적 의미가 있었던 만큼, 〈고요로〉에서 반드시 '흑자'를 내기 위해 〈주쿠〉 차원에서 총력을 기울여 지원했을 것이며, 따라서 이를 일반화하기 힘들다. 하지만 설립 15년이 되어가는 지금까지도 〈주쿠〉가 활동을 계속하도록 하는 힘은 무엇일까. 정확하게 답을 내기는 어렵지만 다음과 같은 추측은 가능하다.

기본적으로 〈주쿠〉의 오카미가 파견되는 곳들은 재정적 위기인 곳

---

73) 奧崎祐子「倒産寸前の宿を1ヵ月で軌道に乗せた「女将塾」の1期生・奧崎祐子さん 元OL・派遣女将は自分流!」『婦人公論』86(6), 2001.3.22, 167쪽.

이 많을 수밖에 없다. 따라서 위기상황을 전제로 투입된 파견 오카미는 인력과 코스트를 삭감할 권한을 행사할 수 있으며, 〈주쿠〉 훈련생이라는 유연하게 활용 가능한 인적재원뿐 아니라 〈주쿠〉를 매개로 한 물적 네트워크도 가지고 있다. 바로 이러한 배경이 있기에 단시일 내에 성과를 올릴 수 있는 것이 아닐까.

3장의 내용에서 보듯 전통료칸의 오카미들이 급변하는 환경 속에서 생존을 위해 료칸의 콘셉트와 경영방침을 놓고 고민하는 것에 비하면, 경영정상화라는 단순한 목표와 함께 투입된 〈주쿠〉 출신의 파견 오카미들은 비교적 갈 길이 명확하다. 자신들의 젊음과 〈주쿠〉에서 체득한 노하우만이 아니라 〈주쿠〉를 통해 운용할 수 있는 인적·물적 재원을 총동원하여 도산 직전에 놓인 료칸(호텔)의 경영을 일신, 매달의 수지(收支)를 흑자로 돌려놓으면 되는 것이다. 이러한 경우, 〈주쿠〉가 막대한 채무를 안고 있는 료칸을 그대로 인수하는 것이 아니라 의뢰 시점부터의 경영실적에 대해서만 책임을 지는 위탁경영이기에, 위탁 이전의 채무가 남아 있는 거래처와도 새로운 계약 하에 거래를 재개하기가 상대적으로 용이하다.[74] 더구나 이전 종업원 승계 및 채무에 대한 책임도 없다. 이와 같은 조건에서 건물 신축을 비롯한 초기비용의 부담도 없이 매월의 수지만을 가지고 승부를 본다는 점에서, 파견 오카미의 승산은 상대적으로 높은 셈이다. 게다가 〈주쿠〉의 훈련생과 같이 동기부여가 되어 있으면서도 비정규직 파견사원처럼 유연하게 고용·이동시킬 수 있는 인력이 충원된다면 성공 가능성은 더 높아질 수밖에 없다.

---

74) 도산한 료칸에게서 받지 못한 채권을 갖고 있던 공급처로서도 채권도 잃고 거래처(료칸)도 잃기보다는 파견 오카미의 지휘 하에 료칸이 재기하도록 협조함으로써 새로운 수익을 기대할 수 있기 때문이다.

〈주쿠〉가 탄생한지 15년이 지난 지금 〈주쿠〉에 대한 매스컴의 열기도 시들해져 그에 대한 기사를 더 이상 찾아보기는 쉽지 않다. 오카미에 대해 가장 최근 화제가 되었던 것은 〈주쿠〉를 다룬 책이 NHK에서 드라마로 제작되었던 2003년의 일이며,[75] 〈주쿠〉에 관한 관심 역시 창업 당시를 제외하면 이 즈음에 최고조에 달했던 것으로 보인다. 그 외에 오카미 미사코의 강연록이나 취재기사는 대략 2007년 경까지 확인되며, 최근에는 미디어를 통해 이들 〈주쿠〉의 현황이나 〈주쿠〉 창업의 주역 및 졸업생의 동정을 알기는 어렵다. 다만 필자가 2010년 8월 〈주쿠〉 사무실을 직접 방문하여 관리자와 인터뷰한 결과, 현재의 〈주쿠〉의 상황도 초기 주역들이 일선에서 물러났다는 점을 제외하면 초기와 크게 다르지 않은 것으로 보인다. 지금도 여전히 수시모집에 의한 약 30여 명의 훈련생들이 경영을 위탁받은 약 8개 정도의 료칸에 흩어져 훈련 중이라는 것이다.[76]

덧붙여 현재 훈련생은 반드시 '직업 경험자'로 제한한다는 점은 특기해야 할 듯싶다. 오카미에게는 단지 료칸의 실무 학습 이상의 사회적 경험이 필요하다는 점, 그리고 그러한 경험과 이해가 있는 사람일수록 오카미로서의 훈련과 역할에 빨리 적응할 수 있다는 점을 그 동안의 〈주쿠〉 운영 중에서 절실히 느꼈기 때문이라는 것이다.

다만 세습에 의한 오카미가 아닌 만큼 이들이 결혼 후에도 풀타임

---

75) 책은 『료칸에 오카미로 취직합니다』(旅館の女将に就職します)(倉澤紀久子, basilico, 2002)이며, 사카이 노리코(酒井典子) 주연의 〈나는 오카미가 되겠습니다〉(わたし女将になります)라는 제목의 드라마로 제작되었다.
76) 인터뷰 당시 실제 〈주쿠〉에서 현재 공개적으로 위탁 경영하는 곳 수 개소의 명단을 볼 수 있었지만, 료칸 오너가 아니라 료칸에 채권을 가진 금융기관 등이 〈주쿠〉에 상담을 의뢰하는 경우는 대개 비공개를 전제로 진행되기 때문에 이들에 대한 정보는 공개할 수 없다는 설명을 들었다.

(full time) 오카미로서 일하기는 쉽지 않은 듯, 〈주쿠〉의 상징적 존재였던 1기 유일의 졸업생 오쿠자키 유코도 현재는 결혼 후 오카미로서의 활동을 중단한 상태이다. 오카미가 되기를 자원하는 이들도 꾸준히 있지만 오랜 시간 지속하기 쉽지 않다는 현실은 1기 훈련생만의 문제나 혹은 '오카미'라는 직업의 특수성 때문이라기보다는, '파견'이라는 신분에 근본적인 문제가 있는 것이 아닐까 생각된다. 〈주쿠〉의 입장에서는 오카미의 양성과 파견 오카미 제도를 통한 전통료칸의 재생, 그리고 이를 통한 이윤 획득이라는 목적이 비교적 성공적으로 이루어지고 있다고 볼 수 있다. 그러나 〈주쿠〉의 훈련생으로 들어가 파견 오카미로 활동하는 당사자들의 생활도 성공적인지에 대해서는 단언하기 어렵다는 뜻이다. 어렵게 훈련 기간을 수료한 후에도 오카미로서의 근무기간이 평균 2~3년에 그친다는 것을 보면 그들의 만족도가 어느 정도인지에 대해 의구심이 드는 것이다. 그러나 결혼과 육아를 마치고 다시 복귀하는 오카미들도 있으며 육아를 병행하는 주부가 탄력적으로 시간을 사용할 수 있는 전문직으로서의 가능성은 이제부터라고 하니, 그에 대한 평가를 위해서는 좀 더 기다려보는 것이 타당할 듯하다.[77]

그러나 성패 여부에 대한 판단과는 별개로, 〈주쿠〉가 계승문제를 비롯하여 경영 전반에 걸쳐 관습적인 방법에 의지하던 료칸업계의 상식에 도전하고, 진취적 여성의 새로운 직업이라는 의미에서 오카미의 존재의미를 재조명했다는 점에서만큼은 의미있는 시도로서 평가해도 좋을

---

[77] 위탁을 받은 료칸에 〈주쿠〉 출신 오카미가 파견된 이후 기존의 종업원이나 거래처와 갈등이 생겨 소송에 이르렀다는 기사가 발견되는 것도, 〈주쿠〉에 대한 평가를 유보하게 만드는 또 하나의 이유이다(「女将派遣の"養成塾"を提訴 湯田温泉の旅館元総料理長ら」, 『朝日新聞』(2004.9.30. 조간).

듯하다.

2) 료칸·오카미의 '지역살리기'

〈주쿠〉가 1990년대에 출현한 새로운 오카미상(像)을 보여준다면, 21세기에는 또 다른 방식의 오카미상이 출현하게 된다. 이하에서는 시대적인 요구를 반영하고 있다는 점은 〈주쿠〉의 그것과 다르지 않지만 그 주체가 젊은 여성 오카미 자신이었다는 점, 좀 더 발랄하고 도전적이라는 점에서는 〈주쿠〉와 구분되는 또 다른 사례를 소개하고자 한다.

대학 졸업 후 창업지원 관련 직장에 근무하던 당시 24세의 여성 야마네 다에(山根多惠)가 "료칸을 계승해 보지 않겠는가"라는 대학 은사의 전화를 받은 것은 2005년의 일이었다. 시마네현(島根県) 오타(大田市)시의 1300년 역사를 가진 유노쓰(温泉津)온천에 있는 료칸 〈요시다야〉(吉田屋)의 70대 경영자 부부가 뜻이 있는 사람에게 료칸의 경영을 맡기고 싶어 한다는 것이다. 대학시절 '벤처 비즈니스' 강의를 수강하면서 앞으로 '재미있을 듯한 일' '남에게 도움이 되는 일'을 직업으로 삼고 싶어했던 그는, 24시간 이상 고민하지 않는다는 평소의 스타일대로 그날 밤 수락을 결정했다. "미지의 세계에 뛰어든다는 불안보다 새로운 필드에서 무엇인가를 만들어낸다는 생각이 뜨겁게 끓어오르는" 스타일이었기에 가능한 일이었다.

〈요시다야〉로 이사한 다음날부터 오카미수업이 시작되었다. 그야말로 오카미로서의 아무런 준비도 없는 원점부터의 시작인데다, 청소·세탁·접대 등 사실상 모든 일을 처리해야 하는 등 방대한 양의 단순작업에 정신이 나갈 지경이었다. 설령 이러한 업무를 다 처리할 수 있게 되었다고 해도 만족할 수는 없었다. 본래 오카미가 된 진정한 목적이 료칸 오카미로서의 업무를 완수하는 것만은 아니었기 때문이다.

> 저는 단지 오카미가 되는 것만이 아니라 료칸을 거점으로 해서 지역문제에 뛰어들기 위해 왔습니다. 그렇기 때문에 료칸의 경영실적을 올림과 동시에 '저 료칸에는 무언가가 있다' '저기에서는 무언가 새로운 일을 하고 있다'는 것 같은 부가가치를 낳을 필요가 있습니다.[78]

지금도 그렇지만 당시 시마네현은 인구 감소·저출산·고령화 등의 사회문제를 논할 때 항상 거론되는 낙후 지역에 속했다. 인구 유출에 따른 후계자 부족 등의 문제만이 아니라 해결해야 할 많은 문제를 안고 있는 지역이었다. 그는 자신과 비슷한 관심을 갖고 오사카 등에서 활동 중이던 대학시절의 동료들에게 협력을 요청, 이들을 〈요시다야〉의 스태프로 맞아들였다.

다에는 약 한달 여의 짧은 견습을 거쳐 소위 '후계창업'이라는 생소한 방식으로 〈요시다야〉의 경영을 계승했다. 지역의 방송과 신문·라디오가 "유노쓰 온천 시니세 료칸에 오사카에서 젊은 오카미가 왔다"라고 크게 다루어준 덕택에 광고효과는 컸지만, 한편으로는 이러한 상황을 예상하지 못한 지역의 료칸조합 등에서 불만이 터져 나오기도 했다. 그럼에도 불구하고 믿고 맡겨준 선대 오카미의 신뢰에 힘을 얻어 곧바로 료칸의 경영 개혁에 착수했다. 당시로서는 아직 보편적이지 않았던 전 객

---

78) 「過疎の温泉街で老舗再建と地域再生を両立させる旅館「吉田屋」女将 山根多恵」, 『石垣』 28(2), 2008.5, 25쪽.

실 무선랜 설비를 실현했고 홈페이지를 개설하여 인터넷 예약을 비롯한 고객 소통의 방법을 구축했으며, 오카미로서의 매일의 경험을 매뉴얼로 만들었다. 이러한 노력에 힘입어 료칸의 운영은 무난하게 이루어졌지만 궁극적인 문제가 남아 있었다. 고객 만족도 상승을 목표로 하는 료칸 서비스의 성격상 업무에 끝이 있을 수 없다는 것, 결국 모두가 일상적인 업무에 매달려 궁극의 목적으로 삼았던 지역문제를 돌아볼 시간이 없었던 것이다. 고민 끝에 다에는 두 가지 커다란 결단을 내리게 되는데, 하나는 일주일에 금·토·일 사흘만 영업하는 '주휴(週休) 4일제'의 실시이며 또 하나는 료칸으로 끌어오던 지역 온천수를 차단한 것이다.

그는 고객의 동향과 손익분기 등을 고려한 후, 일주일 중에 금·토·일 3일 동안만 영업을 하고 나머지 4일은 지역 공헌에 할애하기로 했다. 아울러 복잡한 권리문제 등이 얽혀있는 료칸으로의 온천수 유입을 중단했다.[79] 대신 차(茶) 등을 이용하는 새로운 입욕 방법을 개발했고 여전히 온천을 원하는 고객에게는 인근의 온천 입장권을 무료로 배포했다. 상당한 용기가 필요한 결단이었지만 다음 해의 수익은 오히려 전년보다 2.4배로 치솟았다. 영업시간이 줄면서 재료 구입이나 인력 활용 등 모든 면에서 효율성을 제고할 수 있었고, 짧은 영업기간 동안에 스태프의 모든 능력이 응축되면서 서비스의 질은 오히려 향상되었다. 특히 일상적인 업무에 쫓기지 않게 되면서 스태프의 창조성이 향상되어, 수익으로 이어지는 다양한 아이디어가 속출하는 효과를 거두었다.[80]

---

79) 그 지역에서 나오는 온천을 이용할 수 있는 권리인 '온천권'을 획득하기 위해서는 소유주에게 일정한 비용을 지불해야 하며, 이를 위해 별도의 배관시설 공사가 필요한 경우도 있다. 그 가격은 이를 끌어오는 측의 업종이나 시설의 규모에 따라 천차만별이며 통상 10년 단위로 계약을 갱신한다. 갱신할 때에는 권리금과 같은 액수 정도의 갱신료가 별도로 필요하게 된다.

경영이 안정되자 또 하나의 목적, 즉 지역의 '문제를 해결하는 료칸'이 되기 위한 도전이 가능해졌다. 일단은 젊은이들을 이 지역으로 불러 모으는 것에서 시작했다. 그는 료칸을 계승하자마자 〈와카오카미주쿠〉(若女将塾)라는 이름으로 오카미 수업을 받을 희망자를 모집하였다. 이를 통해 남성 참가자를 포함한 20여 명의 인턴에게 선대 오카미로부터 일일학습을 받게 했는데 참가자는 연간 100여명에 이르렀다. 다음 해(2006)에는 자원봉사에 관심이 있는 학생들을 향해 "〈요시다야〉에서 볼런티어(volunteer)를 생각하고 실천하지 않겠습니까"라고 제안, 이른바 〈봄합숙〉을 실시했다. '시마네의 활성화를 위한 인턴십'을 주제로 한 다양한 아이디어를 가지고 사회공헌을 체험하는 것이 목적이었다. 그 중에는 한국의 사진가와 함께 '양국의 아름다운 경치를 감상하고 소개하는 사진여행'과 같은 국제교류 활동, 독거노인이 많은 지역의 형편을 고려하여 주 1회 화분을 들고 독거노인을 방문, 매주 이를 교환하면서 노인의 안전을 확인하는 〈화분 하나의 녹색 치유〉(ひとますぐりーんせらぴ), 온천지에 살면서도 실제로는 이를 경험할 기회가 적은 노인들을 온천 · 료칸에 초대하는 〈온천 원기 치유〉(温泉元気セラピー), 기력이 없는 노인이 쓰기 쉽게 고안한 개호도기(介護陶器) 제작과 같은 활동이 포함되어 있었다.[81]

야마네 다에를 중심으로 지역살리기 운동을 위해 모인 이른바 〈지역유신그룹〉(地域維新グループ)의 활동상 특징은, 방치된 재원을 활용하여 사회공헌을 하면서도 스스로 '수익을 남긴다'는 점에 있다. 지역 및

---

80) 山根多恵, 「山根多恵 · 温泉津温泉吉田屋女将 温泉旅館を"後継創業"した素人女将の華麗なる挑戦−石見銀山と温泉津温泉」, 『戦略経営者』23(11), 2008.11, 72쪽.
81) 山根多恵, 『週末は若女将』, メディアパル, 2008, 150-153쪽.

대학과 제휴, 농산물의 생산·가공·유통·판매 등에 관련된 창업을 지원하기 위한 프로젝트(食と農のインキュベーションのろNOLO), 대나무 번식으로 농사에 피해를 입으면서도 손을 쓰지 못하던 고령자들을 도와 이를 벌채하여 가공·출하하는 프로젝트(竹やぶSOS基金) 등이 그것이다. 이들은 수익 자체가 목적이 아니라 지역과 주민에게 이익이 되는 활동, 농민들의 지혜와 기술에 감사하고 그에 대해 적절한 가치를 돌려주기 위한 활동에 의의를 두고 있다. 이와 관련된 또 하나의 대표적인 사업으로 '버리기 아까운 야채를 매입·유통시키기' 위한 프로젝트가 있다. 품질에 아무런 문제가 없음에도 불구하고 규정된 사이즈 이상으로 자란 농산물의 경우 유통 대상에서 제외하는 현실에 착목, 이를 적정한 가격으로 구매·판매하는 시스템을 구축한 것이다. 다음으로 〈가상의 메밀 농민〉(バーチャルそば農民) 프로젝트가 있는데, 이는 도시민이 시골에 메밀밭을 갖고 이를 키우는 농민이 될 수 있게 하는 프로그램이다. 평소에는 프로젝트 활동가들이 보살피며 경과를 보고하지만 때로는 본인이 직접 와서 이를 돌보게 하는 것이다. 도시민과 시골의 생활을 연결해주고 버려진 농지를 활용하여 수익을 창출하려는 이 프로젝트에는 응모자가 쇄도하여 심사 끝에 8팀을 선정해야 했을 정도였다.[82]

이처럼 야마네 다에는 료칸 〈요시다야〉의 오카미 역할을 수행하면서, 한편으로는 이곳을 지역살리기를 위한 거점으로 삼아 다양한 프로젝트를 세우고 추진하는 매니저 역할을 하고 있다. 일찌감치 이러한 공적을 인정받아 "여성의 시점에서 혁신적·창조적 창업이나 경영을 수행,

---

82) 山根多恵,「戦経インタビュー 山根多恵·温泉津温泉吉田屋女将 温泉旅館を"後継創業"した素人女将の華麗なる挑戦--石見銀山と温泉津温泉」, 『戦略経営者』 23(11) (通号 265), 2008.11, 74쪽.

사업을 성공시킨 기업가"로서 오카미가 된 지 1년 만에 〈제5회 여성 기업가상 대상〉 특별상을 수상하기도 했다. 그는 이미 〈요시다야〉라는 일개 료칸을 넘어 유노쓰 온천, 나아가 시마네현을 활동 무대로 삼은 또 다른 의미의 '오카미'로서 활약하고 있는 것으로 보인다. 실제로 다에 자신은 '〈요시다야〉의 오카미'라는 정체성보다는 '지역살리기를 위한 운동가'라는 쪽에 더 비중을 두고 살고 있기 때문이다. 그러나 후계자 찾기에 골머리를 앓는 전통료칸, 그리고 현대의 저출산·고령화 속에서 활기를 잃어가는 지역사회가 '오카미'를 매개로 하여 접점을 찾고 이를 통해 료칸과 지역을 '함께' 살리기 위한 새로운 시도라는 점에서, 그의 활동은 '현대 일본 속의 전통'이라는 관점에서도 주목할 만한 사례로 평가된다.

3) 도시와 시골의 가교: '디지털 오카미'

'료칸'이라는 공간과 '오카미'라는 역할을 매개로 하는 '지역살리기'는 야마네 다에와는 또 다른 목적과 방식에 의해서 이뤄지고 있기도 하다. 나가사키현(長崎県)의 섬 이키(壱岐)의 〈히라야마료칸〉(平山旅館)과 인터넷 판매사이트 〈이키판매점〉[壱岐もの屋][83]을 경영하는 자칭 '디지털 오카미' 히라야마 사치코(平山佐知子)는 섬을 통째로 브랜드화하고 섬 고유의 산업을 발전시키려는 야망을 가지고 있다. 그러나 사업의 동기나 이를 이뤄가는 방식을 보면 처음부터 사회사업의 일환으로 오카미를 자원했던 야마네 다에의 경우와는 사뭇 다르다.

도쿄와 요코하마와 같은 도회지에서 출생·성장하여 커리어우먼을 지망하던 히라야마 사치코는 1996년 한신아와지대진재(阪神淡路大震災)

---

83) www.ikimonoya.com

당시 자원봉사 중에 현재의 남편을 만나 결혼하였다. 부부의 연수입이 각각 700만·400만 엔 정도일 정도로 경제적으로 안정된 생활이었으나, 2001년의 9·11 동시테러를 계기로 자신의 인생관에 의문을 품게 되었고 예상치 못한 임신까지 하게 되면서 장래에 대한 불안감이 커졌다. 그러한 상황에서 남편이 고향 이키의 생산품을 판매하는 인터넷사이트 〈이키판매점〉의 아이디어를 내면서, 회사 설립의 길로 나아가게 되었다. 1개월 정도의 준비를 거쳐 인터넷 쇼핑몰 〈라쿠텐〉(楽天)[84] 안에 이키 특산품을 판매하는 〈이키판매점〉을 마련, 남편과 이키 〈히라야마료칸〉 오카미였던 시어머니의 협력 하에 2001년 11월부터 운영을 개시했다. 사치코 본인에게도 생소한 사업이었을 뿐 아니라 아직 〈라쿠텐〉의 인지도가 높지 않았고 '인터넷 쇼핑몰'의 개념도 생소했던 시대의 일이었다.

평소 그의 남편은 말버릇처럼 "이키 사람들은 모두 자신을 낳고 길러준 섬을 사랑하고 있으며, 료칸에 오는 손님들도 모두 이키를 사랑해준다. 그런 사람들이 나를 길러주었기 때문에 나는 이키를 너무도 좋아한다"라고 말하고는 했다. 그에 자극을 받아 사치코는 2002년 8월 "이키라는 섬이 도대체 어떻길래?"라는 소박한 의문을 품고 이키를 방문했지만,[85] 그가 목격한 것은 작업장의 일손 관리도 상품의 가격 책정도 그야말로 '적당적당'히 그리고 '하고 싶은대로' 해치우는 오카미, 즉 시어머니와, 상자 하나에 5명의 아줌마들이 매달려 이러쿵저러쿵 떠들면서 일하고 있는 작업장의 모습이었다. 사치코 자신의 표현을 빌자면, 사이트 운

---

84) 라쿠텐(楽天)주식회사. 일본에서 인터넷 쇼핑을 비롯한 인터넷 종합서비스를 제공하는 대표적인 기업으로, 1997년 미키타니 히로시(三木谷浩史)에 의해 설립되었다. 특히 인터넷 쇼핑몰인 〈라쿠텐시장〉(楽天市場)은 일본 최대 규모를 자랑한다.
85) 平山佐知子, 『デジタル女将 修業中』, 講談社, 2009, 24쪽.

영자는 '쌩초보'(ずぶの素人)에 작업현장은 '완전 가내수공업'인 셈이었다. 결국은 "내가 없으면 절대 무리!"라고 결론짓고 이키로의 완전 이주를 결정했다. 이미 잃어버린 10년을 넘어 20년으로 진행되던 당시의 경제상황에서 열심히 하는 것만으로 사업의 성장·성공을 낙관할 수 있는 형편이 아니었지만 그는 '변화'에 기대를 걸어보고자 했다. "혹시 시골에서 찬스를 얻을 수 있지 않을까"라는,[86] 즉 정형화된 도시와는 다른 시골의 장점을 극대화한다면 새로운 성공의 가능성을 찾을 수 있지 않을까라는 생각이었던 것이다.

이키는 고대로부터 일본의 역사서에서 종종 그 이름을 찾아볼 수 있을 정도로 역사적 유래가 깊은 섬이다.[87] 사치코의 말에 따르면, 자신의 남편이 그러했듯 이키 주민들은 모두 지역에 대해 특유의 자부심을 갖고 있지만 한편으로 섬의 바깥 세상에 대해서는 무심했다. NPO 활동의 경험이 있는 사치코는 이러한 독특한 분위기를 가진 이키섬에 변화를 가져오고 싶어졌고, 〈이키판매점〉이 그러한 변화의 계기가 될 수 있으리라는 욕심을 품었다. 본래 사업의 동기였던 '성공'이라는 개인적 욕구와, "사회에 도움이 되고 싶다, 그것을 위해 우선 이키를 부흥시키고 싶다"는 일종의 '지역살리기'라는 명분이 맞아떨어지면서 〈이키판매점〉이라는 모습으로 표출된 셈이었다.[88] 2003년 2월 사치코는 〈이키판매점〉 운영

---

86) 平山佐知子, 『デジタル女将 修業中』, 29쪽.
87) 이키(壱岐)는 일본 규슈(九州) 북쪽 대한해협에 존재하는 면적 약 134km²의 섬으로, 규슈와 쓰시마(対馬) 중간에 위치한다. 주변의 21개의 섬과 합해서 이키제도(壱岐諸島)라고 부른다. 나가사키현 이키시(市)가 정식 명칭. 고대로부터 쓰시마와 함께 한반도와 규슈를 연결하는 해상교통의 중계점이었으며, 역사 유적이 다수 존재한다. 주민은 주로 농업과 어업 등에 종사하며 소주와 쇠고기, 해산물 등이 유명하다.
88) 平山佐知子, 『デジタル女将 修業中』, 56쪽.

에 본격적으로 뛰어들기 위해 남편을 남겨둔 채 홀로 이키섬으로 이주했다. 그러한 노력의 결과 2003년 12월 〈이키판매점〉은 〈일본 온라인쇼핑 대상 최우수 소규모점 부문상〉을 수상하는 등 지명도가 높아졌고, 미디어에 의한 노출 등의 도움이 이어지면서 2004년 매상이 4천만 엔, 7인의 스태프를 거느리는 규모로 성장했다.

사치코는 이키 섬 덕택에 사업가로서 성공했을 뿐 아니라 이키의 매력을 깨닫게 된 것이 자신을 크게 변화시켰다는 점을 강조한다. 처음에는 오로지 매상을 올리는 일에만 매달리던 그가 점차 이키의 생산품을 파는 일은 결국 '섬'과 함께 하는 수밖에 없음을 깨달은 것이었다.[89] 자신은 도쿄에서 〈이키판매점〉 사이트를 관리하고 상품은 현지의 〈히라야마 료칸〉을 통해 조달하던 시스템에서 사치코 자신이 이키로 이주하여 사업에 전적으로 매달리게 되면서, 도시와는 다른 이키섬 현지의 분위기를 온 몸으로 체득하게 되었다. 예를 들면 '아는 사람의 아는 사람' 혹은 '아는 사람의 동네사람의 아는 사람'과 같이 '이웃 네트워크'를 넓히는 것이 더 많은 양질의 상품을 확보하는 지름길임을 실감하게 되었다. 때로는 여전히 "공짜로는 주더라도 돈을 받고 팔 수는 없다"는 식으로 반응하는, 도시인과 달리 서면계약이나 도장이 듣지 않는 섬사람들의 독특한 생활 감각 때문에 난감하기도 했다. 사치코가 기울인 노력의 많은 부분은 이윤을 노리지 않는 주민들을 설득해서 그들이 자각하지 못했던 이키의 다양한 소재들을 상품으로 만들도록, 그리고 전국에 판매하도록 유도하는 부분에 기울여졌다.[90]

---

89) 平山佐知子, 『デジタル女将 修業中』, 66-67쪽.
90) 平山佐知子, 『デジタル女将 修業中』, 77쪽.

인터넷 판매사이트 〈이키판매점〉은 2001년 개설된 이래 판매상품 설명만이 아니라 섬의 역사부터 관광정보·교통정보 등을 소개하고 관련사이트 링크까지 갖춘 짜임새 있는 구성으로 높은 평가를 받아 각종 상을 수상했다.[91] 2008년 기준으로 월평균 접속 3만 5천, 상품 등록 200여 종류, 고객 메일 주소 보유 3만 건, 매상 6700만 엔(연간) 등을 기록하고 있으며, 상품의 약 70%가 이키에서 생산된 식재료로 구성된다. 통상적인 판매상품은 홈페이지에서 언제든지 확인할 수 있지만 신선도가 중요한 상품이 많은 만큼 메일매거진을 통한 기획상품 판매가 활발한 편으로, 준비된 상품을 빠른 시간 안에 재고를 남기지 않고 판매하기 위해서 다양한 아이디어가 도입되었다. 제철 과일 등을 농가에서 직접 배송하게 하는 〈일요 아침시장〉(日曜朝市)이라든가, 도회지에서 구하기 힘든 재료를 조미료와 세트로 만들어 간단히 요리할 수 있도록 준비한 〈소재 최고〉(素材一番), 창고에 쌓인 재고를 원가로 처분하기 위한 〈암거래 봉투〉(闇袋) 등의 기획, 옥션시스템 도입 등이 대표적이다.[92]

성공의 비결을 묻는 이들에게 사치코는 다음과 같은 네 가지의 조언을 제시한다. 첫째, 이윤 우선의 자세로는 하기 어려운 분야라는 것을 미리 염두에 둘 것, 둘째, 아무리 좋은 동네라 해도 I-turn으로는 성공확률이 낮으며, U-turn이나 J-turn인 경우가 성공 가능성이 높다는 것,[93] 셋

---

91) 平山佐知子, 『デジタル女将 修業中』, 109쪽. 사실 이와 같은 홈페이지 제작이 가능했던 것도 이를 제작했던 남편의 남다른 섬에 대한 '사랑'이 있었기에 가능했다고 사치코는 해석한다.
92) 平山佐知子, 『デジタル女将 修業中』, 125쪽.
93) 'J-turn'은 대도시에 진출했던 지방출신자가 도시를 벗어나 고향까지는 가지 않고 부근 중간 지점의 지방 중소도시에 정착하는 것을, 'U-turn'은 대도시에 진출했던 지방출신자가 본래의 고향으로 돌아오는 경우, 'I-turn'은 도시출신자가 지방으로 이주해서 정착하는 것을 의미한다. 대개는 '진학'과 '전직'(転職)을 계기

째, 시댁(처가)이 농가라면 더욱 유리하며 특히 지역 네트워크를 최대한 활용할 것, 넷째, 샐러리맨의 경험은 결코 무의미하지 않으며 오히려 이종(異種)산업에서의 경험이 필수적인 시대라고 인식해야 한다는 것 등이다.[94] 결국 당장의 수익보다는 현지 주민과의 공생을 고려하고 무엇보다 그 지역에서만 자랑할 수 있는 방법을 찾아야 하며, 이를 위해서는 현지의 자연과 생산물뿐 아니라 주민들의 장점까지도 속속들이 파악할 필요가 있다는 것이다. 특히 이키와 같이 섬 전체가 하나의 가족과 같은 분위기의 지역일수록 이웃주민과의 원만한 관계 유지 및 그러한 관계의 장점을 최대한 이끌어내기 위한 노력이 필요하다는 점을 거듭 강조하고 있다. 아울러 관계뿐 아니라 작업량에 대한 감각도 도시와 시골에서는 매우 다르기 때문에 도시 출신자의 업무 처리능력과 시골의 자연·관계 등을 어떻게 조화시킬 것인가에 성패가 달렸다는 것이다.

히라야마 사치코와 〈이키판매점〉의 성공담을 늘어놓는 것이 본래의 목적은 아니다. 그보다는 〈이키판매점〉이 출산 후의 경제적 기반 확보라는 한 여성의 개인적 이익을 목적으로 하면서도 도회지와 시골(섬)을 연결하는 가교라는 역할을 통해 지역사회에 활기를 불어넣는 일종의 지역살리기 운동의 일환이라는 점에 주목할 필요가 있다. 도시 출신의 그가 시골의 섬에 들어가 좌충우돌하면서 '지역참가형' 사업으로 방향을 전환한 것이다. 여기에는 시댁이 현지 유명 료칸을 경영하고 있으며 시어머니를 이어 자신이 다음 오카미를 이어받을 것이라는 전제가 영향을

로 이루어지는데, 일반 전직은 회사를 옮기거나 회사와 직종을 옮긴다는 의미인 반면 위의 세 경우는 '라이프 스타일'의 선택에 의한 것이라는 점에 차이가 있다.

94) 平山佐知子, 『デジタル女将 修業中』, 150-151쪽.

미쳤다.

즉 '오카미'로서의 위치와 관점을 가지고 사업에 임한 것이다. 그는 최대한 그 지역의 많은 사람들을 참여시키고 또 토착의 소재들을 발굴, 판매하는 것 자체를 사업의 중요한 목적으로 삼았다. 이러한 활동 가운데 도시와 시골을 연결하는 가교와 같은 존재가 필요하다고 절감한 그가[95] 도회지적인 발상과 시골의 지혜를 접목시키는 존재로서 '디지털 오카미'를 자임하게 되고, 이것야말로 〈이키판매점〉의 존재이유라고 인식하게 되었다. 전통적 '오카미'의 위치를 계승하면서도 종래의 전형적 오카미와는 다른 영역에서, 특히 인터넷의 빠른 변화 및 이를 이용한 유통구조의 변화와 같은 현대적 변화에 발 빠르게 대응하고 있는 사례라는 점에서 '디지털 오카미'는 한 개인의 특별한 사례에 그치지 않는 의미를 갖는 것이다.

5. 젠더 · 지역 · 전통

본고에서는 일본의 전통 숙박시설인 료칸이 버블 경제 붕괴에 이어 여행환경이 급변하던 1990년대 중반 이후 어떤 방식으로 존재하는가를, 주로 '전통의 유지와 변화'라는 측면에서 각 사례를 중심으로 고찰하였다. 그 안에는 오로지 고객을 접대하는 자세와 마음을 최우선으로 하는 선대의 방침을 고수하여, 이른바 료칸의 가장 '전통적'인 미덕을 최우선으로 삼아 30년 이상 업계 최고 자리를 유지하는 〈가가야〉와 같은 경우

---

95) 平山佐知子, 『デジタル女将 修業中』, 89쪽.

도 있다. 그러나 매스컴과 인터넷에 의한 화제성이 경영의 성패에 크게 영향을 미치는 요즈음, 성공적으로 운영되고 있는 료칸의 대부분은 다양화하는 고객의 요구에 부응하기 위해 건물·서비스·요리로 대표되는 료칸의 '전통적'인 모습에 연연하지 않고 다각도의 변화를 시도한다는 공통점이 있다. 단체여행의 감소와 소규모화, 미혼 여성고객의 증가, 해외여행의 보편화 등의 변화에 대응하여, 전통 일본의 모습을 갖춘 비일상적인 공간이라는 종래의 기대에 부응하면서도 그에 더하여 현대적인 감각을 동원하여 각 료칸만의 특화를 시도하는 것이다. 그 가운데는 은신처와 같은 소규모 개인별장, 애완동물과의 동반숙박, '무장애'(barrier-free) 또는 유니버설 디자인과 같이 특정한 콘셉트를 가지고 료칸을 특화하는 방식이 두드러진다. 그 외에 료칸의 음식이나 건물 등 료칸의 기본 요소 중의 일부를 강조·특화하는 방식, 더 나아가 전통료칸에서 상상하기 어려웠던 이벤트나 장식 등을 통해 비일상성을 더욱 강화하는 방식 등이 있음을 살펴보았다.

세습이 당연시되는 료칸의 오카미에 '취직'이라는 개념을 도입한 〈오카미주쿠〉의 등장은 전통의 파괴라는 측면에서 더욱 파격적이라 할 수 있다. 혈통에 의한 세습이라는 료칸의 전통적 계승방식 자체가 지금의 위기를 불러온 것으로 보고, 교육을 통해 오카미를 '양성'하여 젊은 오카미를 필요로 하는 곳에 '파견' 혹은 '취직'시키겠다는 새로운 도전에 나선 것이다. 이것은 료칸업계의 전통적인 세습 혹은 경영 방식에 경종을 울렸다는 의미에서 주목할 만한 시도지만, 관점을 바꾸어 새로운 직업을 찾는 여성들의 입장에서도 고려해 볼 가치가 있는 시도라 할 수 있다. 오카미라는 역할은 여성의 여성성에 크게 의존할 뿐 아니라 오로지 여성만이 할 수 있다, 심지어 적극적이고 진취적인 기상을 가진 현대 여성에게 더욱 적합한 전문직이라는 파격적인 주장을 펼침으로써, 직장을 찾는 여성들에게 오카미에 대한 새로운 시각을 제공했기 때문이다. 즉 〈주쿠〉는 '오카미'를 료칸에 종속된 역할로 보는데 그치지 않고 이에 대해 젠더적 관점에서 새로운 시각을 제공한 것이다. 나아가 〈주쿠〉를 설립함으로써 여성 스스로가 이를 직업으로 선택할 수 있는 실제적인 장치까지를 마련하였다는 점도 긍정적으로 평가할 수 있을 것이다. 물론 〈주쿠〉의 주장과 운영에 대해서는 비판의 여지가 있으며 그 최종적인 평가를 위해서는 좀 더 시간이 필요하다는 점은 전술한 바와 같다.

〈주쿠〉의 파격에서 한 걸음 더 나아가 '오카미'의 역할을 '지역살리기'로 끌어올린 사례는, '전통'과 그 '변화'라는 본고의 주된 관심에 정확히 일치하는 것은 아니다. 그러나 오카미가 료칸이라는 본래의 활동 영역을 넘어 '지역'이라는 더 넓은 영역으로 나서고 있는 현실은 주목할 필요가 있다. 이것은 두 가지 방향에서 이뤄지고 있는데, 하나는 료칸의 번영을 위해서는 지역적 연대가 필요하다는 지극히 현실적인 이유에서 비롯된 것이다. 또 하나는 고령화하고 낙후된 지역을 살리는데 그 지역의 료칸과 오카미가 중요한 역할을 할 수 있으리라는 새로운 도전이다. 전자가 본고의 3장에서 소개했던 지역과 료칸의 성쇠를 동일시하여 지역 차원의 홍보활동 및 행사를 수행하는 다수의 료칸이라면, 후자는 '후계창업'이라는 방식으로 료칸 오카미가 된 후 지역살리기를 위한 다수의 프로젝트를 진행하고 있는 야마네 다에의 사례가 해당될 것이다. 그리고 료칸과 지역의 이익이라는 두 가지 동기를 동시에 충족시키고자 했던, 혹은 선후 관계가 뒤얽힌 사례가 본고의 4장에서 소개했던 '디지털 오카미'이다.

　본고를 관통하는 가장 중요한 키워드는 '전통'과 그 '변화'다. 일본에서 '전통'의 이미지를 구현하는 대표적 사례가 '료칸'과 이를 지키는 '오카미'임은 상식적으로 통용되고 있지만 그럼에도 불구하고 의외로 그 내용을 구체적으로 규정하고 정리하는 연구를 발견할 수 없었다. 그래서 기본적으로 본고의 출발점이 되는 료칸과 오카미의 '전통적인 모습'은 미디어에서 그려내는 모습이나 오카미 자신의 언설 속에 드러나는 자기인식을 전제로 할 수밖에 없었다. 그리고 〈가가야〉에서 시작하여 〈오카미주쿠〉에 이르는, 가장 전통적인 가치를 내세우는 료칸・오카미로부터 현대적인 필요에 맞춰 콘셉트를 다각화한 현대적 료칸과 사장 혹은 경영자에 가까운 오카미상(像)까지를 망라하여 고찰한 후에 내린 필자의 결론은 다음과 같다.

　첫째, 어떠한 다양성과 변화를 추구하던지 비일상적 공간을 구현한 '건물'과 특별한 '서비스', 그리고 현지의 제철 생산물을 이용한 '요리'와 '자연'이라는 료칸의 기본적 요소는 여전히 중시되고 있다. 둘째, 오카미의 역할과 관련해서는 오카미 스스로의 정체성에서도 그리고 아마도 고객들의 요구에서도 서로 상반된 욕구가 공존하고 있는 것처럼 보인다. 예를 들면 주로 '여성성'을 어필하면서 료칸의 소프트웨어적 측면을 담당하는 전통적 존재양식을 고수하려는 입장과 료칸을 둘러싼 업계의 변화에 따라 주로 여성성보다는 '경영자적 수완'을 강조하려는 입장이 그것이다. 물론 여성성과 경영자적 수완 양자를 동시에 강조하는 〈주쿠〉의 경우도 있다. 이러한 상반된 욕구는 오카미의 표현 방식, 즉 기모노를 입을 것인가 일하기 편한 복장을 할 것인가, 료칸을 대표하여 고객 앞에 나설 것인가 묵묵히 보이지 않는 곳에서 실무를 지휘하는 역할에 머무를 것인 가 등의 차이로 드러나곤 한다.

셋째, 고객의 입장에서는 료칸을 찾는 목적이 반드시 '전통적' 공간 을 '견학'하려는 것이 아니라 주로 자신의 필요에 따른 실제적 '체험'에 있는 만큼, 이를 충족시키기만 한다면 료칸의 변화와 일탈도 충분히 수 용되는 것으로 보인다. 즉 비일상적 분위기의 공간에서의 치유를 목적으 로 하는 이에게 다다미와 노송나무 욕조, 고즈넉한 민가의 분위기를 가 진 료칸이 환영받는 것처럼 비일상적 만남과 부대낌 혹은 이벤트를 통해 삶의 활력을 찾으려는 이에게는 전통료칸의 모양에서 다소 벗어난 시도 들조차 반가운 것이다. 한 때는 료칸 오카미의 상징이었던 오카미의 각 방 인사를 '사생활 침해'라는 이유로 자제하는 움직임이 있다는 사실은, 고객의 욕구에 맞춰 료칸의 전통도 변화할 수밖에 없음을 상징적으로 보 여준다. 사실 그러한 '전통'조차 역사가 결코 길지 않으며 근대 이후 지금 과 유사한 방식으로 새로이 형성된 것이었던 만큼 앞으로의 변화에도 인 색하지 않을 것이라 예상된다. 그리고 그렇게 변화하려는 노력 자체가 '전통료칸'으로서의 존재 가치를 역설적으로 보여주는 것은 아닐까.

마지막으로 본고를 마무리하기에 앞서 간단하게나마 두 가지 사실 을 언급해 두고자 한다. 하나는 본고의 전반부에서 료칸의 개인 별장화 를 지향하는 대표적 사례로서 비중있게 소개했던 료칸 〈후나코시〉의 오 카미 히라노 요코가 2009년 자살했다는 사실이다. 그러나 그의 료칸이 일본 료칸의 새로운 움직임을 고찰하는데 있어서 의미있는 시도였음은 변함이 없으며, 고요한 자연 속에서의 치유를 내세웠던 대표적인 료칸의 오카미조차도 우울증으로 자살하는 현실도 현대 일본을 이해하는데 단서가 될 수 있을 것이다.

또 한 가지, 지난 3월 11일에 있었던 '동일본대진재'에 대해 언급하지 않을 수 없다. 이번 재난이 일본사회에 초래할 변화는 1945년 패전의 경험에 비유될 정도로 엄청난 것으로 평가되고 있다. 그러한 재난이 여행업계에 심각한 타격을 주었으리라는 것과는 별개로, 본고에서 소개한 온천 주변의 료칸이 직접 심각한 피해를 입었을 가능성이 매우 높다. 당장의 상황은 확인하기 어려우나 금후 이들이 재난을 극복해가는 과정은 본고에서 다룬 것과 또 다른 의미에서의 '위기대응'과 '변화'의 사례로서 다시 한 번 연구되어져야 할 것이라 믿는다.

참고문헌

1. 단행본
山根多恵, 『週末は若女将』, メディアパル, 2008.
岩崎信也, 『宿を支える女将たち』, 柴田書店, 2006.
週刊ホテルレストラン編, 『女将さんからの熱いメッセージ』1・2・3, オータパブリケイションズ, 1995・1997・1999.
平山佐知子, 『デジタル女将就業中』, 講談社, 2009.

2. 잡지 기획 인터뷰
「平成細腕繁盛記」(1~37), 『Venture link』, 2006.1-2009.6.
「全国名女将に聞く」(1~8), 『トランスポート』, 1991.10-1992.8.
岩崎信也, 「現代の宿神‐宿を支える女将たち」(1~41), 『月刊ホテル旅館』, 2003.3-2006.7.

3. 女将塾関係
「人間的魅力の鍛え方-3-三宅美佐子氏 逆転の発想・逆算の鍛練」, 『人材教育』9(4), 1997.4.

桐山秀樹, 「スペシャル・レポート 城崎、別府「女将塾」塾生―二人の「目指せ!プロの女将業」旅館再建請け負います!新米女将奮闘記」, 『プレジデント』 40(3), 2002.2.

三宅美佐子, 「番外編 この人に学ぶ 城崎温泉「銀花」女将 三宅美佐子さん 日本初の「女将塾」を開き、日本旅館再生を目指す (特集 サービスEQで勝つ)」, 『人材教育』 13(5) (通号 149), 2001.5.

三宅美佐子 ; 松永 美佐寿, 「この人と1時間 三宅美佐子さん―城崎温泉「銀花」女将/女将塾 塾長 口を出して教えたほうが楽ですが,それでは"経営のプロ"は育ちません」, 『人事マネジメント』 12(2) (通号 134), 2002.2.

奥崎祐子, 「倒産寸前の宿を1ヵ月で軌道に乗せた「女将塾」の1期生・奥崎祐子さん 元OL・派遣女将は自分流!」, 『婦人公論』 86(6) (通号 1080), 2001.3.

佐藤万作子, 「女将さん塾は大人気!」, 『婦人公論』 81(9), 1996.8.

倉澤紀久子, 『旅館の女将に就職します』, basilico, 2002.

4. 한글문헌

권숙인, 「현대 일본 사회와 '전통(성)'의 공간」, 『한국문화인류학』 29(1), 1996.

_____, 「참배여행과 대중관광의 출발」, 『일본인의 여행과 관광문화』, 소화, 2006.

04 근대 이후 기모노의 변모와 '앤티크 기모노붐'*

김효진

1. 의복의 근대화와 '앤티크 기모노붐'

메이지유신으로 시작된 일본 사회의 근대화는 사회 전반에 걸친 서구화를 의미하는 것이었다. 그 중에서도 의생활에서 일어난 변화는 양복의 도입에 따른 전통의복인 기모노(着物, きもの)의 점진적인 쇠퇴였다. 이를 단적으로 보여주는 것이 메이지 천황 사진의 변화이다. 메이지 유신 초기에는 전통적인 궁중의 예복을 입은 메이지 천황의 사진이 공개되었으나, 이후 서양식 예복을 입은 사진이 일반적으로 통용되었다. 이는 그 당시 일본을 서양 열강에 뒤지지 않는 근대국가로 과시하기 위해 급속도로 서양식 군복과 제복이 도입되었기 때문이다.[1] 한편 여성의 복식에 서구의 영향이 처음 나타난 것은 1880년대 일본정부가 서구열강과의

---

* 이 글은 서울대학교 비교문화연구소 『비교문화연구』 제17집 2호(2011)에 수록된 「앤티크 기모노붐'을 통해 본 기모노의 근대화와 재생」을 본 단행본의 취지에 맞게 수정·보완한 것이다.
1) 메이지 천황의 사진이 바뀌는 과정에 대해서는 많은 연구가 있지만, 그 중에서도 多木浩二, 『天皇の肖像』(岩波書店, 1988)을 대표적인 연구로 들 수 있다.

〈그림 1〉 메이지 천황의 서양식 군복 차림

외교를 위해 설립한 〈로쿠메이칸〉(鹿鳴館)의 무도회 및 무도회에 참석하였던 화족(華族) 여성들의 서양 드레스차림이었다.

그러나 일견 유사해 보이는 남성과 여성 복식의 변화는 로쿠메이칸으로 대표되는 구화주의(欧化主義) 시대 이후 다른 궤적을 밟게 된다. 남성들의 의복, 특히 외출복이 빠른 속도로 양복으로 바뀌어 가고 기모노는 주로 일상복으로 간주되었던 반해, 여성들의 경우 1880년대 이후 1950년대에 이르기까지의 70년 동안 일상복뿐만 아니라 외출복으로도 기모노가 양장에 대해 우세를 점하고 있었다. 이는 1925년, 고현학자(考現学者)인 곤 와지로(今和次郎)의 기록에서도 증명된다. 그 당시 유행의 첨단을 상징하는 긴자(銀座) 거리를 걷는 행인들의 옷차림을 분석한 그에 따르면, 길을 걷는 여성들 중 양장은 1퍼센트에도 미치지 못했다고 한다. 물론 이 기록에 대해서 곤 와지로 스스로 이것은 일반적이지 않으며 보통 10퍼센트 정도는 양장을 한다고 정정하였다. 하지만, 여기서 드러나는 사실은 1868년 메이지유신으로부터 약 50여년이 지난 다이쇼(大正, 1912~1926) 말기~쇼와(昭和, 1926~1989) 초기에도 여전히 일본 여성에게 양장은 생활의 일부로서 자유롭게 입을 수 있는 옷이라기보다는 비일상적인 의복이었다는 점이다.

그러나 앞으로 살펴보겠지만, 이는 여성의 복식이 서구화와 근대화에서 소외되어 있었다는 사실을 의미하는 것은 아니다. 남성의 복식이 공사영역의 구분에 따라 양장과 기모노로 확연히 나뉘었다면, 여성의 경우 교복이나 제복을 착용한 일부 여성을 제외하고는 이런 구분 대신 기모노 자체의 변화, 특히 문양과 착용 스타일의 변화에서 서구화와 근대화의 영향이 드러나게 된다. 실제로 기모노는 에도(江戸) 시대 이후 지금까지 형태상으로는 크게 변하지 않았다. 대신 메이지유신 이후, 특히 다이쇼와 쇼와 초기에 만들어진 기모노에서는 형태가 아닌 기모노의 외부, 특히 문양과 사용한 옷감, 그리고 입는 방식 등에서 서구화와 근대화의 영향이 선명히 드러나는 것이 특징이다.

이는 우리가 흔히 알고 있는 '전통적인' 기모노와 또 다른 기모노로, 최근 이 시대의 기모노와 관련하여 흥미로운 현상이 일어나고 있다. 다이쇼에서 쇼와 초기의 기모노가 1990년대 이후 일본의 젊은 여성들을 중심으로 많은 인기를 모으고 있으며, 심지어 '앤티크 기모노붐'(アンティークきもの・ブーム)까지 일어나고 있는 상황이 바로 그것이다. 앤티크 기모노란 재활용된 기모노, 즉 중고 기모노 중에서 1900년대에서 1940년대까지[2] 만들어진 기모노를 가리키는 용어이다. 흥미로운 것은 중고 기모노만이 주목을 받는 것이 아니라, 심지어 이 시대의 기모노 문양 및 스타일을 본뜬 신품 기모노 브랜드가 등장할 정도[3]로 이 시대 기모노가 가진 독특한 매력이 최근 주목을 받고 있다는 사실이다.

〈그림 2〉 젊은 여성들을 위한 앤티크 기모노 전문잡지 『기모노 공주(KIMONO姬)』의 표지
※ 출처: 일본 Amazon

---

2) 일본의 시기 구분으로는 다이쇼시대와 쇼와초기에 해당한다.
3) 구체적으로는 본문 중에서도 소개될 〈마메치요 모던〉(豆千代モダン, http://www.mamechiyo.jp/, 2011년 6월 16일 접속) 등의 브랜드가 있다.

그러나 복식사, 의류학 등에서 이루어지는 기모노에 대한 연구는 근대화 이전의 기모노에 초점을 두고 있으며, 실제 여성의 의복으로서 기모노가 근대화 과정에서 겪었던 다채로운 변화에 대한 구체적인 연구는 아직 소수에 머물고 있다.[4] 한편 인류학에서는 현대 일본사회에서 기모노가 지닌 상징성과 기모노를 둘러싼 사회적 실천에 초점을 맞춘 연구가 존재한다. 하지만 전통의 재창조(invention of tradition)라는 관점에서 기모노가 근대화 이후 현대사회에서 일본 전통의 상징으로 자리잡는 과정에 대해 다루는 연구가 대부분이다.[5] 1990년대 이후 나타난 대중들에 의한 기모노를 둘러싼 다양한 실천 및 기모노 자체의 다양화에 대해서는 최근 연구가 시작되고 있는데, 애쉬먼은 기모노학원과 기모노 애호가들이 모인 커뮤니티 〈기모노 de 긴자〉(きもの de 銀座)를 비교연구하면서 기모노의 의미가 다양화되고 있다는 점[6]을 밝히고 있다. 또한 클리프[7]는 외국인 기모노 착용법 교사로서 활동한 경험에 바탕하여, 인터넷을

---

4) 근대화 이후 의복생활의 서구화가 급속하게 이루어졌지만, 실제 여성의 의복으로서 기모노가 근대화의 과정 이후 겪었던 다채로운 변화에 대한 구체적인 연구는 일본에서도 1990년대 후반에 이르러서야 본격적으로 시작되었다. 서구에서는 더욱 최근에 시작되었고 한국에서는 아직 관련 연구를 찾아볼 수 없다.

5) 대표적인 연구로는 교토에서 게이샤로 일하면서 현지조사를 한 후, 자신의 게이샤 생활을 통해 체득한 기모노에 대한 지식 및 경험을 바탕으로 쓴 Liza Dalby의 *Kimono: Fashioning Culture* (Univ. of Washington Press, 2001)가 있다. 또, Goldstein-Gidoni는 특히 성인식과 결혼식에서 여성의 기모노 착용 및 그를 돕는 착용법 선생들을 분석하면서 기모노를 입은 젊은 일본여성을 "상자 속의 인형"(367쪽)으로까지 묘사한다. "(Ofra Goldstein-Gidoni, "Kimono and the Construction of Gendered and Cultural Identities", *Ethnology* 38(4), 1999.

6) Stephanie Assmann, "Between Tradition and Innovation: The Reinvention of the Kimono in Japanese Consumer Culture," *Fashion Theory* 12(3), 2008.

7) Sheila Cliffe, "Revisioning the Kimono," *Critical Studies in Fashion and Beauty*, 1(2), 2010.

통한 기모노의 세계화에 초점을 맞추어 기존의 '전통적'인 기모노 판매 및 착용과는 다른 새로운 흐름이 나타나고 있다는 점을 강조한다.

왜 앤티크 기모노붐과 같은 현상이 발생하고 있는가? 앤티크 기모노는 왜, 어떻게 기존의 기모노와 다른가? 그리고 이들이 최근 유행하고 있다는 사실은 무엇을 의미하는가? 이상의 질문에 대해 답하기 위해 이 글은 일본의 민족의상(national dress)인 기모노, 그 중에서도 여성의 복식으로서의 기모노에 주목하여 일본의 근대화 시기 이후 현재에 이르기까지 기모노의 변화를 추적한다. 특히 최근 인기를 모으고 있는 다이쇼와 쇼와 초기의 기모노에서 나타난 서구화와 근대화의 양상을 살펴보고 1990년대 이후 20~30대 여성을 중심으로 인기를 모으고 있는 앤티크 기모노의 의미를 탐구하고자 한다.

이를 통해 최근의 앤티크 기모노붐은 단순히 오래된 기모노에 대한 선호를 의미하는 것이 아니라 특정 시대의 기모노, 즉 다이쇼 및 쇼와 초기 기모노가 표현하고 있는 독특한 서구에 대한 감성 및 근대성을 재발견하는 행위라는 점을 강조할 것이다. 즉 앤티크 기모노에 표현된 전통과 근대성의 혼성성(hybridity)이 전후 정형화된 전통으로서의 기모노 대신 현대의 젊은이들에게 어필하고 있다는 점에 주목하여 이 시대의 기모노가 지닌 특징을 보다 세부적으로 살펴보고, 이를 현대의 앤티크 기모노 팬들이 어떻게 해석하는지 고찰하고자 한다.

2. '기모노'의 탄생과 근대화: 메이지유신과 서구의 영향

1) 에도시대 고소데: 기모노의 원형

기모노는 한자에서도 알 수 있듯이 원래는 '입는 것'(着る物)을 의미하는 일반명사였다. 즉 기모노라는 명칭이 가리키는 특정한 의복은 실제로는 존재하지 않으며 원칙적으로 기모노는 일본 고유의 복식뿐만이 아니라 서양의 의복도 포함하는 개념이라고 할 수 있다. 이는 메이지유신 이전에는 일본 고유의 복식 전체를 가리키는 용어가 부재했다는 점에서도 드러난다. 일본 고유의 복식으로서 기모노의 원형이 성립한 것으로 알려진 헤이안(平安)시대 이후 기모노에는 다양한 스타일과 유행의 변화가 일어나지만, 평면적으로 재단한 가운형태의 옷을 오비(帶, 끈)로 묶어 입는 기본적인 스타일에는 큰 변화가 없다.

현재 우리가 알고 있는 '기모노' 개념의 성립과 관련하여 현재 우리가 알고 있는 기모노의 원형이 되었다는 에도시대의 고소데(小袖)[8]를 간단히 살펴보자. 엄격한 신분제 사회였던 에도시대의 기모노에 일어난 가장 중요한 변화는 전 계층에 걸친 고소데의 착용을 들 수 있다.[9] 또 의복에서 신분에 따른 규제가 있었는데, 각 신분에 허용되는 예장 및 각각의 의복에 사용되는 소재나 문양, 금사와 자수의 허용 여부 등이 달랐다. 예

---

8) 고소데는 헤이안시대 중기에 처음 등장한, 소맷부리가 좁은 기모노를 의미한다. 처음 등장했을 때는 그 당시 주류였던 오소데(大袖, 소맷부리가 넓고 단이 끌리는 옷)의 속옷이나 궁중의 일상복으로 착용하는 옷이었으나, 모모야마(桃山)시대(1574~1600) 이후 고소데를 모든 계층이 일상복으로 착용하게 되면서, 오소데는 예복에서만 찾아볼 수 있게 되었다.

9) 정혜란, 「일본 고소데 문양에 대한 고찰」, 『고문화』 62집, 한국대학박물관협회, 2003.

를 들면 무사계급의 경우에는 정교한 견직물 및 금사, 자수를 사용할 수 있었으나 농민 이하는 쓰무기(紬, 명주), 목면(木綿), 마(麻)만이 허용되었다.[10] 고소데에는 유행이 있어서 각 시기 별로 문양이나 스타일의 차이가 나타나지만 형태의 변화는 크지 않다.[11]

고소데는 예복이 아닌 일상복, 특히 전계층의 여성이 즐겨입던 일상복이었으므로 예복을 착용할 경우가 많았던 공가(公家) 및 무가(武家)보다는 농민 이하의 평민, 특히 가부키(歌舞伎) 배우나 유녀(遊女)들이 유행을 주도하였다. 그 당시 출판문화의 발달과 함께 그 당시 유행한 고소데 문양을 모은 일종의 문양집인『고소데모요히나가타본』(小袖模様雛形本)이 상당수 출판되어 유행을 선도하기도 했다. 더불어 그 당시 화려한 장식화의 거장이었던 오가타 고린(尾形光琳)이 고소데의 문양을 디자인한 자료가 발견되는 등, 예술과 공예의 경계선이 불명확한 일본미술의 특징을 여기서도 확인할 수 있다.

그리고 이를 뒷받침한 것이 그 당시 부를 축적하기 시작한 평민계급, 즉 부유한 조닌(町人, 상공인)들이었다. 이들은 표면적으로는 막부의 검약령(倹約令)으로 대표되는 의복에 대한 규제를 지키면서도 자신들의 부를 과시하기 위해 호화스러운 의복을 만들었다. 대표적인 것이 그 당시 기본이었던 3겹의 고소데 중 가장 위에 입는 부분을 검은색이나 어두운 색으로 하는 대신 그 안에 보이지 않는 고소데에 자수나 화려한 문양을 사용하는 방식이었다. 이렇게 조닌들의 주된 의복이었던 고소데는 이

---

10) 고이케 미쓰에, 허은주 역『일본복식사와 생활문화사』, 어문각사, 2005, 87쪽.
11) 대표적인 것으로는 유행했던 시대명을 딴 게이초(慶長) 고소데, 간분(寛文) 고소데, 겐로쿠(元禄) 고소데 등이 있다.

후 메이지시대가 되면서 일본 민족의상으로서 기모노가 확립되는 과정에서 기모노의 주된 이미지를 형성하게 된다.

2) 기모노 개념의 성립: 메이지시대

기모노라는 개념의 성립을 생각할 때 또 하나 중요한 것은 바로 요후쿠(洋服, 양복)와 와후쿠(和服, 화복)라는 이항대립인데 이는 메이지유신 당시 급작스럽게 밀려들어온 서양의복에 대해 '일본 고유의, 재래의' 의복을 의미하는 용어로 만들어진 것이다.[12] 즉 와후쿠는 타자와는 대비되는 '일본'의 의복이라는 점이 명확하게 드러나는 명칭인 반면, 기모노는 고소데 형태로 대표되는 일본의 민족의상이라는 의미와 함께 여전히 의복 전체('입는 것'으로서)를 의미하기도 한다.

그럼에도 불구하고 왜 '와후쿠' 대신 '기모노'가 일본의 민속의상을 가리키는 명칭으로 세계적으로 통용되고 있는가? 이에 관해서는 그 당시 서구를 풍미하고 있던 오리엔탈리즘, 그 중에서도 자포니즘(Japonism)의 영향을 살펴볼 필요가 있다. 염혜정은 1990년대 패션에서 나타나는 기모노 디자인의 영향을 분석하면서 기모노의 개념을 서양과 일본 내에서 사용되는 두 가지로 구분한다. 일차적으로 기모노는 일본의 민족복식 자체를 가리키지만, 동시에 서양에서 말하는 기모노는 19세기말 자포니즘이

---

12) 기모노와 와후쿠 이외에도 고후쿠(呉服)라는 용어도 기모노를 가리키는 말로 여전히 쓰인다. "고후쿠의 어원은 중국의 삼국시대, 오의 직물과 옷의 봉제방법이 일본에 전해졌기 때문이라고 한다. 원래 견제품을 고후쿠, 면제품을 후토모노(太物)이라고 부르는데 예전에는 취급하는 가게도 각자 있었다. 화복 그 자체를 가리키는 용어로서는 와후쿠, 기모노에 비해 사용빈도는 낮지만 와후쿠를 취급하는 가게는 고후쿠야라고 불리울 때가 많다." (일본어 위키피디아 '知服' 검색)에서 인용, 2010년 8월 12일 접속)

유행하면서 일본풍이 그 당시 서구 복식에 유입·전개되는 과정에서 형성되어 서구적 해석을 바탕으로 하고 있고, 그 의미 또한 다양하다는 것이다. 구체적인 예로 서구 패션에서 기모노는 앞으로 여미고 여유있는 실내용 가운을 가리키기도 하고, '기모노 칼라'나 '기모노 숄더' 및 '기모노 드레스' 등과 같이 형용사적으로 사용되기도 한다.[13] 즉 기모노는 일본 내부에서의 이미지와는 별도로 서구 복식사에서 중요한 한 요소로 자리잡고 있으며, 이때 기모노는 동아시아의 복식을 보다 포괄적으로 가리키는 용어이기도 한 것이다.[14] 이처럼 기모노는 일본 국내에서는 메이지유신을 기점으로 밀려들어오는 서구의 문물에 대해서 일본풍의 의복을 가리키는 용어로, 다른 한편 서양에서는 동아시아의 복식 일반 및 그 유행을 가리키는 용어로 그 위치를 확립하게 되었다.

앞에서도 살펴본 바와 같이, 메이지유신 이후 남성의 의복, 특히 군복 및 제복은 급속도로 서양식으로 변하게 되었으나 여성의 경우, 소수의 화족여성들의 예복이 서양식 드레스로 바뀐 것을 제외하고는 대부분 기모노를 착용하였다. 남성의 경우도 제복과 군복과 같이 공적인 목적을 위해 입는 양복을 제외하고 일상생활에서는 기모노를 착용하였다고 한

---

13) 예를 들면 소매의 솔기선이 없이 몸판에서 계속 이어진 직선형의 슬리브를 가리켜 '기모노 슬리브'라 부른다. 염혜정, "1990년대 패션에 나타난 기모노 이미지 디자인의 분석," 『패션비즈니스』 5집 3호, 한국패션비즈니스학회, 2001, 96쪽.
14) "일본에서 와후쿠라는 말이 탄생한 메이지시대보다 훨씬 전의 16세기의 시점에 일본인이 의복을 가리켜 불렀던 기모노가 현재 말하는 와후쿠를 나타내는 용어로서 유럽인들에게 알려지게 되어서 현재 유럽에 그치지 않고 세계 많은 나라에서 일본에서는 와후쿠라고 부르고 있는 것을 기모노라고 부르고 있다. 기모노는 일본의 와후쿠뿐만 아니라 동아시아권전반에서 볼 수 있는 앞을 여미는 방식의 옷 전반을 가리키는 경우도 있다." (일본어 위키피디아 '知服' 검색)에서 다시 인용, 2010년 8월 12일 접속)

다. 특히 메이지시대 초기의 구화주의에 대한 반발로 기모노는 '민족적 정수'의 상징으로 받아들여지게 되었고 '민족의상'으로서 규격화되었다. 그 과정에서 과거의 신분질서에서 규정했던 의복의 규칙이 철폐되는 한편, 양복이 널리 보급되었던 남성과는 달리 기모노는 여성의 의복으로 자리잡는 과정이 진행되었다.[15]

이때 기모노의 근대화는 기모노의 민족의상화와는 다른 분야에서 전개되었다. 그것은 일본 직물산업의 근대화 및 유통의 근대화라는 두 측면에서 살펴볼 수 있다. 우선 일본의 직물산업, 특히 교토의 니시진(西陣)을 중심으로 한 기모노업계는 서구의 직물에 대항하기 위하여 기술자를 외국으로 파견하여 서구의 발전된 방적 및 염색 기술을 도입하는 등의 노력을 아끼지 않았다. 구체적으로는 기계제사, 방적에 의한 대량생산, 자가드기에 의한 문직기술의 기계화, 모직물의 보급, 화학염료에 의한 염색법 및 염색기술의 개량으로 인한 대량생산 등을 들 수 있다. 이런 변화는 기모노의 유행 및 스타일의 변화에도 큰 영향을 미쳤다. 무엇보다 대량생산의 시대에 들어서면서 과거에는 고급품이었던 것이 중류층도 구입할 수 있게 되는 등, 소비층도 크게 확대되었다.[16]

그리고 기술의 변화와 함께 기모노의 흐름에 큰 영향을 미친 것이 바로 이 당시 이루어졌던 고후쿠야(呉服屋)의 근대적 백화점으로의 변모이다. 미쓰코시(三越)와 시라키야(白木屋) 등 그 당시 백화점들은 백화점 내부에 기모노 문양을 전담하는 부서를 설치하고 기모노의 유행을 분석하

---

15) Liza Dalby, *Kimono: Fashioning Culture*, 65쪽.
16) 石黒惠美, 「大正期のきものに関する一考察ー『婦人画報』と『主婦之友』に見られるきものの比較分析を通して」, 服飾文化学会誌〈論文編〉9(1), 2008, 4쪽

는 잡지를 발행하는 등, 유행을 선도했다. 이 당시 기술의 진보와 함께 가능
해진 기모노의 대량생산에 힘입어 백화점은 근대적 의미에서 패션으로서
의 기모노를 선도하는 역할을 하였던 것이다.[17]

그러나 이상과 같은 변화에도 불구하고, 메이지시대의 기모노는 그
형태 및 스타일상으로 보았을 때 에도시대의 고소데와 유사점이 더 많았
다.[18] 색상은 여전히 군청색 등 에도시대의 조닌을 상징하는 이키(粹)[19]
의 미학을 대표하는 파란색 계열이 대세를 이루었으며, 현재의 기모노가
'우와기'(上着)와 오비로 구성되는데 반해 그 당시 여성들은 우와기 아래
최소한 한 겹, 많게는 세 겹의 기모노를 겹쳐 입는 것(重ね着, 가사네기)
이 통례였다. 또한 현재의 여성 기모노가 발목길이에 맞추어 단을 올려
서 입는 '오하쇼리'(おはしょり)를 기본으로 하고 있는데 이 또한 메이지
중기에 일반화된 것이다.[20] 기모노의 기본 속옷인 '나가주반'(長襦袢)과
깃을 장식하는 '한에리'(半襟)는 현재에는 대부분 백색이지만,[21] 이 당시
에는 화려한 색깔이나 문양·자수 등을 즐겨 사용했다. 또한 일상복과

---

17) 初田亨, 『百貨店の誕生』(ちくま書房, 1999) 등을 참조하라.
18) Liza Dalby, *Kimono: Fashioning Culture*, 98쪽.
19) 이키란 일본 에도시대 후기에 조닌 계급에서 나타난 독특한 미의식을 일컫는
     다. 몸짓이나 행동이 세련되거나 세련된 미의식을 일컬으나 과거 궁중풍의 우
     아함과는 다른 도회적 세련함을 추구했다. 이를 알지 못하는 사람은 촌뜨기(野
     暮)로 불리웠다.
20) 이것은 여성의 기모노에만 한정된 것으로, 남성의 기모노는 오하쇼리가 없다.
     또한 남성의 기모노는 여성에 비해 변화가 적었다.
21) 이에 관련해 달비는 그 당시 도입되었던 양복의 영향을 지적하고 있다. 하얀
     와이셔츠나 블라우스가 기본인 양복처럼 기모노에서도 하얀 깃이 기본이 되었
     다는 것이다. 또, 이 당시 남성의 전유물이었던 '하오리(羽織)'를 여성들이 기모
     노 위에 입게 된 것 또한 서양 재킷의 영향이라고 쓰고 있다(Liza Dalby, *Kimono:
     Fashioning Culture*, 101쪽).

예복의 중간 형태로 격식을 갖춘 자리에 입을 수 있는 새로운 기모노로서 현재 기모노 시장에서 주류를 이루는 '호몬기'(訪問着)가 백화점의 제안으로 등장한 것도 이때이다.

이와 더불어 여성에 대한 근대적 교육의 시작과 함께 나타난 두드러진 변화가, 첫째로 여학생 대상으로 도입된 교복으로서 여성용 하카마(袴), 둘째로 여성 지식인들을 중심으로 유행한 기모노 아래에 서양식 블라우스를 받쳐 입는 스타일의 등장이었다. 여성용 하카마의 경우 다이쇼시대 이후 세라복 스타일의 교복으로 대체되었지만, 졸업식 등의 행사에서는 여전히 예장(禮裝)의 일종으로 수용되고 있으며, 두번째 스타일은 양복의 보급과 함께 사라졌지만 현대의 앤티크 기모노붐에서 다시 부활하고 있는 추세이다.

3) 기모노와 아르누보·아르데코: 다이쇼시대와 쇼와초기

시대적 배경으로서 다이쇼시대를 상징하는 용어로는 '다이쇼 데모크라시'(大正デモクラシー)를 들 수 있다. 1911년부터 1925년에 이르는 기간 동안 일본사회 전반에 걸친 민주주의적 경향을 의미하는 이 용어는, 사회문화적으로는 세계 1차 대전 이후 이어진 경기 호황에 힘입은 백화점의 대중화 및 대량생산·대량소비로 대표되는 일본 최초의 대중소비사회 탄생을 의미하기도 한다.

여성들의 의복에 있어 변화는 두 가지 상반된 흐름으로 나타났다.[22] 20세기로 들어오면서 주로 아이들과 청소년을 중심으로 양복인 학교 제

---

22) 高橋康雄, 『断髪する女たち : モダンガールの風景』, 教育出版, 1999, 34쪽.

복을 도입하는 등 양복이 점차 생활 속에 침투하고 있는 반면, 일상생활
에서는 기모노가 여전히 중심을 이루고 있었다.[23] 그러나 형태상의 변화
가 완만한데 비해, 문양 및 소재의 측면에서의 변화는 혁신적이었다. 에
도시대 고소데의 영향을 짙게 반영하고 있었던 메이지시대의 기모노에
비해, 다이쇼시대와 쇼와 초기의 기모노는 다양한 재질과 과감하고 대담
한 문양, 다채로운 색상에서 이전 시기뿐만 아니라 전후의 기모노와도
명확하게 구분된다. 또한 메이지시대 이후 등장한 표준재단법이 다이쇼
시대에 서서히 전파되어 쇼와시대에는 정착되었으며[24], 메이센(銘仙) 등
소재 개발 및 대량 생산을 통한 고급기모노의 대중화, 문양의 다양화 등
을 통해 변화하는 시대와 근대화를 표현했다.

　이 시대 기모노의 특징은 서구의 예술사조인 '아르누보'(Art Nouveau)와
'아르데코'(Art Deco)의 영향을 받은 새로운 문양의 등장 및 인기에서 찾
을 수 있다. 신예술을 의미하는 아르누보는 19세기 말부터 20세기 초까
지 유행했던 장식예술로서 건축을 비롯한 일상용품에 종합적인 예술표
현을 위한 새로운 양식의 추구로 생겨났으며, 자연물의 유기적이고 비대
칭적인 곡선 장식을 생동감있게 표현한 일련의 경향이다. 일본 목판화와
미술의 장식적 성격은 19세기말부터 20세기초에 걸쳐 유럽에 유행한 아
르누보 양식의 원천이 되었다.[25]

23) 예를 들면, 다이쇼시대 초기에 해당하는 1916년 저명한 작가 나가이 가후(永井
　　荷風)가 저술한 『양복론(洋服論)』을 보면 남성의 양복 차림에 대해서 가후의
　　식견을 알 수 있는데, 여기에서도 여성의 양복에 대해서는 논의되고 있지 않
　　다. 고이케 미쓰에, 『일본복식사와 생활문화사』, 210쪽을 참조하라.
24) 河村まち子, 「明治·大正時代の女物着物についての一考察－東京国立博物館保
　　管品を中心として」, 『共立女子大学家政学部紀要』 36, 1990 등.
25) 곽보영, 「아르누보 장신구에 표현된 자포니즘 예술 특성」, 『복식』 59(7), 한국

이를 이어 유행한 아르데코는 20세기 전반의 대중적인 장식예술 경향 혹은 운동을 일컬으며, 1925년 파리 국제박람회에서 유래되었지만 1966년 파리의 장식미술관에서 열렸던 1925년 파리 국제박람회의 회고전이 〈아르데코전〉으로 불리면서 비로소 일반화되었다.[26] 아르데코 양식의 전성기였던 1920년과 1930년대에는 모던 스타일로만 알려졌다. 그러나 아르데코 양식은 시대사에 있어 중요한 장식예술운동(decorative art movement)으로서, 아르누보, 입체파, 러시아발레, 바우하우스 등의 다양한 원천에 의한 절충주의 및 고전주의양식으로 대칭과 기하학적 직선이 주요 오브제를 이루었다.[27]

서구를 지배하고 있던 기존의 예술 및 스타일에 대한 변혁을 추구한 이 사조들은 영감의 원천으로 동양을 주목했으며, 그 중에서도 자포니즘으로 대표되는 일본의 영향은 강력했다. 19세기 후반에 붐을 이루었던 만국박람회에서 일본의 전시관 및 일본의 예술작품은 그 당시 서구의 예술가 및 지식인들 사이에서 높은 인기를 누렸다.

복식학회, 2009, 115쪽.

[26] 이와 관련되어 아오키 미호코는 기모노의 문양에서 나타난 서양의 영향을 일반적으로 아르누보에서 아르데코라는 단일한 흐름으로 바라보는 것에 이의를 제기하면서, 아르누보는 차치하고서라도 아르데코는 전후 임의로 명명된 이름이라는 점에서 그 안의 다양성을 살펴볼 필요가 있다고 주장한다. 이때, 아르데코에 포함된 서구 사조는 분리주의, 표현파, 구성파를 들 수 있는데, 이에 따른 다양한 스타일의 기모노 문양을 찾아볼 수 있다는 것이 아오키의 분석이다. 青木美保子, 「大正・昭和初期の着物図案に見られるヨーロッパの芸術思潮の影響」, 『神戸ファッション造形大学部研究紀要』 33, 2009 등을 참조하라.

[27] 원명심 「아르데코 패션과 미술사조 -폴 프와레, 쏘냐 들로네, 코코 샤넬을 중심으로」 『기초조형학연구』 9(1), 501-511쪽, 한국기초조형학회, 2008, 502쪽 및 서민원・남경숙, 「공간에 나타나는 아르데코 양식의 장식적 특성에 관한 연구」, 『기초조형학연구』 7(2), 한국기초조형학회, 2006, 348쪽.

특기할 점은 동양의 영향으로 탄생한 아르누보와 아르데코가 왜 일본에서 수용되었는가하는 점이다. 잭슨은 아르누보의 경우 인간을 자연의 일부로서 바라보는 자연관을 지니고 있었는데 이것이 일본의 자연관과 많은 공통점을 지니고 있었다고 지적하였다. 또 그 이후에 수입된 아르데코에 대해서는 "1920년, 30년대의 일본에서 전통과 근대, 동양과 서양의 개념들은 거센 논쟁의 대상이었다. 토착적인 정신과 현대적인 서양의 요소들을 결합한 표현의 양식을 찾으면서 일본의 디자이너들은 아르데코에서 동양에서 부분적으로 영감을 얻은 스타일을 찾아냈다. ····· 아르데코 스타일은 일본에서 성공적이었는데, 왜냐하면 그것은 20세기 초반 일본 문화의 두 충돌하는 것처럼 보이는 요소를 중재할 수 있었기 때문이었다. 이는 기모노 디자인에서 분명히 드러난다"[28]고 분석하고 있다.

즉 아르누보·아르데코 양자 모두 서양과 동양의 모티브를 동시에 지니고 있으며 이런 점이 새로운 근대성을 모색하고 있었던 당시 일본인들에게 강하게 어필하였다는 것이다. 실제로 아르누보·아르데코는 일본의 우키요에 및 장식화의 영향을 강하게 받은 사조로서 일본의 고전적인 문양인 백합·포도·공작·잠자리 등은 아르누보·아르데코를 통해 서양풍으로 재해석되어 다시 일본에 이국적인 문양으로서 받아들여지기도 했다.[29] 특히 아르데코의 경우, 다이쇼시대와 맞물리면서 그 당시 소비문화

---

28) Anna Jackson, "Dynamic Lines and Syncopated Rhythms: Art Nouveau and Art Deco Designs in Early Twentieth-Century Kimono," in *Fashioning Kimono*, Annie Van Assche (ed.), (Milan: 5 Continents srl., 2005), 36-37쪽.

29) 이 중 대표적인 것이 공작문양으로, 19세기 오스카 와일드의 살로메의 삽화를 담당한 비어즐리가 그린 공작문양이 다시 일본의 공작문양에 자극을 주어 일본고유의 공작문양과는 다른 신선한 감각을 주었다. (弥生美術館·中村圭子,『昭和モダンキモノ: 抒情画に学ぶ着こなし術』, 河出書房新社, 2005 참조)

의 상징이었던 백화점, 카페 등의 포스터 광고에 즐겨 사용되었다.

이와 같이 이 당시의 기모노를 상징하는 가장 중요한 변화는 아르누보, 아르데코, 더 나아가 분리주의로 대표되는 서구의 유행을 기모노의 문양을 통해 수용했다는 점이다.[30] 이는 앞에서도 지적하였던 바와 같이 회화와 공예의 구분이 모호한 일본미술, 특히 기모노이면서도 회화적 요소를 강조하여 장식용으로 사용하던 '우치카게'(打ち掛け)처럼, 문양의 변화를 회화적으로 접근하였던 기모노의 특징에서 기인하였다고 할 수 있다. 이는 중국이나 한국의 전통의복에서는 찾아볼 수 없는 특징으로, 회화적인 요소가 강한 기모노는 형태의 변화보다 문양의 변화만으로도 근대적 요소를 수용할 수 있는 여지가 있었다. 이에 대해 잭슨은 "아르데코 스타일의 기모노를 입음으로써 [일본] 여성은 글래머러스하고 패셔너블하고 근대적이며, 그러나 무엇보다 여전히 일본인일 수 있었다"[31]라고 평가하고 있다.

실제로 아르누보와 아르데코는 이집트, 인도, 페르시아 등의 문양을 즐겨 사용했는데 이 영향을 받아 다이쇼시대에 이집트 문양의 유행이 1914년과 1924년 두 차례에 걸쳐 관찰된다. 이는 일본 내부에서 이집트가 주목을 받았다기보다는 그 당시 서양의 예술사조였던 아르누보와 아르데코가 서양의 오리엔탈리즘의 영향을 받아 탄생한 사조였다는 점에서 기인한다.[32] 이때 일본인들은 이집트나 인도 등을 동양으로서 인식하

---

30) 青木美保子, 「大正・昭和初期の着物図案に見られるヨーロッパの芸術思潮の影響」를 참조하라.
31) Anna Jackson, "Dynamic Lines and Syncopated Rhythms: Art Nouveau and Art Deco Designs in Early Twentieth-Century Kimono", 37쪽.
32) 原田純子, 「近代日本の和服模様にみる西洋趣味」神戸文化短期大学研究紀要』22, 101-

는 것이 아니라 "서양적인 이미지와 연결되는 '외국'으로서 받아들이고 있다"는 것, 그리고 이런 유행이 서구처럼 사회전반에 퍼지는 대신 새로운 문양의 도입에서 멈추고 있다는 것이 하라다 준코(原田純子)의 해석이다.[33]

이 시대 기모노의 이러한 성격은 실제 시중에서 접할 수 있는 당시의 기모노뿐만 아니라 백화점에서 출판한 기모노의 유행에 관련된 기사나 혹은 백화점 내부의 기모노 문양 자료 등을 통해 확인할 수 있다. 기모노 문양 디자인의 근대화를 살펴보면서 하라다는 기존의 기모노 문양이 기본적인 그림을 토대로 하여 전문 쇼쿠닌(職人, 직인)들이 염직의 용이성을 기준으로 작업했던 것에 비해, 메이지시대 이후 서양의 기술 및 화학염료와 기계도입에 의해 디자인의 근대화에 대한 요구가 높아지게 된 결과, 기모노 문양을 전문으로 제작하는 도안가가 탄생했다고 지적한다. 이들은 기존의 쇼쿠닌층 출신 뿐만이 아니라 미술학교와 공예학교 등 근대미술교육의 세례를 받은 경우도 많았다. 또 이들 도안가들이 학원을 개설하여 제자를 양성하고 도안가협회 등의 조직을 만들기도 했다.[34]

새로운 도안가들이 만들어낸 기모노 문양은 서양의 모티브를 차용한 것 뿐만 아니라, 기존의 문양을 재해석한 것도 많았다. 특히 이 중에서 인기리에 사용된 서양의 모티브는 장미·백합·튤립 등 서양의 식물계통과 서양 소품들이었으며 남성의 경우 자동차 등이 사용되기도 했다. 또한 여성의 경우 레이스를 의식한 문양이 개발되는 등 서양의 영향은

111, 1998, 73쪽.
33) 原田純子, 「近代日本の和服模様にみる西洋趣味」, 78쪽.
34) 原田純子, 「和服模様にみるデザインの近代化について」『日本服飾学会誌』20, 103-110, 2001, 105쪽.

적지 않았다. 그러나 특기할 것은 이때 "서양의 직물을 그대로 사용하는 것이 아니라 일본의 옷감에 서양적인 모티브를 전개하여 일본 오리지널의 서양문양을 만들어 새로운 것, 좋은 것으로서 사용하는 경향이 강했다"[35]는 것이다.

한편 이시구로 메구미(石黒恵美)는 기모노를 소비하는 주된 계층인 여성들이 즐겨보았던 다이쇼시대 여성잡지인 『부인화보(婦人画報)』와 『주부지우(主婦之友)』의 기모노 유행 소개 기사를 분석하면서 계층에 따른 여성의 기모노 유행을 살펴보고 있다. 그에 따르면, 1920년대 중반부터 기모노 문양의 유행이 『부인화보』에서는 젊은 여성의 경우 서양풍으로, 중년 이상인 기혼여성의 경우 순일본풍으로 분화되는 양상으로 나타나고, 이에 비해 『주부지우』에서는 순일본풍 기모노가 선호되는 양상이 나타나고 있다고 밝히고 있다. 이에 대해 그는 상류층을 대상으로 했던 『부인화보』와는 달리 중류층 주부가 주된 독자였던 『주부지우』가 보다 보수적인 태도를 보였다고 해석한다.

마지막으로 당시 기모노의 스타일과 문양을 보여주고 있는 것이 '서정화'(抒情画)이다. 출판의 근대화와 더불어 대중적으로 인기있는 잡지들이 탄생했는데, 특히 이들 중 여학생 및 부녀자를 대상으로 한 소녀, 부인잡지들의 표지 및 특집일러스트, 삽화 등에 사용된 그림을 서정화라고 부른다. '다이쇼로만'(大正ロマン)[36]을 대표하는 화가인 다케히사 유

---

35) 原田純子, 「近代日本の和服模様にみる西洋趣味」, 114쪽.
36) 다이쇼시대의 분위기를 전하는 사조와 문화현상을 부르는 용어로, 〈다이쇼낭만(大正浪漫)〉이라고 쓰기도 한다. 19세기를 중심으로 유럽에서 전개된 정신운동인 〈로만주의〉의 영향을 받아, 다이쇼시대 개인의 해방과 새로운 시대에 대한 이상으로 가득찬 풍조에 빗대어 만든 용어로, 최근에도 다이쇼시대를 상징

메지(竹久夢二)를 필두로, 『소녀지우(少女の友)』의 표지를 오랫동안 장식한 나카하라 준이치(中原淳一), 『소녀화보(少女画報)』의 표지를 담당했던 다카바타케 가쇼(高畠華宵) 등의 탐미적이고 로맨틱한 일러스트에 묘사된 다이쇼, 쇼와 초기의 여성들이 착용한 기모노에서는 그 당시 유행이었던 아르데코・아르누보의 영향을 확실하게 찾아볼 수 있다.

4) 기모노의 비일상화 : 여성의 사회 진출과 전시 하 표준복의 도입

그러나 이런 상황은 오래 가지 않았다. 여전히 기모노가 여성 복식의 주류를 점하고 있었던 것이 다이쇼~쇼와초기의 상황이었으나, 양복의 도입은 지속적으로 확대되고 있었다. 무엇보다 제1차 세계대전을 배경으로 한 다이쇼시대의 경제 활황은 여성의 사회진출을 촉진했고, 간호사, 타이프라이터, 교사, 백화점 직원, 카페 여급 등 다수의 직업여성을 배출하게 되었다. 이들 직업여성들은 대부분 제복으로서 양복을 착용했고 이는 점차 여성의 양복 착용에 대한 거부감을 줄여주는 역할을 했다.

이와 더불어, 1923년의 관동대지진 당시 기모노의 낮은 활동성으로 인해 다수의 여성이 사망했다는 사실에 자극받아 복장의 합리화, 즉 양복의 도입이 여성지식인을 중심으로 전개되었다. 실제로 이를 반영한 것이 관동대지진 이후에 실용성과 간편성을 내세워 유행하기 시작한 '간단복'(簡単服), 일명 '앗팟파'(アッパッパ)인데 이는 목면제의 원피스로 허리를 조이지 않는 풍성한 실루엣을 특징으로 한다. 오사카 지방에서 처음 등장한 앗팟파는 이후 전국적인 유행으로 번져 여성 복식에 있어 서

하는 용어로 흔히 사용되곤 한다. (일본어 위키피디아 '大正ロマン' 검색에서 인용, 2011년 6월 20일 접속)

구화를 촉진하는 계기가 되었다.[37]

다이쇼시대를 풍미한 '모가'(モガ)와 '모보'(モボ)[38]의 이미지 또한 이러한 시대적 배경을 바탕으로 출현하였으며, 복식 차원에서 볼 때 기모노가 압도적이었던 우위성이 소멸되어 가는 표식으로 해석할 수 있을 것이다. 달비는 양복은 실제 착용 비율이 여전히 낮았지만 패션, 즉 다이쇼 시대 이후 유행을 선도하고 있었던 반면 기모노는 점차 전통의 표식으로 자리 잡기 시작했다고 지적[39]하고 있다. 이는 앞에서 살펴 본 바, 1920년대 중반 이후 기모노의 유행이 상류층에 한정되고 중류층 이하에서는 실용성이라는 기준이 가장 중요한 것으로 자리잡기 시작했다는 점과도 연결될 수 있을 것이다.

아이러니한 것은 쇼와초기에 이르기까지, 양복이 점차 퍼져나가고 있음에도 불구하고 대부분의 여성들의 주된 일상복이었던 기모노가 결정적으로 쇠퇴하게 된 것이 바로 정부에 의한 것이었다는 점, 구체적으로는 만주사변 및 제2차 세계대전 당시의 물자동원 때문이었다는 점이다. 지속되는 전쟁으로 인해 물자가 부족하게 되면서 일본 정부는 대대적으로 기존의 의복(기모노 등)을 재생하여 갱생복을 만드는 운동을 장려했고 1938년에는 남자의 국민복 및 1942년에는 여자의 표준복이 정해졌다.[40]

---

37) 竹村民朗, 『大正文化　帝国のユートピア : 世界史の転換期と大衆消費社会の形成』, 三元社, 2004, 103-104쪽.
38) 모가는 모던걸(モダンガール), 모보는 모던보이(モダンボーイ)를 줄여 부르는 용어로, 1920년대 서구 문물의 영향을 가장 먼저 수용한 이들로 주로 서구적인 옷차림과 외모를 일컬어 부르는 용어이다.
39) Liza Dalby, *Kimono: Fashioning Culture*, 129쪽.
40) 고이케 미쓰에, 『일본복식사와 생활문화사』, 140쪽.

남자의 국민복은 서양식 군복형태였고, 여자는 서양식·일본식·방공복인 몸뻬가 있었는데 일본식의 경우 소매를 줄이고 양복처럼 상의와 하의가 분리되는 상하이부식(上下二部式)으로 만드는 등, 기존의 기모노에서는 상상할 수 없는 형태의 기모노였다. 실제 여성의 표준복은 판매되는 것이 아니라, 각 개인이 가지고 있는 의복을 개량해서 직접 만들어 입는 것을 권장했기 때문에 크게 보급되지는 않았다. 하지만 그 당시 기모노를 일상복으로 입었던 여성들에게 정부가 앞장서서 양복스타일로 바꾸기를 권했다는 점은 전후 일어난 양복붐의 기반을 제공했다고 보는 것이 타당할 것이다.[41]

3. 전후: 기모노의 전통화 및 앤티크 기모노붐

1) 기모노의 보수화

점령기 이후 기모노는 점차 보수화의 길을 걸어갔다. 전쟁기 동안 확립된 양복의 우위성은 점령기의 압도적인 미국의 영향 하에 더욱 더 강화되었고, 일상복으로서 기모노는 1960년대까지 살아남았지만 점차 젊은 세대들에게 기모노는 과거의 것으로 경원시되어 갔다. 흥미로운 것은 점차 일상에서 기모노가 사라져가는 한편, 전후 성인식(成人式)의 도입(1949년 제1회 시행) 및 관례화된 여성들의 '후리소데'(振袖) 착용 등에

---

41) 구체적인 내용은 이를 참조하라.
   http://www.yomiuri.co.jp/komachi/feature/20100803-OYT8T00240.htm, 2011년 6월 20일 접속.

서 알 수 있는 것처럼 예복으로서 기모노의 이미지가 점차 확립되어 갔다는 사실이다.

고이케는 쇼와 20~30년대(1945~65)에 이르면 남성은 대부분 양장이었고 이미 기모노는 특수한 직업이나 취미적인 사복에 한정되어 있었다고 지적하면서도[42] 일본인이 연령 및 성별과는 관계없이 양복을 착용하게 된 것은 1960년대 후반이라고 말한다. 그리고 바로 이때부터 일상생활에서 기모노 착용법을 배우지 못한 세대를 위해 여성의 교양으로서 기모노 착용법을 가르치는 기모노 착용법 교실(着付け教室, 이하 기모노 교실)이 탄생하였다. 이후 상대적으로 자유로웠던 기모노 입는 법 및 기모노 스타일, 소재 및 문양이 고급 견직물의 고전적인 문양을 기조로 하는 호몬기 스타일로 굳어지게 되었다.

기모노의 고가화와 예복화라는 과정 속에서 기모노의 민족의상화, 즉 기모노의 상징성은 더욱더 강화되어 갔다. 실제 일본의 복식사에서 점령기 이후는 양복의 변모가 주된 흐름으로 간주되며, 기모노는 전쟁 이전의 시기에서 변화가 멈추고 현재의 형태로 고정되는 과정을 겪는다. 이 과정에서 핵심적인 역할을 한 것은 기모노 교실 및 기존 기모노 업계의 논리였다. 그들은 양복과 기모노의 엄격한 구분이 의복 자체뿐만이 아니라 정신적인 것에 있다고 주장하고, 기모노는 일본 문화의 상징으로서 일본인들만이 이해하고 제대로 입을 수 있는 의복이라는 점을 강조한다.[43]

실제로 최초의 기모노 착용법 학원이자 일본정부의 인가를 받아 기

---

42) 고이케 미쓰에, 『일본복식사와 생활문화사』, 284쪽.
43) Ofra Goldstein-Gidoni, "Kimono and the Construction of Gendered and Cultural Identities"; Assmann "Between Tradition and Innovation: The Reinvention of the Kimono in Japanese Consumer Culture" 등.

모노 착용법의 교사 자격증인 '기모노 컨설턴트'(きものコンサルタント)를 수여하는 학원인 〈장도예법기모노학원〉(装道礼法きもの学院)의 기모노에 대한 시각은 이런 분석을 뒷받침한다. 이 학원은 전국적인 체인망을 가지고 있으며, 기모노미인을 선발하기 위한 '기모노 자태 콘테스트'(きもの装いコンテスト) 개최 등 다양한 활동을 전개하고 있다. 이 학원의 설립자이자 학장인 야마나카 노리오(山中典士)에 따르면 기모노 착용법은 단순히 기술이 아니라 다도와 꽃꽂이처럼 예술로서의 '장도'(装道)인데 그 이유는 다음과 같다.

> [나는] 일본의 전통문화인 아름다운 기모노에는 인간의 이상이라고 부를만한 사랑과 아름다움과 예의, 화합의 예지가 담겨져 있다는 사실을 발견했습니다. '장도'란 의복을 입는 것이라는 전인류의 공통행위를 기(技、着付け)로부터 술(術、着装)로, 예(礼)로부터 도(道、装道)로 높여, 이상적인 '아름다운 인생의 창조와 보급'을 목표로 하는 것입니다.…… 기모노를 입으면 잃어버렸던 예의의 마음이 회복됩니다. 그리고 일본 사계의 아름다움을 묘사한 기모노의 문양을 입으면 자연과 주변의 사람을 조화하는 마음이 길러집니다. 화장(和装)은 여기에 남자다움, 여자다움을 발휘시켜서 남녀의 특성을 살린 조화에 가득 찬 가정을 건설할 수 있습니다. 이 '장도'를 배워서 매일 실천하고 많은 사람들에게 전합시다(강조는 필자).[44]

그러나 바로 이런 논리를 통해 기모노는 비일상의 의복이 되었고, 착용법이 장도로 승격되면서 기모노 착용법을 일상적·개인적으로 습득

---

44) 山中典士, 「装道の理念」, http://e-sodo.net/about_sodo/index.html.(2010년 8월 15일 접속)

하기보다 학원을 통해 '체계적'으로 배우는 것이 '올바른' 것처럼 인식되게 된다. 이로 인해 학원에서 착용법을 배운 사람과 배우지 못한 사람의 격차가 점차 심화되면서 후자의 여성들은 기모노 자체에 대한 흥미를 잃게 되었다.

한편 다이쇼시대에 견사의 대량생산 및 화학염료의 발달 등으로 기모노의 생산량이 최고조에 달한 이후, 전쟁의 영향 및 전후 양복의 대중화로 인해 점차 쇠락하기 시작한 기모노 업계는 줄어드는 매상을 채우기 위해 기모노의 고급화 및 'TPO화'[45], '이벤트 판매'[46] 및 '론(loan) 판매'[47]를 통한 고가판매라는 전략을 내세웠다. 이는 일본경계의 고도성장과 1980년대의 버블경기 시대와 겹쳐지면서 성인식용 기모노 한 벌에 몇십, 몇 백만 엔을 호가하는 기모노의 고가화를 불러오게 되었고, 이런 고가화로 인해 더욱 고객들은 기모노에서 멀어지게 되었다.

이런 현재의 상황은 90년대 경기 침체 이후 연이은 유력한 기모노 관련 기업의 도산 및 관련 지역경제의 지속적인 불황에서도 잘 드러난

---

45) TPO는 언제(Time), 어디에서(Place), 어떤 목적으로(Occasion)의 줄임말로, 특정한 상황에 따라 입을 수 있는 기모노가 한정되는 것을 가리키는 용어이다. 문양이나 천의 종류, 오비와의 조합 등 다양한 항목에 걸쳐 매우 구체적이고 자세한 규정이 존재하기 때문에 일반대중에게는 잘 알려져 있지 않으며 전문가들에게 이에 대한 상담을 하는 경우도 흔하다.
46) 이벤트 판매란, 기모노 전시회나 기모노 이벤트를 열어 방문객에게 기모노를 판매하는 것을 의미한다. 하지만 실제로는 방문객 본인의 의사와는 관계없이 고가의 기모노를 구입할 때까지 방문객을 내보내 주지 않는 등, 기모노를 구입하도록 강하게 권유하는 경우가 많아 사회적 문제가 되고 있다. 자세한 것은 http://www.solicitor-office.com/date/tenjikai.html이나 http://www.osaka-shiho.or.jp/faq/minji/minji-q12.html(2011년 6월 20일 접속)을 참고하라.
47) 론 판매는 구입자가 대부를 통해 금융기관으로부터 직접 빌린 상품이나 서비스를 구입하는 것이 특징으로, 이벤트 판매시 고가의 기모노를 구입하기 쉽도록 도입된 판매방식이다.

다. 경제통산성 관서지역지부 보고서에 따르면, 2008년 현재 기모노 소매시장 규모는 3945억 원으로, 1993년 1조3천억 원 규모였던 것이 2000년에서 2005년까지의 기간을 제외하고는 대폭적으로 시장 규모가 감소하는 추세이다.[48] 이는 전후 기모노 수요가 가장 많았던 70년대 중반과 비교하면 약 10분의 1에 지나지 않는 수치이다. 지속적으로 실시되는 기모노에 대한 여성들의 인식 조사 또한 비슷한 결과를 보여준다. 기모노 자체에 대한 관심은 여전히 높은 수준을 유지하고 있지만, 실제 입지 않는 이유 중에 가장 큰 것은 역시 비싼 기모노 가격 및 어려운 착용법이 지적된다.[49]

2) 앤티크 기모노붐의 등장

1990년대 중반 이후 점차 가시화되기 시작한 앤티크 기모노붐은 기존의 기모노업계 및 기모노 교실과는 동떨어진, 젊은 세대를 중심으로 한 기모노 착용자들의 자발적인 움직임이라는 점에서 전후 일본사회에서 기모노의 의미를 사고하는데 중요한 의미를 지닌다. 앤티크 기모노는 원칙적으로는 재활용이라는 점에서 '리사이클 기모노'(リサイクルきもの)에 포함되지만, 유통되기 시작한 초기에 주로 골동품 상점이나 시장에서 취급되었고 다이쇼~쇼와 초기 등 제 2차 세계대전이 종결하기 이전에 만들어진 것이 대부분이어서 '앤티크 기모노'라고 불리기 시작했다.

---

48) 経済産業省近畿経済産業局, 『絹織物の集散地を核とした和装繊維産業の工程間連携に関する調査報告書』http://www.kansai.meti.go.jp/3-5sangyo/kinuorimono/downloadfiles/2009_kinuorimono_honbun.pdf, 2009. 3쪽(2011년 6월 20일 검색).
49) 矢野経済研究所, 『調査結果の概要』(2009年6月23日) 및 北村富巳子, 「「きものは今」二〇〇〇人調査」(『生活文化史』 48, 2005) 등을 참조.

한편 이와는 별도로 '리사이클 기모노'는 주로 쇼와 20년대 이후, 즉 종전 이후부터 현대까지 만들어진 기모노를 가리키는데 앤티크 기모노에는 찾아볼 수 없는 울소재가 사용되거나 체형의 변화에 따라 전체적인 길이가 길어진 것이 특징이다.[50]

원칙적으로는 앤티크 기모노라는 명칭이 내포하는 특정한 시대 구분은 없으나, 주로 현대의 고전적인 기모노와는 구별되는 다이쇼~쇼와 초기의 기모노를 가리키는 경우가 많다. 그러나 최근에는 80년대 버블경기 당시에 제작되었던 고가의 화려한 후리소데(振袖)[51]를 '레트로 후리소데'(レトロ振袖) 또는 '앤티크 후리소데'(アンティーク振袖)라는 명칭으로 대여하는 업체가 생기는 등[52], 앤티크 기모노의 정의가 넓어지고 있다. 앞에서도 지적하였지만, 붐이 발생하기 전에 이런 중고 기모노들은 주로 골동품점이나 골동시장에서 다른 골동품과 함께 저렴한 가격으로 팔렸지만, 1990년대 중반 이후 붐이 시작되면서 앤티크 기모노만을 전문으로 다루는 상점들이 증가하기 시작했다. 현재는 전문 상점뿐만 아니라 인터넷 판매, 앤티크 기모노풍의 신품 기모노 판매 등 앤티크 기모노 내부에도 다양성이 존재한다.

이런 앤티크 기모노붐의 배경에는 크게 두 계층이 있는 것으로 알려져 있는데 우선 과거 일상생활에서 기모노를 입었던 경험이 있거나 자신들의 부모세대들이 일상적으로 기모노를 착용하는 것을 가까이서 지켜

---

50) アンティーク着物を楽しむ会編, 『一万円からコーディネートできる！はじめてのアンティーク着物』, PHP, 2003, 65쪽.
51) 미혼 여성의 예복으로 현대 일본에서는 주로 성인식때 착용한다. 기혼 여성은 '도메소데'(留袖)라고 불리는 짧은 소매의 기모노가 예복이 된다.
52) 80년대 레트로 후리소데 대여전문점 〈하오루루(はをるる)〉의 홈페이지 (http://www.80s-furisode.com/ 2010년 8월 15일 접속)를 참조하라.

보았던 50~60대 여성의 기모노 애호 및 골동취미가 앤티크 기모노로 확대되는 경우와 20~30대 여성이 양복의 연장선상에서 앤티크 기모노에 관심을 갖게 되는 경우로 크게 나눌 수 있다. 이 글에서 초점을 맞추는 것은 후자로, 1990년대에 골동품점을 중심으로 이미 존재하고 있었던 앤티크 기모노숍은 전자를 주된 고객층으로 삼아 앤티크 기모노에 관해서도 보다 보수적인 입장을 유지하고 있는 반면, 2000년대 전후로 젊은 세대가 만든 앤티크 기모노숍들은 전자의 숍들과 확연하게 다른 콘셉트를 가지고 젊은 고객들을 대상으로 하고 있다.

그렇다면 왜 1990년대 중반에 앤티크 기모노붐이 나타나기 시작했는가? 앤티크 기모노붐의 배경을 이루는 기모노산업의 측면에서 기타무라는 그 요인을 다음과 같이 들고 있다. 첫째로 헤이세이(平成) 이후의 칼라 유카타(浴衣)붐, 둘째로 앤티크 기모노 유명점인 '이케다'(池田)의 백화점 전시회(1993년부터 2003년까지), 그리고 중고 청바지와 중고명품의 유통을 통해 중고품에 대한 저항감이 없어진 것, 마지막으로 경제의 불황으로 인한 경제적 요인이다.[53]

또한 사회 전반적으로 보자면 1990년대 중반은 80년대 활황을 보였던 일본 경제의 거품이 부동산, 주가 폭락으로 인해 꺼지고 경제불황의 여파가 사회 전반으로 퍼지는 시기로, 한신·아와지 대지진(阪神·淡路大震災) 및 옴진리교사린테러사건(모두 1995년) 등, 소위 '전후 체제'의 유효성이 문제시되기 시작한 시기이기도 했다. 이런 불온한 사회적 분위기 속에서 기존의 개발정책에 문제를 제기하면서 일본의 전통적인 경관

53) 北村富巳子, 「現代きもの古着考―リサイクルきものブームの実態と考察」, 『生活文化史』 45, 2004.

을 보존, 재생하고자 하는 운동이 전국 각지에서 전개되었으며,[54] 이 과정에서 전통적인 의식주에 대한 재발견이 이루어진 것으로 보인다.

특히 1990년대에 생겨난 기존의 앤티크 기모노 점포들은 주인의 개인적 취향에 의한 개인적인 점포 전개였던데 비해, 2000년대 이후에는 기존의 유명 기모노회사가 적극적으로 앤티크 기모노 시장에 뛰어들어 지금까지는 생각할 수 없었던 백화점이나 번화가에 앤티크 기모노 전문 체인점을 개설하는 사례가 증가하고 있다. 이는 지금까지 기모노에 접할 기회가 없었던 젊은 세대들에게 기모노의 가시성을 증대시키고 있다.

그 대표적인 사례가 기존의 기모노 도매점(問屋, 톤야)들이 신규 사업을 전개하여 1992년 세이부(西武) 백화점에 출점한 '나가모치야'(ながもち屋), 현재 60개 이상의 점포를 전개중인 '단스야'(たんす屋), 그리고 '진베몽'(甚右衛門) 등이 있다. 이 점포들은 젊은이들이 몰리는 번화가에 소규모로 출점하여 양복보다 저렴하게, 또는 양복과 비슷한 가격에 기모노를 살 수 있다는 점을 강조함으로써 주머니 사정이 빈약한 젊은 세대에게 대량 판매하는 것을 목표로 삼고 있다.

이외에 기존의 기모노 교실과는 다른, 젊은 세대를 중심으로 한 자발적인 모임이나 움직임도 주목을 끌고 있다. 기모노 착용자가 자유롭게 모여 한 달에 한 번씩 기모노 차림으로 긴자를 산책하는 모임인 '기모노 de긴자'(きものde銀座)는 2000년에 시작되었으며, 이런 성격의 자발적인 기모노 착용자 모임 중에서 가장 대표적인 사례로 매스미디어뿐만 아니

---

54) 필자가 현지조사를 시행한 교토지역의 경우에도, 1990년대 중반에 이르러서 교토의 전통적 민가인 '마치야(京町家)'에 대한 관심 및 경관보존문제가 지역사회에서도 주목을 받기 시작한다.

라 새로운 기모노 스타일의 상
징으로서 학계에서도 주목을
받고 있다.55)

〈그림 3〉 〈단스야〉의 아사쿠사점 전경.
※ 출처: http://www.flickr.com/photos/79586279@
N00/511075308/

이들은 기존의 민족의상
으로서의 기모노 및 기모노 착
용법을 명시적으로 반대하고
자유롭게 기모노를 즐기는 것
을 자신들의 목표로 삼고 있
으며, 이로 인해 젊은 세대뿐만이 아니라 다양한 세대의 지지를 받고 있
다. 또 자발적으로 팀을 구성하여 정기적으로 카페를 빌려서 기모노카페
를 개최하는 사례도 보고되고 있다.56) 교토시 등에서 기모노 관련업계가
주축이 되어 기모노를 입은 관광객을 대상으로 실시하는 다양한 캠페인
이 실질적으로 큰 효과를 거두지 못한다는 비판이 많은 반면, 이런 자발
적인 모임들이 화제를 모으고 성황리에 개최된다는 점은 민족의상으로
서 기모노가 강조될 때 발생하는 보수화의 문제점을 단적으로 보여주는
사례라고 할 수 있다.

55) Stephanie Assmann, "Between Tradition and Innovation: The Reinvention of the
    Kimono in Japanese Consumer Culture" 참조.
56) Akemi Nakamura, *Kimono makes comeback- in used form*,
    http://search.japantimes.co.jp/print/nn20040430f2.html(2004년 4월 30일 기사, 2009
    년 11월 20일 검색)

4. 앤티크 기모노붐의 사례

　　기모노를 입기 시작했을 때는 굉장히 '일본적인 것'(和, 와)을 추구
했어요. 에도시대에 관한 책을 읽거나 일본식 정원에 가거나. 하지만
지금은 양복의 감각 그대로의 자신으로서 기모노를 입고 싶다는 생각
을 하게 되었어요. 지금까지 양복을 이것저것 입어왔으니까요. 양복과
기모노의 경계가 없어지면 좋겠어요.[57]

　　기모노에 관심이 있는 젊은 세대에서 앤티크 기모노가 인기를 끄는
이유는 기존의 기모노업계가 판매하는 기모노가 20-30만엔 정도의 높은
가격대인데 반해 앤티크 기모노는 저렴한 경우 몇천 엔에서 몇만 엔 정
도로 충분히 구입할 수 있다는 경제적 이유가 가장 크다. 그러나 최근 판
매되고 있는 앤티크 기모노풍으로 제작된 신품 기모노는 상대적으로 저렴
한 가격에도 불구하고 5만엔 이상을 호가하는 등, 일반적인 앤티크 기모
노처럼 저렴하지 않지만 여전히 인기를 누리고 있다.

　　그렇다면 이들이 앤티크 기모노를 선호하는 이유는 경제적 이유를
제외하고 어떤 이유가 있을 것인가? 젊은 세대에게 앤티크 기모노는 어
떤 이미지로 다가가고 있고, 이들이 바라보는 앤티크 기모노의 매력은
무엇인가? 이를 살펴 보기 위해 앤티크 기모노붐을 배경으로 출판된 서
적의 사례를 분석하고자 한다.

　　우선 앞에서 다루었던 다이쇼 기모노에 초점을 맞춘 서적을 한권
살펴보자. 앤티크 기모노점 포니아-폰(PONIA-PON)의 점장이자 기모노
스타일리스트인 오노 라후(大野らふ)가 편집한 『다이쇼로만 기모노 여

---

57) 豆千代, 『豆千代の着物ア・ラ・モード』, 小学館, 2005, 38쪽.

자복장첩 : 포니아식 코디네이트기술』(大正ロマン着物女子服装帖 : ポニア式コーディネート術)는 2008년 출판된 책이다. 서문에서 그녀는 다이쇼~쇼와초기 기모노의 매력을 다음과 같이 표현한다:

〈다이쇼~쇼와초기 기모노〉의 매력은 '귀여운 것'을 좋아하는 여자라면 이제 모두 알고 있습니다. 보기만 해도 가슴이 두근거리고 마음의 현이 흔들리는, 그런 느낌도 잘 알고 있을 거라고 생각합니다. (중략) 큐트하면서도 독을 품고 있는 다이쇼로망의 기모노들은 갑자기 나타난 것이 아니라 그 시대의 소녀문화 및 서양문화와 밀접하게 관련을 맺고 있었습니다.[58]

〈그림 4〉 오노 라후의 책 표지
※ 출처: 일본 Amazon

이 책에서 특징적인 것은 다이쇼시대와 쇼와 초기의 기모노를 크게 '다이쇼로망 문양', '아트 스타일(アートスタイル) 문양', '고전(古典) 문양', '이키(いき) 문양'으로 나누어 각각의 코디네이트를 설명하고 그 당시 여학교로 대표되는 소녀문화와 다이쇼 소비문화의 대표적인 요소들을 나열하고 있다는 점이다. 이를 통해 화려하고 대담한 기모노의 문양이 표상하는 이 시대에 대한 낭만적인 시각이 강조되고 있다.

이와 더불어 오노가 제안하는 것은 '헤이세이 리얼 스타일'(平成リアルスタイル) 기모노이다. 이것은 다이쇼-쇼와초기의 앤티크 기모노를 입을 때 가장 큰 문제점인 사이즈의 문제 및 문양의 화려함을 극복하기

---

58) 大野らふ, 『大正ロマン着物女子服装帖 : ポニア式コーディネート術』, 2008, 2-3쪽.

04 : 근대 이후 기모노의 변모와 '앤티크 기모노붐' 223

위한 것이다. 문양이 지나치게 큰 기모노나 오비가 꺼려지거나 양복 스타일의 기모노를 선호하든지, 신장이 163센티미터 이상일 때는 쇼와 20년대(전후 이후)에 만들어진 앤티크 기모노를 찾는 것이 그녀가 정의하는 '헤이세이 리얼 스타일'이다.[59] 이 시대의 기모노라면 보다 점잖은 톤의 기모노가 많고 길이 문제가 해결된 경우가 많다는 것이다.

이와 유사한 시각은 다이쇼 및 쇼와 초기 기모노를 다룬 다른 책에서도 쉽게 찾아볼 수 있다. 이 시대의 기모노가 인기를 얻는 이유는 우선 현재의 기모노에 비해 훨씬 화려하고 대담한 당시의 기모노 문양이 현대인에게 신선한 놀라움을 주고 기모노는 나이든 사람이 입는 것이라는 고정관념을 깨기 때문이다. 또한 서양과 일본문화의 혼합을 보여주는 문양이 그 당시 급격하게 변화하고 있었던 시대의 활기와 엑조틱한 미지의 아름다움을 받아들이고자 했던 시대의 힘, 그리고 다이쇼 로망으로 대표되는 센티멘탈하고 향락적, 탐미적인 분위기를 드러내주고 있기 때문이라는 것이다.[60]

다음으로 2002년 『기모노의 길』(KIMONO道)라는 이름으로 무크형식으로 출판되어 인기를 얻은 후 2003년 부정기 시리즈화하여 2009년까지 총 9권이 출판된 『앤티크하고 저렴하게 기모노공주① 첫 시작편』(アンティーク&チープにKIMONO姫ー①ことはじめ編)을 살펴보자. 이 책의 부제는 「기모노의 시작은 앤티크로부터」(キモノのはじまりはアンティークから)로, 가장 앞부분에는 「처녀기모노」(乙女キモノ)라는 제목 하에 총천연색의 앤티크 기모노를 차려입은 모델들이 등장한다. 이들

---

59) 大野らふ, 『大正ロマン着物女子服装帖 : ボニア式コーディネート術』, 56쪽.
60) 弥生美術館・中村圭子, 『昭和モダンキモノ : 抒情画に学ぶ着こなし術』, 4쪽.

이 착용한 앤티크 기모노 자체가 현재 만들
어지는 기모노에 비해 극도로 화려하지만,
눈에 띄는 것은 이들의 기모노 착용법이 현
대의 기준에서 봤을 때는 문제가 있다는 점
이다. 화려한 한에리의 사용, 한에리의 노
출이 많도록 깃을 크게 벌리고 오비를 최대
한 올려 맨 모습, 그리고 겉의 기모노와는
다른 색상과 디자인의 기모노를 겹쳐 입어
속의 기모노가 드러나게 빼서 착용하는 등,

〈그림 5〉 마메치요의 책표지
※ 출처: 일본 Amazon

이들의 기모노 착용법은 굳이 따지자면 다이쇼 시대에 인기를 끌었던 착
용법을 모방하고 있다. 또한, 이 책에서 기모노를 표기할 때마다 사용되
는 알파벳과 가타카나(KIMONO, キモノ 등)는 보통 사용되는 히라가나
와 한자의 기모노 표기(きもの, 着物)에 비해 보다 서양적이고 이국적인
감각을 부여한다는 점에서, 양복에 익숙한 젊은 세대가 느끼는 '기모노'
를 체현하고 있다고 볼 수 있다.

　1998년, 한달에 단 5일간만 부정기적으로 영업하는 앤티크 기모노숍
을 연 이후, 앤티크 기모노의 코디네이트로 유명해진 30대 여성 마메치요
(豆千代)가 2003년도에 출판한 『마메치요의 기모노 모던』(豆千代の着物
モダン)에는 「라스베거스의 카우걸」(Cow-girl in Las Vegas)이라는 제목
하에 라스베거스의 화려한 야경을 배경으로 미국 국기를 상징하는 빨강,
파랑, 흰색의 강렬한 스트라이프의 기모노에 반짝이는 스팽글의 카우보
이 모자를 눌러쓰고 밧줄을 휘두르고 있는 모델의 칼라화보가 실려 있다.
이 외에도 영국의 지하철을 배경으로 체크의 기모노에 영어로 메시지가 쓰여져 있는 오비를 입은 모델의 모습 등, 전통적인 기모노에 익숙해진 사람들에게는 충격적인 사진이 실려 있다.

이런 화보에 실린 기모노들은 앤티크 기모노 및 오비도 있지만 대부분 이 책의 저자인 마메치요가 직접 디자인한 기모노들이다. 그녀는 기모노를 '여자아이의 일상복'(女の子の日常着)의 하나로 만들자고 제안하면서, 일상복인 이상 규칙에 얽매이지 말고 자유로운 코디네이트를 즐기라고 제안한다.[61] 그리고 「기모노의 마음」(着物の心)이라는 부분에서는 앤티크 기모노와의 만남을 통해 자신이 어떻게 변모하였는지를 다음과 같이 설명한다. 흥미로운 것은, 기모노를 입는 행위가 입는 사람을 바꾸는 행위라는 점을 강조하면서 그녀가 드는 예이다.

기모노는 당신의 시점을 변화시킵니다.……『보그(Vogue)』등의 패션지를 보는 감각으로 일본화와 우키요에(浮世絵)를 보러 미술관에 다니기 시작했습니다. 옛날 사람은 기모노로 어떻게 청소와 세탁을 하고 있었는지를 알고 싶어져서 풍속박물관을 다니기 시작했습니다. 에도의 생활에 타임슬립하고 싶어서 라쿠고(落語)를 보러다니기 시작했습니다. 이렇게 자신의 내면이 변화하여 흥미의 대상이 점점 넓어지는 체험은 놀랄 정도로 신선했습니다.

다른 한편, [기모노를 입으면] 자신이 지금 살고 있는 곳이 '일본'이라고 강하게 의식하게 됩니다. 외국인의 눈으로 길거리를 둘러보면 익숙했던 풍경이 순간 엑조틱 재팬으로 변합니다. 근처를 산보해도, 조그마한 지장부처나 화양절충(和洋折衷)의 건축물을 발견하듯, 여러 가지 것이 보이기 시작합니다. 옛 것들뿐만 아니다. 예를 들면 파칭코(パチン

61) 豆千代, 『豆千代の着物モダン』, マーブルトロン, 2003, 13쪽.

그)가게의 형광색 간판과 노비타군(のび太君)[62]의 집 같은 보통의 가옥이 일본만의 것이라는 사실도 알게 됩니다. 기모노를 입는 것만으로도 당신은 새로운, 풍요로운 당신으로 바뀝니다(강조는 필자).[63]

4장 1절에서 살펴본 바, 기존의 기모노업계에서 기모노를 입는 행위가 일본적인 자아를 일깨우는 행위라는 점을 강조하는 반면, 마메치요에 따르면 기모노를 입는 행위는 익숙한 것으로부터 거리를 두는 행위, 즉 외국인의 눈으로 지금까지 익숙했던 사물을 낯설게하는 행위이다. 이런 구조는 아이비(Ivy)가 '디스커버 재팬'(Discover Japan)을 필두로 한, 전후 일본사회에서 지속되어온 국내 관광캠페인의 분석에서 다루고 있는 '엑조틱 재팬'(Exotic Japan)에 대한 분석과도 연결된다.

70년대의 '디스커버 재팬'이 서구화된 일상을 살고 있는 여대생들에게 숨어있는 '일본적 자아'를 되찾을 것을 호소하고 있는 반면, 80년대의 '엑조틱 재팬'은 엑조틱한 대상, 즉 토착적이지 않은 일본 및 동양적이고 이국적인 이미지를 추구한다. 그녀는 '엑조틱 재팬'이 외국어를 일본어로 표기할 때 쓰는 가타카나(片仮名)로 쓰여 있다는 사실에 주목하여, 가타카나로 쓰여진 장소는 일본의 장소가 아닌 동시에, 일본인만이 해독할 수 있다는 점에서 일본이기도 하다는 딜레마를 다루고 있다. 이때 '엑조틱 재팬'은 서양인들의 눈에 우스꽝스럽게 비친, 전형적인 일본의 이미지를 의미한다.

---

62) 일본의 소년만화 『도라에몽(ドラえもん)』의 주인공인 소년.
63) 豆千代, 『豆千代の着物モダン』, 87쪽.

문자의 수준에서 'ekizochikku japan'은 일본을 [일본이 아닌] 어딘가 또는 타자, 즉 일본인의 눈으로 바라본 비일본으로 확립한다. 그러나 '엑조틱 재팬'이라는 메시지는 서구인의 눈을 통해 바라본 일본에 대한 거의 우스꽝스러울 정도의 틀에 박힌 묘사이기도 하다. 이 구절은 엑조틱한 일본의 삼대 이미지-게이샤, 벚꽃, '후지야마'-를 연상시키고, '엑조틱 재팬'을 낱낱이 보여주겠다는 가이드북과 여행기들을 떠오르게 한다.... 이 메시지는 일본을 바라보는 외국인의 시점에서 nihon('일본'을 의미하는 일본어)을 전유하지만, 그 글자는 외국을 바라보는 일본인의 주체위치(subject position)를 표시한다. 후자의 위치는 이해할만 한데 저자는 실제로 일본 내부의 엑조틱-바깥에서 기인한-을 가리키고자 하기 때문이다. 그러나 '엑조틱 재팬'이라는 메시지에 내포된 시각에서 바라보면 일본의 '모든 것'-그것이 토착적이든 최근에 수입된 것이든-이 엑조틱하게 된다. 이것은 자아를 엑조틱하게 만드는 것이며 로이 앤드류스 밀러가 '역오리엔탈리즘(reverse orientalism)'이라고 불렀던 것이기도 하다.[64]

마메치요가 제시하는 기모노의 미학은 기모노를 바라보는 자신의 시선을 외부에 위치시킨다는 점에서 일본인론·일본문화론과 유사한 논리구조를 지닌 야마나카의 장도로서의 기모노와 갈라지면서도, 동시에 아이비의 지적대로 역오리엔탈리즘, 즉 일본을 다시 또 이국적이고 본질적으로 독특한 존재로 부각시킨다. 다시 말하면 지금까지 살펴본 사례들에서 드러난 앤티크 기모노는 일본적인 것의 상징이라기보다는 오히려 서양과 일본의 혼종(hybrid)이기 때문에 더 매력적인 대상으로 부각되고

---

64) Marilyn Ivy, "Tradition and Difference in the Japanese Mass Media," *Public Culture* 1(1), 1988, 25-26쪽.

있다. 이 여성들은 양복과 기모노 사이에 본질적인 차이를 발견하기 보다는, 이 두 가지를 동시에 향유할 뿐만 아니라 더 나아가 현대 일본인의 일상복이 된 양복보다 더 대담하고 강렬한 코디네이트를 앤티크 기모노를 통해 시도하고자 한다. 이것은 이 여성들이 살아가는 현대 일본이 더 이상 서구와 일본이라는 이분법으로는 나눌 수 없는 혼성적이고 포스트모던적인 시공간이라는 사실을 반영할 뿐만 아니라, 앤티크 기모노를 통해 이들이 추구하는 것 또한 인위적인 일본(기모노)대 서구(양복)라는 대립항의 어느 한 쪽이 아닌 혼성적인 근대성이라는 점을 보여준다.

<그림 6> 이지마의 책표지
※ 출처: 일본 Amazon

앤티크 기모노를 통해 젊은 여성들이 추구하는 것이 이런 혼성적인 근대성임을 보여주는 또 하나의 사례를 살펴보자. 2006년 출판된 『요염한 기모노』(色っぽいキモノ)의 저자 이지마 나기(井嶋ナギ)는 자기를 "일본서양 가릴 것 없이(和洋問わず) 바로크, 글래머러스하고 판타스틱한 것들을 사랑"한다고 소개하면서 기모노는 '마음 속의 판타지'를 현실에서 구현하는 수단이라는 점에서 서양의 "샨데리아와 교회와 성"[65]과 근본적으로 다르지 않다고 단언한다. 이런 입장은 앞에서 살펴본 마메치요와 엑조틱 재팬의 공통점과도 연속되어 있는 것으로, 혼성적인 근대를 살아온 현대의 일본 여성들에게는 이미 보편적이라고 할 수 있다. 그렇다면 이지마에게 있어

---

65) 井嶋ナギ, 『色っぽいキモノ』, 143쪽.

현대에 기모노를 입는다는 것은 어떤 의미일까?

　　현대에 기모노를 입는다.

　　이 의미에 대해 저는 자주 생각합니다. 물론, 단순히 기모노가 좋아서 입는다고 할 수 있습니다. 하지만 왜 기모노가 아니면 안 될까? 스스로 생각해도 불가사의합니다. 사실 기모노는 양복에 비하면 다루기가 귀찮고 흠 잡히는 일도 있어서 저처럼 여러 의미로 귀찮아하는 사람이 그저 '좋아서'라는 이유로 손대는 일은 놀라운 일입니다.……여러 생각 후에 낸 결론은 '나에게 있어 기모노는 내 안의 판타지를 구체화하는데 빼놓을 수 없는 것이다'라는 것이었습니다.……물론 멋이라는 것에는 자기를 매력적으로 연출한다는 의미도 있지만 그것과 함께 자신이 존재하고 싶다고 바라는 세계를 몸에 두른다는 의미도 있다고 생각합니다. 그것을 저는 마음속의 판타지라고 부르고 있습니다만.

　　예를 들면 제 마음 속 판타지를 말해보자면 에도시대 후기의 후카가와(深川) 게이샤[66]의 세계와 메이지시대의 여협객(女俠客)의 세계 등이 있습니다. 다정다감한 시기에 화류계(花柳界)와 임협계(任俠界)를 무대로 한 소설과 영화에 빠져 지냈던 저는 진심으로 자신도 그런 세계에 몸담고 싶다고 생각하게 되어 버렸습니다. 하지만 아무리 그런 세계를 꿈꾸고 그리워하고 망상을 부풀려봐도 그것이 현실이 될 수는 없습니다 (타임머신이 없는 한). 그렇다면 적어도 패션만이라도 따라하고 싶다고 생각하는 것은 무리가 아니지요. 즉, 코스프레의 발상과 아무 것도 다르지 않은 거에요.[67]

---

66) 후카가와 게이샤는 '다쓰미(辰巳) 게이샤'로도 불리웠는데, 그 이유는 에도성에서 봤을 때 후카가와가 위치한 방향이 동남쪽이었기 때문이라고 한다. 이들은 남자만이 입었던 하오리를 입고 남자이름으로 연회에 출석했기 때문에 '하오리게이샤'로 불리기도 했다. (일본어 위키피디아 '辰巳芸者' 검색에서 인용, 2011년 11월 7일 검색)
67) 井嶋ナギ, 『色っぽいキモノ』, 111-112쪽.

여기서 주목할 점은 그녀가 판타지의 대상으로 삼고 있는 후카가와 게이샤와 메이지시대의 여협객이 상징하는 일탈성이다. 인내와 겸양을 겸비한 현모양처라는 일본여성의 이상형과는 동떨어진, 유녀(遊女)나 게이샤, 여자도박사(女博徒) 등 밤의 세계를 살아가는 여성들을 대표하는 '섹시한 누님(姐さん)스타일'을 기모노를 통해 구현하고자 하는 것이다. 이를 위해서는 기존의 형식적이고 규율적인 기모노 착용법에서 벗어날 필요가 있다. 실제로『요염한 기모노』의 소제목은 '속옷으로 요염함을 표현하라', '기모노로 몸의 라인을 매혹적으로 만들어라', 그리고 '전대미문: 문란한(ふしだらな) 오비 묶기를 권해요' 등, 자유롭고 일탈적인 기모노 착용법을 권하고 있다. 앞에서 살펴본 마메치요가 궁극적으로는 일본을 강하게 의식하는데 귀결되는데 반해, 이지마의 경우는 현대에서 기모노를 마음속 판타지의 일부이자 '코스프레'[68]로 정의내리고 있다는 점에서 한걸음 더 나아갔다고 할 수 있다.

이것이 과연 이 책에 한정된 움직임일까? 반 아체(Van Assche)는 최근의 젊은 여성들이 중고 기모노를 "발견"하고 있다고 쓰고 있다.[69] 그 증거로서 그녀가 주목하는 것은 젊은 여성들을 중심으로 활발하게 이루어지고 있는 코스프레이다. 나루미 히로시(成実弘至)에 따르면 코스프레는 "애니메, 망가, 게임, 음악, 영화 등에 등장하는 캐릭터로 분장하여 즐기는 젊은이들의 놀이로 팬이 대상에 대한 애정을 분장과 몸짓으로 표현, 과장하여 동료들과의 연대감을 높이거나 모방의 우열을 경쟁하기 위하여 행

---

68) 코스튬 플레이(costume play)의 일본식 약어. 영어로는 cosplay라고 부르기도 한다.
69) Annie Van Assche "Interweavings: Kimono Past and Present," in *Fashioning Kimono*, Annie Van Assche (ed.), (Milan: 5 Continents srl., 2005), 2쪽.

해진다."[70] 흥미로운 것은 최근 "20대의 여성들에게는 상황에 응하여 복장을 바꿔서 '외모를 프로듀스'하는 경향이 있는데, 여기서 코스프레와 비슷한 감각을 찾아볼 수 있다"[71]는 점이다.

이와 관련하여 여장가(女粧家)이자 여장연구가로 유명한 미하시 준코(三橋順子)는 일본의 여장문화라는 관점에서 최근에 등장한 앤티크 기모노붐의 한 상징인 〈기모노de긴자〉에서 한 남성이 다른 여성 참가자들의 도움을 얻어 여성용 기모노를 입고 자연스럽게 긴자를 활보했던 사례를 소개하면서, 일본사회에서 여장이 특수한 취미인 것처럼 기모노도 비일상을 상징하는 특수한 의상이 되었다는 점을 지적한다. 그리고 더 나아가 자신이 여성용 후리소데를 입고 다른 후리소데를 입은 여성들과 기념촬영을 한 사진을 설명하면서 "정월이라고는 하지만 현대일본에서는 일본식 헤어스타일, 후리소데 모습은 '이장'(異裝)이다. 여성들의 '이장' 속에서 자신의 '이성장'(異性裝)이 녹아들어가는 것 같았다"고 쓰고 있다.[72]

지금까지 살펴본 책들은 주로 젊은 세대를 타겟으로 하여 이들 세대가 선호하는 강렬하고 특이한 앤티크 기모노를 자유롭게 코디네이트하는데 중점을 두고 있다. 그러나 앞에서도 지적하였지만 앤티크 기모노는 이들 젊은 세대만이 지지하고 있는 것은 아니며 중년 이상의 여성들이 다양한 기모노를 찾으면서 앤티크 기모노 수집을 시작하는 경우도 적지 않다. 또한 자유로운 코디네이트를 즐기던 젊은 여성들도 점차 나이가 들어가면서 자신들이 경원시했던 기모노에 대한 보수적인 접근을 어

---

70) 成実弘至, 「序 : 仮装するアイデンティティ」, 成実弘至 編, 『コスプレする社会―サブカルチャーの身体文化』, せりか書房, 2009, 9쪽.
71) 成実弘至, 「序 : 仮装するアイデンティティ」, 9쪽.
72) 三橋順子, 「変容する女装文化 ―異性装と自己表現―」, 成実弘至 編, 『コスプレする社会―サブカルチャーの身体文化』, せりか書房, 2009, 112쪽.

느 정도 수용하고자 하는 태도를 보이기도 한다. 이런 여성들을 위한 보다 보수적인 앤티크 기모노에 관한 책들도 꾸준히 출판되고 있다[73]는 점 또한 부기해 둔다.

5. 앤티크 기모노붐의 가능성과 한계

앞에서 살펴본 바와 같이 근대화를 거치면서 일상복에서 비일상을 연출하는 의복으로 의미가 변모한 기모노가 최근의 젊은 세대에게 다시 어필하고 있다. 그러나 그 이유는 기존의 기모노 업계 및 기모노 교실 등에서 강조하는 일본인으로서의 정신 때문이 아니라, 젊은 세대가 기모노를 자신들의 일상과 동떨어진 이국의 패션, 즉 타문화를 바라보는 시선으로 바라보고 새로운 매력을 찾아내기 때문이다.

이는 이들에게 인기가 있는 앤티크 기모노 그 자체가 서양과 동양의 절충인 다이쇼 및 쇼와 초기의 기모노라는 점에서도 드러난다. 기존의 기모노업계가 주장하는 '일본적 정수'를 체현하는 기모노보다 오히려 자유롭게 서양과 동양의 흐름을 도입하고 절충·변형한 이 시대의 기모노가 보여주는 또 다른 과거, 즉 그 시대의 근대성이야말로 일본사회에서 자라났지만 결코 '일본적'이지 않은 문화 속에서 자라난 현재 일본의 젊은 세대가 그려내는 상상속의 과거인지도 모른다. 최근 일본에서 주목받기 시작한 근대화유산에 대한 노스탤지어도 이와 동일선상에서 생각할 수 있다.[74]

---

73) 대표적인 것으로는 『別冊太陽』의 골동시리즈(骨董シリーズ)를 들 수 있다.

달비는 "기모노는 일본다움의 결정체이다. 그렇기에 기모노는 단지 입는 것 이상이다"[75]라고 설파한다. 메이지 유신 이후 양복이 수입되고, 요후쿠와 와후쿠의 구분으로 대표되는 서양과 일본의 이분법이 일본인들의 정신세계에 핵심적인 것으로 자리잡은 이후, 기모노는 세계적으로 일본을 상징하는 문화요소로서 일본인뿐 아니라 외국인들에게까지 알려져 있다. 기모노가 사람들의 일상생활에서 사라져가면 갈수록 이런 상징적인 측면은 더욱더 강화될 것이다.

젊은 세대를 중심으로 한 앤티크 기모노붐은 이런 상황에 대해 일종의 서브컬쳐로서 존재한다고 볼 수 있을 것이다. 기모노라는 상징이 지니는 기존의 강력한 민족주의적 의미에 대해 의문을 제기하고 보다 일상 속에서 기모노가 살아있던 시대의 서구와 일본 고유의 전통을 넘나드는 자유로움을 추구하는 이런 흐름은, 그러나 한편으로는 이중의 위험에 노출되어 있다.

그것은 일반대중의 앤티크 기모노 자체에 대한 여전한 거부감으로 인한 대중화의 불가능성[76]과 기모노라는 상징이 갖는 강력한 민족주의적 소구력이다. 첫번째는 앤티크 기모노가 재활용품으로서 갖는 한계점을 보여준다. 앤티크 기모노는 기존에 제작된 기모노를 재활용한다는 점에서 언젠가 재고가 사라질 수밖에 없고, 신상품이 아니기 때문에 일반인들이 쉽게 다가가지 못한다는 문제점으로 인해 신품기모노 시장의 변화가 이를 뒷받침하지 못한다면 일시적인 붐으로 그칠 가능성이 높다.

---

74) 高岡文章, 「近代と / へのノスタルジー―近代化遺産と昭和ブーム」, 『福岡女学院大学紀要人文学部編』 17, 2007.

75) Liza Dalby, *Kimono: Fashioning Culture*, 114쪽.

76) 矢野経済研究所, 『調査結果の概要』, 2009년 6월 23일.

두번째가 보다 문제인데, 앤티크 기모노를 선호하는 사람들은 한편으로는 기존의 기모노에 만족하지 못하고 보다 자유롭게 기모노를 즐기고자 하는 사람들이지만, 이들 중 일부는 '화붐'(和ブーム) 즉 일본붐의 일종으로 '보다 진정한' 일본적인 것에 대한 강조에 쉽게 자신을 동화시키기도 한다. 또 앤티크 기모노붐에 대한 매스미디어의 언설 또한 문제인데, 생활문화의 서구화에 대한 안티테제로서 일본적인 것의 우월성을 강조하는 맥락에서 이를 언급하는 경우가 적지 않다. 클리프[77]가 소개하고 있는 '기모노의 세계화' 또한 기모노가 다른 의복과 동등하게 패션의 대상으로서 받아들여진다기 보다는 외국인이 일본적인 것의 우월성을 인정했다고 해석되어질 가능성이 있다.

이러한 민족주의적 감성은 서브컬처로 기모노를 즐기는 사람들, 양복보다 더 과감한 패션이자 '일본이 아닌 일본,' 즉 상상속의 일본을 표상하는 대상으로서 앤티크 기모노를 즐기는 사람들조차 종종 피할 수 없다. 이는 기모노가 비일상이자 일본의 상징으로서 자리잡은 순간부터 혹은 서구화라는 압도적인 흐름을 일본인이 접한 순간부터 내면화된 감성, 즉 일본적인 근대성의 근본적인 문제를 보여주고 있는지도 모른다.

---

77) Sheila Cliffe, "Whose Kimono?", paper presented in AAS annual conference 2011.

참고문헌

1. 한글

고이케 미쓰에 지음, 허은주 옮김, 『일본복식사와 생활문화사』, 어문각사, 2005.

곽보영, 「아르누보 장신구에 표현된 자포니즘 예술 특성」, 『복식』 59(7), 한국복식학회, 2009.

서민원·남경숙, 「공간에 나타나는 아르데코 양식의 장식적 특성에 관한 연구」, 『기초조형학연구』 7(2), 한국기초조형학회, 2006.

염혜정, 「1990년대 패션에 나타난 기모노 이미지 디자인의 분석」, 『패션비즈니스』 5(3), 한국패션비즈니스학회, 2001.

원명심, 「아르데코 패션과 미술사조 -폴 프와레, 쏘냐 들로네, 코코 샤넬을 중심으로」, 『기초조형학연구』 9(1), 한국기초조형학회, 2008.

정혜란, 「일본 고소데 문양에 대한 고찰」, 『고문화』 62, 한국대학박물관협회, 2003.

2. 일본어

経済産業省近畿経済産業局, 「絹織物の集散地を核とした和装繊維産業の工程間連携に関する調査報告書」, 2009 http://www.kansai.meti.go.jp/3-5sangyo/kinuorimono/downloadfiles/2009_kinuorimono_honbun.pdf(2011년 6월 20일 검색).

高岡康雄, 『断髪する女たち : モダンガールの風景』, 教育出版, 1999.

高岡文章, 「近代と / へのノスタルジー―近代化遺産と昭和ブーム」, 『福岡女学院大学紀要 人文学部編』 17, 2007.

多木浩二, 『天皇の肖像』, 岩波新書, 1988.

大野らふ編, 『大正ロマン着物女子服装帖 : ポニア式コーディネート術』, 河出書房新社, 2008.

弥生美術館·中村圭子, 『昭和モダンキモノ : 抒情画に学ぶ着こなし術』, 河出書房新社, 2005.

北村富巳子, 「現代きもの古着考―リサイクルきものブームの実態と考察」, 『生活文化史』 45, 2004.

_____, 「「きものは今」二〇〇〇人調査」, 『生活文化史』 48, 2005.

三橋順子, 「変容する女装文化 －異性装と自己表現－」, 成実弘至 編, 『コスプレする社会―サブカルチャーの身体文化』, せりか書房, 2009.

石黒恵美, 「大正期のきものに関する一考察ー『婦人画報』と『主婦之友』に見られるきものの比較分析を通して」, 『服飾文化学会誌〈論文編〉』9(1), 服飾文化学会, 2008.

成実弘至, 「序：仮装するアイデンティティ」, 成実弘至 編, 『コスプレする社会ーサブカルチャーの身体文化』, せりか書房, 2009.

アンティーク着物を楽しむ会編, 『一万円からコーディネートできる！はじめてのアンティーク着物』, PHP, 2003.

原田純子, 「近代日本の和服模様にみる西洋趣味」, 『神戸文化短期大学研究紀要』22, 1998.

_____, 「近代日本の和服模様ー西洋のオリエンタルブームの一端」, 『神戸文化短期大学研究紀要』23, 1999.

_____, 「和服模様にみるデザインの近代化について」, 『日本服飾学会誌』20, 2001.

竹村民朗, 『大正文化 帝国のユートピア：世界史の転換期と大衆消費社会の形成』, 三元社, 2004.

青木美保子, 「大正・昭和初期の着物図案に見られるヨーロッパの芸術思潮の影響」, 『神戸ファッション造形大学部研究紀要』33, 2009.

初田享, 『百貨店の誕生』, ちくま書房, 1999.

河村まち子, 「明治・大正時代の女物着物についての一考察ー東京国立博物館保管品を中心として」, 『共立女子大学家政学部紀要』36, 1990.

3. 영어

Akemi Nakamura, "Kimono makes comeback- in used form", 2004, http://search.japantimes.co.jp/print/nn20040430f2.html, (2004년 4월 30일 기사, 2009년 11월 20일 검색).

Assmann, Stephanie, "Between Tradition and Innovation: The Reinvention of the Kimono in Japanese Consumer Culture," *Fashion Theory* 12(3), 359-376, 2008.

Cliffe, Sheila, "Revisioning the Kimono," *Critical Studies in Fashion and Beauty*, 1(2), 217-231, 2010.

_____, "Whose Kimono?", paper presented in AAS annual conference 2011.

Dalby, Liza, *Kimono: Fashioning Culture*, Seattle: University of Washington Press, 2001.

Goldstein-Gidoni, Ofra, "Kimono and the Construction of Gendered and Cultural

Identities," *Ethnology* 38(4), 351-370, 1999.

Ivy, Marilyn, "Tradition and Difference in the Japanese Mass Media," *Public Culture*, 1(1), 21-29, 1988.

Jackson, Anna, "Dynamic Lines and Syncopated Rhythms: Art Nouveau and Art Deco Designs in Early Twentieth-Century Kimono," in *Fashioning Kimono, Annie* Van Assche (ed.), Milan: 5 Continents srl, 2005.

Van Assche, Annie, "Interweavings: Kimono Past and Present", in *Fashioning Kimono*, Annie Van Assche (ed.), Milan: 5 Continents srl, 2005.

≪자료≫

『KIMONO姫：①ことはじめ』, 祥伝社, 2003.

『豆千代の着物モダン』, マーブルトロン, 2003.

『豆千代の着物ア・ラ・モード』, 小学館, 2005.

05 일본 궁중공연예술과 문화콘텐츠*

이지선

1. 문화콘텐츠로서의 궁중공연예술

전통사회에서 최고의 예인들이 펼치는 궁중공연은 높은 수준과 품격을 갖춘 공연예술의 정수이다. 이러한 의미에서 궁중공연예술은 한 나라를 대표하는 공연문화로서의 가치를 지닌다. 하지만 궁중공연의 가치와 의미를 강조하기에 앞서 이를 오늘날의 대중에게 어떻게 소통시킬 것인가에 대한 체계적이고 근본적인 접근이 필요하다. 전통사회에서 행해졌던 궁중공연의 목적과 장소, 향유했던 계급은 현대사회의 그것과는 분명하게 구분되므로, 전통 그대로의 연행 방식만으로는 현대인에게 쉽게 수용되지 않기 때문이다. 따라서 궁중이라는 공간, 과거의 기록에 묻어 있던 전통을 끌어내서 대중이 향유할 수 있는 궁중공연예술의 콘텐츠 개발이 요구된다.

---

* 이 글은 「일본궁중공연예술과 문화콘텐츠」, 『일본연구』 제49집, 한국외국어대학교 일본연구소(2011)를 수정·보완한 것이다.

오늘날 문화콘텐츠[1] 산업은 국가의 경제적인 파급이 큰 고부가가치 산업으로 주목받고 있다. 문화콘텐츠의 경쟁력은 먼저 좋은 소스, 즉 원자재의 발굴이 가장 중요하다. 좋은 원천자료가 바탕이 되어야만 그것이 좋은 상품으로 가공·유통되고, 다양한 방식으로 활용될 수 있기 때문이다. 그러한 측면에서 볼 때 궁중공연예술은 한 나라의 공연예술의 정수이자 다른 지역이나 국가와는 구별되는 고유성이라는 측면에서 우수한 경쟁력을 갖고 있으므로, 더 없이 좋은 문화콘텐츠의 원천소스임에 틀림없다.

일본은 자국의 문화를 통한 콘텐츠산업을 육성하기 위해 다양한 정책을 추진해오고 있는데, 그 일환으로 2004년 〈콘텐츠의 창조, 보호 및 활용의 촉진에 관한 법률〉(콘텐츠비지니스진흥법)[2]을 발표했다. 이 법률은 일본의 콘텐츠[3]가 국민생활을 풍요롭게 하고 해외에서도 높은 평가를 받아 유력한 산업으로 성장·발전이 기대된다는 관점에서 관계부성과 민간이 일체가 되어 콘텐츠의 창조·보호 및 활용을 촉진하기 위해서 제정된 것이다. 이와 관련하여 만화나 애니메이션, 게임 등의 대중문화산업뿐 아니라 일본 전통문화콘텐츠산업의 육성, 전통산업과 새로운 산업의 융합, 전통문화 아카이브 구축 등 전통문화를 원천으로 하는 콘

---

1) 어떤 소재나 내용에 여러 가지의 문화적 공정을 통해 가치를 부여하거나 드높인 것으로, 창의력, 상상력을 원천으로 문화적 요소가 체계화되어 경제적 가치를 창출하는 문화상품을 의미한다. 서정교, 『문화경제학』, 한올출판사, 2003, 83-84쪽.

2) 「コンテンツの創造、保護及び活用の促進に関する法律(平成一六年法律第八一号)」 內閣官房(www.cas.go.jp)

3) 영화, 음악, 연극, 문예, 사진, 만화, 애니메이션, 컴퓨터게임, 그 외에 문자, 그림, 색채, 음성, 동작, 영상 또는 이들을 조합한 것 또는 이에 관계되는 정보를 전자계산기를 개입하여 제공하기 위한 프로그램으로, 인간의 창조적인 활동에 의해 만들어지는 것. 「コンテンツの創造、保護及び活用の促進に関する法律」

텐츠 개발이 추진되어 오고 있다.

이러한 추세에 맞추어 일본에서는 전통예능의 디지털콘텐츠 개발에 관한 연구가 활발하게 진행되고 있는데, 그 대상은 노가쿠(能樂)와 민속무용이 대부분이다. 한국에서는 한국전통예술을 활용한 문화콘텐츠에 관한 연구가 상당히 축적되었고, 한일 전통연희나 문화산업에 관한 비교연구, 일본의 전통문화와 산업화·학술의 관계에 대해서 논한 연구가 발표되었다. 그러나 지금까지 한국과 일본의 학계에서 일본의 궁중공연예술에 초점을 맞추어 문화콘텐츠라는 관점에서 논의한 연구는 찾아보기 어렵다.

따라서 이 글에서는 일본 궁중공연예술의 연행 형태와 현대적 변용, 활용 양상에 대해서 살펴보고, 문화콘텐츠로서의 가능성을 탐색해 보려고 한다. 일본의 궁중공연예술인 가가쿠(雅樂)에 대해 먼저 전통적인 연행 형태와 성격에 대해 살펴본 후, 일본 국립극장이 전개해오고 있는 가가쿠 콘텐츠의 개발 양상과 새롭게 시도되고 있는 현대 가가쿠 콘텐츠의 사례, 그리고 영화·TV드라마·소설 등의 미디어와의 결합을 통한 콘텐츠 개발과 활용 양상에 대해서 알아보고, 이를 통하여 일본의 궁중공연예술이 오늘날 문화콘텐츠로서 어떠한 가능성이 있는지에 대해 모색하고자 한다.

2. 전통적 가가쿠의 연행 양상

1) 전통사회에서의 가가쿠

일본의 궁중공연예술은 '가가쿠'라고 한다. 한자로 '雅樂'이라고 쓰고, 아정한 음악이라는 뜻을 지닌다. 이 용어는 중국에서 유래된 것으로, 일본 이외에 한국과 베트남에도 전해졌는데, 중국에서는 야유에(yayue), 한국에서는 아악, 베트남에서는 냐냑(nha nhac)이라 부른다. 이렇듯 표기가 같은 '雅樂'은 그 나라의 역사적 배경에 따라 서로 다른 의미를 내포하고 있다. 중국의 야유에는 공자와 그 제자들에게 지내는 제사음악을 가리키며, 매년 한 번씩 행해지고 있다. 한국의 아악은 12세기 초 고려시대 때 송에서 들어온 것으로, 매년 봄과 가을에 성균관에서 행해지는 문묘제례악을 가리켜, 중국의 야유에와 같은 뜻으로 사용된다. 베트남의 냐냑은 15세기 명에서 수입된 것으로, 지금은 궁중음악을 지칭하고 있다.

일본의 가가쿠는 고대 한국과 중국에서 전해준 음악과 무용이 일본 고유의 악무와 융합하여 궁중예술로서 정착한 것이다. 따라서 가가쿠는 한국계 악무인 고마가쿠(高麗樂)와 중국계 악무인 도가쿠(唐樂)가 그 중심을 이루고 있다. 이들 외래계 악무는 악기로만 연주하는 간겐(管絃)과 무용을 수반하는 부가쿠(舞樂)의 두 형태가 있다. 일본 고유의 노래와 춤은 국풍가무(國風歌舞) 또는 황실·신도계 가무로 일컬어지는데, 여기에는 가구라우타(神樂歌)·아즈마아소비(東遊)·구메우타(久米歌)·오우타(大歌)·오나오비우타(大直日歌)·야마토우타(倭歌)·루이카(誄歌) 등이 있다. 이 외에 가가쿠에는 10세기 이후에 새롭게 만들어진 사이바라(催馬樂)와 로에이(朗詠)라는 가곡이 있다.

전통사회에서 가가쿠는 고대 귀족사회의 의식이나 유흥을 위한 음악으로 발달되어 왔다. 궁중의식과 가가쿠가 전성기를 이루었던 시기는 헤이안시대(平安時代, 794-1192)로, 당시의 궁중행사는 목적과 기원 등에 의해서 몇 가지 유형으로 구분될 수 있다.

먼저 세치에(節會)라는 것이 있다. 이것은 계절이 바뀔 때 개최되었던 연회가 수반되는 행사이다. 정월에는 한 해의 평화와 발전을 기원하여 간지쓰노세치에(元旦節會), 아오무마노세치에(白馬節會), 도카노세치에(踏歌節會)가 열렸다.

간지쓰노세치에는 연초에 천황이 군신에게 술과 음식을 하사하는 연회로, 중요한 궁중행사의 하나이다. 아오무마노세치에는 정월 7일에 조정의 말을 관장하는 관청에서 좌우의 백마를 끌어내어 천황이 관람한 후, 군신에게 연회를 베푸는 행사이다. 이것은 청마(靑馬)를 보고 한 해의 액운을 떨쳐버린다는 중국의 풍습에 의한 것으로, 일본에서는 백마를 신성시하는 관습에 의해 백마로 변경되었다. 간지쓰노세치에와 아오무마노세치에에서는 궁중음악기관인 가가쿠료(雅樂寮)가 음악을 담당했고, 특히 아오무마노세치에의 경우에는 〈그림 1〉과 같이 나이교보(内教坊)가 담당하는 조가쿠(女樂)도 함께 연주되었다. 도카노세치에는 발로 땅을 밟으면서 노래하며 춤을 추는 집단무용을 즐기는 행사이다. 이때에는 천황이 도카(踏歌)를 관람하고 군신을 불러 연회를 베풀었으며, 악사들은 오우타를 연주하였다.

〈그림 1〉 나이교보의 조가쿠 　　〈그림 2〉 스모세치에와 좌·우 악사들
※ 출처: 小松茂美, 『年中行事繪卷』, 中央公論　※ 출처: 小野幸恵著·舞の海秀平監修, 『はじ
　社, 1994, 28쪽.　　　　　　　　　　　めての大相撲』, 岩崎書店, 2003, 21쪽.

　　3월 3일은 조시노세치에(上巳節會)라고 하여 궁중에서 곡수(曲水)의 연회가 열렸다. 이때 귀족들은 흐르는 물가에 앉아 와카(和歌)를 읊고 음악을 들으며 즐겼다. 5월 5일의 단고노세치에(端午節會)에서는 쇼부(尚武)를 뜻하는 경마가 열려 천황이 이를 감상했는데, 이것은 후에 말을 달리며 과녁을 맞히는 기사(騎射) 의식으로 변경되었다. 경마에서는 승패에 따라 도가쿠(좌방악)와 고마가쿠(우방악)의 부가쿠가 연행되었다.

　　7월 7일에는 스모세치에(相撲節會)가 열렸다. 734년 7월 7일 다나바타(七夕)에 쇼무(聖武) 천황이 풍작을 기원하여 신에게 스모를 봉납했는데, 다음 해 풍작이 되자, 이때부터 매년 이 날 스모세치에를 열었다고 한다. 스모세치에에는 전국 각지에서 힘센 장사들이 선발되어 올라왔다. 〈그림 2〉에서 보듯이 이들은 궁중에서 동편과 서편으로 나뉘어 하루 동안 15차례 정도의 경기를 했으며, 이들의 승패 결과에 따라 도가쿠와 고마가쿠가 연주되었다.

　　궁중 안의 행사 외에 천황이 궁 밖으로 행차(行幸)할 때도 가가쿠료의 악사들은 연주를 위해 행행에 참가하였다. 여러 행차 중 조근행행(朝

觀行幸)은 한해의 시작에 천황이 태상천황(父帝) 또는 황태후(母后)의 궁으로 행차하여 배례하는 의식을 말하는데, 보통 정월 2일부터 4일 사이의 길일에 행하였다. 조근행행에서는 천황을 호위하기 위해 근위중장, 근위소장, 병사 등이 따랐고, 음악과 무용공연을 위해서 가가쿠료의 악사들이 수행했다. 천황의 일행이 법황이 거주하고 있는 곳에 도착한 후에는 〈그림 3〉과 같이 부가쿠 공연을 감상하였다.

〈그림 3〉 조근행행 때 천황과 법황(침전 안쪽)의 참관 하에 연행된 부가쿠
※ 출처: 小松茂美, 『年中行事繪卷』, 10-11쪽.

한편, 궁중에서는 국가의 안녕과 천황의 신체가호를 위한 신도나 불교계의 행사도 행하였다. 이러한 행사는 궁중 안에서 행해지기도 했지만, 궁중 밖의 신사와 사찰에서 거행되는 것도 많았다. 후자의 경우, 궁중에서 칙사와 악사, 무용수들이 파견되었다.

신도계 행사로 가장 중요한 것은 천황이 그 해에 수확한 햇곡과 술을 신에게 바치고 자신도 먹는 신상제(新嘗祭)이다. 특히 천황 즉위 후첫 신상제는 대상제(大嘗祭)라고 하여, 4일 동안 성대하게 거행되었다. 대상제와 신상제의 마지막 날은 도요아카리노세치에(豊明節會)라고 하여, 천황이 신곡을 먹고 신하들에게 하사하는 연회가 열렸다. 연회 중에는 구메마이와 오우타가 연주되었고, 5명의 여인들이 추는 고세치노마이(五節舞)가 연행되었다. 이 행사는 오늘날에도 궁중의 가장 중요한 제사로 여겨지고 있다.

또한 가모신사(賀茂神社)와 이와시미즈하치만구(石淸水八幡宮), 그리고 〈그림 4〉의 가스가대사(春日神社) 등의 궁중 밖의 의식에도 조정에서 칙사와 악사들이 파견되어 미카구라(御神樂)[4]와 아즈마아소비 등 황실·신도계 가무를 행하였다.

〈그림 4〉 가스가대사에서 시라카와법황 참관 하에 연행된 아즈마아소비
※ 출처: 遠藤徹構成, 『雅樂』別冊太陽, 平凡社, 2004, 32-33쪽.

불교행사로서는 연초에 궁중에서 행해진 어재회(御齋會)가 대표적이다. 어재회는 매년 정월 8일부터 14일까지의 7일간 승려들에게 『금승왕경』(金勝王經)을 읊게 하여 국가의 안녕과 오곡풍성을 기원하는 법회

---

4) 가구라(神樂)는 신도의 신사(神事)에서 신에게 봉납하기 위해서 연행하는 노래와 춤을 말한다. 궁중에서 행하는 가구라를 미카구라(御神樂)라고 하고, 민간에서 행하는 가구라를 사토카구라(里神樂)라고 한다.

이다. 궁중에서 가장 중요시되는 불교의식으로, 〈그림 5〉에서 보듯이 법회가 끝나는 날에는 야외에서 부가쿠가 행해졌다.

궁중 밖의 불교행사로는 도다이지(東大寺)의 대불전(大佛殿)에서 『화엄경』을 독송하고 찬양하는 법회인 화엄회(華嚴會)와 석가의 성도(成道)를 기념하여 행해지는 법회인 사이다이지 성도회(西大寺成道會)가 있었으며, 『대반야경』 600권을 전독(轉讀)함으로서 『반야경』의 공(空)의 가르침을 체득하고 모든 액을 소멸시켜 오곡풍성과 국가안녕을 염원하는 다이안지 대반야회(大安寺大般若會) 등이 있었다. 이러한 불교행사에는 궁중에서 악사와 무용수들이 파견되어 도가쿠와 고마가쿠의 부가쿠를 연행하였다.

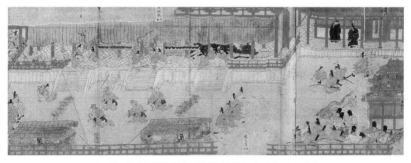

〈그림 5〉 어재회에서 4명의 무용수가 추는 부가쿠
※ 출처: 小松茂美, 『年中行事繪卷』, 38-39쪽.

2) 오늘날 의식음악으로서의 가가쿠

가가쿠를 수반하는 오늘날의 궁중의식으로는 세단제(歲旦祭, 사이탄사이)를 시작으로 기년제(祈年祭, 기넨사이)·천황제(天皇祭, 덴노사이)·황령제(皇靈祭, 고레이사이)·신상제(神嘗祭, 간나메사이)·신상제(新嘗祭, 니나메사이)·현소미카구라의 의식(賢所御神樂之儀, 겐쇼미카구라노기)·

천장제(天長祭, 덴초사이)·제야제(除夜祭, 조야사이) 등이 있다.

세단제는 1월 1일에 궁중 삼전(三殿)인 현소(賢所)·황령전(皇靈殿)·신전(神殿)에서 행하는 제사로, 천황은 천신지기와 조상을 기리며 황통의 번영과 국가안녕을 기원한다.

기년제는 2월 한 해의 오곡풍양 등을 기원하는 제사로, 궁중 삼전에서 행해진다.

천황제는 역대 몇몇 천황을 기리는 제사로, 현재는 초대 천황에게 지내는 진무(神武)천황제와 에도시대 말의 천황을 기리는 고메이(孝明)천황제, 그리고 메이지천황제·다이쇼천황제·쇼와천황제가 황령전에서 행해지고 있다. 특히 진무천황제와 쇼와천황제의 날 밤에는 미카구라를 연주하며 신령을 위로하는 행사가 있다.

황령제는 봄과 가을에 역대 천황과 황후·황족에게 지내는 큰 제사(大祭)이다. 이 날은 춘분과 추분으로, 일반 가정에서 조상에게 제사를 지내는 오히간(お彼岸)에 해당한다. 황령제 때에는 황령전 정원에서 아즈마아소비를 연주하며 춤을 춘다.

신상제(神嘗祭)도 봄(춘분)과 가을(추분)에 궁중 삼전에서 행해지는 큰 행사이다. 신전에 모셔있는 800만 신들과 천신지기의 은혜에 감사하는 제사이다.

신상제(新嘗祭)는 11월 23일에 행해지는 천황가의 가장 중요한 대제이다. 천손강림의 고사에서 유래하는 오래된 의식으로, 천황이 신가전(神嘉殿)에서 그 해에 수확한 햇곡과 술을 천신지기와 800만의 신들에 바치고 자신도 함께 먹는 의식을 행한다. 신상제의 저녁에는 미카구라가 연주된다.

〈그림 6〉 궁중의식이 행해지는 궁중 삼전
　　　　 나란히 있는 건물 왼쪽부터
　　　　 황령전·현소·신전
※ 출처: 清水一郎·畠山和久監修, 『平成の
　　　　 皇室事典』, 每日新聞社, 1995, 12쪽.

〈그림 7〉 황령제 때 사용되는 아즈마아소비
※ 출처: 遠藤徹構成, 『雅樂』, 85쪽.

　　현소미카구라의 의식은 쇼와천황제의 미카구라 의식 및 진무천황
제의 미카구라 의식과 함께 3대 미카구라의 하나로 불린다. 12월 중순
천황부부와 황태자부부가 현소에서 배례하고, 현소 마당에 만들어진 신
악사(神樂舍)에서 미카구라를 연주하며 현소의 신령을 위로한다. 신상제
(新嘗祭)와 함께 가장 오래전부터 이어오고 있는 궁중의식이다.

　　천장제는 천황의 탄생일에 궁중 삼전에서 행해지는 의식이다. 천황
이 바뀔 때마다 자연히 천장제의 날짜도 변하는데, 이 날은 국민의 축일
로서 휴일로 지정되어있다.

　　제야제는 12월 31일에 궁중 삼전에서 행해진다. 한 해 동안의 신의
은혜에 감사하고 다음 해에도 신의 가호를 기원하는 의식이다. 천황은
참석하지 않고 궁중제사를 담당하는 장전직(掌典職)이 제야제의 의식을
치른다.

　　이러한 1년간의 궁중의 항례 제사는 거의 공개되지 않고 황실 일원
만이 참가하며, 의식음악으로서 주로 국풍가무인 미카구라·아즈마아소
비·오우타 등이 연주된다.

항례 행사 외에, 날짜가 정해져 있지 않은 궁중행사로서 즉위대례와 대장의(大葬儀), 그리고 원유회(園遊會) 등이 있다. 이러한 의식과 행사에서도 가가쿠는 중요한 구성요소이다.

천황즉위식의 대향연에서는 헤이안시대와 마찬가지로 악사와 무용수가 붉은 색 옷을 입고 구메우타에 맞추어 구메마이를 추고, 5명의 여성 무용수가 오우타에 맞추어 고세치노마이를 춘다. 고세치노마이는 현재 남이 있는 유일한 여무(女舞)이다. 후술하는 〈궁내청 식부직 악부〉(宮内廳式部職樂部)에는 남성 악사밖에 없기 때문에 이 무용들은 악사의 가족 또는 친척 등의 미혼 여성들로 구성된다. 5명의 여성 무용수들은 〈그림 8〉에서 보듯이 여러 겹의 옷을 덧입는 주니히토에(十二單)라는 의상을 입고 부채를 들고 춤을 춘다.

원유회는 봄과 가을에 천황부부가 입법 · 행정 · 사법의 주요인사와 의회의원, 지역의 장, 산업 · 경제 · 문화 · 예술 · 스포츠의 공로자 등을 초대하여 아카사카어원(赤坂御苑)에서 베푸는 연회이다. 궁중의 제사에는 의식음악으로서 신도와 관련된 국풍가무가 사용되는 데 비해서 원유회는 신도와 관련된 행사가 아니기 때문에 연회에서 사용되는 도가쿠가 연주된다.

오늘날 궁중의식과 행사에서의 가가쿠는 모두 궁중전속 음악기관인 〈궁내청 식부직 악부〉에서 담당하고 있다. 〈궁내청 악부〉는 701년 가가쿠료(雅樂寮)에서 시작된 것으로, 가가쿠카(雅樂課) · 가가쿠부(雅樂部) 등 여러 차례 명칭을 변경하면서 오늘날까지 이어지고 있다.[5] 한국의

---

5) 현재 〈궁내청 악부〉에 근무하고 있는 악사는 모두 25명이다. 국가공무원 신분으로 수석악장, 악장, 악장보, 악사로 직급이 나누어져 있다. 이밖에 악사를 양성하기 위해 악생제도를 두어 예과 3년, 본과 7년 과정의 교육을 실시하고 있

〈국립국악원〉과 비교될 수 있는데, 다만 〈국립국악원〉이 국민을 위한 국가의 음악기관인 데 비하여, 〈궁내청 악부〉는 황실을 위한 기관이라는 점이 서로 다르다.

〈그림 8〉천황즉위식 대향연 때의 고세치노마이
※ 출처: 遠藤徹構成, 『雅樂』, 63쪽.

〈그림 9〉원유회에서의 도가쿠 연주
※ 출처: 淸水一郞·畠山和久監修, 『平成の 皇室事典』, 57쪽.

궁중 외에 신사와 사찰의 행사에서도 가가쿠의 존재는 매우 중요하다. 가가쿠를 수반하는 신사와 사찰의 행사로 대표적인 것은 가모신사의 아오이마쓰리(葵祭, 6세기 기원)·이와시미즈하치만구의 방생회(放生會, 9세기 기원)·가스가대사의 온마쓰리(おん祭り, 12세기 기원), 그리고 〈그림 10〉에 나타낸 시텐노지(四天王寺)의 성령회(聖靈會, 17세기 이전 기원) 등이 있다.

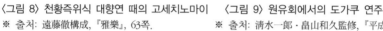

다. 악생의 응시자격은 악사의 자제 외에 중학교 과정을 마친 16세 전후의 남자로, 청음·발성·신체검사 등 간단한 시험을 치른 후 평생 음악의 길을 걷게 된다. 악생들은 매일 오후 3시까지 음악을 공부한 다음 부설 야간학교에서 일반 고교과정의 수업을 받는다. 악생 과정이 끝나 악사가 된 후로는 각종 의식이나 향연 등 궁중행사 때 연주를 맡는다. 또한 궁내청에서 매년 봄과 가을 3일씩 일반인을 위한 공개연주회를 담당하고 있으며, 매년 2~3회는 궁중이 아닌 일반 연주회장에서도 공연을 갖는다. 〈궁내청 악부〉에서 연주되는 가가쿠는 중요무형문화재로 지정되어, 수석악장을 비롯한 악사 전원이 중요무형문화재 기능보유자. 단원 처우도 최고 수준이며 평생 일터가 보장된다. 중도에 악사를 그만두고 사회로 나가는 경우에도 전통악단을 이끄는 가가쿠의 지도자로 존경받으며 활동한다.

이 외에 이세신궁(伊勢神宮) · 이쓰쿠시마신사(嚴島神社) · 쓰루가오카하치만구(鶴岡八幡宮) · 닛코도쇼구(日光東照宮) · 도쇼다이지(唐招提寺) · 스미요시대사(住吉大社) 등의 각종 의식과 행사에도 가가쿠가 사용된다.

궁중의 가가쿠가 〈궁내청 악부〉에 의해서 전승되는 데 반하여 신사와 사찰 전승의 가가쿠는 지역의 민간 악사들이 담당한다. 메이지시대에 가가쿠가 정비되어 도쿄의 〈궁내청 악부〉의 음악으로 규범화되기 이전에는 삼방악소(三方樂所)라고 하여 교토 · 나라 · 오사카의 세 도시에 형성된 여러 악가(樂家)가 있었는데, 이들이 각 지역 신사와 사찰의 행사를 담당해왔고, 이러한 관습이 오늘날까지 전승되고 있는 것이다. 이러한 지역의 가가쿠는 〈궁내청 악부〉의 가가쿠와는 다소 구별되는 민간적이고 지역적인 성격이 강하다.

〈그림 10〉 시텐노지 성령회의 부가쿠
※ 출처: 遠藤徹構成, 『雅樂』, 72쪽.

〈그림 11〉 쓰루가오카하치만구의 미카구라(우)
※ 출처: 遠藤徹構成, 『雅樂』, 76쪽.

3. 일본 국립극장의 가가쿠콘텐츠 개발

1) 예술음악으로서의 가가쿠

궁중이나 신사 · 사찰의 의례에서 연주되는 가가쿠는 관객을 대상으로 하는 '공연'이라기보다는 '제사'나 '의식'의 일부이다. 이러한 의식음악으로서의 가가쿠라는 맥락을 지키면서 한편으로 20세기 초부터는 궁중을 떠나 '예술음악'으로서 가가쿠를 일반인에게 보급하려는 움직임이 나오기 시작했다. 특히 1960년대 이후는 라디오·음반 등의 미디어가 질적·양적으로 발전하고 연주회장에서의 가가쿠 공연이 정착됨으로써 가가쿠의 일반 보급은 가속화되었다. 이러한 가가쿠의 보급에 중요한 역할을 담당한 것은 일본의 국립극장6)이다.

국립극장은 개장 초기부터 가가쿠 공연을 중요한 공연콘텐츠의 하나로 삼아왔다. 가가쿠 공연은 1966년을 시작으로 2010년 6월 현재까지 68회에 달하고 있는데,7) 전통 가가쿠 외에도 단절된 악곡을 재현하는 복원 가가쿠, 가가쿠 악기와 복원 악기를 사용하여 창작한 현대 가가쿠 등 다양한 형태의 공연을 무대에 올리고 있다.

1960년대의 가가쿠 연주회는 일반인들에게는 아직 생소한 것이었다. 가가쿠는 궁중의 의식음악이라는 인식이 강했기 때문이다. 이러한 상황 속에서 국립극장은 우선 1960년대에는 〈궁내청 악부〉의 연주에 의한 전통 가가쿠 레퍼토리를 무대에 선보였다. 1970년대 이후에도 도가

---

6) 일본 국립극장은 1966년 전통예능의 보존과 진흥을 도모하기 위해 설립되었다. 1979년에는 국립연예장, 1983년에 국립노가쿠도(能樂堂), 1984년에 국립분라쿠(文樂)극장, 2004년에 국립극장 오키나와(沖縄)가 개장되었고, 그 외에 현대 연극·음악·무용 등의 극장으로서 1997년에 신국립극장이 문을 열었다. 1990년에 이들 극장 전체의 조직기구가 일본예술문화진흥회로 새롭게 태어났으며, 2003년에 이르러 독립행정법인 일본예술문화진흥회(日本藝術文化振興會, www.ntj.jac.go.jp)로 되었다.
7) '가가쿠 공연'의 명칭으로 무대에 오른 가가쿠는 68회이지만 '음악공연', '기획공연' 등의 명칭으로 행해진 가가쿠 공연까지 포함하면 훨씬 더 많은 공연 회수를 보인다.

쿠·고마가쿠·사이바라·로에이 등 간겐과 부가쿠, 가곡을 중심으로, 때로는 아즈마아소비·가구라우타·오나오비우타·야마토우타·구메우타 등의 황실 제례악무, 그리고 황족의 장례에서 부르는 루이카까지[8], 대부분의 가가쿠 레퍼토리가 감상용 음악으로서 관객에게 전달되었다.

이러한 레퍼토리는 무용이 수반되는 부가쿠와 관현악인 간겐의 비교, 부가쿠 중에서도 하시리마이(走舞)와 히라마이(平舞)의 차이, 박자와 리듬패턴에 초점을 맞춘 연주 등 매회 다양한 주제를 설정하여 관객들이 식상하지 않도록 기획하고 있다. 전통 가가쿠 레퍼토리는 후술하는 복원 가가쿠 연주회나 현대 가가쿠 연주회에서도 반드시 프로그램의 일부에 포함되어 연주되고 있다.

국립극장은 〈궁내청 악부〉가 연주하는 규범화된 가가쿠 외에 각 지방의 신사와 사찰에 전승되고 있는 지역성이 강한 가가쿠도 무대에 올리고 있다. 앞의 〈그림 10〉에서 보는 시텐노지의 성령회에서 연행되는 부가쿠가 현지를 떠나 국립극장 무대에 오르는 등 다양한 시도가 이루어지고 있다.

이와 같이 궁중의 제사와 의식을 위해 사용되는 가가쿠는 국립극장의 연주회를 출발점으로 궁중의 의식과 분리되어 일반인을 위한 감상용 음악으로서 연주되고 있음을 알 수 있다. 이것은 가가쿠가 '의식음악'에서 '예술음악'으로 맥락이 변모하여 '현대 공연물'로서의 새로운 가능성과 가치를 창출하고 있음을 말해주고 있다.

---

8) 國立劇場調査養成部情報システム室編, 『國立劇場30年の公演記録 - 雅樂·聲明·中世藝能·特別企劃公演篇』, 日本藝術文化振興會, 1998; 國立劇場編 雅樂 관련 팸플릿, 1975-2010.

〈그림 12〉 일본 국립극장의 전통 가가쿠 공연 – 간겐과 부가쿠
※ 출처: www.amati-tokyo.com/artist/post-1.html, 遠藤徹構成, 『雅樂』, 93쪽.

2) 복원 가가쿠

전술했듯이 일본 국립극장은 개장 초기에는 〈궁내청 악부〉가 연주하는 가가쿠의 전통 레퍼토리만을 무대에 올렸다. '전통적인' 혹은 '정통적인' 가가쿠의 보급을 목표로 했기 때문이다. 그러나 1975년부터는 전통곡 외에 이미 연주전승이 단절된 가가쿠 악곡(엔가쿠(遠樂)라고 칭함)을 복원한 이른바 '복원 가가쿠'를 무대에 선보이기 시작했다. 국립극장은 악곡의 복원뿐 아니라 고악기를 복원하는 사업도 펼쳐나갔는데, 이러한 기록 속에만 전하는 음악을 오늘날 살아 숨 쉬게 하는 작업은 국립극장의 중요한 사업 중의 하나로 알려지고 있다.[9)]

일본에는 정창원(正倉院)이라는 황실 유물 보존소가 있어 실제로 많은 고대 악기가 전하고 있다. 국립극장의 고악기 복원사업은 이러한 정창원의 유물이 존재했기 때문에 그 시작이 가능했다.

정창원 악기에 관한 조사는 국립극장이 개장되기 훨씬 이전인 메이

---

9) 일본 국립극장의 복원사업의 원칙 · 고악곡 복원 방법 · 복원악기의 종류 · 복원 연주회 일람 등 복원사업의 일련의 과정과 특징에 대한 상세한 내용은 이지선, 「일본의 고악기 및 음악 복원에 관한 고찰- 일본 국립극장의 복원사업을 중심으로」, 『동양음악』 제30집, 서울대학교 동양음악연구소, 2008.

지시대 초기(1872년)에 이미 시작되었다. 다만 당시에는 열람할 수 있는 악기만을 점검하였고, 전면적인 조사는 이루어지지 않았다. 이후 1875년에 나라(奈良)박람회가 개최되어, 여러 종류의 보물과 함께 다수의 악기가 전시되었고 이를 계기로 악기를 수리, 모조하는 작업이 이루어졌다. 1920년대에 들어와서는 정창원 소장품에 대한 대대적인 조사의 일환으로 악기 조사가 이루어졌지만, 체계적이고 학술적인 악기 조사는 1948년부터 5년간 음악학자와 연주자를 포함한 전문가들에 의해 수행되었다. 이전 조사의 미비점을 보완함과 동시에 모든 악기에 대해서 형체·구조·성능·법량·음률 등이 세밀하게 측정되었다. 당시 조사된 악기는 파손 악기까지 포함하면 100여점 이상으로, 그 종류는 현악기 10종, 관악기 6종, 타악기 7종의 총 23종류이다.

이후로도 조사와 정리 작업이 계속되었고, 실측도의 작성과 악기 복원 작업도 함께 행해졌다. 그러나 당시의 악기 복원은 소리를 내는 도구인 악기로서의 복원이라기보다는 정창원 악기의 외견 재현에 중점을 두었기 때문에 미술공예품적인 성격이 강했다. 따라서 당시의 복원 악기로는 연주까지 이르지는 못하였고, 연주를 위한 악기 복원은 국립극장의 고악기 복원 사업으로서 실제적인 의미를 갖게 되었다.

국립극장의 고대 악기의 복원은 레이가쿠(伶樂)라고 불리는 음악운동의 일환으로 이루어진 작업이다. 레이가쿠란 1차 자료에 의하여 전통음악을 재고해보자는 음악운동으로, 1975년에 시작되었다. 악기에 대해서도 현행 전통음악의 관습적인 제약을 초월하여 악기가 탄생한 원점으로 돌아가 고대 악기의 구조를 충실하게 복원 제작함으로써 전통음악을 원 모습으로 바꾸어보자는 것이었다.

레이가쿠라는 음악운동의 일환으로 복원 제작된 고대 악기는 현재의 상태를 그대로 모조하는 것이 아니라 메이지시대 수리 이전의 원래의 상태를 고증하여 복원 제작한 것이다. 다만 어디까지나 악기로서의 제작이고, 미술공예품으로서의 제작이 아니라는 것을 분명하게 하기 위해서 표면적인 장식은 생략되었다.

　　이렇게 하여 국립극장이 복원한 고대 악기는 구고(箜篌)·비와(琵琶)·오현비와(五絃琵琶)·완함(阮咸)·금(琴)·칠현악기(七絃樂器)·고토(箏)·야마토고토(倭琴)·고토(コト)·오현금(五絃琴)·슬(瑟)·신라금(新羅琴)·샤쿠하치(尺八)·배소(排簫)·오테키(橫笛)·대히치리키(大篳篥)·우(竽)·방향(方響)·자고(磁鼓)·편경(編磬) 등이다.

　　기존에는 없었던 음색과 음역을 가지고 있는 이러한 복원악기는 단순히 실험적인 연주만이 아니라 고악보의 복원 연주나 국립극장의 위촉작품에서도 활용되고 있어, 전통악기로서의 지위를 구축하고 있다.

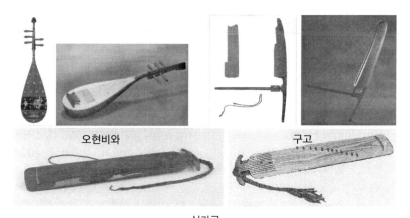

〈그림 13〉 정창원 소장 악기와 일본 국립극장에서 복원한 악기(좌: 정창원 악기, 우: 복원 악기)
※ 출처: 國立劇場編, 『古代樂器の復元』, 音樂之友社, 1994. 岸辺成雄, 『天平のひびき - 正倉院の樂器』, 音樂之友社, 1984, 18, 42쪽. 국립극장 가가쿠 공연 1994년 7월 8일 팸플릿. 정창원 홈페이지(http://shosoin.kunaicho.go.jp/)

국립극장은 이러한 고대 악기의 복원과 더불어 현재에는 전승이 단절된 옛 음악을 복원하여 연주하는 공연을 이어오고 있다. 각 악가에 전승되고 있는 고악보10)를 바탕으로 〈궁내청 악부〉의 악사였던 시바 스케야스(芝祐靖)11)가 대부분의 악곡 복원을 담당했고, 현재까지 20여곡에 이르는 악곡이 복원되었다. 국립극장의 복원연주회는 1975년 첫 공연이후 2010년 10월 현재까지 18차례에 걸쳐 꾸준히 이어오고 있다.

가가쿠는 전통사회에서 의식을 채색하는 음악으로서, 또는 귀족들의 교양으로서 발전한 음악이지만 오늘날은 많은 관객 앞에서 연주하는 감상용 예술음악으로 각광받고 있다. 복원 가가쿠 연주회는 일회성 행사에 그치지 않고 지속적으로 이어오고 있으며 관객이 꾸준히 증가하고 있는데, 이것은 단순히 옛 악기·옛 기록의 재현이라는 의미의 차원을 넘어 예술적이고 문화적인 감동을 주는 새로운 무대로 재탄생하고 있다는 것을 말해주고 있다.12) 이러한 연주회는 현행 가가쿠 전승의 틀을 넓히고 그 매력을 다시 생각해보는 계기를 마련하고 있어, 복원 연주공연의

---

10) 『신찬악보』(新撰樂譜), 『회중보』(懷中譜), 『랑영구십수초』(朗詠九十首抄), 『인지요록』(仁智要錄), 『삼오요록』(三五要錄) 등 헤이안시대부터 가마쿠라(鎌倉)시대에 걸쳐 편찬된 악보이다.

11) 시바가(芝家)는 1000년 이상 계승되고 있는 가가쿠의 전승 집안(樂家)으로, 남도악인(南道(奈良)樂人) 고마씨(狛氏)의 일족이다. 고마씨는 고구려 안장왕(?-531)의 자손으로, 10세기 중엽부터 가가쿠를 전승해왔고, 시바가 외에도 우에가(上家), 구보가(窪家), 오구가(奧家) 등을 배출했다. 시바 스케야스는 30년 동안 〈궁내청 식부직 악부〉의 악사로 근무하고, 은퇴한 후에는 가가쿠연주단 〈레이가쿠샤〉(伶樂舍)의 예술감독을 맡으며, 전통 가가쿠 및 복원 가가쿠 연주회 등 다양한 연주활동을 펼쳐오고 있다.

12) 국립극장의 복원연주회에 대해서 시바 스케야스는 "복원연주에 대한 미디어의 반응은 특별하게는 없지만, 음악회가 언제나 만석에 가까운 것을 보면 성공적으로 진행되고 있다고 생각한다"고 평가하였다(2007년 8월 8일 도쿄에서 필자와의 인터뷰).

가능성은 더욱 커지고 있다.

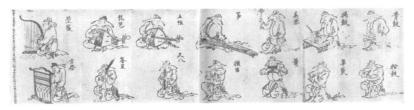

〈그림 14〉『신서고악도』(信西古樂圖, 12세기 중엽)의 연주 모습
※ 출처: 岸辺成雄, 『天平のひびき－正倉院の樂器』, 70-71쪽.

〈그림 15〉 일본 국립극장의 복원 가가쿠 공연
※ 출처: 〈레이가쿠샤〉 제공

3) 현대 가가쿠

복원악기는 복원 가가쿠 공연 외에도 현대 작곡가들에게 위촉곡을 의뢰하여 '현대 가가쿠'로서 무대에 오르고 있다. 복원악기를 사용한 현대 가가쿠는 1981년을 시작으로 현재까지 매년 1-2회씩 공연되고 있다. 초기에는 복원악기를 강조한 공연이 주를 이루었으나 이후 다양한 작품을 발표하면서 복원악기는 실험적인 단계를 넘어 전통악기로서 자리잡아오고 있다.

현대 가가쿠는 일본의 대표적인 작곡가인 다케미쓰 도루(武満徹)의 〈슈테이카〉(秋庭歌, In an autumn garden)를 시작으로, 칼 하인츠 슈토쿠하우젠 작곡의 〈LICHT-HIKARI-LICHT〉, 장 크로드 에로아 작곡의 〈관상

의 빛으로)(觀想の焔の方へ), 이시이 마키(石井眞木)의 〈히텐라쿠〉(飛天樂) 등, 전통에 얽매이지 않고 자유로운 발상으로 다양한 무대를 선보이고 있다.

〈그림 16〉 국립극장의 현대 가가쿠 공연
※ 출처: 芝祐靖監修, 『雅樂入門事典』, 柏書房, 2006, 162쪽.

특히 1989년 9월 국립극장에서 열린 〈일월병풍일쌍〉(日月屛風一雙)[13]은 독특한 연출로 화제가 되었던 공연이다. 이 연주회는 국립극장 대극장과 소극장이 동시에 한 작품을 만드는 새로운 시도였다. 소극장을 '해(日)의 허계(虛階)', 대극장을 '달(月)의 허계'라 칭하고, 가가쿠의 악기 및 복원악기를 사용하여 창작곡 〈레이가쿠교향곡 2번 일월병풍일쌍〉이라는 곡을 연주했다.

이 공연의 기획자인 기도 도시로(木戸敏郎)는 무로마치시대(室町時代, 1336-1573)의 병풍 〈일월산수도〉에 주목했다. 〈그림 17〉에서 보듯이, 병풍에는 양계 만다라의 태장계(胎藏界 - 금) 및 금강계(金剛界 - 은)와 공

---

13) 기획·구성: 木戸敏郎, 미술: 磯崎新, 작곡·음악감독: 一柳慧, 무용지도: 松山樹子, 무대감독: 平島東憲·杉山美樹(소극장)·川口久光(대극장), 조명: 立木定彦·別役紀雄(소극장)·越野一夫·本橋秀公(대극장), 음향: 鳥羽健治·浦野澄秋(소극장)·石井眞(대극장)

통되는 개념으로, 왼쪽에는 '은의 달'이, 오른쪽에는 '금의 해'가 그려져 있다.

〈그림 17〉 중요문화재 〈일월산수도〉 병풍 6폭 한 쌍 (무로마치시대)
※ 출처: www.osaka-art-museum.jp/special/past_19_biombo_tenji.html

이러한 좌척과 우척으로 한 쌍을 이루는 병풍을 〈그림 18〉의 왼쪽 그림과 같이 나란히 지어진 국립극장의 대극장과 소극장의 무대에 적용했다. 대극장을 '좌척 - 달의 허계'라 하고 소극장을 '우척 - 해의 허계'라 하여, 이것이 함께 〈일월산수도〉 병풍 한 쌍을 이루도록 한 것이다. 이 공연의 주제이기도 한 '허계'는 실제로는 들리지 않는 음을 마음으로 듣고 상상하는 정신성이 강조된 것이다. 이 무대도 이와 같은 개념으로 만들어졌다. 좌·우, 달·해, 은·금의 대조를 이루는 형태로 이루어진 대극장과 소극장의 공연은 동시에 진행되어 한쪽이 보이지 않더라도 상상에 의해서 다른 한쪽의 존재를 상상할 수 있는 특징을 가지고 있다.

조명은 태양빛과 달빛의 특징을 무대에 적용시켰다. 태양은 스스로 빛을 발산하여 빛나는 데 비하여, 달은 다른 곳에서 온 빛을 반사시켜 빛이 난다. 이러한 특징을 살려 무대에서는 해와 달을 〈그림 18〉의 오른쪽 그림과 같이, 원형으로 자른 구멍으로부터 객석을 향하여 비추는 직사광(해)과 반달형의 나무판에 빛을 비추어 꺾이는 반사광(달)으로 상징화시켰다.

이 무대에서 사용된 음악 〈레이가쿠 교향곡 제2번 일월병풍일쌍〉은 사용하는 악기도 차이를 두어, 대극장은 복원악기로 달을, 소극장은 일반적인 가가쿠 악기로 해를 상징하였다.

〈일월병풍일쌍〉의 공연은 중세의 미술작품 하나가 현대에서 시각과 청각이 함께하는 종합예술로 다시 태어난 좋은 사례로, 기획자의 발상과 미술·음악·무용·무대·조명·음향의 담당자가 함께 빚어낸 신선한 무대로 평가받고 있다.

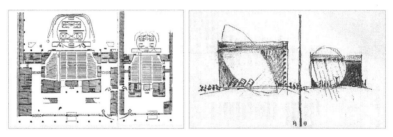

〈그림 18〉 〈일월병풍일쌍〉의 공간적 구조와 조명(대극장 - 달, 소극장 - 해)
※ 출처: 国立劇場 第11回 音楽公演 1989年 9月 29日 팸플릿

일본 국립극장의 복원 가가쿠 연주회와 현대 가가쿠 연주회는 문화적 전통을 발굴하고 철저한 고증을 토대로 새로운 가가쿠 콘텐츠를 개발한 대표적인 사례이다. 이것은 가가쿠의 레퍼토리를 확대하는 계기를 마련했고, 전통음악콘텐츠가 향후 다양하게 변모할 수 있는 가능성을 보여주고 있다는 점에서 중요한 의의를 가진다고 하겠다.

4) 문화디지털 라이브러리

1999년 12월 일본 정부는 21세기의 시작을 눈앞에 두고 새로운 산업

을 창출하는 기술 혁신에 힘을 기울이고자 〈밀레니엄 프로젝트〉를 발표했다. 이것은 정보화·고령화·환경대응의 분야에 걸쳐 계획되었는데, 그 일환으로서 수행된 것이 일본예술문화진흥회(국립극장)의 문화디지털 라이브러리(文化デジタルライブラリー)14)이다.

일본예술문화진흥회에서는 최첨단의 디지털기술을 활용하여 전통예능과 현대무대예술의 공연에 관련한 내용을 기록·집적하여 학교교육 등에서 활용하기 위해 2002년 7월 문화디지털 라이브러리를 구축했다. 국립극장이 40년 가까이 축적한 소장자료를 디지털화하여 국민과 공유하는 것을 목표로 구축된 문화디지털 라이브러리는 데이터베이스를 국민의 공유재산인 '디지털문화자산'으로 체계적으로 보존하고, 인터넷 등의 매체를 통하여 교육용 콘텐츠로서 전국의 교육기관 및 일반에게 공개하고 있다.15)

문화디지털 라이브러리는 〈표 1〉과 같이 크게 세 항목으로 구성되어 있다.

〈표 1〉 일본예술문화진흥회(국립극장)의 문화디지털 라이브러리의 콘텐츠

대항목	내용	소항목
조사한다 (調べる)	공연기록	가부키, 신파, 분라쿠, 무용·호가쿠, 노·교겐, 특별기획, 민속예능, 가가쿠·쇼묘, 연예·대중예능
본다 (見る)	수장자료	니시키에, 브로마이드, 노가쿠 자료(문헌·그림), 분라쿠 자료(반즈케), 희장훈몽도휘(전자도서)
배운다 (學ぶ)	무대예술 교재	가부키, 분라쿠, 노가쿠, 민속예능, 일본 전통음악, 현대무대예술, 작품해설

---

14) 문화디지털 라이브러리 홈페이지, www2.ntj.jac.go.jp/dglib/
15) 國立劇場調査養成部文化デジタルライブラリ課, 「文化デジタルライブラリーと傳統藝能情報館」, 『藝術情報アートエクスプレス』16, 全國公立文化施設協會, 2003, 30쪽.

첫째, '조사한다'(調べる)라는 항목에서는 국립극장·국립연예장·국립노가쿠도·국립분라쿠극장에서 연행된 일본전통공연예술의 '공연기록'을 검색할 수 있다. 가부키(歌舞伎)·신파(新派)·분라쿠(文樂)·무용과 호가쿠(邦樂)·노(能)와 교겐(狂言)·특별기획·민속예능·가가쿠와 쇼묘(聲明)·연예·대중예능 등 여러 분야를 소항목으로 제시하고 있고, 소항목은 다시 공연시리즈·공연날짜·작품명·배역·인명·단체명 등의 다양한 방법으로 검색하도록 구성되어 있다.

둘째, '본다'(見る)라는 항목에서는 국립극장의 '수장자료'를 볼 수 있다. 민속화인 니시키에(錦繪)·명배우의 브로마이드·노가쿠(能樂) 및 분라쿠의 자료·1803년에 간행된 『희장훈몽도휘』(戲場訓蒙圖彙)의 전자도서 등의 소항목으로 분류하고 있으며, 각 소항목별로 적합한 검색 방식을 제시하고 있다.

셋째, '배운다'(學ぶ)라는 항목은 전통예술에 대한 교육적 활용이 가능한 부분이다. 일본전통공연예술과 현대무대예술의 '무대예술교재'로서, 소항목을 가부키·분라쿠·노가쿠·민속예능·일본전통음악·현대무대예술·작품해설로 분류하고 각 장르에 관한 지식과 정보를 총망라하고 있다. 각 소항목은 다시 여러 단계의 세부항목으로 나뉘어 자세한 정보를 제공하고 있고, 〈그림 19〉에서 보는 바와 같이 다양한 캐릭터를 사용하여 학생들도 흥미를 가지고 접근할 수 있도록 하고 있다. 또한 '배운다'의 취지에 적합하게 지식 제공뿐 아니라 학습한 내용에 대해 스스로 확인할 수 있도록 '도전 생각해보자 워크시트 - 자유연구'라는 문제집 형태도 만들어놓고 있으며, '초등학생을 위한 노가쿠 입문'이라는 항목에서는 어렵게 여겨지는 노가쿠를 무대·등장인물·이야기·연기·의상·소

리·가면으로 나누고, 귀여운 캐릭터를 사용하여 퀴즈 형식으로 흥미롭게 구성하고 있다.

〈그림 19〉 문화디지털 라이브러리의 전통공연예술 관련 콘텐츠
※ 출처: 문화디지털 라이브러리 홈페이지(www2.ntj.jac.go.jp/dglib/)

가가쿠에 관해서는 1966년부터 2010년까지의 모든 관련 공연기록(공연명·곡목·각 곡의 연주시간·사용악기·연주자 이름 및 이력·스텝 이름·시청각 자료의 유무 등)과 가가쿠의 교재(역사·종류·악기·연주상황 등)에 관해 텍스트·사진·음원·동영상 등의 멀티미디어를 사용하여 전문적이면서도 알기 쉬운 내용을 제공하고 있다. 가가쿠에 관한 전체적인 내용의 감수·연주 사진·연주 동영상은 모두 〈궁내청 악부〉에 의한 것으로, 최고의 양질의 콘텐츠를 제공하고 있는 것도 특징 중하나이다.

일본 국립극장의 문화디지털 라이브러리는 문화원형과 정보통신기술이 결합하여 새로운 전통공연콘텐츠를 개발한 대표적인 사례이다. 전통공연예술이 대중에게 친근하게 접근할 수 있는 장치를 마련했다는 점, 신뢰성 있는 정보와 지식을 제공함으로써 교육콘텐츠로도 적합하게 활용할 수 있다는 점, 인터넷을 통하여 일본뿐 아니라 세계로 발신되어 일본의 전통예술을 널리 전파하는 데 기여하고 있다는 점, 그리고 아카이브화 된 정보는 후세의 자산으로서도 계승할 수 있다는 점에서 그 성과는 주목할 만하다.

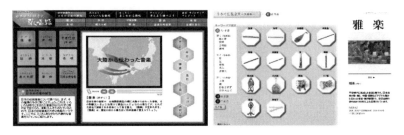

〈그림 20〉 문화디지털 라이브러리의 가가쿠 관련 콘텐츠
※ 출처: 문화디지털 라이브러리 홈페이지(www2.ntj.jac.go.jp/dglib/)

4. 네오 가가쿠

1) 도기 히데키

가가쿠는 1990년대 이후 미디어의 발달과 함께 TV·영화·CF 등에도 빈번하게 등장하면서 점차 대중과 가까워지게 되었다. 이 시기에는 전통 가가쿠 외에 가가쿠 악기에 신시사이저를 첨가하거나 서양 대중음악의 요소를 가미한 팝(pop)적인 가가쿠, 즉 퓨전 가가쿠 또는 네오 가가쿠라고도 불릴만한 새로운 형태의 음악이 등장하기 시작했다.

이러한 새로운 형태의 음악으로 '가가쿠의 대중화'에 기여하고 있는 대표적인 음악가는 히치리키(篳篥) 연주자 '도기 히데키'(東儀秀樹)이다.16) 그는 나라시대(奈良時代, 710-784)부터 오늘날까지 1300여 년 동안 가가쿠를 전승하고 있는 도기가(東儀家, 외가족)에서 태어났다. 부친의 근무관계로 유년기를 외국에서 보냈고, 일본에 돌아와 〈궁내청 악부〉에서 10년 동안 악사로 근무한 후, 1996년부터 현재까지 약 20장 이상의 앨범을 발표하며 다양한 대중적 활동을 하고 있다. CD·DVD·연주회 외에도 영화음악·TV프로그램음악·CM음악·게임음악17)·연극무대에서의 무용·TV드라마18) 및 버라이어티 출연·사진집·저서 등 그 활동은 여러 분야에 걸쳐 있다.

도기 히데키가 연주하는 음악은 크게 세 종류로, 전통 가가쿠·기존 음악의 편곡·자신이 작곡한 음악이다. 전통 가가쿠는 도가쿠·고마가쿠·사이바라 등 〈궁내청 악부〉가 연주하는 정통 장르이고, 기존 음악의 편곡이나 자신의 오리지널 곡은 가가쿠 악기에 신시사이저나 드럼·피아노·바이올린 등을 첨가한 것으로, 순수한 가가쿠라기보다는 가가쿠의 악기나 선율에 서양적 요소를 가미한 새로운 양식으로 '듣기 편한' 음악이다. 특히 자신의 오리지널 곡은 이전의 가가쿠 연주자들에게는 찾아볼 수 없는 콘텐츠로, 도기의 음악을 특징짓는 가장 큰 요소이다.

---

16) 도기 히데키의 음악은 '현대 가가쿠'로 소개되기도 한다. 그러나 이글에서는 일본전통음악 양식이나 서양예술음악 양식으로 창작된 예술음악으로서의 현대 가가쿠와 구분하기 위해서 편의상 '퓨전 가가쿠'나 '네오 가가쿠'라는 용어를 사용하기로 한다.

17) PlayStation 소프트 『YAMAGATA Digital Museum』, PlayStation 소프트 『가마이타치의 밤 2 감옥섬의 와라베우타』(かまいたちの夜2 監獄島のわらべ唄)의 음악.

18) 그는 재일코리언 작가 유미리의 소설을 원작으로 한 NHK드라마 〈루즈〉에서 비중 있는 역할로 출연하였고, NHK시대극 〈아쓰히메〉(篤姬)에서는 고메이(孝明)천황으로 출연하여 직접 히치리키를 연주하기도 했다.

도기의 공연 및 앨범의 특징 중 하나는 비주얼적인 요소를 강조하고 있다는 점이다. 그는 공연의 제1부를 전통 가가쿠를 연주하는 경우가 많은데, 쇼(笙)를 연주하는 어머니와 후에(笛)를 연주하는 누나와 함께 헤이안시대 가가쿠를 즐기던 귀족들의 모습으로 분장하여 관객을 마치 고대 귀족사회 속으로 이끄는 분위기를 연출한다. 반면 CD 재킷은 대부분이 현대적이고 멋스러운 의상을 입은 자신의 사진을 전면적으로 내세우고 있다.

　　일반적인 가가쿠의 이미지가 궁중·신사·사찰의 의식음악·고리타분한 음악·고귀한 음악이라면, 도기의 음악은 이러한 이미지에서 신사·사찰·고리타분함의 요소를 교묘하게 배제하고 남은 '고귀함'에 '현대적인 멋'을 가미하고 있는데, 이러한 전략은 도기의 음악을 고급브랜드의 이미지로 만드는 데 성공하였고[19] 이와 더불어 듣기 편한 음악을 추구하여 대중이 쉽게 접근하도록 함으로써 가가쿠의 고급화와 대중화를 동시에 이루는 성과를 거두고 있다.

〈그림 21〉 도기 히데키 연주 모습
※ 출처: 芝祐靖監修, 『雅樂入門事典』, 162쪽. 『東儀秀樹 - 天と地と空 1000年の悠雅 DVD』해설서 12, 15쪽.

---

19) 寺內直子, 『雅樂の〈近代〉と〈現代〉』, 243-244쪽.

2004년 도기는 중국 상해에서 중국 전통악기 연주자 6명을 선발하여 〈TOGI+BAO〉라는 새로운 그룹을 결성했다. BAO는 아이돌과 같은 외모뿐 아니라 뛰어난 연주 기량을 가진 젊은 남성연주자들로, 한국에서도 잘 알려진 〈여자12악방〉의 남성판으로 비유할 수 있다. 도기가 중국음악에 눈을 돌린 것은 가가쿠가 원래 대륙에서 전래된 음악이라는 점, 그리고 자신의 집안 내력과의 관계에서도 필연성이 있다.

도기가는 6세기 경 한반도를 통해서 일본에 온 도래인 집단인 하타씨(秦氏)의 일족으로, 중국·한국계의 혈통이다[20]. 따라서 그가 중국악기에 주목한 것은 가가쿠의 원류와 자신의 선조를 찾는다는 의미가 있고, 일본음악을 중국음악과 결합함으로써 '범아시아적인 음악의 구축'을 목표로 한 활동이라고 해석할 수 있다.

도기의 음악은 전통 가가쿠를 원천소스로 하여 대중적인 가가쿠 콘텐츠를 개발한 성공적인 사례이다. 어렵고 무거운 기존의 가가쿠 이미지를 탈피하고, 고급스러우면서도 듣기 쉬운 새로운 콘텐츠를 창출함으로써 대중에게 신선한 패러다임을 제시하고 있고, 궁중공연예술이 문화콘텐츠 산업으로서 성공할 수 있는 가능성을 보여주고 있다.

2) 덴치가라쿠

〈덴치가라쿠〉(天地雅樂)는 2003년에 결성된 퓨전 가가쿠 그룹이다. 악기는 쇼·히치리키·후에를 중심으로, 피아노·신시사이저·기타·드

---

20) 실제 도기 히데키는 자신이 "중국 및 한국과 관련 있는 혈통(도래인)이기 때문에 〈TOGI+BAO〉 뿐 아니라 한국음악가들과 함께 연주하거나 정기적으로 교류할 수 있는 기회가 꼭 생겼으면 좋겠다"고 강조했다(2007년 8월 7일 도쿄에서 필자와의 인터뷰).

럼 등의 서양악기를 첨가하고 있다. 3명의 중심멤버는 오사카음악대학 단기대학부 출신으로, 재즈·성악·대중음악 등 서양음악을 전공한 음악 가들이지만, 어려서부터 가가쿠와 일본전통음악을 가까이 접할 수 있는 환경에서 자라, 자연스럽게 가가쿠를 습득하였다. 이들은 현재 신사에서 신직(神職)·미코(巫女)·악사로 근무하면서 자신들의 음악활동을 병행 하고 있는데, 이러한 이색적인 이력과 직업이 그들의 독특한 음악세계와 더불어 덴치가라쿠를 특징짓는 배경이 되고 있다.

리더인 구지메 가즈야(久次米一弥)와 그의 동생 요시무라 나오야(芳 村直也)는 4대째 내려오고 있는 제전가가쿠(祭典雅樂) 집안 출신이다. 제 전가가쿠란 신사의 제사나 마을의 행사에서 연주하는 민간전승의 가가 쿠로, 귀족사회에서 발전한 예술성 높은 궁중의 가가쿠와는 다소 성격이 다르다. 구지메는 자신들의 음악에 대해 "어릴 적부터 전통음악과 함께 록이나 팝도 즐겨왔기 때문에 자신들만 표현할 수 있는 새로운 음악을 만 들어가고 싶다"[21]고 하듯이, 〈덴치가라쿠〉의 음악은 가가쿠의 쇼·히치 리키·류테키의 음색을 충분히 살리면서도 재즈풍의 요소를 가미하여 부 드러운 음악을 연주하기도 하고, 때로는 삼바 리듬, 보사노바의 타악기 등을 넣어 경쾌한 음악을 모색하기도 한다.

〈덴치가라쿠〉의 음악을 전술한 도기 히데키의 음악과 비교하면, 도 기는 궁중 악사의 혈통으로 예술성이 강한 정통 가가쿠를 연주하면서 듣 기 편한 음악을 추구하는 반면, 〈덴치가라쿠〉는 민간신앙적인 색채를 띤 신사의 가가쿠를 배경으로 기악 외에도 노래 악곡을 첨가하는 등 보다 대중적이고 팝적인 음악을 추구하고 있다. 또한 도기는 도시적인 분위기

---

21) 간사이(關西) NHK 방송, 「구룻토 간사이 오히루마에」(ぐるっと関西おびるまえ)

의 고급화된 이미지라면, 〈덴치가라쿠〉는 신사라는 신비적인 요소와 젊음의 이미지를 갖고 있다. 일반적으로 〈덴치가라쿠〉를 소개할 때는 '신사의 신직·미코·악사로 구성된 그룹'이라고 하고, 앨범 재킷도 신사를 배경으로 하고 있다. 공연에도 반드시 미코의 복장을 하며, 때로는 미코의 도구인 방울을 들고 가구라마이(神樂舞)를 추는 등 '신사'의 요소를 전면적으로 내세워 신비로운 이미지를 강조한다.

　퓨전 가가쿠 또는 네오 가가쿠에 대해 정통 가가쿠계나 학술계에서 비판하는 목소리도 없지 않다. 정통 가가쿠만을 연주하는 사람들은 도기의 음악이나 〈덴치가라쿠〉의 음악이 이미 가가쿠의 범주를 넘어 '대중음악'에 속하기 때문에 가가쿠의 논의의 대상이 되지도 않는다고 한다. 하지만 일반 사회에서는 그들의 음악을 통해서 가가쿠에 흥미를 갖기 시작하는 사람들이 다수 존재한다는 것도 엄연한 사실이다.

　이러한 점으로 본다면, 퓨전 가가쿠나 네오 가가쿠라는 새로운 음악양식은 일본전통음악 중에서도 특히 어렵게 여겨져 왔던 가가쿠를 현대에 맞게 변형함으로써, 전통을 대중에게 효과적이고 친근하게 전달할 수 있는 대안이 될 수 있다.

〈그림 22〉 덴치가라쿠 앨범과 연주 모습
※ 출처: 덴치가라쿠 홈페이지(www.geocities.jp/tenchigaraku/)

5. 미디어와 가가쿠콘텐츠

1) 영화 〈꿈〉

〈꿈〉(夢)은 일본의 대표적인 영화감독 구로사와 아키라(黒澤明)의 말년 작품이다. 미국과의 합작으로 1990년 워너브라더스에 의해서 배급되었다. 〈여우비〉(日照り雨), 〈복숭아밭〉(桃畑), 〈눈보라〉(雪あらし), 〈터널〉(トンネル), 〈까마귀〉(鴉), 〈붉은 후지산〉(赤富士), 〈귀신이 울부짖는다〉(鬼哭), 〈물레방아가 있는 마을〉(水車のある村)이라는 8개의 에피소드로 이루어진 옴니버스 형식으로, 구로사와 자신이 꾼 꿈을 바탕으로 하고 있다.

8개의 에피소드 중 제2편 〈복숭아밭〉에서는 가가쿠를 연주하는 장면이 중요한 요소로 등장한다. 〈복숭아밭〉은 3월 3일, 여자 어린이의 성장과 행복을 기원하는 연중행사인 히나마쓰리(雛祭り, 모모노셋쿠(桃の節句, 복숭아명절)라고도 함) 날, 베어져버린 복숭아나무의 정령들이 히나인형(雛人形)[22]의 모습으로 나타나 만개한 복숭아 꽃밭을 어린 소년(구로사와)에게 보여준다는 내용이다.

복숭아밭은 히나단을 형상화했는데, 일반적으로 히나단을 5단 또는 7단으로 장식하는 것과는 달리, 영화 속 복숭아밭은 4단으로 구성되었다. 첫째 단은 천황과 황후를 포함하여 황실의 일원들로 보이는 5쌍의

---

22) 히나마쓰리 때 장식하는 인형. 히나인형은 빨간색 주단을 깐 5단 또는 7단의 히나단에 장식한다. 가장 윗 단에는 천황과 황후 인형을 놓고, 둘째 단에는 세 명의 궁녀 인형, 셋째 단에는 다섯 명의 악사 인형, 넷째 단에는 두 명의 신하 인형, 다섯째 단에는 세 명의 시종 인형, 여섯째 단과 일곱째 단에는 여성이 결혼할 때 지참하는 도구 등을 장식한다.

남녀, 둘째 단은 궁녀 15명, 셋째 단은 악사 20명, 넷째 단은 시종 15명으로, 총 60명의 복숭아 정령이 등장한다.

여기서 주목되는 것은 셋째 단의 악사들이다. 원래 히나단에 장식하는 악사 인형은 고닌바야시(五人囃子)라고 하여, 노가쿠(能樂)의 하야시(囃子)인 노칸(能管)·고쓰즈미(小鼓)·오쓰즈미(大鼓)·다이코(太鼓)와 노래인 우타이(謠)가 첨가된 다섯 악사 인형이다. 그러나 영화 속 복숭아 정령의 악사들은 노가쿠가 아닌 가가쿠의 악기를 연주하고 있는 것이 특이하다. 다만 에도시대에는 궁중문화를 동경하는 경향으로 히나단에 궁중음악인 가가쿠 편성의 고닌바야시를 장식하는 경우도[23] 있었다.

〈복숭아밭〉에 등장하는 악사들은 왼쪽부터 다이코·갓코(鞨鼓)·삼관(쇼·히치리키·류테키)·다이코·갓코·삼관·비와·고토·삼관·다이고·갓코·삼관으로 총 20명의 대편성이다. 악기 구성으로 보면 쇼코(鉦鼓)가 빠진 간겐(管絃) 형식을 취하고 있다. 원칙적으로 대편성이라고 해도 다이코와 갓코는 반드시 1개씩 편성되는데, 영화에서 3개씩 등장하는 것은 가가쿠의 웅장함과 화려한 모습을 극대화하기 위한 장치의 하나로 보인다.

연주는 처음에 류테키의 독주로 시작하여 이어서 갓코·쇼·히치리키가 들어오고, 여기에 비와·고토·다이코가 첨가되어, 정통 방식의 가가쿠의 간겐 합주를 들려주고 있다. 악사들의 연주에 맞추어 나머지 복숭아 정령들은 여러 형태로 춤을 춘다. 특히 첫째 단의 황실 일원들은

---

23) 오와리 도쿠가와가(尾張德川家) 14대 부인이었던 가네히메(矩姬)가 소유했던 2단짜리 히나장식(도쿠가와미술관 소장)에는 첫째 단에 천황과 황후, 둘째 단에 가가쿠 악기편성인 류테키·히치리키·쇼·다이코·갓코의 다섯 악사 인형이 장식되어 있다(遠藤徹構成, 『雅樂』, 50쪽).

헤이안시대 귀족들이 즐겼던 히라마이(平舞)의 춤사위를 보여주고, 넷째 단의 시종들은 큰 동작으로 활발하게 추는 하시리마이(走舞)[24]를 연상케 하는 동작을 취하고 있다.

영화는 히나마쓰리라는 일본의 '전통'을 소재로 하여, 화려함과 우아함의 극치를 보여주는 다양한 색채의 궁중전통의상, 권위와 교양을 나타내는 궁중음악과 무용을 영화 구성의 핵심요소로 사용하고 있다. 특히 〈복숭아밭〉의 상영시간 12분 중에서 대사 없이 복숭아 정령들에 의한 가가쿠의 연주와 춤을 보여주는 장면은 약 5분을 차지하고 있어, 이 영화에서 가가쿠가 담당하는 역할의 중요도가 어느 정도인지를 충분히 짐작할 수 있다.

〈그림 23〉 영화 〈꿈〉 중 〈복숭아밭〉의 히나단 재현과 가가쿠 연주 장면
※ 출처: 黒澤明監督, 『夢 DVD』, ワーナー・ホーム・ビデオ, 2002.

〈꿈〉은 전술했듯이 미국과의 합작으로 워너브라더스에 의해서 배급된 영화이다. 이러한 점을 감안하면, 이 영화는 일본의 전통 연중행사와 궁중공연예술의 결합으로 만들어낸 〈복숭아밭〉을 8개의 에피소드 중의 하나로 배치함으로써 일본 전통문화의 아름다움을 자연스럽게 세계에 보여주고 있는 결과를 가져왔다는 것을 알 수 있다. 〈꿈〉은 가가쿠의

---

24) 이지선, 『일본전통공연예술』, 제이앤씨, 2009, 53쪽.

콘텐츠가 영화의 소재로서 효과적으로 사용되고 있는 좋은 사례라 할 수 있다.

2) 영화, TV드라마, 소설, 만화 〈음양사〉

영화 〈음양사〉(陰陽師)는 다키타 요지로(瀧田洋二郎) 감독의 2001년 작품으로, 헤이안시대 황실을 수호하기 위해서 요괴 · 원령과 투쟁하는 음양사 아베노 세이메이(安倍晴明, 921-1005)의 활약을 그린 판타지물이다. 이 영화는 1988년에 출간되기 시작된 유메마쿠라 바쿠(夢枕獏)의 소설『음양사』시리즈를[25] 원작으로 한다. 소설은 이후 오카노 레이코(岡野玲子)에 의해 만화『음양사』로[26] 출간되었고, 2001년에는 NHK TV드라마로도 제작되었으며, 그 외에 애니메이션 · 게임 · 캐릭터상품 등 여러 방면에서 소재로 사용되었다.

〈음양사〉의 인기는 가가쿠의 붐이 일어나는 데 많은 영향을 끼쳤다.[27] 이 작품에는 세이메이의 상대역으로, 귀족이자 가가쿠 음악가였던 미나모토노 히로마사(源博雅, 918-975)[28]가 등장하는데, 그와 함께 가가쿠는 여러 에피소드의 중심 소재가 되고 있다.

---

25) 夢枕獏, 『陰陽師』, 文芸春秋, 1988-2011.
26) 岡野玲子, 『陰陽師』1-13, 白泉社, 1999-2005.
27) 東儀秀樹, 『雅樂 - 僕の好奇心』, 集英社, 2000, 12쪽.
28) 다이고천황(醍醐天皇)의 손자로, 궁중가곡은 아쓰미친왕(敦美親王)에게, 고토는 다이고천황에게 배우고, 그 외에 비와 · 히치리키 · 후에 · 쇼를 섭렵했으며, 특히 후에(류테키)의 명인으로 알려지고 있다. 그에 대해서는 비와의 비곡(秘曲)을 배우기 위해 산속에 은거 중인 세미마루를 3년 동안 매일 밤 찾아가 허락을 받았다는 이야기, 귀신에게 빼앗긴 궁중의 비와 겐조(玄象)를 다시 찾았다는 이야기, 도둑이 그의 히치리키 연주를 듣고 마음을 고쳤다는 이야기 등 여러 문집에 그의 일화가 전하고 있다(平野健次 · 上参郷祐康 · 蒲生郷昭監修, 『日本音樂大事典』, 平凡社, 1999, 746쪽).

예를 들어, 아마테라스오미카미(天照大神)의 동생인 폭풍의 신 스사노오노미코토(須佐乃袁尊)가 신이 되기 전 소년의 모습으로 비와를 연주하는 장면, 스사의 난폭함을 잠재우는 히로마사의 후에 연주, 아마테라스오미카미를 아마노이와토(天岩戸)에서 나오게 하기 위해 히로마사의 후에에 맞춰 춤을 추는 세이메이의 모습, 도난당한 황실의 보물인 비와 겐조(玄象)를 히로마사가 찾아내는 이야기, 히로마사가 헤이안궁 화재 때 『악서요록』(樂書要録)[29]과 비와 겐조·와곤(和琴) 등을 갖고 탈출하는 장면, 소실된 헤이안궁을 재건하기 전 지신(地神)을 진정시키는 방편으로 사용하는 부가쿠 〈아마〉(安摩)와 〈니노마이〉(二の舞)의 에피소드 등, 영화·드라마·소설·만화 〈음양사〉에서 가가쿠는 스토리 전개에 없어서는 안 되는 중요한 소재로 사용되고 있다.

이 외에도 〈음양사〉에는 비와의 명인 세미마루(蟬丸)와 귀족 음악가 후지와라노 사다토시(藤原貞敏)가 등장하고, 류테키·히치리키·쇼·비와·와곤을 연주하는 히로마사의 모습, 비와의 명기 겐조와 보쿠바(牧馬), 후에의 명기 오스이로(大水龍)의 일화, 〈고쇼라쿠〉(五常樂)·〈엔기라쿠〉(延喜樂)·〈료오〉(綾王) 등의 가가쿠 악곡, 당시 음양료(陰陽寮)와 가가쿠료(雅樂寮)의 관계 등, 가가쿠는 〈음양사〉의 스토리의 배경과 장면 곳곳에 배치되어 있다.

---

29) 7세기 말 당의 측천무후(則天武后)의 명에 의해서 편찬되어 735년 기비노 마키비(吉備真備)에 의해 일본에 전해진 10권의 음악이론서이다. 중국에서는 이미 소실되었고, 일본에는 현재 10권 중 권5·6·7만이 남아있다(岸邊成雄博士古稀記念出版委員會編, 『日本古典音樂文獻解題』, 講談社, 1987, 69쪽).

〈그림 24〉 영화 〈음양사〉 세이메이의 미코 춤과 히로마사의 후에 연주(좌)
만화 『음양사』 생명을 불어넣은 전설의 황실 비와 겐조 (중)
미나모토노 히로마사를 소재로 한 가가쿠 CD (우)

※ 출처: 滝田洋二郎監督, 『陰陽師 DVD』2, 東宝, 2004. 岡野玲子, 『陰陽師』10, 白泉社, 2001, 40
쪽. 長谷川景光演奏, 『源博雅の龍笛 - 蘇る最古の笛譜 CD』, フォンテック, 2001.

특히 미나모토노 히로마사라는 매력적인 캐릭터는 대중에게 가가
쿠에 대한 관심을 불러일으키는 데 큰 영향을 끼친 것으로 보인다. 실제
로 〈그림 24〉의 오른쪽 그림에서 보는 바와 같이 『미나모토노 히로마사
의 류테키』(源博雅の龍笛)라고 하여 히로마사의 후에를 차용한 CD가 제
작되기도 했고, 히로마사가 10세기에 편찬한 『신찬악보』(新撰樂譜)[30]에
담긴 악곡이라는 점을 전면으로 내세운 가가쿠 CD가 발매되기도 했다.
『신찬악보』는 앞에서 서술한 일본 국립극장의 복원사업에서 중요하게
사용된 악보이기도 하다.

이렇게 〈음양사〉의 붐과 함께 전술한 도기 히데키의 음악이 상승작

---

30) 미나모토노 히로마사가 966년에 무라카미천황(村上)의 칙명으로 편찬한 후에
악보로, 그의 이름을 따서 달리 『박아적보』(博雅笛譜) 또는 『장추경적보』(長秋
卿笛譜)라고도 한다. 도가쿠·린류가쿠(林邑樂)·기가쿠(伎樂) 등 총 65곡의 악
곡명이 기재되어 있고, 실제 악보는 도가쿠 50곡만이 전한다. 백제의 미마지가
전했다고 하는 기악(기가쿠)의 실제 악보는 남아있지 않지만 기악의 초기 연주
곡목을 알 수 있는 귀중한 사료이기도 하다. 『신찬악보』는 현존하는 가장 오래
된 후에의 악보로서 연구 사료적 가치가 매우 크다(岸邊成雄博士古稀記念出版
委員會編, 『日本古典音樂文獻解題』, 344쪽).

용을 하여 2000년대 초는 이른바 '가가쿠 붐'이라 할 수 있는 음악계의 새로운 현상이 일어났다. 한국에서 임권택 감독의 〈서편제〉의 성공으로 당시 판소리에 대한 대중의 관심이 높아졌던 것과 같이 〈음양사〉의 사례는 영화나 드라마·소설 등의 성공이 대중의 문화적 취향에 얼마나 큰 영향을 줄 수 있는지에 대해서 말해주고 있다. 이는 전통음악 콘텐츠가 미디어와의 결합을 통하여 문화산업으로서 성공할 수 있는 가능성을 여실히 보여주고 있는 것이라 하겠다.

3) TV드라마와 소설 〈가가쿠센타이 화이트스톤즈〉

〈가가쿠센타이 화이트스톤즈〉(雅樂戰隊ホワイトストーンズ)(이하 〈가가쿠센타이〉)는 1995년과 2002년에 홋카이도(北海道) 방송(HTB)이 제작한 TV 영웅물 드라마로, '로컬 히로'(ローカルヒーロ)[31]의 선구로도 알려져 있다. 홋카이도 삿포로시의 시로이시구(白石区) 만의 평화를 지키기 위해 밤낮으로 활약하는 3명의 전사(white stones : 白石)를 주인공으로 삼고 있다.

난고 스스무(南鄉進)·혼고 다카시(本鄉隆)·기타고 마코토(北鄉誠) 3명의 청년은 악의 무리와 대결할 때, 가가쿠의 악기를 불며 그 음색과 함께 화이트 스톤즈로 변신한다. 주인공들이 가지고 있는 악기는 쇼·히치리키·류테키로, 가가쿠의 기본을 이루는 가가쿠 삼관(雅樂三管)의 악기 편성이다. 세 악기는 변신 때 무기로 바뀌어, 쇼는 화이트 울트라 망치, 히치리키는 화이트 울트라 부채, 류테키는 화이트 울트라 칼이 되어 괴인들을 물리친다.

---

31) 주로 지역 활성화를 위해 지역주민이나 지방자치제 등에 의해 제작된 캐릭터로, '고토치(ご當地) 히로'라고도 한다.

〈가가쿠센타이〉는 드라마의 각본을 담당했던 스즈이 다카유키(鈴井貴之)에 의해서 소설32)로도 출간되었다. 소설에서 주인공들이 시로이시구를 파괴하려는 악당과 대결한다는 설정은 드라마와 같다. 하지만 변신장치나 괴인은 나오지 않아, 영웅물이라기보다는 인물간의 갈등이나 사건을 둘러싸며 전개되는 어느 정도 현실감이 있는 이야기이다. 시로이시구에 퍼져있는 전자파로 인하여 시민들이 쓰러지자, 가가쿠가 전자파를 파괴하는 데 효과적이라는 것을 알고, 신사에서 가가쿠를 함께 배우며 자란 3명의 주인공은 가가쿠로 시민들을 구하려고 한다.

소설에서는 가가쿠의 역할이 드라마보다 더욱 비중 있게 그려지고 내용도 상당히 전문적이다. 예를 들어, 가가쿠의 의미와 유래, 쇼·히치리키·류테키의 세계관, 각 악기의 구조·역할·음색·연주법, 그리고 가가쿠의 가장 대표적인 악곡인 〈에텐라쿠〉(越天樂)에 관한 기원·쓰임·파생곡 등의 내용이33) 이야기 전개에 위화감 없이 곳곳에 자연스럽게 녹아있다.

〈그림 25〉 드라마 〈가가쿠센타이〉(좌, 중)와 소설 『가가쿠센타이』(우)
※ 출처: 北海道テレビ放送株式会社,『雅樂戰隊ホワイトストンーズ DVD』, ハピネット·ピクチャーズ, 2002. 鈴井貴之,『雅樂戰隊ホワイトストーンズ』, 222쪽.

---

32) 鈴井貴之,『雅樂戰隊ホワイトストーンズ』, 幻冬舎, 2007.
33) 鈴井貴之,『雅樂戰隊ホワイトストーンズ』, 26, 66, 90, 91, 108쪽.

〈가가쿠센타이〉에서 그려지고 있는 가가쿠의 모습은 두 가지이다. 하나는 '신사'를 기반으로 하는 민간전승의 가가쿠의 모습이고, 또 하나는 '악당을 물리치는 도구'로서의 가가쿠이다. 일견 두 측면은 관계가 없어 보이지만, 신사에서 신에게 바치는 신성한 음악으로, 즉 신의 영험함으로 악의 무리를 처벌한다는 의미로 본다면 두 설정은 자연스럽게 연결된다. 이는 '신도'의 나라 일본의 특징을 잘 살린 신선한 발상이다.

〈가가쿠센타이〉는 가가쿠 콘텐츠가 현대물에서도 활용될 수 있다는 것을 보여주고 있는 대표적인 사례이다. 전통적인 가가쿠의 규범을 지키면서도 가가쿠가 가지고 있는 이미지를 응용하여 영웅물에서의 새로운 기호로서 그 활용 범위를 확장시키고 있다. 이는 전통·궁중·신사·귀족·의식·위엄·격식 등의 이미지를 가지고 있는 가가쿠가 그 이미지와는 전혀 개연성이 있을 것 같지 않은 장르에서도 개발 여하에 따라 새로운 문화콘텐츠로 재생산될 수 있다는 것을 보여주고 있는 것이라고 하겠다.

6. 일본 궁중공연예술의 전승과 현대적 활용

이 글에서는 일본 궁중공연예술인 가가쿠의 전통적 연행 형태와 현대사회에서의 변용 양상, 그리고 새로운 콘텐츠 개발 사례에 대해서 살펴보고, 궁중공연예술의 문화콘텐츠로서의 가능성에 대해서 모색해보았다.

가가쿠는 오늘날까지 존재하고 있는 일본 황실과 신사 및 사찰의 의식음악으로서 전승되는 한편, 일본 국립극장의 가가쿠 공연을 계기로 일반 대중을 위한 감상용 예술음악으로 그 맥락이 변모되어 가고 있다.

일본 국립극장의 다양한 형태의 가가쿠 공연 중에서 특히 고대 악기 및 악곡의 복원공연은 문화원형을 발굴하고 역사적 고증을 토대로 새로운 가가쿠 콘텐츠를 개발한 대표적인 사례이다. 복원 가가쿠 공연은 현대 가가쿠 공연과 더불어 가가쿠의 레퍼토리 확장 및 수용층 확대에 기여하고 있다는 점과 전통음악콘텐츠가 향후 다양한 모습으로 변신할 수 있는 가능성을 보여주고 있다는 점에서 중요한 의의를 가진다.

국립극장의 문화디지털 라이브러리는 문화원형과 정보통신기술이 결합한 디지털문화콘텐츠의 사례이다. 이것은 일본 전통공연예술에 대한 다양한 정보와 교육적 콘텐츠를 제공하고, 영상미디어를 활용하여 전통공연이 대중에게 친근하게 접근할 수 있는 장치를 마련했으며, 아카이브화 된 정보는 후세의 자산으로서도 계승할 수 있다는 점에서 그 성과는 주목할 만하다.

도기 히데키와 덴치가라쿠의 사례로 본 네오 가가쿠 또는 퓨전 가가쿠는 전통 가가쿠를 원천소스로 하여 대중적인 콘텐츠로 개발된 새로운 장르이다. 지루하고 어렵게 여겨져 왔던 가가쿠를 듣기 편하고 현대화된 형태로 변형한 네오 가가쿠는 대중들에게 신선한 패러다임을 제시함으로써 가가쿠의 저변 확대에 크게 기여하고 있으며, 전통과는 다른 음악적 재미와 부가가치를 창출하는 문화콘텐츠로의 발전가능성과 잠재력을 보여주고 있다.

〈꿈〉·〈음양사〉·〈가가쿠센타이 화이트스톤즈〉는 가가쿠의 소재를 미디어와의 결합을 통해 대중의 기호에 맞게 가공, 변형하여, 영화·드라마·소설·애니메이션·만화 등의 다양한 장르로 재생산하고 있는 사례이다. 가가쿠의 전통적 이미지를 응용하여 대중에게 효과적으로 접근할 수 있도록 활용 범위를 확장시킨 예로서, 가가쿠의 영상미디어산업과 출판산업으로서의 활용 가치를 말해주고 있다.

　이상에서 보았듯이, 가가쿠는 '의식음악'에서 '예술음악'으로, 나아가 서양적 요소와의 접목을 통해 '대중음악'으로서 발전되어 가고 있으며, 미디어와 연계하여 다양한 분야로 '재창조'되고 있다. 이것은 일본의 궁중공연예술이 전통에 머무르지 않고 현대의 대중이 향유할 수 있는 새로운 콘텐츠로 발전하고 있다는 것을 말하고 있으며, 오늘날의 문화산업으로서의 가치와 가능성을 보여주고 있다고 하겠다. 일본 궁중공연예술 콘텐츠의 사례를 살펴본 이 글이 한국의 궁중공연예술 콘텐츠 개발에 일조하기를 기대한다.

참고문헌

서정교, 『문화경제학』, 한울출판사, 2003.
이지선, 「일본의 고악기 및 음악 복원에 관한 고찰- 일본 국립극장의 복원사업
　　　　을 중심으로」, 『동양음악』제30집, 서울대학교동양음악연구소, 2008.
_____, 『일본전통공연예술 개정판』, 제이앤씨, 2009.
岡野玲子, 『陰陽師』1-13, 白泉社, 1999-2005.
國立劇場編, 『古代樂器の復元』, 音樂之友社, 1994.
國立劇場調査養成部文化デジタルライブラリ課, 「文化デジタルライブラリーと
　　　　傳統藝能情報館」, 『藝術情報アートエクスプレス』16, 全國公立文化施
　　　　設協會, 2003.
國立劇場調査養成部情報システム室編, 『國立劇場30年の公演記錄 - 雅樂・聲明・
　　　　中世藝能・特別企劃公演篇-』, 日本藝術文化振興會, 1998.

國立劇場編, 雅樂 관련 팸플릿, 1975-2010.

東儀秀樹, 『雅樂 -僕の好奇心-』, 集英社, 2000.

鈴井貴之, 『雅樂戰隊ホワイトストンーズ』, 幻冬舍, 2010.

夢枕獏, 『陰陽師』, 文芸春秋, 1988-2011.

寺內直子, 『雅樂の〈近代〉と〈現代〉』, 岩波書店, 2010.

小松茂美, 『年中行事繪卷』, 中央公論社, 1994.

小野幸恵著・舞の海秀平監修, 『はじめての大相撲』, 岩崎書店, 2003.

岸邊成雄博士古稀記念出版委員會編, 『日本古典音樂文獻解題』, 講談社, 1987.

岸邊成雄, 『天平のひびき - 正倉院の樂器』, 音樂之友社, 1984.

遠藤徹構成, 『雅樂』別冊太陽, 平凡社, 2004.

長谷川景光演奏, 『源博雅の龍笛 - 蘇る最古の笛譜 CD』, フォンテック, 2001.

芝祐靖監修, 『雅樂入門事典』, 柏書房, 2006.

清水一郎・畠山和久監修, 『平成の皇室事典』, 毎日新聞社, 1995.

平野健次・上參鄉祐康・蒲生鄉昭監修, 『日本音樂大事典』, 平凡社, 1999.

滝田洋二郎監督, 『陰陽師 DVD』1・2, 東宝, 2002, 2004.

北海道テレビ放送株式会社, 『雅樂戰隊ホワイトストンーズ DVD』, ハピネット・
        ピクチャーズ, 2002.

黑澤明監督, 『夢 DVD』, ワーナー・ホーム・ビデオ, 2002.

內閣官房, http://www.cas.go.jp

東儀秀樹, http://www.togihideki.net

伶樂舍, http://www.reigakusha.com

文化デジタルライブラリー, http://www2.ntj.jac.go.jp/dglib/

日本藝術文化振興會(國立劇場), http://www.ntj.jac.go.jp

天地雅樂, http://www.geocities.jp/tenchigaraku/

關西 NHK「ぐるっと関西おびるまえ」

東儀秀樹 인터뷰 2007. 8. 7.

芝祐靖 인터뷰 2007. 8. 8.

제3부
소수자

06 일본의 전통, 교토의 섬유산업을 뒷받침해온 재일조선인*

권숙인

1. 주변부가 뒷받침하는 중심부 문화

　　본 연구에서는 일본의 대표적인 지역전통산업의 하나인 교토의 섬유산업에 참여해 온 재일조선인의 존재에 주목한다. 이 연구에서 말하는 교토의 전통섬유제품은 '니시진오리'(西陣織)와 '교토유젠'(京友禅)으로 대별・대표된다. 전자는 이미 염색한 견사(絹糸)를 가지고 문양에 맞춰 직조한 것(직물)이고 후자는 무늬가 없는 비단옷감에 다양한 방식으로 문양을 염색해 낸 것이다(염색제품). 니시진오리나 교토유젠 등 교토에서 생산된 전통섬유제품은 단순한 옷감이나 공예품을 넘어 종종 '일본적 전통과 문화' 자체와 긴밀히 연결된다. 이 두 제품은 주로 고급 기모노를 만드는 데 사용되는데, 현재 기모노는 일본의 전통적 복식문화와 고유의

---

* 이 글은 같은 제목으로 『사회와역사』 91호 (2011년 9월)에 실렸던 것을 단행본의 장에 맞게 수정 보완한 것임을 밝혀 둔다.

미학을 담고 있는 일본 전통의 주요 상징으로 간주되기 때문이다. 나아가 메이지 이후 전개된 서구화 흐름과 대비 속에 기모노는 "'민족적 정수'의 상징"[1]으로 여겨지기도 한다.

그러나 교토의 전통섬유산업은 다른 전통과 마찬가지로 일본사회의 변화에 따라 끊임없이 변모해 왔으며, 그 생산담당자 내부에 계급·젠더·민족·세대 등에 따른 차이와 역학을 내포하고 있다. 나아가 현재 그 이름만으로도 명품 브랜드가 되어버린 니시진직물이나 교토유젠 제품이 전부 교토 안에서 생산되어 온 것도 아니다. 1950년대 이후 니시진직물의 상당량은 단고(丹後)반도의 직인들 혹은 중국이나 한국 등에서 생산되었으며,[2] 유젠 제품의 일부가 한국에서 생산되기도 하였다. 전통적 섬유·의류 산업의 글로벌화는 현재 세계적인 현상이며[3] 향후 그 추세는 더 확대될 것이다. 특히 교토 전통섬유의 경우 식민지배가 매개한 조선인 노동력의 유입으로 이미 제2차 세계대전 전에도 상당히 '글로벌

---

1) 김효진, 「앤티크 기모노붐'을 통해 본 기모노의 근대화와 재생」, 『비교문화연구』 17집 2호, 2011.
2) 해러븐은 니시진직물 중 니시진 지역 내 직조인들이 짠 것이 40%에 불과하고 나머지는 단고반도(50%), 중국 및 한국(10%)에서 직조된 것이라고 밝히고 있다 (Hareven, *The Silk Weavers of Kyoto*, Univ. of California Press, 2002). 현 시점에서 니시진 지역 내에서 생산되는 물량이 어느 정도인지 확인할 수는 없었으나 현지 인터뷰에서는 워낙 주문량 자체가 적기 때문에 중국이나 한국에서는 더 이상 생산되지 않을 것이란 이야기를 들었다. 전통섬유·산업으로서 니시진직물이 향후 생존을 위해 생산의 탈지역화·글로벌화를 더 심화시킬 지는 미지수이다. 이 연구의 초점은 아니지만 니시진의 제조업자들이 생존전략의 하나로 고급화를 더욱 강화할 경우 대폭 축소된 전체 생산량을 오히려 지역 내에서 충당시킬 수도 있을 것이다.
3) 피터 스토커 지음, 김보영 옮김, 『국제이주』, 이소출판사, 2004; Yanagisako, Sylvia, *Producing Culture and Capital: Family Firms in Italy,* Princeton and Oxford: Princeton Univ. Press, 2002.

화' 되었다고도 할 수 있다. 20세기 초부터 교토지역의 섬유제품 생산과 관련된 다양한 일에 종사해 온 재일조선인은 그 제품들이 일본의 전통과 민족문화로 재현되면서 그들의 기여나 존재가 거의 가시화되지 못했다. 교토 섬유산업 속의 재일조선인에 초점을 맞출 이 연구에서는 일본의 핵심적인 전통의 유지·재생산에 중요한 역할을 해 온 소수민족의 존재를 부각시키고 이를 통해 '전통문화'를 좀 더 역동적인 관점에서 조망하고자 한다. 특히 '주변부'가 뒷받침하는 '중심부' 문화라는 측면에 주목해 전통이 내포하는 변화와 역학을 분석하고자 한다.

사실 '전통' 내지는 '전통성'의 정체를 문제시하는 것은 지난 20~30년 간 매우 활발한 연구가 진행된 연구영역이다. 일본연구에서도 제도나 담론적 차원에서의 전통의 (재)창조나 경합에 대해서는 말할 것도 없고, 이 글에서 다루는 물질문화 전통과 관련해서도 그 전통성을 역사화시키려는 실증적 연구가 꾸준히 수행되어 왔다.[4] 그럼에도 불구하고 물질문화 전통 안에 존재하는 민족문제(ethnicity)에 주목한 연구는 거의 없었다고 할 수 있다. 이는 일본 학계에서도 마찬가지 상황으로, 이 논문에서 고찰하는 교토 섬유산업과 재일조선인의 관련성은 일본사회 일반이나 학계에서 거의 무시되어 온 주제였다. 극히 최근에 와서야 특정 국면에 초점을 맞춘 연구가 몇 편 발표되고 교토지역 학계에서 관련 산업 종사자를 초청해 '증언'을 듣고 있는 정도이다.

---

4) 대표적으로는 전통화과자 업계에 종사하는 사람들 간의 계급과 젠더 역학에 주목한 도린 콘도의 연구(Kondo, *Crafting Selves: Power, Gender, and Discourses of Identity in a Japanese Workplace*, Chicago: Univ. of Chicago Press, 1990), 민예품 도자기의 미학이 갖는 역사성과 그것을 둘러싼 경합을 연구한 브라이언 모린의 연구(Moeran, *Folk Art Potters of Japan: Beyond an Anthropology of Aesthetics*, Honolulu: University of Hawaii Press, 1997) 등을 들 수 있다.

본 연구는 기존에 발표된 특정 국면에 관한 선행연구와 자료들, 파편적으로만 기록된 생애사와 증언들을 한데 모아 교토의 전통섬유산업이 거쳐 온 역사적 변화 속에 재일조선인의 존재 방식을 정리·분석한다. 이러한 작업은 넓게는 '전통'을 역사화하고 맥락화하려는 최근의 학문적 관심에 부응하는 한편, 보다 구체적으로는 일본의 주류 전통에서 교토 섬유제품이 갖는 상징적 중요성 때문에 초래된 또다른 '억압'의 가능성을 탐구하게 될 것이다. 즉, 유구한 전통과 민족문화의 핵심인 교토 섬유제품이 실은 그 존속과정에서 소수자 이민족의 존재에 크게 의존하였고, 그럼에도 불구하고 바로 그 전통성과 문화민족주의적 상징성 때문에 재일조선인의 기여가 더욱 비가시화 되었을 가능성을 고찰하고자 한다.

아래에서는 우선 교토 섬유산업의 역사적 개관, 니시진직물과 교토유젠 제품이 일본문화 속에 차지해 온 상징적 의미, 교토 섬유제품 생산방식의 특수성 등을 개괄적으로 살펴보고, 이런 맥락 속에서 재일조선인이 어떤 방식으로 교토 섬유산업에 참여해 왔는지, 민족관계는 어떻게 위치하는지 분석한다. 나아가 현지 인터뷰와 다양한 방식으로 기록된 생애사와 증언, 회고 등의 자료를 통해 교토의 전통섬유 생산에 종사해 온 재일조선인들의 경험을 드러내고 그 의미를 파악해 보고자 한다.

2. 교토 전통섬유의 역사와 위상

1) 니시진직물과 교토유젠의 역사와 전통

교토는 일본의 다른 도시와 비교했을 때 산업구조에서 전통산업이

차지하는 비중이 매우 높은 도시이다. 그중에서도 대표적인 것이 니시진 견직물로 대표되는 직조업과 '유젠조메'(友禅染)로 대표되는 염색업이다.[5] 고급 기모노와 오비를 만드는 데 주로 사용되는 이 두가지 제품은 일본의 고도(古都) 교토의 역사만큼이나 오래된 전통을 자랑하며 단순히 지역 전통산업을 넘어 일본문화를 상징하는 중요한 아이템으로 자리하고 있다.

〈그림 1〉 교토 실크제품, 기모노, 게이샤 이미지를 활용한 관광포스터들(필자촬영)

명칭만으로 보면 '니시진에서 생산되는 직물'을 뜻하는 니시진오리(西陣織)가 교토의 전통 옷감과 같은 뜻으로 쓰이는 것은 그만큼 전통직물 생산기능이 니시진(西陣) 지역에 집적되어 왔음을 말해준다. 현재 니시진은 행정적인 명칭으로는 남아 있지 않지만 교토시 가미교구(上京区)와 기타구(北区)에 걸친 사방 약 3킬로미터에 달하는 지역을 지칭하며, '니시진'과 '니시진오리' 모두 〈니시진직물공업조합〉(西陣織工業組合)의 등록상표로 되어 있다. 니시진이라는 명칭은 15세기 중반의 오닌의 난(応仁の乱)[6]에서 유래한 것으로 알려져 있다. 교토를 중심으로 1467년부터 11년간 지속된 내란 동안 다른 지역으로 대

---

5) 니시진오리와 교토유젠 외에 교토의 유명한 전통제품으로는 기요미즈 도자기 (清水焼), 쥘부채, 전통인형 등의 공예품과 술·전통과자·장아찌 등의 전통식품이 꼽히고 있다.
6) 무로마치 시대에 제8대 쇼군의 계승문제 등을 둘러싸고 유력 다이묘들 간에 전개된 내란으로, 거의 전국적으로 확대된 이 전쟁의 결과 쇼군이나 수호 다이묘들은 큰 타격을 받아 일본이 전국시대의 혼란으로 들어가는 계기가 되었다.

피하였던 직공들이 전쟁이 끝난 뒤 다시 교토로 돌아왔는데 그 중 일부가 서군(西軍)의 본진(本陣)이 있던 터에 자리를 잡고 전란으로 단절되었던 직조 일을 부활시키며 이 일대를 교토 직물업의 중심지로 만들어 갔다. 즉 니시진이라는 명칭의 유래는 '서군의 본진 터'라는 지명에서 유래한 것이다.[7]

니시진직물은 이후 에도시대 겐로쿠기(元禄期: 1688~1703)에 전성기를 맞이한다. 이 시기에 니시진에서 생산된 견직물은 주로 쇼군가나 궁정 귀족, 혹은 부유한 상공인(町人)의 수요에 부응하면서 다른 지방의 하급품과 확실한 차별화에 성공하였다. 메이지 초기에는 프랑스에서 자가드 직기와 동력직기가 도입되면서 일정정도 양산(量産)도 가능해 졌다. 이후 반복된 경기부침과 전쟁 등으로 치명적인 타격을 입기도 했지만 전후 부흥기와 고도성장기를 통해 엄청난 호황을 경험하기도 하였다. 그러나 현재 니시진 직물업은 장기적인 침체에서 벗어나지 못하고 있는데 그 근본적인 이유는 생활양식의 변화 속에 기모노에 대한 수요가 꾸준히 축소된 데서 찾아야 할 것이다. 물론 버블경기 붕괴 이후의 불황도 니시진 업계에 심각한 타격을 주고 있다. 관련 산업이 전반적으로 쇠퇴하면서 니시진 지역에 직조관련 기능의 집적도 현저하게 떨어지고 신규 참여가 거의 보이지 않으며 후계자 층의 형성에도 어려움을 겪고 있는

---

7) 그러나 니시진이 위치한 교토시 서북부가 견직물 생산의 중요 거점이 된 것은 역사적으로 훨씬 이전으로 거슬러 올라간다. 일본의 고분시대에 해당하는 5, 6 세기경 신라계 도래인인 하타씨(秦氏) 일족이 현재 교토의 서쪽 지역에 해당하는 우즈마사(太秦)를 근거지로 하고 새로운 농경기술뿐만 아니라 양잠과 직조기술을 들여왔다. 간무(桓武)천황이 헤이안(지금의 교토)으로 천도한 배경에도 하타씨의 경제력이 있었으며, 이후 견직물 제조는 궁정 관리의 비호 하에 발전해 갔다. 즉 교토의 견직물 산업과 한반도는 매우 오랜 역사적 연관관계를 가지고 있는 셈이다.

것으로 나타난다. 이런 상황 속에서 제조업자들은 다품종 소량생산방식을 더욱 밀고 나가 고급화하거나 아니면 실용성을 강조한 제품전략, 혹은 산지의 중매상을 거치지 않고 직접 판매하거나 소매상과 직접 거래하는 유통전략 등 다양한 노력을 하고 있는 중이다.[8] 니시진직물은 1976년 전통공예품으로 지정되었다.

염색기법으로서 유젠(友禅)은 호방염(糊防染)의 일종으로, 백색 무지에 염색풀을 사용해 방염(防染)처리를 하여 염색한 뒤 염색풀을 제거하여 문양을 만들어 내는 방식이다. 염색기술과 염색제품 자체는 직조처럼 고대 일본으로 그 기원이 거슬러 올라가지만 현재까지 이어지고 있는 유젠 염색법이 고안된 것은 에도시대 중기이다. 당시 교토의 부채 화가였던 미야자키 유젠사이(宮崎友禅齋)가 1680년대 초두에 고안해 낸 이 염색법은 그 창안자의 이름을 따 유젠조메(友禅染)로 불리며 일세를 풍미했다. 미야자키 유젠사이 이전에 호방염색법이 전혀 없었던 것은 아니나 과거의 다른 염색법에 비해 유젠 염색은 다양한 옷감에 염색을 할 수 있었을 뿐만 아니라 과거보다 훨씬 많은 색상을 사용해서 아름답고 화려한 문양을 염색해 낼 수 있었다. 또한 창안자인 유젠사이는 이미 유형화되어 있던 문양의 구도나 도안을 타파하고 자유로운 문양을 염색에 시도하면서 도안구상에도 대혁신을 가져왔다. 이러한 그의 시도는 겐로쿠기에 번성한 도시문화와 사치풍조와 맞물리면서 염색의 황금기를 불러왔고, 처음에는 교토를 중심으로 소비되던 염색물이 '교토유젠'이란 이름이 붙으며 일본 전역에 확산되었으며 교토유젠은 문양을 넣은 염색을 대표

---

8) 이상의 내용은 주로 『西陣: 織の町・京町家』(片方信也, つむぎ出版, 2007)를 참조했음.

하는 대명사처럼 되어 갔다.

막부 말기부터 도입된 인조염료와 메이지 초기의 보호육성책 속에 교토유젠은 메이지 유신 이후 일련의 개량과 혁신을 거듭하였다. 그중 특히 결정적인 것이 메이지 9년 히로세 나오스케(広瀬治助)가 발명한 '찍는 유젠'(写し友禅) 기법이었다. 이것은 문양을 파낸 문양지(型紙)를 옷감 위에 놓고 염료와 매염제 그리고 전분을 혼합하여 만든 염색풀(色湖)을 칠한 뒤, 증기로 가열하여 염료가 옷감에 착색되게 하고 풀을 물로 헹구어 내는 방식이다. 이 방식의 혁신성은 과거에는 문양을 하나하나 그려 넣던 것에 비해 문양지를 사용해 대량생산을 가능하게 한 점이었다. 그것은 여전히 수공업적인 단계였지만 생산방식의 '근대화'로 교토 염색업의 융성에 결정적인 기여를 하였다. 이후 스크린 염색, 기계염색 등 새로운 염색법이 계속 도입되면서 메이지 중반 무렵에는 유젠 염색기법이 일단 완성된 것으로 평가받는다. 현재는 유젠사이가 고안한 '본(本)유젠' 방식과 '찍는 유젠' 방식을 총칭해 교토유젠으로 부르며, 이는 교토의 대표적인 전통공예품 중 하나다.[9]

---

9) 이상의 내용은 주로 『伝統産業の近代化: 京友禅業の構造』(宗藤圭三・黒松巌, 有裵閣, 1959)를 참조했음. 생산방식에 대한 아래의 논의에서 언급되겠지만 니시진직물과 교토유젠의 생산방식은 아직 상당정도 수공예적 공정을 고수하고 있다. 이것은 무엇보다도 두 제품의 용도가 고급 기모노 제작에 있기 때문이다. 사치품에 가까운 고급 기모노는 그 성격상 대량생산보다는 다품종 소량생산을 해야 한다. 기본적으로 기모노는 옷의 모양보다는 직물의 정교함, 문양, 색채 배합 등으로 차별화를 하기 때문이다. 따라서 현재까지도 최고급 직물은 동력 직기가 아닌 수동직기로 제직하거나 최고급 유젠은 여전히 손으로 문양을 그려 넣기도 하며, 숙련도 높은 직인은 '장인'(匠人)의 반열에 오르게 된다. 섬유제품이라기보다 공예품이라 부를 수 있는 이러한 속성은 교토 섬유산업에 일종의 딜레마라고 할 수 있는데, 그것은 현대 일본에서 교토 전통섬유의 위상을 높여주었지만 향후 후계자 양성에서 도전이 될 수밖에 없기 때문이다.

이 글에서 주목하고자 하는 점은 니시진직물과 교토유젠의 상세한 역사보다는 이 두 전통 제품의 위상과 상징성, 특히 교토의 전통산업으로서의 위상을 넘어 일본의 핵심 전통과 문화로 표상되는 측면이다. 해 러븐이 적절히 지적했듯이 "니시진직물은 비록 공식적으로 그렇게 선언된 적은 없지만 비공식적으로는 일본의 문화재 같이 여겨지고"[10] 있으며, 이는 교토유젠의 경우도 마찬가지이다. 실제 〈니시진직물공업조합〉이 운영하는 전시홍보시설인 〈니시진직물회관〉의 홍보물에는 "일본의 보물," "일본의 전통을 짜는," "일본인의 마음" 등의 표현이 반복적으로 사용되고 있었으며, 직물회관의 주요 볼거리인 기모노쇼의 안내 방송에서는 "1300년 전통," "일본을 대표하는 전통"이란 수식이 강조되고 있다. 니시진직물과 교토유젠이 단순한 전통섬유제품으로서의 의미를 넘어 일본의 전통으로 상징화된 데에는 기모노 및 교토와의 연결성이 크게 작용했을 것이다. 기모노는 단순한 전통복식을 넘어 일본의 민족의상이자 일본다움을 상징한다.[11] 마찬가지로 교토는 단순히 일본의 고도가 아니라 일본문화의 원천이자 일본적 아이덴티티를 상징하는 핵심이다. 교토의 전통경관을 배경으로 한 기모노 차림의 여성의 이미지에서 극화되듯이 교토와 기모노의 결합은 특별히 강력한 상징성을 가지며, 그 상징성은 화려한 고급 기모노를 만드는 니시진직물과 교토유젠에 고스란히 이전될 수 있다.

또한 아래에서 살펴보겠지만 니시진직물이나 교토유젠을 전통적인

---

10) Hareven, *The Silk Weavers of Kyoto*, 25쪽.
11) 일본 역사 속에서 기모노가 갖는 상징적 위상의 변화에 대해선 김효진의 연구 (이 책의 4장)을 참조할 수 있다. 이 연구에 의하면 특히 1960년대 후반 이후 진행된 기모노의 고가화와 예복화 과정을 통해서 일본문화의 상징으로서 기모노의 위상이 더욱더 강화되어 갔다.

방식으로 만들어 낼 때 필요한 고도로 분업화된 전문적이고 수공예적인 과정은 이 두 산업을 일본적 장인정신이 결집된 "천년의 기예"[12]로 표상하게 만든다. 이런 표상 속에서 니시

〈그림 2〉 〈니시진직물회관〉 기모노쇼의 한 장면(필자 촬영)

진직물과 교토유젠은 정교화된 수공예적 생산방식, 그것에 요구되는 직인들의 헌신과 노력, 오랜 역사를 통해 축적된 기(技)와 예(芸)가 결집된 결과이며, 따라서 니시진 직조공들은 "일본의 전통을 짜는" 사람들이고 교토유젠 장인은 "일본인의 마음"을 그려내는 사람들이다. 이러한 상징적 결합 속에 재일조선인이 존재하는 것은 매우 껄끄러운 일이며, 그런 까닭에 니시진직물과 교토유젠 관련 공식자료나 서적 속에 재일조선인의 존재가 비가시화되어 온 것으로 추정해 볼 수 있다.

2) 전통산업으로서 교토 섬유산업의 위기와 긴장들

이상이 현 시점에서 대중적이고 이상화된 형태로 유포되는 니시진 직물과 교토유젠에 대한 재현이라면, 하나의 산업으로서 교토 섬유산업이 내포한 위기와 긴장에 주목하는 목소리도 존재한다. 이 때 말하는 위기와 긴장은 주로 전통적인 생산방식에서 연유하는 갈등과 긴장, 그리고

---

12) 山口伊太郎・山口安次郎, 『織ひとすじ 千年の技』, 祥伝社, 2003.

생활양식의 변화에 따른 전통산업의 위기를 말한다. 이러한 지적들은 일견 평온하고 한결같아 보일 수 있는 '전통'의 이면에서 그 전통을 유지하고 재생산하기 위해 진행되는 복잡한 역학을 드러냄으로써 현대사회 속에 존재하는 전통을 좀 더 입체적으로 조망할 수 있게 해준다.

교토의 전통 섬유산업의 위기는 우선 기모노 산업의 위기에 다름 아니다. 기모노 산업은 고도성장기 이후, 특히 오일쇼크 이래 지속적으로 쇠락해 왔다. 앞서 언급했듯이 기모노 산업이 20세기 이후 반복적인 부침을 경험한 것이 사실이지만, 70년대 이후의 쇠락에 대해 많은 사람들이 "회복 불가"를 이야기하는 것은 현재의 불황이 단순히 경기효과가 아니라 근본적인 생활양식의 변화에서 연유하는 것이기 때문이다. 즉, 양장복식의 일반화에 따른 기모노 시장 자체의 축소를 고려하면 현재 교토유젠과 니시진직물이 경험하는 위기는 피할 수 없는 것이라 할 수 있다. 이러한 상황 속에 교토 기모노업자들은 고급・고가화 전략을 쓰거나 반대로 일상적으로 입을 수 있는 대중화 전략, 혹은 기모노 외에 넥타이, 인테리어 제품, 소품 생산 등으로 판로 확대를 모색하고 있지만 전통 섬유제품의 전체 수요가 제한적일 수밖에 없음은 사실인 듯하다. 실제 필자가 2010년 현지조사시 방문한 〈니시진직물회관〉의 경우도 매일 6~8회 진행되는 기모노 쇼를 관람하는 사람들이나 2층에 마련된 소품 위주의 제품판매 공간의 고객은 절대 다수가 중국인을 필두로 한 외국인 관광객들이었다.

생활양식의 변화에 따른 위기 외에도 교토의 전통 섬유산업의 바로 그 '전통성'이 내포하는 모순과 긴장에도 주목할 필요가 있다. 니시진직물이나 교토유젠에 대한 연구자들이 자주 지적하는 것은 이 두 제품의

〈그림 3〉 기모노쇼를 기다리는 관광객들
(필자 촬영)

생산방식 상의 특수성이다. 교토 기모노 염색제품과 직물은 20~30가지의 고도로 세분화되고 전문화된 분업에 의해 생산되며, 따라서 혼자서 전 공정을 다 할 수 있는 사람은 별로 없다.[13] 이렇게 분업화된 생산공정은 다품종 소량생산을 통해 고급 수요에 부응할 수 있는 반면 생산의 효율성을 저해한다. 각 기술의 훈련방식도 표준화되기 보다는 현장에서 일을 하며 몸에 익히는, 기본적으로 오랜 숙련을 통해 직인이 되는 방식이다. 전통 섬유산업의 경쟁력이 보장되지 않는 상황에서 이러한 훈련방식은 후계자 충원의 어려움을 배가시킬 수밖에 없다.

고도로 분업화된 생산방식 외에도 생산에 참여한 사람들 간의 위계적 관계, 가족노동에 기초한 영세성, 임금지불 방식과 노사관계의 특수성, 열악한 노동환경과 생산의 불안정성 등은 니시진직물과 교토유젠이 표상하는 오랜 역사와 전통의 이면에 자리한 '불편한' 진실들이다. 특히 미국의 사회사학자 해러븐의 연구는 이러한 측면과 관련해 매우 심층적인 이야기를 들려준다.[14] 해러븐은 1982년부터 1996년까지 15년에 걸쳐

---

13) 高野昭雄, 「戰前期京都市西陣地区の朝鮮人労働者」, 『研究紀要』 第14号, 世界人權問題研究センター, 2009a.

14) Hareven, *The Silk Weavers of Kyoto*. 니시진 직물의 생산방식과 생산관계가 내포한 긴장과 억압에 대한 가장 심층적이고 비판적인 연구를 한 사람이 서양인 학자라는 점은 의미심장하다. 수 십 년 간 직조 일을 해 온 장인급 직인들이 니시진의 임금지급방식과 생산관계에 대해 쏟아내는 신랄한 비판과 배신감의 토로가 외국인 연구자이기에 조금 더 용이했던 것은 아닐까 의문이 든다.

〈그림 4〉〈니시진직물회관〉에 전시된
생산공정도(필자 촬영)

행한 200여 명의 니시진 직조공과 제조업자에 대한 인터뷰 자료를 통해 니시진 직물산업에 종사하는 사람들, 특히 직조공의 일과 생활, 의식의 세계를 심도 있게 들여다보고 일본의 전통 섬유산업으로서 니시진직물 생산에 내포된 긴장과 갈등, 위기와 변모상을 내부로부터 드러내는 흔치 않은 연구를 수행하였다. 특히 해러븐이 부각시키는 것은 제조업자에 대한 직인들의 취약한 위치, 직인들의 오랜 헌신과 자부심에 비해 이들이 처한 열악한 생활형편, 가족노동에 기초한 생산방식이 여성에게 부과하는 이중고, 니시진 직인들이 느끼는 자긍심과 배신감, 니시진에 팽배한 위기의식 등이다.

니시진직물 생산의 주체는 '오리모토'(織元)라 불리는 제조업자이다. 오리모토는 제품의 생산계획 전반을 수립하고 생산에 필요한 재료(생사)를 구입하고 도안, 염색, 연사(撚糸) 등각 공정별로 전문화된 직인에게 개별적으로 일을 맡긴 뒤 이런 과정을 통해 준비된 재료를 직조공에게 건네주고 짜는 일을 시킨다. 이런 구조에서는 각 공정을 담당하는 직인과 오리모토의 관계가 매우 일방적일 수밖에 없다. 오리모토는 경기부침에 따른 경영리스크를 개별 직인들에게 전가시킬 여지가 있는 반면, 직인들은 생산과정에서 자율성을 발휘할 여지가 거의 없다. 특히나 현재처럼 일거리 자체가 별로 없는 상황에서는 직인들의 협상력, 즉 더 나은 조건으로 일거리를 주는 오리모토로 바꾸거나 할 여지가 매우 좁아진다.

예컨대 니시진직물 생산에서 직조 방식은 크게 우치바타(內機)와 데바타(出機) 방식으로 나뉘는데, 전자는 오리모토가 자기 공장을 운영하며 월급제 직조공을 고용 하는 것이며 후자는 독립한 직조공이 자신의 작업장에 직조기를 갖추고 오리모토에게 주문을 받아 직조하는 방식이다. 이중 지난 수 십 년 간 데바타에 대한 의존 경향이 점점 강화되어 왔으며[15] 데바타야말로 니시진의 가장 중요한 생산조직이다. 그러나 데바타는 독립 직조공이라고는 하나 대개 직기 한 두 대에 가족원을 고용해서 자기 집에서 직조를 한다. 원재료와 디자인은 오리모토가 제공하고, 직조공은 완제품을 오리모토에게 납품하고 그에 대한 공임을 받는다. 오리모토는 개별 직조공과 각각 공임을 달리 계약하기 때문에 직조공들은 서로 얼마를 받는지 알 수 없다. 이런 이유로 직조공들의 노동조합은 힘을 쓸 수 없으며, 특히 불황국면에서는 오리모토에 대해 매우 불리한 위치에 서게 된다. 해러븐은 자신이 인터뷰를 하던 1980년대에 니시진 직조공들이 "오리모토의 덫에 걸린 것처럼 느끼고 있었다"고 이야기한다.[16] 그들은 오리모토가 정한 가격을 받을 수밖에 없고, 생산량 감소를 그저 감내할 수밖에 없는 입장이다.

특히 기모노는 사치품으로 경기부침에 매우 민감하게 반응하고 그런 이유로 니시진의 직조공들은 세대에 걸쳐 기복이 심하고 불안정한 고용에 노출되어 왔다. 이들에게 "불규칙한 노동은 예외가 아니라 규범"이었으며, "유연성이야말로 생존에 핵심"이었다.[17] 니시진직물 생산의 불규칙한 리듬은 특히 여성들에게 더욱 심화된다. 가내수공업적인 생산방

---

15) 가타가타에 의하면 2002년 기준으로 니시진에서 데바타 직조기가 차지하는 비율은 73.7%에 달하며 데바타만으로 생산하는 기업이 점점 더 많아지고 있다 (片方信也, 『西陣 : 織の町・京町家』).

16) Hareven, *The Silk Weavers of Kyoto*, 40쪽.

17) Hareven, *The Silk Weavers of Kyoto*, 41, 83쪽.

식에서 아내와 딸들은 직조일, 직조 보조일 뿐만 아니라 여성에게 요구되는 다양한 가사 일을 병행해야 하기 때문에 남성들보다 노동에 단절과 방해가 많고, 여가 없이 계속되는 여러 역할 속에서 각종 건강문제와 스트레스에 노출된다. 실제 니시진에서 직조를 하는 여성들은 남성들에 비해 공장을 훨씬 선호하는 것으로 나타나고 있다.

유통방식에서도 '전근대성'이 지적된다. 오리모토가 생산한 기모노 옷감이나 오비제품은 지역 중개상인 산지톤야(産地問屋)를 거쳐 전국적인 유통을 담당하는 대(大)중개상인 무로마치톤야(室町問屋)에게 넘어간다. 즉 오리모토 역시 생산한 제품의 유통판매를 위해선 중개상에게 의존할 수밖에 없는 구조이며, 오리모토와 산지톤야, 무로마치톤야 사이에는 위계적 관계가 존재한다. 지불방식에서도 오리모토는 생사나 실크를 구입할 때는 선불하지만, 제품을 납품할 때는 후불(중매상은 판매가 완료된 이후 지불)이므로 자금여력이 필수적이며, 이는 불황국면에서 오리모토가 감당해야하는 위험요소를 높이는 이유가 된다.

결론적으로 해러븐이 드러내 보이는 것은 높은 명성을 유지하며 전승되어 온 니시진오리의 지속성과, 그 생산을 담당해 온 노동자들의 노동과 수입에서 나타나는 위태로움과 불안정성이 보여주는 선명한 대조이다. 즉 니시진에서 전통의 '연속'은 역설적으로 그 전통담당자들의 '비연속적' 노동에 의해 지탱되어 온 셈이다. 해러븐이 인터뷰한 한 직조공은 이런 갭에 대해 다음과 같이 말한다. "니시진직물은 그 아름다움과 전통이 인정받고 있다. 그러나 누구도 그 아름다운 오비 뒷면에는 주목해주지 않는다. 우리가 그걸 만들며 겪는 어려움, 우리의 힘든 노동 조건, 우리가 먹고살기가 얼마나 힘든지 등은 아무도 보지 않는다."[18]

〈그림 5〉 니시진 거리에서 볼 수 있는
산지톤야 모습(필자 촬영)

교토유젠의 경우도 '위기'를 지적하는 연구가 이미 1950년대 후반부터 나오고 있다. 예컨대 무네토와 구로마쓰는 1950년대 행한 연구에서 교토유젠이 처한 위기의 원인으로 생활양식의 변화에 따른 시장의 축소와 생산과정이 갖는 전근대성을 지적하였는데[19] 이 지적은 현재까지도 유효하다. 이들은 이미 "사양산업으로서 유젠업을 목격하고 있는 교토 및 그 인근에서는 근년에 들어 유젠노동자를 희망하는 사람이 줄어들어서 지방으로부터 훈련생을 데려오는 경향이 점점 더 현저해 지고 있다"고 지적하고 있는데, "사양사업화"와 "후계자 부족"은 그 이후로도 꾸준히 심화되었다. 니시진직물과 마찬가지로 교토유젠도 생산공정의 분업화와 각 공정을 담당하는 생산단위의 영세성이 두드러진다. 니시진직물처럼 유젠도 기본적으로 가내공업적 방식에 의존하고 있다. 유젠염색이 백색 생지로부터 상품으로 되기까지는 적어도 유젠염, 다림질(湯熨斗業), 증업(蒸業),[20] 헹구기(水洗業), 최종 마감일(再整業) 등 다섯 종류의 전문업자 손을 거칠 필요가 있고, 그 외에도 도안가, 문양지 업자, 조각업자, 염료상, 풀(糊粉) 취급상 등의 원재료 공급자, 유통판매를 위한 중개상과 판매업자도 필요하다.

고급 비단염색제품을 만들어 내는 교토유젠은 대중적인 섬유제품과 달리 그 수요가 무제한 확대 가능한 것이 아니다. 또한 고급 옷감은

---

18) Hareven, *The Silk Weavers of Kyoto*, 99쪽.
19) 宗藤圭三・黒松巖, 『伝統産業の近代化 : 京友禅業の構造』, 245쪽.
20) 염색한 천을 쪄서 염료의 착색을 좋게 하는 과정.

〈그림 6〉 예술작품에 재현된 니시진의 직인(필자 촬영)

기호적 요소가 강해서 표준화를 통한 대량생산이 어렵다. 그런 이유로 메이지 이후의 산업화 과정에서 면제품 산업이 기계화되고 유젠염색에도 기계염색이 도입되었지만 기계염색제품은 주로 대중적 수요를 충당하고 교토유젠의 고급제품은 여전히 문양지를 만들어 찍는 수공예적인 염색법을 쓰고 있다. 이 경우 색채에 대한 감각과 염료의 배합 등에서 고도의 숙련이 필요할 뿐만 아니라, 도안, (문양지)조각 등에서도 고도의 전문적 기술이 필수적이다. 즉 생산방식의 전근대성 (기계화를 통한 대량생산이 힘들고 생산규모가 영세한 점 등)은 니시진직물과 마찬가지로 유젠제품에 대한 수요의 특성과 직결되어 있는 셈이다.[21]

그러나 니시진직물과 교토유젠의 생산과정에 내포된 갈등과 긴장, 위기를 드러내는 연구들에도 불구하고 극히 최근까지 이들 전통산업에 존재해 온 민족문제에 초점을 맞춘 경우는 별로 없다. 아마도 해러븐의 책에 일본식 이름으로 등장하는 니시진 직조공과 장인들 중에 재일조선인이 포함되어 있을 확률이 적지 않을 것이다. 아래에서는 오랜 전통과

---

21) 물론 이상의 취약점에도 불구하고 니시진직물과 교토유젠은 일정한 규모에 한해서는 여전히 독자의 기술을 자랑하는 중요한 전통산업으로 존재할 것이다. 해러븐의 인터뷰에 나오는 야마구치씨의 이야기처럼 기모노 외에도 신도 신관이나 불교 승려의 의례복도 니시진 주문이 많으며 넥타이를 비롯해 다른 상품 개발도 하고 있기 때문이다.

명성을 자랑하는 니시진직물과 교토유젠에 대한 표상 속에 그동안 비가시화되었던 재일조선인의 존재에 초점을 맞추어 본다.

3. 교토의 전통섬유산업과 재일조선인

1) 제2차 세계대전 이전
   : 조선인의 교토 유입과 섬유산업 참여

재일조선인의 존재는 일본의 한국 강제병합과 이어진 식민지배에 연원을 두고 있다. 조선인의 일본 유입은 강제병합 후 본격화되어 1920년대 이후 급격히 증가해 간다. 강제연행이 본격화되는 1939년 이전에 도항한 재일조선인들은 조선에서의 농민층 몰락에 따른 생활고에서 생계수단과 일자리를 찾아 일본으로 향했고 일본노동시장의 하급노동자로 편입되었다.[22] 이들이 일본에서 종사한 직종은 "저임금에 장시간 노동을 하며 비위생적이고 위험한 작업을 하는 등 일반 사람들이 기피하는"[23] 일들이었다.

교토의 조선인들이 갖는 특수성은 이들 중 상당수가 지역 전통산업인 섬유산업에 종사했다는 점이다.[24] 즉 일본의 다른 지역과는 달리 토

---

22) 1920년대와 30년대 일본으로 도항한 조선인의 80~90%는 농민출신이었는데, 이들은 도항 비용을 마련할 수 있는 "자작농 출신" (강재언·김동훈, 하우봉·홍성덕 옮김, 『재일 한국·조선인-역사와 전망』, 소화, 2000) 혹은 "중층의 중 및 하" (도노무라 마사루, 신유원·김인덕 옮김, 『재일조선인 사회의 역사학적 연구』, 논형, 2010)에 속하는 사람들이 주를 이루었다.

23) 도노무라 마사루, 『재일조선인 사회의 역사학적 연구』, 101쪽.

24) 金泰成, 「『西陣織』と'友禅染業'の韓國·朝鮮人業者について - 第三回公開シンポジウム報告 京都'在日'社会の形成と生活·そして展望」, 『民族文化教育研究』 第

목·건설보다 섬유산업 종사자가 더 많았다. 조선인의 교토 이주는 "교토의 특정 산업, 즉 니시진의 직물업과 나카교구(中京区)의 염색업과 연결되어 이루어진 이주였고, 그 외에는 교토 남부 개발현장의 노동을 위한 이주"[25]였다. 니시진 산업으로의 조선인 유입은 꽤 이른 시기인 '병합' 직후부터 시작된 것으로 알려져 있다. 구체적인 유입 경위와 관련해 다카노 아키오는 "불분명하다"는 것을 전제로 당시 조선의 잠업종사자들이 현재의 연수생 같은 형태로 니시진에 취직했을 가능성을 추정하고 있다.[26] 이러한 추정은 충분히 설득력이 있는 것으로, 교토의 조선인은 경상남·북도 출신이 압도적으로 많고 그중 단일지역으로는 상주 출신이 가장 많았다. 상주는 조선시대 이래 양잠업의 중심지 중 하나로 누에고치 생산고에서 오랫동안 전국 선두에 있었다. 일본의 식민지배가 시작된 이후 상주지역에서는 양잠업이 현금 수입을 위한 주요 부업으로 자리했으며 1930년대에는 원사뿐만 아니라 이곳에서 생산된 명주가 교토염색 제품(京染) 용으로 교토에도 보내졌다.[27] 즉 상주읍에 들어와 살고 있던 일본인들이 상주의 양잠 관련 종사자들이 교토로 갈 수 있는 네트워크를 제공했을 수 있다. 1920년이면 교토 거주 조선인 713명 중 섬유공업종사자가 393명(55%)으로 니시진은 교토 조선인 사회의 중심지가 되었고, 같은 해 친목과 상호부조를 위한 〈교토조선인노동자공제회〉도 설립되었다. 이 단체는 전국의 재일조선인 단체 중에도 매우 이른 시점에 설립된 것이다.

三号, 2000.

25) 生活実態調査班, 「京都市西陣·柏野地区朝鮮人集団居住地域の生活実態」, 『朝鮮問題研究』 Vol. Ⅲ No. 2, 1959, 33쪽.
26) 高野昭雄, 「戦前期京都市西陣地区の朝鮮人労働者」.
27) 板垣竜太, 『朝鮮近代の歴史民族誌: 慶北尚州の植民地経験』, 明石書店, 2008, 158쪽.

초기에 교토 섬유산업으로 유입된 조선인들은 남성 단신 이주자들이 많았다. 이들은 직조공장의 기숙사나 직인 집에 입주도제살이(住込奉公)를 하며 장시간 노동을 통해 일을 익혔다. 당시 조선인이 종사하고 있던 직조일은 토목보다도 임금이 낮았다. 또한 조선인 직조공의 임금은 일본인 노임의 평균 8할 정도 밖에 되지 않았다.[28] 내무성 사회국의 한 자료에는 1924년의 교토 조선인노동자의 일급이 기록되어 있는데, 토목건축업 2.0엔, 섬유공업 1.5엔으로 되어 있다.[29] 그러나 중노동과 낮은 임금에도 불구하고, 덧붙여 1920년대에 지속된 장기불황으로 일자리가 부족한 상황에서도 조선인의 유입은 계속되었다.[30]

1930년대가 되면 교토 섬유산업에 종사하던 재일조선인 내부에 소수의 독립사업자가 등장한다.[31] 이는 조선인 이주노동의 역사가 길어지면서 장기체류자·정주자가 생겨나고 어려운 노동 상황 속에서도 자본과 기술을 축적한 재일조선인이 생겨났음을 의미한다. 단신으로 일본으로 건너 와 니시진에서 직조공으로 일하던 조선인들이 시간이 지나면서

28) 韓載香, 「京都繊維産業における在日韓國朝鮮人ダ企業のイナミズム」, 東京大學COEものづくり経営研究センター Discussion Paper No. 23, 2004.
29) 內務省社會局第一部, 『朝鮮人勞動者に関する狀況』, 1924 (高野昭雄, 「戰前期京都市西陣地区の朝鮮人労働者」, 157쪽)에서 재인용.
30) 제1차 세계대전의 종결에 이은 1920년대의 불황국면에서 일본의 양잠·제사업은 치명적인 타격을 입었다. 주요 수출국이었던 미국의 수요 급락과 인견의 등장, 값싼 중국견사의 유입으로 생사 값은 폭락을 거듭했고 제사업자들은 이를 양잠농가와 공장노동자 임금에 전가했다(金子八朗, 「生糸恐慌と製糸業労働者の労働條件(上)(下)」, 『三田学会雑誌』 7月·9月, 1948a·1948b). 불황을 타개하기 위한 또 하나의 방법이 값싼 조선인 노동자들을 들이는 것이었는데, 이 시기 교토 섬유산업으로 조선인 노동자들의 유입이 지속적으로 증가한 것은 이런 맥락에서도 이해될 수 있을 것이다.
31) 高野昭雄, 「戰前期京都市西陣地区の朝鮮人労働者」; 韓載香, 「京都繊維産業における在日韓國朝鮮人ダ企業のイナミズム」.

가족을 꾸리고 몇 대의 직기를 빌리거나 구입하여 위탁 제직(製織)을 하게 되거나, 유젠이나 염색관련 노동을 하던 사람들 중에도 독립사업자가 생겨났다. 다른 한편으로 1930년대 일본경제의 호황과 섬유산업의 발전을 배경으로 교토지역 섬유산업으로 새롭게 편입되는 조선인 수도 더욱 증가했다.

특히 이차대전 이전에 이미 조선인이 독점적인 지위를 확보하였던 분야는 유젠생산 공정 중 하나인 증기로 찌는 작업(증업, 蒸業)과 헹구기 작업(수세업, 水洗業)이다. 유젠 생산에서 증업은 제품의 색채나 광택에 직접 영향을 주는 매우 중요한 공정인 까닭에 과거에는 유젠업자들이 직접했으나 1910년대 초기에 분업화되기 시작하여 1910년대 후반 경에는 이미 증업을 전문으로 하는 곳이 5~6집을 헤아리게 되었다.[32] 초기에는 위탁을 꺼려하던 유젠업자들이 결정적으로 1차 세계대전 후의 곤경 속에 채산성을 맞추기 위해 직접 하는 것을 포기하고 저가에 편리한 증업 전문업자를 찾게 되면서 증업은 확실하게 분업화된 공정으로 자리잡게 되었고, 1930년경이면 '반도출신 업자'가 더욱 많아지게 되었다. 헹구기 공정 역시 비슷한 시기와 과정을 통해 분업화·전문화되었는데, 1971년 환경보호 관련 규제가 등장하기 전까지는 하천에서[33] 행해지던 이 작업은 한여름과 겨울의 혹독한 노동환경을 견뎌야 하는 중노동이었다. 헹구기 공정 역시 1930년대 이후 재일조선인의 독점 영역처럼 되어 갔다.[34]

---

32) 宗藤圭三·黒松巌, 『伝統産業の近代化 : 京友禅業の構造』.
33) 주로 교토의 가모가와(鴨川)와 가쓰라가와(桂川)의 물을 이용했다고 한다.
34) 이러한 상황은 이차대전 이후에도 그대로 지속되었다. 예컨대 1950년대 후반 교토 도시샤(同志社)대학에서 낸 교토 전통섬유산업에 대한 공동연구 결과물은 다음과 같이 지적하고 있다: "증업 ·수세업 및 그에 종사하는 노동자의 특징은 비숙련·중노동을 기초로 하고 제3국인(한국·조선인)에 의해서만 행해

〈표 1〉 전국 및 주요 도부현(道府県) 재일조선인 직업구성비(1935)[35]

직업		전국 (%)	홋카이도	도쿄부	가나가와현	교토부	오사카부	효고현	아이치현	후쿠오카현
有識的 직업		0.35	0.27	1.47	0.30	0.21	0.29	0.33	0.30	0.30
상업	계	10.19	4.89	15.88	10.05	8.69	5.63	6.56	6.60	6.97
	보통상인	1.49	0.81	1.81	0.87	0.97	1.94	1.92	1.18	1.27
	인삼·과자류·잡품	2.32	2.06	1.64	0.43	0.73	0.32	0.25	0.04	1.23
	기타잡업	6.37	2.02	12.43	8.74	6.99	3.36	4.38	5.38	4.48
농업		1.07	23.29	0.07	0.44	0.30	0.07	0.19	0.27	1.20
어업		0.10	0.11	0.30	0.00	0.00	0.00	0.04	0.03	0.33
노동자	계	82.82	58.46	78.59	87.14	87.84	88.18	88.39	89.49	78.82
	광업	2.81	9.66	0.00	0.00	0.52	0.00	0.38	0.53	5.49
	섬유	10.59	0.02	3.42	3.55	26.30	12.46	1.12	8.96	0.90
	금속·기계	6.56	0.02	5.62	1.58	2.60	12.81	4.78	4.85	7.32
	화학	10.93	0.07	8.79	0.58	1.56	18.93	11.78	19.18	6.97
	토건	24.82	16.66	34.88	64.54	36.42	15.79	33.00	22.51	11.28
접객업		1.62	9.76	0.98	0.71	0.67	1.91	1.90	0.81	1.50
기타		3.87	3.22	2.71	1.36	2.30	3.92	2.60	2.49	10.87
유업자 합계		100.0	100.0	100.0	100.0	100.0	100.0	100.0	100.0	100.0

　　1935년 전국 및 주요 도부현의 재일조선인 직업구성비(〈표 1〉 참조)
를 보면 교토의 경우 섬유노동자가 높은 비중을 차지하고 있음을 알 수
있다. 같은 시기 교토시 사회과도 교토시의 조선인 노동자에 대해 "토건노
동자에 이어 방직공업에 종사하는 사람이 많고, 그 중 '염색업 및 그에 부
속되는 증업·수세업 등'이 약 반을 차지한다"[36]고 언급할 정도로 교토시
의 조선인에게 섬유관련 일은 매우 중요한 일거리였다.

　　　지고 있는 점을 거론하지 않으면 안 될 것이다"(宗藤圭三·黒松巖, 1959, 『伝統
　　　産業の近代化: 京友禅業の構造』, 113쪽.).
35) 内務省警保局, 『社會運動の狀況』, 1935년 판. 도노무라 마사루, 『재일조선인 사
　　　회의 역사학적 연구』, 101쪽에서 재인용.
36) 京都市社會課, 1936, 도노무라 마사루, 『재일조선인 사회의 역사학적 연구』,
　　　103쪽에서 재인용.

다른 한편 지역산업으로서 섬유산업은 당시 교토시 경제에서 매우 큰 비중을 차지하고 있어 교토의 지역경제를 지탱하는데 조선인들이 최하급 노동자로서 중요한 역할을 하고 있었음을 알 수 있다. 당시 조선인과 마찬가지로 하층노동에 종사하고 있던 피차별부락민 중에도 니시진 관련 일을 하는 사람이 있었으나 조선인노동자에 비해 훨씬 적었다.[37] 이차대전 이전의 교토시 공업은 도쿄나 오사카 등 다른 도시와 비교해 종사자 수나 공업생산액에서 방직공업이 다른 분야에 비해 압도적 우위를 차지하고 있었다(〈표 2〉 참조). 상품별 생산액도(〈표 3〉) 니시진오리로 대표되는 '직물'이 1930년대 전·후반 모두 가장 큰 비중을 차지하고 있으며 유젠조메로 대표되는 '표백 및 염색물'이 1930년대 후반이면 직물에 이어 생산액 2위를 차지하고 있다.

〈표 2〉 교토시의 공업(1936)[38]

	교토시 노동자수(인)	교토시 비율(%)	전국 비율(%)	교토시공업 생산액 (천 엔)	교토시비율 (%)	전국 비율(%)
방직공업	30,301	57.9	39.7	88,171	43.3	28.6
기계기구공업	7,907	15.1	17.7	25,990	12.8	13.7
식료품공업	3,967	7.6	6.4	34,655	17.0	10.6
금속공업	2,550	4.9	9.5	15,575	7.7	17.8
화학공업	1,559	3.0	10.6	14,607	7.2	18.7
인쇄 및 제본업	1,530	2.9	2.3	3,810	1.9	1.9
요업	1,346	2.6	3.9	3,884	1.9	2.7
製材 및 목제품	1,195	2.3	3.6	4,979	2.4	2.3
와기 및 전기업	289	0.6	0.3	6,490	3.2	-
기타	1,669	3.2	6.0	5,236	2.6	3.7
합계	52,313	100.0	100.0	203,402	100.0	100.0

---

37) 高野昭雄, 「戰前期京都市西陣地区の朝鮮人労働者」.
38) 高野昭雄, 「戰前期京都市西陣地区の朝鮮人労働者」, 148쪽.

<표 3> 교토시 상품별 생산액(1932/1937)[39]

	1932년(천 엔)	구성비(%)	1937년(천 엔)	구성비(%)
직물	55,694	27.8	68,274	21.0
표백 및 염색물(晒及染物)	17,272	8.6	36,358	11.2
피복견면(絹綿) 및 마제품	26,666	13.3	35,565	10.9
양조(釀造)물	15,586	7.8	22,475	6.9
금속제품	6,718	3.4	21,123	6.5
견사(絹糸)방적	11,245	5.6	19,394	6.0
기계류 및 표본	2,502	1.3	18,896	5.8
전기 가스 기기	3,673	1.8	18,437	5.7
음식물 잡류	8,671	4.3	10,904	3.4
도자기	5,389	2.7	9,073	2.8
실·가방 제품(糸物及袋物)	5,093	2.5	8,495	2.6
인쇄 제본	2,828	1.4	6,822	2.1
기타	47,368	23.7	60,254	18.5
합계	200,034	100.0	325,166	100.0

　　그러나 1930년대 후반 이후 전시상황의 심화 속에 통제경제가 실시되면서 교토의 섬유산업은 어려움에 처하게 된다. 특히 1940년의 〈사치품제조판매금지규칙〉(일명 〈7.7 금지령〉)은 니시진직물업에 큰 타격을 가했다. 당시 데바타를 하던 조선인 중 십 수 명이 제조업자가 되려고 하던 차에 이 조처에 의해 사업 그 자체를 계속하는 것이 곤란해졌으며, 통제경제가 심화되면서 니시진 지역 직기의 60%가 폐지되어 강제 공출되었다.[40] 그 결과 "니시진의 시가지는 불이 꺼진 것처럼 직조기의 소리가 사라지고"[41] 재일조선인들은 일자리를 잃거나 폐업을 하였다.

　　살펴본 것처럼 교토의 기간 전통산업으로서 섬유산업은 영세한 규모에 중노동, 장시간 노동, 저임금에 의해 지탱되고 있었다. 그리고 역설

---

39) 高野昭雄, 「戰前期京都市西陣地区の朝鮮人労働者」, 148쪽에서 변형 인용.
40) 高野昭雄, 「戰前期京都市西陣地区の朝鮮人労働者」.
41) 飯沼二郎, 『七十万人の軌跡: 在日朝鮮人を語る』, 麦秋社, 1984, 89쪽.

적으로 이러한 속성은 조선인 노동자들에게는 '기회'가 되었다. 특히 주거문제를 해결하기 힘든 초기 단계 이주자들에게는 봉건적 입주도제방식의 직무 훈련도 현실적인 '대안'으로 다가왔을 것이다.[42] 실제로 교토섬유산업이 위기나 불황에 직면할 때마다 오히려 조선인들에게는 새로운 진출기회가 열렸다. 달리 말하면 교토 섬유산업은 위기상황에서 재일조선인 노동자라는 '범퍼'를 활용하여 이를 극복하고 지속할 수 있는 여건을 재정비할 수 있었던 셈이다. 1920년대의 지속적인 불황 속에 유젠업자들이 채산성을 맞추기 위해 찌기와 헹구기 공정을 저가에 하청으로주고 니시진에서는 "넘쳐나는 조선인 노동자들, 이들의 낮은 생활수준에주목한 업자가 가능한 한 저임금으로 조선인을 사용하고자"[43] 비로드생산을 시작한 것 등이 좋은 예이다. 뒤에 살펴보겠지만 1920년대의 비로드 생산 경험은 패전직후 재일조선인들이 '비로드 붐'을 주도할 수 있게 하였다.

2) 제2차 세계대전 이후

(1) 비로드 붐과 재일조선인: 패전 직후에서 고도성장기 까지

언급했듯이 교토의 기모노 섬유산업은 1940년 〈사치품제조판매금지규칙〉으로 결정적인 타격을 받게 되었다. 이후 전쟁이 격화되면서 산업 전반이 준(準) 휴업상태에 들어간다. 패전 후 1946년 7월부터 생사 사

---

42) 조선인 노동자의 직종이 주로 토목·건설에 집중되었던 일본 내 다른 도시나
    교토 남부 지역의 경우 조선인들이 현지의 파차별부락이나 그 인근으로 흡수
    되어 모여 사는 경향을 보였으나 교토 섬유산업 노동자들은 피차별부락과 분
    리되어 거주했고 뚜렷한 집주(集住)현상을 보이지도 않은 것으로 나타난다.
43) 高野昭雄, 「戰前期京都市西陣地区の朝鮮人労働者」, 170쪽.

용이 허가되고 49년 4월부터 섬유 및 섬유제품의 통제가 점차 해제되면서 교토 섬유산업도 다시 숨을 쉬게 되었다. 이는 특히 게타 끈(鼻緒) 수요 등으로 추동된 비로드 생산의 호황에 의한 것이었으며, 이 '비로드 붐'을 주도하며 니시진 직물업을 재가동 시킨 것은 바로 재일조선인들이었다. 니시진직물 제조업자로 성공한 부친을 이어 사업체를 운영했던 김태성은 패전 직후 니시진의 상황과 조선인의 움직임에 대해 다음과 같이 보고하고 있다.

> 전쟁이 격화되면서 자재부족으로 금속공출령에 의해 동력직기의 반 이상이 공출된 까닭에 전쟁이 끝난 시점에 니시진에 남은 것은 수동직기 6,270대, 동력직기 3,480대로 전전의 3분의 1 밖에 되지 않았다. 생사 배급도 아주 제한적인 상태였다. 전쟁말기에 자유폐업을 강요받고 군수공장 등에서 일을 하던 사람들은 전쟁이 끝났지만 바로 본업에 돌아갈 수 있는 상황이 못 되었다. 대략 전 직조기의 1할 정도가 움직이고 있었다고 보면 좋을 정도였...... 이런 상황에서 니시진의 조선인은 일찌감치 1945년 9월부터 비로드 제조를 중심으로 직조를 재개하였다. 전후 니시진직물은 일본인이 아니라 조선인에 의해 제조되기 시작한 것이다.[44]

비로드 붐을 타고 재일조선인의 니시진 집중도 현저해졌다. 패전 후 5년 사이 기존에 재일조선인들이 많이 종사하던 토목 등의 업종으로부터 니시진직물 관련 직업으로 새롭게 유입되는 조선인들이 급증했다. 예를 들어 재일조선인 〈생활실태조사반〉이 1959년 교토 가미교구 가시와노초(上京区柏野町)에서 행한 실태조사를 보면[45] 조사에 응한 51가구 중

---

44) 金泰成, 「西陣織'と'友禅染'業の韓國・朝鮮人業者について」, 28쪽.

1945~50년 사이에 가시와노초로 이주한 경우가 28세대로 가장 많고 그 이전에 유입된 가구가 14세대로 나타나고 있다. 일부 예외적인 경우도 있었지만 신규 유입자를 비롯해 대부분의 조선인들의 비로드 생산은 소규모였다. 위에 인용한 〈생활실태조사반〉의 조사는 니시진 지역으로의 조선인 신규유입 양상과 경영형태를 아래와 같이 기술하고 있다.

> 일본의 패전 이래 직물수요가 높아지고 비로드로 만든 게타 끈 등의 수요가 엄청났다. 그러나 여전히 통제경제인 까닭에 니시진 경기가 매우 좋았고, 그 직기[비로드 직기]도 간단한 수동 직기여서 비교적 자본이 많이 들지 않았고 소박한 제품을 만들어도 잘 팔렸다. 이런 호경기를 타고 지방으로 소개(疏開)되어 있던 사람들, 주변 지역에 살던 사람들이 많이 이주해 왔다. 따라서 [가시와노]지구 내 직업도 대부분 직물업이었지만, 그 경영형태는 극도로 불안정한 것으로 1945년~50년 사이에는 거의 모두 수동직기 2~3대를 가지고 비로드를 짰다.46)

그리하여 전후 부흥기 동안 니시진의 재일조선인 업자 수는 600명 이상을 헤아리게 되었고47) 이들 대부분은 비로드 생산을 하였다. 이런 규

---

45) 生活実態調査班, 「京都市西陣・柏野地区朝鮮人集団居住地域の生活実態」, 『朝鮮問題研究』 Vol. III No. 2. 1959년 조사 당시 니시진 가시와노초는 직물업이 밀집한 지역으로 특히 재일조선인 밀집도가 높고 교토에서도 비교적 재일조선인이 유복하게 사는 지역이었다고 한다. 위의 조사는 가시와노초에 거주하는 재일조선인 70호 중 67호를 대상으로 조사를 했고 그중 답을 한 51 가구의 응답 결과로 작성된 보고서이다. 이는 전후 교토 니시진 지역의 재일조선인에 대한 구체적인 실태조사로는 매우 드문 자료이다.
46) 生活実態調査班, 「京都市西陣・柏野地区朝鮮人集団居住地域の生活実態」, 35쪽.
47) 한재향은 600명 정도로, 김태성은 650명으로 추산하고 있다. 김태성은 비슷한 시기 일본인 업자 수는 약 1,500명 정도였다고 추산하며, 일본의 전통산업에 조선인이 이 정도 비율로 참여한 것은 "특이한 케이스"라고 평한다.

모를 배경으로 1946년 4월에는 〈조선인니시진직물공업협동조합〉이 결성
되었는데 이는 전후에 니시진 업계에서 본격적으로 활동을 시작한 최초
의 조합이었다. 이 조합이 중심이 되어 후에 민족금융기관도 설립된다.

비로드가 처음 니시진에 들어온 시기에 대해서 다카노 아키오는 정
확히 언제 들어 왔는지는 분명치 않지만 1920년대의 불황국면이라고 추
정한다.[48] 1차 세계대전이 끝날 무렵 니시진은 미증유의 호황을 누렸고
노동력 부족으로 많은 조선인 노동자들을 불러들였는데, 대전이 종결되
면서 만성적 불황과 함께 조선인 노동자들이 넘쳐나자 이들을 가능한 한
저임금으로 활용하고자 니시진 업자들이 비로드를 시작했다는 것이다.
그래서 "비로드 직조인은 거의가 조선인이고 비로드는 니시진의 조선인
특수부락이라고 말해도 좋을 업종"[49]이 된 것이다. 비로드 짜기는 중노
동에 굉장한 인내심을 요하는 복잡한 공정을 거쳐야 하지만 게타 끈 같
은 경우 문양이나 색깔 수 등에서 고도의 기술이 필요하지는 않다. 비로
드 생산은 쇼와공황기에 커다란 타격을 받기도 했으나 1932년부터 시작
된 호황과 전쟁으로 인해 노동력이 부족한 상황에서 재일조선인은 계속
해서 비로드 생산에 임할 수 있었다. 비로드는 고급 화복이나 양복·숄
·코트·게타 끈 등에 사용되었는데, 특히 만주사변 후 여성들이 다양한
후방지원 업무에 동원되면서 외출이 증가하자 게타 끈 수요가 급증했다
고 한다. 결국 1920~30년대 비로드 생산경험이 재일조선인들로 하여금
패전 후의 비로드 붐을 지탱하게 한 한가지 배경이 된 셈이다. 이차대전
이전부터의 이러한 연속성과 관련해 도노무라 마사루는 다음과 같은 중

---

48) 高野昭雄, 「戰前期京都市西陣地区の朝鮮人労働者」.
49) 渡部徹編, 『京都地方勞動運動史』, 1959, 402쪽. 高野昭雄, 「戰前期京都市西陣地
区の朝鮮人労働者」, 162쪽에서 재인용.

요한 지적을 하고 있다.

종종 현재 재일조선인 부유층은 [패전 직후] 암시장의 혼란에 편승해서 돈을 벌었다는 이미지로 이야기되기도 한다...... 실제로 암시장에서 장사를 하고 있었던 조선인이 있는 것, 그들에 대한 경찰당국의 단속은 일본인에 대한 단속에 비해서 엄하지 않았던 것은 이제까지의 연구자들도 지적하고 있는 것이다. 그러나 필자는 전후 재일조선인의 상공업·서비스업을 이야기할 때 이제까지 살펴본 바와 같이 전전에 영세한 제조업에 종사하고 거기에서 재산을 모은 사람이 있었다는 사실을 고려할 필요가 있다는 것을 지적해 두고 싶다. 또한 재산을 모은 정도는 못되었지만 전전에 남의 밑에서 일하면서 습득한 기술과 노하우가 전후에 사업의 기초가 되었던 사람도 있을 것이다. 이 점들을 무시하고 연구자가 역사를 이야기할 경우 일본의 재일조선인에 대한 차별적 인식을 조장할 우려가 있다고 생각한다.[50]

종합해 보건대 패전 직후 조선인이 비로드 생산을 주도할 수 있었던 것은 전전의 생산경험, 기술적으로나 자금 면에서 상대적으로 낮은 진입장벽, 생사 확보의 중요한 루트인 암시장 이용에 대한 연합군 측의 '배려' 등이 주요 배경으로 작용한 셈이다. 결과적으로 교토의 전통산업 니시진직물은 전후 "일본인이 아니라 조선인에 의해 재개" 되어 "조선인 노동자와 연관관계를 갖고 고도성장기를 맞이"[51] 하게 되었다.

1950년대 들어 일본경제는 한국전쟁 특수경기를 기점으로 빠른 회복세로 돌아섰다. 이어진 고도성장기는 니시진직물의 최전성기이지만

50) 도노무라 마사루, 『재일조선인 사회의 역사학적 연구』, 431-432쪽.
51) 高野昭雄, 2009a,「戰前期京都市西陣地区の朝鮮人労働者」, 171쪽.

재일조선인 종사자 수가 급속히 축소되는 시기이기도 하다. 경제회복은 여성복 수요를 부활시켰는데 그것은 당시까지 주력 상품이었던 비로드를 대신하여 기자크(着尺, 기모노 본체용 옷감)에 대한 수요로 집중되었다. 니시진에서 생산되어 온 직물로는 기자크, 오비용 옷감, 비로드, 넥타이, 실내장식용 천 등이 있는데, 니시진을 대표하는 기자크와 오비는 전시중 공표된 사치금지령에 의해 휴·폐업 상태이던 것이 십 수 년 만에 부활하게 된 것이다. 비로드 생산에서 기자크 생산으로 전환하기 위해서는 설비를 목제 수동직기 대신 철제 동력직기로 갱신하지 않으면 안되었는데, 이런 식의 변화에 대응할 수 있는 재일조선인 업자는 십 수 명에 불과했고 그들을 제외한 대다수는 커다란 장애에 직면했다. 영세 조선인들이 부딪히는 문제는 무엇보다 금융기관으로부터 융자받기가 어려운 점이었다.

상기한 〈생활실태조사반〉의 가시와노초 실태조사에서는 이 시기 영세 재일조선인 직물업자의 축소와 전업(轉業) 양상을 구체적인 수치로 확인할 수 있다. 해당 지역의 조선인들은 비로드 호경기였던 45~50년 사이에는 90%(44 가구)가 직물업에 종사할 정도로, 종래부터 거주해 온 사람들이나 신입자들 거의 모두 비로드 생산에 종사하고 있었다. 그러나 50~54년 사이에는 직물업이 축소되기 시작하여 도산하거나 음식업, 이발업, 과자점, 목재업 등으로 전업이 속출하였고 55~57년 사이엔 직물이 24 가구로 줄어들고 조사 당시인 59년에는 20세대로 40%를 점하게 되었다. 반면 일용 노동이나 직공으로 전환된 경우가 10%에 달한다.[52]

---

52) 生活実態調査班,「京都市西陣·柏野地区朝鮮人集団居住地域の生活実態」. 이 조사는 재일조선인들이 1950~54년 사이에 급속히 몰락한 원인으로 무경험에서 오는 상법 미숙, 통제 경제가 풀리며 고급 직물 위주로 수요가 형성된 점, 다른 지

(2) 기모노 산업의 호황·고급화와 쇠퇴: 고도성장기 및 그 이후

1960년대 들어 고도성장으로 인한 생활수준 향상 속에 기모노 수요도 고급화되어 갔다. 그와 함께 기자크를 만드는 데 직물을 대체해 염색제품이 주로 사용되게 되었다. 직물은 짤 수 있는 색 수가 제한되어 있지만 염색제품은 무제한의 색으로 염색이 가능하고 옷감의 촉감도 좋아 고급감이 느껴진다는 것이다. 그 결과 기모노 수요의 비약적 증가와 더불어 유젠업계는 최전성기를 맞게 되었다. 전전부터 주로 증업·수세업을 담당했던 재일조선인 중에도 염색제품 생산에 진출하는 경우도 나타났다. 기자크 수요가 유젠 제품에 집중됨으로써 기자크용 직물 생산은 쇠퇴할 수밖에 없었고, 대신 고급 오비용 옷감을 중심으로 니시진직물에 대한 수요가 형성되었다. 이러한 과정을 거쳐 '교토유젠으로 만든 기자크와 니시진직물로 만든 오비'(京友禅着尺+西陣織帯地)라는 조합이 정착되어 갔다. 니시진직물의 2대 제품인 기자크와 오비 중 오비 출하액이 기자크를 추월하게 된 것은 1969년이다. 이후 업계로서도 오비를 주요 제품으로 특화시켜 나갔다. 그 와중에 니시진의 많은 재일조선인 업자들은 오비로 전환하지 못하고 전·폐업하였다. 후술하겠지만 이 전·폐업은 결과적으로 보면 '현명한' 전환이 된 경우가 많았다.

고도성장기를 맞아 기모노업계는 전후 최고의 전성기를 맞이했고 업계는 수익 확대를 위해 규모를 키워 나갔다. 또한 부족한 노동력을 해소하기 위해 교토부 단고반도[53] 뿐만 아니라 한국과 중국까지 진출하여

역에서 생산된 비로드와의 경쟁에서 패한 점, 화학 섬유의 발전으로 인한 비로드 수요 감소, 기모노 수요 감소, 고급직물 생산에 필요한 동력직기 설비를 위한 자본 융자가 힘든 점, 계획적인 자본 축적에 무관심했던 점 등을 꼽고 있다.
53) 교토부 북부 동해('일본해') 쪽에 위치한 지역으로 오글오글하게 짠 고급견직물인 치리멘(縮緬)의 특산지이다. 치리멘 직조 전통이 있는 까닭에 니시진의 오

〈그림 7〉 교토유젠 기모노와 니시진 직물로 된 오비(필자 촬영)

하청생산을 하였고, 유젠업계도 한국에서 홀치기염색(絞染) 위탁가공을 하면서 증산 체제를 갖추었다. 그러나 이 활황은 1973년 오일쇼크를 기점으로 불과 몇 년 만에 파국을 맞게 된다. 1970년대 초두까지 교토의 기간산업이었던 섬유산업은 1970년대 중반 이래 장기 침체국면을 맞이한다. 위에 언급했듯이 니시진직물은 1960년대 고급화를 중심으로 산업의 재편을 시도했으나 "산업 전반이 다시 회복되는 일은 없었다."[54] 1990년대 이후 교토 경제에서 섬유가 차지하는 비중은 현저하게 감소해 있다.

재일조선인의 경우 토목, 부동산업, 금융업 등을 중심으로 전업하면서 비제조업화가 진행되었다. 특히 니시진직물의 쇠퇴와 선명한 대비를 보인 것이 파친코 홀의 성장으로 전업 후 가장 눈에 띄게 성공한 경우는 파친코업으로 전환한 사람들이었다.[55] 재일조선인 산업으로서 섬유의 쇠퇴와 파친코홀의 급성장은 동시에 진행된 것으로, 56년~75년 사이 파친코 산업은 섬유산업을 대신하여 재일조선인의 특화산업으로 자리를 잡았다. 김태성은 니시진의 조선인 업자 수를 패전 직후 650명에서 1975

리모토들이 증산을 위해, 혹은 비용을 줄이기 위해 이곳의 데바타를 활용하게 되었다.

54) 韓載香,「京都纖維産業における在日韓國朝鮮人ダ企業のイナミズム」.

55) 예를 들어, "증언에 의하면 교토시내에서 다점포 운영을 하고 있는 〈파친코 킹〉은 니시진오리로부터, 〈파친코홀 점보〉는 증업으로부터 사업전환을 했다"고 한다 (韓載香,「京都纖維産業における在日韓國朝鮮人ダ企業のイナミズム」, 28쪽).

년에는 백 명 정도로, 2000년 현재 50명 이하로 감소했다고 추정한다. 유
젠업계의 조선인 업자도 극단적으로 적어져 현재는 그 존속여부가 불투
명한 상황이라고 한다.[56] 2010년 인터뷰를 했던 재일조선인 제조업자 시
라카와 씨는 현재 니시진에서 제조업자나 데바타로 직조 일을 계속하고
있는 재일조선인은 이제 열 집이 안된다고 하였다.

정리하자면, 제2차 세계대전 이전부터 재일조선인은 값싼 노동력으
로 니시진직물의 직조를 담당하거나 혹은 중노동을 하며 유젠염색의 증
업·수세업 등의 공정을 담당해 왔다. 그중 다수가 니시진직물 오리모토
나 유젠염색 생산자로 독립하고 이들의 경제력을 바탕으로 재일조선인
직물조합 등의 단체와 민족금융기관이 설립될 수 있었다. 민족의 독자적
인 금융기관의 필요성은 일찌감치 부터 공유되었던 것으로, 니시진의 조
선인조합은 민족금융기관의 설립을 결의하고 일본 전역의 동포사회에
호소하여 1953년 11월 〈상공신용조합〉(현 朝銀近畿信用組合)이 〈니시진
조선인직물조합〉 내에 본점을 두고 탄생하였다.[57] 기모노 섬유산업은
고도성장기를 거치며 교토의 경제에서 가장 중요한 산업으로, 더불어 재
일조선인 경제에서도 가장 중요한 위치를 차지하게 되었으나 70년대 이
후 섬유산업의 지속적인 쇠락 속에 재일조선인 기업 대부분이 전·폐업
한 상태로 현재에 이르고 있다. 사실 살펴본 것처럼 다수의 재일조선인
직물업자가 도태되기 시작한 것은 일본인들보다 앞서 이미 1950년대부
터의 일이다. 기본적으로 재일조선인들은 초기 설비투자가 적은 분야나
저가의 직물생산에 많이 유입된 까닭에 패전 직후처럼 특수한 국면에서

---

56) 金泰成, 「西陣織'と'友禅染'業の韓國·朝鮮人業者について」.
57) 金泰成, 「西陣織'と'友禅染'業の韓國·朝鮮人業者について」, 39~41쪽.

는 기회를 잡을 수 있었지만 고도성장기의 고급화 경향에 대처하기에는 역부족인 면이 있었다. 그런 까닭에 기모노 산업 전반의 지속적인 쇠퇴 국면보다 한발자국 먼저 이탈과 전업의 압력을 받을 수밖에 없었다. 그리고 역설적으로 그런 빠른 업종 전환은 '전화위복'이 된 경우도 많았고 현재 재일조선인 민족경제를 형성할 수 있는 중요한 기초가 되었다. 니시진 제조업자 출신인 김태성은 교토 섬유산업에 종사했던 한 당사자가 느끼는 소회를 이렇게 술회한다.

> [니시진의 재일(在日) 업자들이 자신들의 권익을 확보하기 위해] 설립한 직물조합은 재일 사회 최초로 만들어진 상공단체로 현재 재일 상공회, 납세조합, 상공회의소 등의 원류가 되었다. 또한 직물조합은 재일 사회 최초로 민족금융기관의 설립을 발안·실현시켰다...... 니시진의 조선인은 이와 같이 재일 사회에 많은 선구적 공적을 남겼을 뿐만 아니라 일본사회에서 많은 공헌을 했다. 그러나 이런 공적들은 세월이 갈수록 풍화되고 있다. 재일 사회에 대한 여러 권의 역작이 있으나 교토 니시진직물과 유젠업 등에 대해서는 전혀 보이지 않는다. 이들에 대한 조사 연구 노력이 절실하다.[58]

4. 재일조선인의 경험과 민족관계

이상에서 살펴본 것처럼 재일조선인은 교토의 전통 섬유산업이 발전하고 전승되는데 매우 중요한 기여를 했다. 그들은 니시진직물 오리모

---

58) 金泰成, 「西陣織」と'友禅染'業の韓國·朝鮮人業者について」.

토의 하청을 받아 영세규모로 직조를 하거나 교토유젠의 높은 품질을 유지하는데 필수적이지만 매우 힘든 일인 증기로 찌고 물로 헹구어 내는 공정을 담당하였고, 일부는 자본과 기술을 축적하여 오리모토로 성공하기도 하였다. 혹은 일본 패전 직후의 특수한 국면에서 단기간이지만 비로드 생산을 일종의 '에스닉 비즈니스'(ethnic business)처럼 주도하면서 개인적 부를 쌓고 민족단체의 기반을 다지는 데에도 기여하였다. 아래에서는 교토 섬유산업에 참여해 온 재일조선인의 구체적인 생애사를 통해 위에서 살펴본 역사적 과정을 조금 더 근거리에서 조망해 보고자 한다.59) 역사적 흐름에 따라 재배치될 이 생애사 이야기들은 각 시기와 국면에서 재일조선인이 교토 섬유산업에 참가하게 되는 배경과 방식, 그 안에서의 좌절과 적응, 그리고 성취 등에 대한 구체적인 예시가 될 수 있을 것이다. 그런 예시를 통해 주류 전통과 소수민족, 전통의 계승과 재생산에 대한 좀 더 복합적이고 다차원적인 그림이 그려질 수 있기를 기대한다.

---

59) 필자가 2009년 본 연구계획을 세울 때만 해도 교토의 지인으로부터 생애사 인터뷰를 위해 재일조선인 직조인과 오리모토 수 명을 소개받기로 되어 있었다. 그러나 2010년 2월 막상 현지조사 무렵이 되어 다시 연락하자 인터뷰에 응하기로 했던 대부분이 "[일거리가 너무 없어서] 인터뷰에 응할 경제적·정신적 여유가 없다"는 말로 거절의사를 표해 왔다고 한다. 그런 이유로 필자는 직접 인터뷰를 할 수 있었던 오리모토 시라카와 가즈히사(김학철)씨와 그의 부인, 그리고 니시진 재일조선인의 부침을 옆에서 목격해 온 총련니시진지부 김종현씨 세 명 외에 부족한 생애사 자료를 보충하기 위해 다양한 방식으로 기록된 생애사를 수집·활용하기로 하였다.

1) 생존을 위한 도일, 도제살이로부터 시작: 정조문과 조용굉

정조문은[60] 1918년 경북 김천 인근의 농촌에서 태어났다. 할아버지는 대한제국 관료로 일본에 유학하기도 하였으나 낙마사고로 일찍 돌아가셨고 나머지 식구들은 서울 생활을 정리하고 고향으로 내려왔다. 3.1 운동 3년 전부터 독립운동에 가담했던 부친은 3.1운동이 일어나기 전 동료와 상해로 망명했다. 부친이 중국에 체류하던 6년간 집의 재산은 대부분 빼앗겼고, 생계가 어려운 할머니와 어머니가 귀국을 호소하여 부친은 독립운동의 뜻을 접고 귀국하였다. 이후 부친은 일본 특별고등계경찰(特高)의 감시를 계속 받아야 했고 일거리도 찾을 수 없었다. 부친은 "더 이상 여기서는 먹고 살 수 없다. 일본에 가면 어찌 되겠지"하는 생각으로 도일을 결심, 1925년 일본으로 건너 왔다. 정조문과 할머니, 어머니, 형 포함해 다섯 식구였다.

고생스럽게 시모노세키에 상륙한 뒤 보통열차를 타고 하룻밤 걸려 교토에 도착했다. 니시진에는 같은 마을 출신인 지인이 먼저 와서 직조일을 하고 있었다. 방 두 개와 토방이 딸린 나가야(長屋)를 빌려 토방에 직조기 두 대를 설치하고 아버지와 어머니가 직조를 배우기 시작했다. 그러나 처음부터 잘 짤 수는 없었다. 적어도 2, 3년은 배우지 않으면 흠집 없이 짜는 게 힘들었던 것 같은데 물론 흠집 있는 물건으로는 임금을 받을 수 없었다. 게다가 똑같은 거라도 조선인의 임금은 일본인보다 많이 적었다. 당시 거리를 걷다보면 "셋집 빌려줌," "직조공 모집" 등이 적

---

60) 정조문의 생애사는 농업경제학 전공인 교토대 교수 이이누마 지로(飯沼二郎)가 당시 "거의 무권리상태에 있던 재일조선인의 인권을 지키기 위한 발언의 장으로" 1969년에서 1981년까지 펴냈던 개인잡지 『조선인』(朝鮮人)에 실었던 좌담회 내용 중 4편을 편집해 낸 책(飯沼二郎, 『七十万人の軌跡: 在日朝鮮人を語る』)에서 발췌한 것이다. 원래 출처는 『朝鮮人』 20호(1981년)이다. 이 잡지는 이이누마가 20호까지 낸 후 쓰루미 슌스케(鶴見俊輔)가 내다가 1991년 27호로 종간되었다.

힌 종이가 여기저기 붙어 있었다. 그러나 그 뒤에 이어지는 말은 모조리 "단, 내지인에 한함," "조선인 사절"이었다. 아이 봐주는 일이나 견습생도 조선인은 여간해서는 써주지 않았다.

그런 식으로 2년 정도 살았는데 먹는 입을 줄이지 않으면 식구들이 먹고 살 수 없는 형편이라 도제살이 견습공으로 나갈 수밖에 없었다. 형은 이미 인쇄공장에 견습공으로 입주해 있었고 정조문은 직물 오리모토 집에 입주하게 되었다. 도제견습공으로 들어가면 어쨌건 세끼 흰밥은 먹을 수 있었으니까, 더 이상 힘든 일들은 아무 것도 아니게 되었다. 정말로 정신없이 일했다. 견습공의 하루는 우선 청소로부터 시작된다. 아침, 아직 컴컴할 때 일어나 가게 안쪽부터 바깥까지 열심히 청소를 한다. 그중 물을 긷는 것은 꽤나 어려운 일이었다. 지금 생각해보면 역시 7, 8살 나이로 남의 집 밥을 먹는 것은 뭐라 말할 수 없는 힘든 경험이었던 것 같다. 피고용인 사이에도 서열이 엄격해서 견습공은 밥도 매번 한 끼 전에 했던 찬밥을 먹어야 했다. 겨울 아침에는 꽁꽁 언밥을 겨우 공기에 퍼 담은 후 뜨거운 물을 부어 녹여 먹는 식이었고 그것도 5분 안에 먹지 않으면 혼이 났다. 하지만 조금도 힘들다고 생각하지 않았다. 그러나 일은 힘들다고 생각하지 않았지만 조선인이라고 상급견습생으로부터 심한 놀림과 구타를 당하여 견딜 수 없었다. 잘 참는 편이었지만 어느날 도저히 견딜 수 없어 뛰쳐나와 밤길을 무작정 걸어 집으로 돌아왔다. 상급견습생이 먼저 집으로 와 아버지에게 거짓말로 정조문 탓을 하여 아버지로부터 당장 돌아가라는 꾸중을 들었지만 할머니가 절대 다시 못 보낸다고 하셔서 더 이상 남의집살이를 하지 않았다.

열 살이 되어 주변의 도움으로 소학교 4학년에 들어가 3년간 학교를 다녔는데 그때가 가슴 속에 주옥같은 기억으로 남아 있다. 하늘에라도 오른 것처럼 기뻤다. 학교를 다니면서도 조·석간신문을 돌려 조금이라도 돈을 벌어 집에 보냈다. 더 이상 상급학교를 갈 수 없는 것이 너무 아쉬웠다. 학교를 졸업할 무렵부터 점점 전쟁색이 짙어지면서 산

업은 군수 쪽으로만 치우쳤고 그 외의 것, 예를 들어 니시진직물 등은
〈사치금지령〉에 의해 사치품이 되어버렸다. 니시진의 시가지는 불이
꺼진 것처럼 직조기 소리가 사라지고 정조문 집도 실업상태가 되었다.
석재 채취, 항만 노동, 화물차 끌기, 공사판 막노동 등등 전전했다. 모두
매우 가혹한 노동에 지독한 저임금이었다. 태평양 전쟁 시작 후 하네다
의 군수공장에 징용되어 그곳에서 해방을 맞았다. 패전 직후에는 ['조선
인'] 누구나 했던 암시장 일이나 오사카 쓰루하시(鶴橋)에서 면사나 면
제품을 떼다가 일본 전역을 돌며 파는 일을 했다. 1949년 동료와 교토에
서 파친코 사업을 시작했다. 아직 '파친코'라는 말도 없었던 때였는데
아마 파친코 가게로는 최초였을 것이다. 그는 조선의 고미술품을 수집
해 왔는데, 남과 북이 같이 만날 수 있는 광장으로 〈고려미술관〉을 만
드는 게 꿈이다. 사재를 들여 1969년부터 잡지 『일본 속의 조선문화』를
간행해 50호까지 내고 현재 휴간 상태이다.

조용굉은[61] 1911년 경북 상주군 산촌에서 소작농의 5형제 중 3남
으로 태어났다. 보리밥도 먹기 힘든 집안형편에 5~6세 무렵부터 이미
풀베기 등을 하면서 부모를 도왔다. 9살이 되던 해 먹는 입이라도 줄여
줄 생각으로 대구에 나가 엿장수를 했으나 큰 아버지가 다시 집으로 데
려 왔다. 당시 일본은 한국의 지하자원 개발에 큰 관심을 갖고 있었고
상주에도 무연탄을 채취하는 일본인 공장이 있었다. 친척의 소개로 그
공장주의 집에 가정부(家政夫)로 입주했고 자식이 없는 일본인 부부는
조용굉을 잘 대해 주었다. 12살이 되던 1923년 공장주가 교체되어 일본
으로 돌아갔고, 일이 끊긴 조용굉은 작은 아버지의 도움으로 근처 소학

---

61) 조용굉의 생애사는 그의 손녀인 조순희(趙純熙)가 오사카학원대학 졸업논문으
로 작성한 것으로 200자 원고지 83매 분량의 필사본으로 되어 있으며 제출 년
도는 기재되어 있지 않다. 조용굉의 생애사가 1984년까지 언급되어 있는 것으
로 보아 1980년대 중반에 작성된 것이 아닌가 추정된다. 논문 복사본은 교토
도시샤 대학 이타가키 류타(板垣竜太) 교수가 제공해 준 것이다.

교에 2학년으로 입학했다. 소학교를 졸업하고 집에서 권유하여 16세에 결혼을 했다. 중학교 대신 일을 하고자 했으나 일본의 수탈은 심해지고 일자리는 없어서 '이 상태에서는 먹고 살 수 없다'는 생각이 들었다. 주변에서 일본으로 소위 객지벌이(出稼ぎ)를 하러 가는 사람들을 보고 조용굉도 일본행을 결심했다. 소학교 때 모은 돈으로 뱃삯을 내니 5엔이 남아 아내를 남겨두고 5엔을 가지고 일본행 배를 탔다. 1928년 17세의 나이였다.

무연탄 공장주 집에서 배운 단편적인 일본어를 쓰면서 고향에서 들었던 '교토'라는 도시를 찾아갔다. 직조 일이 많다는 니시진을 찾아가 가시와노초의 한 제조업자 집에서 도제살이를 시작했다. 처음 1년은 고용해주는 대가로 청소와 아이보기, 기타 잔일을 하면서 직조를 했다. 급료는 다른 일본인 견습생과 동일했다. 능력이 있어 좋은 직물을 짜면 돈을 더 받는 것이라 화장실도 가지 않으며 열심히 일을 해 다른 사람들보다 1할 정도 더 짤 수 있었다. 2년째에는 월급을 30엔 정도 받게 되었지만 부모와 아내를 위해 전혀 쓰지 않고 한국으로 전부 송금했다. 덕분에 집은 100석 정도 수확하는 부자가 되었다. 1930년 아내를 불러들였고 아내는 제사공장에 취직하여 맞벌이로 일을 했다. 식비도 들지 않고 더이상 송금도 안 해도 되어 돈을 모을 수 있었다. 집이 필요했지만 일본인들은 한국인에겐 빌려주지 않았다. 겨우 일본인 의사의 보증으로 아내와 살 집도 빌릴 수 있었다. 그러나 전쟁이 확대되면서 직물산업은 타격을 받고 생활도 어려워졌다. 그리고 패전과 함께 외국인이 되었다.

1945년 9월 〈조선인연맹교토본부〉가 결성되었고 조용굉은 재무부장이 되었다. 1946년 2월에는 가시와노초에 직조공장 하나가와 기업점(花川機業店)을 설립하였다. 직물업계의 경기가 좋아 니시진에 속속 공장이 들어설 때였다. 당시의 호황을 표현하는 말로 "가차망"(ガチャ万)이란 게 있는데, 이는 직조기를 '가차!'하고 움직일 때마다 수 만 엔이 벌린다는 뜻이었다. 같은 해 12월 〈조선인직물조합〉이 설립되었고 그

회장이 되었다. 이후 사업 영역을 확장하고 민족금융기관, 민족단체 등의 주요 역할도 담당하였다. 1952년 경 하나카와 기업은 영업실적이 좋아 연매출 1억 내외로 니시진 안에서도 두각을 나타내는 기업이었다. 1950년대 후반부터는 부동산업에도 진출하여 아파트를 건설하기도 했다. 1959년 10월에는 '차하오리'(茶羽織り)[62]를 발표했는데, 이것이 폭발적인 인기를 끌며 일종의 붐을 일으켜 팔리고 또 팔렸다. 하나카와가의 황금시대가 열린 것이다. 데바타를 52대에서 100대로 늘려도 생산을 충당할 수 없을 지경이어서 단고반도 쪽 데바타도 고용해 생산을 늘렸다. 전체 데바타 직기 수가 200대를 넘었다. 판매유통을 위해 거래하던 중개상 외에 직접 7개의 중개회사(돈야)를 설립했다. 회사원 월급이 1만 엔 정도 할 때인데, 하나카와가는 연 수익이 2억 엔을 넘었다. 1962년 무렵부터 직물업은 이제 전망이 어둡다고 판단해 서서히 규모를 축소했다. 한국에 홀치기 염색회사를 설립해 수출용 제품을 생산하기도 하고 고향의 토지를 매입하여 그 수익금으로 장학회도 설립했다. 조국에 대한 공헌을 인정받아 1984년 대한민국 국민훈장 동백장을 받았다.

위의 두 사례는 교토를 포함해 일본에 유입되는 조선인 노동자가 급증하던 1920년대에 니시진으로 와 섬유 일을 하게 된 경우이다. 정조문의 부친이나 조용꾕 모두 식민지 조선에서 생존의 위기에 몰려 관련 기술이 전혀 없이 무작정 니시진으로 이주해 왔다. 그러나 두 사람의 출신지인 경북 김천이나 상주 지역에는 일본 객지벌이, 특히 교토 니시진으로의 노동이주에 대한 정보와 이주연결망이 어느 정도 존재했음을 알 수 있다. 언급한 것처럼 1920년대의 장기불황 속에서도 니시진으로 유입되는 조선인 노동자 수는 꾸준히 증가했는데 그중 대다수는 정조문의 부

---

62) 기모노 위에 걸쳐 입는 허리길이까지 오는 겉옷.

친이나 조용굉과 비슷한 처지였을 것이다. 어쨌든 정조문의 부모는 니시진에서 일을 시작하지만 부부가 일을 해도 최소한의 생계도 해결할 수 없는 형편이었다. 글의 내용상 직조 일이 어느 정도 숙련된 뒤에도 형편이 크게 나아진 것 같지는 않다. 반면 조용굉은 2년째에는 월급을 제대로 받고 이것을 고향으로 송금하여 고향 가족들의 경제적 형편을 크게 향상시키고, 3년째에는 아내를 불러들여 함께 일하면서 부부의 재산을 모아갔다. 주어진 내용만으로 두 집의 경제적 차이가 어디에서 연유했는지 정확히 판단하기 힘들지만, 당시 니시진 직조일이 토목보다도 임금이 낮아 "가족정주가 힘들고" 따라서 "단신남성이 이주해 와 입주도제살이로 시작하는 경우가 많았"[63]던 점을 고려할 때 정조문 가족의 경우 애초 무리하게 시작을 했는지도 모른다.

니시진의 입주도제살이는 철저한 위계적 질서 속에 가혹한 훈련을 견뎌내야 하는 것이었지만 두 사례에서 보듯 최하층 노동자로 신규 편입된 조선인들에게는 주거문제를 해결하고 생활비를 절약할 수 있는 대안, 가족에게 입을 줄여주고 "세끼 흰밥"을 먹을 수 있는 기회로 다가왔다. 조선인에 대한 차별과 편견은 오랫동안 지속되어서 고용조건에서 뿐만 아니라 정조문의 경우처럼 심한 괴롭힘을 받거나 조용굉이 경험한 심각한 거주차별을 감내해야 했다. 조용굉의 경우 해방 후 니시진에서 엄청난 성공을 하고 부를 축적했지만 줄곧 '하나카와'라는 일본식 이름으로 사업을 했음을 볼 수 있다.

---

63) 高野昭雄, 「戰前期京都市西陣地區の朝鮮人勞働者」, 157쪽.

2) 비로드 붐에 편승, 그리고 파친코업으로 전업: 박동현

　　박동현은[64] 1921년 경북 청도군 출생으로 1929년 8살 때 어머니, 동생과 함께 일본으로 건너왔다. 아버지는 그 무렵 도쿄에서 토목 일을 하고 있어서 식구들은 기후현과 야마구치현을 전전했다. 그러던 중 1943년 인도네시아 할마헤라 섬 비행장 건설현장으로 징용되었다가 그 섬에서 일본의 패전을 맞은 뒤 인천으로 송환되었지만 이듬해인 1946년 밀항으로 일본에 재입국했다. 교토에서 택시운전을 하다가 1948년부터 비로드 사업을 시작했다. 물자가 부족하여 만들기만 하면 뭐든 팔려 나가는, 돈 벌기 쉬운 시대였다. 수동직기로 비로드를 짜는 작은 공장을 10년 가까이 한 뒤 비로드로 번 자금을 밑천으로 파친코 가게를 열었다. 중간에 어려움도 있었지만 파친코 점포가 20개가 될 정도로 성장했다. 그 후 점포를 좀 줄여 현재 15개를 운영하고 있다. 처음 일본에 왔을 때와 비교하면 지금은 너무나 형편이 좋아졌다. 죽기 전에 뭔가 좋은 일도 좀 하려고 한다.

　　박동현은 해방 전에 도일했지만 해방까지는 교토에 살지도 않았고 섬유관계 일을 해 본 적도 없었다. 아마도 해방 후 교토에서 택시운전을 하면서 비로드 경기에 눈을 뜨고 신규 진입을 단행한 듯 보인다. 작은 비로드 공장으로 10년 정도만 비로드 사업을 한 뒤 그로 모은 자금으로 일치감치 파친코로 전업해 성공한 경우로, 위에서 살펴본 이차대전 이후

---

64) 『재일동포 1세, 기억의 저편』(이붕언 지음, 윤상인 옮김, 동아시아, 2009)에서 인용. 이 책은 재일조선인 3세 사진작가 이붕언이 5년 동안 홋카이도에서 오키나와까지 종단하며 만난 재일조선인 1세 91명의 이야기를 정리한 책으로, 인터뷰 대상자 수가 많은 만큼 개개인의 생애사 분량은 길지 않다. 수록된 사람들 대부분이 무학에 일본어도 모른 채 도일하여 막노동으로 일본생활을 시작한 사람들이다.

교토 섬유산업과 재일조선인의 연관관계의 변화과정에서 매우 민첩하고 성공적으로 대응한 사례라 할 수 있겠다. 위의 조용굉의 경우는 1920년대부터 니시진 직조일을 시작해 비로드 붐이 일 때 사업을 키우고 그로부터 부동산, 금융 쪽으로도 사업을 확대하는 한편 직조 일도 상당기간 유지했던 경우이다. 어느 쪽이든 일본의 패전 직후의 비로드 붐은 이들의 사업상 결정적인 도약의 계기가 되었다.

3) 평생을 해 온 니시진 직조 일: 현순임

현순임은[65] 1926년 충남 연기군에서 태어났다. 부친은 비교적 부유한 지주의 장남이었으나 조선총독부의 토지조사사업 와중에 토지의 대부분을 잃고 공출과 세금에 곤궁한 생활을 해야 했다. 부친은 세금납부를 압박하던 일본 경찰로부터 일본에 가면 돈을 벌 수 있을 거라는 말을 듣고 일본행을 결심하였다. 알선 수수료를 지불했던 일본인이 시모노세키항에 도착하자마자 모습을 감추어버리는 바람에 부랑생활을 하다가 겨우 교토까지 오게 되었다. 길에서 만나는 사람들에게 무조건 말을 거는 식으로 해서 조선인을 만나 일거리를 찾았다. 일본어도 모르고 특별한 기술도 없어서 할 수 있는 일이라곤 막노동밖에 없었다. 1928년 모친은 1년 8개월 된 현순임과 현순임의 언니를 데리고 부친을 찾아 도일하여 교토에서 4인 가족의 생활이 시작되었다.

부친은 막노동, 모친은 임신 중에도 쉬지 않고 자갈채취 일을 했지만 생활은 너무나 빈궁했고, 현순임은 소학교 취학연령이 되어도 입학할 수 없었다. 근처에 사는 다른 아이한테 빌린 교과서로 글씨는 겨우

---

65) 재일조선인 학자이자 교토 류코쿠(龍谷)대학 교수인 李洙任이 인터뷰한 사례 (李洙任, 「京都西陣と朝鮮人移民」, 『京都産業学研究』 5号, 2007).

익혔다. 도일 후 약 5년이 지났을 때 부친은 막노동보다는 조건이 좋은 마차 끌기 일을 시작했다. 모친은 다섯 번째 자식을 낳은 뒤 산후가 좋지 않아 1936년 사망하고, 부친도 도제살이 보증을 섰던 조선인 청년이 도둑질 혐의로 체포되면서 경찰에서 폭행을 당해 그 후유증으로 병상 신세를 지게 되어 집안은 극도로 곤궁해 졌다. 먹는 입을 줄이려 현순임보다 세 살 위인 언니는 8살이 되던 해 꽤 큰 규모의 직물업자 집에 아이를 봐주러 들어갔다. 입주한 집에서는 식사는 주지만 급료는 주지 않았고 아침 4시부터 심야 0시까지 가혹한 노동을 해야 했다. 봐주던 아이가 성장하고 난 뒤에는 직조공으로 일하게 되었는데, 이때도 임금은 입주비용으로 지불되었다.

현순임이 니시진 일을 하게 된 것은 14살 때이다. 언니가 일하는 곳에 심부름을 다니다가 흥미를 갖게 되었다. 니시진직물은 조선인의 눈에도 아름답게 보였다. 그리고 많은 조선인이 열심히 짜고 있는 것을 보고 니시진에는 차별이 없구나 생각했다. 솜씨가 확실하면 조선인이어도 일거리가 있는, 조선인에게는 꿈같은 일로 보였다. 니시진직조 일은 몸이 힘들기 때문에 일본인들은 하고 싶어 하지 않았으나 조선인은 불만도 없이 직물을 짰다. 당시 니시진은 기술만 있으면 먹고 살 수 있는 곳이었다. 현순임은 집안일 때문에 입주가 아니고 출퇴근 할 수 있는 공장을 골랐다. 20여 명의 직공 중 몇 명의 일본인 외에는 대다수가 조선인이었다. 전통산업을 뒷받침한다는 의식은 없었지만 실력만 있으면 일본인과 동등한 보수를 받을 수 있다는 자부심과 자신감이 조선인 직조공들을 지탱해 줬다. 현순임은 다른 직공들이 쉴 때도 기술을 연마했고, 직인들을 졸라 다른 직조공정도 모두 배웠다. 혼자서 전 공정을 할 줄 아는 사람은 일본인 중에도 거의 없다. 이런 노력을 인정받아 일하던 회사가 폐업했을 때도 일본인 사장이 다른 회사에 소개해 주었다. 좋은 기술 덕분에 고용주들로부터 신용을 받았지만, 과거 딱 한번 민족차별을 받은 적이 있다. 〈직조공 모집〉이라는 방을 보고 문의를 하러 그 집에 들렀더니 현순임의 직업경력과 사람 됨됨이를 면접한 제조업자 부인이 "좋은 사람이 왔네요. 혹시라도 조선인이 오면 어떻게 하나 잠도 제대로 못 잤는데"라고 했다. 현순임은 "저는 조선인입니다만 신원이 확실합니다. 걱정이시라면 전에 일하던 일본인 회사에 물어 보세요"하고는 그 집을 나왔다. 응모를 취소하러 다시 들렀더니 현순임에 대해 알아본 그 회사 측에서 거듭 사과를 하였다.

1945년, 2년 전에 일본으로 와 막노동을 하던 남편을 만나 결혼했다. 남편도 현순임에게 배워서 정경(整経: 직기에 날실을 끼우는 작업) 일을 했다. 부부가 니시진에서 번 돈으로 2남 1녀를 키웠다. 현순임은 스스로를 어떤 일에서든 끝까지 책임을 다하는 사람이라고 말한다. 그런 신조를 갖고 살았기 때문에 일본인의 신용도 살 수 있었다. 다시 태어나 일을 한다고 해도 역시 니시진 일을 하고 싶다. 자신에게 잘 맞는 일이라 생각하고, 자신의 일에 자긍심을 느낀다. 그러나 니시진은 최근 쇠락하고 있다. 무엇보다 기모노를 입는 사람이 없고 기모노가 지나치게 비싸기 때문이다. 기모노를 입은 일본인 여성을 보면 내가 짠 것을 입고 있는 것 같아 기쁘다. 자식이 예전에 니시진 일을 잇겠다고 했으나 8월, 12월에는 일거리가 없고 보너스도 없는 일이라 말렸다. 자식에게 시키지 않은 것은 잘한 일이다. 이제 니시진 일로는 생계를 꾸려갈 수 없다. 전쟁 중에는 니시진에서 군복도 짰다. 기계를 사용할 수 없었기 때문에 수동직기로 군복을 짰다. 일본을 위해 열심히 일했다.

현순임은 60년 이상 니시진 직물을 짠, 말 그대로 평생 니시진에서 직조 일을 해 온 직인이다. 우선 현순임에게 니시진 직조일은 고마운 일이다. 니시진 일을 하면서 자식들을 키우고 가족을 유지시킬 수 있었다. 또한 니시진은 기술만 있으면 인정받을 수 있고 상대적으로 차별을 받지 않는 곳이었다. 직조 일은 현순임이 좋아하는 일이기도 하다. 자신에게 잘 맞는 일이어서 다시 태어나도 직조 일을 하고 싶고 자신이 만들어 내는 제품에 자부심을 느낀다. 마치 해러븐이 인터뷰한 니시진 직인들이 생산방식의 억압성과 평생에 걸친 헌신이 제대로 보상받지 못하는 것에 대한 불만과 배신감을 토로하면서도 직인으로서의 자긍심과 아이덴티티를 강하게 표출하는 것과 마찬가지로, 현순임도 평생에 걸친 헌신적인 일을 통해 니시진의 직인으로서 확고한 자의식을 갖게 된 듯 보인다.

한편 직조공 모집 방을 내고 조선인이 응모해 올까봐 전전긍긍하는 일본인의 모습에서 당시 니시진 직조일에 많은 조선인들이 참여하고 있었음을, 그리고 조선인에 대한 일본인 고용주의 편견을 엿볼 수 있다. 현순임은 일을 하면서 민족차별을 받은 적이 딱 한번 있다고 했지만, 위의 인터뷰 당시(2007년 초) 원고 5인을 대표해 무연금 상태의 재일외국인 고령자의 구제를 요구하는 소송을 제기한 상태였다. 그녀는 교토 지방재판소에서 열린 최후 답변에서 "재판관님, 우리는 당신보다 교토에 오래 살았고, 일본인 이상으로 열심히 일하고 사회에 기여했습니다. 왜 일본인과 동등한 권리를 얻을 수 없는지 가르쳐 주시오"라고 호소했다. 그러나 2007년 2월 말의 판결에서 "원고들의 소송은 전부 기각한다. 소송비용은 원고들이 부담한다"는 판결을 받았다.[66] 마음으로부터 니시진 직인이 되었더라도 '국민'의 이름으로 된 벽을 넘을 수는 없었던 셈이다.

---

66) 李洙任, 「京都西陣と朝鮮人移民」.

4) 가업으로 이어 받은 니시진 사업
: 시라카와 가즈히사 / 김학철

시라카와 가즈히사[67]의 부친은 1930년 경 17세 나이로 일본에 왔다. 경북 안동이 고향인데 뱃삯 밖에 없어 부산까지 걸어갔다고 한다. 교토에 와서 입주도제로 직조 일을 배웠다. 물론 처음 해보는 일이었다. 직조 일은 아침부터 밤늦게까지 해야 하는 힘든 일이었지만, 동포들 입장에서는 그렇게 좋은 환경이 없었다. 한국에서 워낙 힘든 상황이었기에 먹고 살 수 있으면 충분하다는 생각을 한 것 같다.

부친은 1946년 독립해서 자기 사업을 시작했다. 이때는 GHQ의 제재도 있고 해서 패전국민인 일본인보다 조선인이 사업을 벌이고 장사를 하기에 좋은 조건이었다. 실제 패전 직후 몇 년간은 니시진 전체가 조선인들만 일하는 것 같았다. 당시 조선인의 제조업체가 620 집에 달했다고 들었다. 일본인 업체는 휴업상태에 들어간 곳이 많았다. 부친이 사업을 시작한 때는 비로드가 대유행을 해서 모두 비로드를 만들던 때였다. 당시 재일조선인은 은행거래를 할 줄 모르기 때문에 장롱 등에 현금이 다발로 들어 있는 식이었다 하고, 재일조선인 금융기관도 니시진에서 출발했다. 그만큼 돈이 있었다. 그러다가 일본사회가 점점 안정을 되찾게 되면서 니시진에서도 본래의 전통적인 직물이 부활하고 이와 동시에 비로드는 자취를 감추었다. 비로드 사업을 하던 사람들은 파친코를 비롯해 여러 다른 직종으로 전업을 했다. 대략 1960년 전후의 일이다. 현 시점에서 교토 재일조선인이 하는 큰 사업체들의 기반은 이때 니시진에서 전업한 사람들이 만든 셈이다. 특히 일본에서 유명한 파친코 업자 중엔 니시진 출신이 많다. 우리 집도 비로드 기계를 치우고

---

67) 연구자가 2010년 2월 교토 시라카와기업점(機業店) 사무실에서 인터뷰했으며 통명과 본명 모두 가명 처리되었다. 인터뷰 후반에 부인도 합류했다. 한국식 본명이 있지만 사업은 일본식 통명으로 해 왔다.

오비 짜는 기계를 들였다. 결과적으로 우리 집이 가장 가난한 선택을 한 건지 모른다.

　지금 니시진에서 사업을 하고 있는 재일조선인은 우리 집과 ○○점 두 집정도 되나 싶다. 기업(機業)이라는 옥호를 갖고 하는 집은 아마 그렇게 두 집 일거다. 나머지는 집에서 하청으로 직조를 하는 집이 네 집 정도 되는 것 같고. 이제 열 집이 안 되는 것 같다. 우리 집도 원래는 자식에게 가업을 계승시키는 것에 주변에서 모두 반대하고, 나도 장래성이 없으니 하지 않아도 된다고 한다. 하물며 재일조선인이 일본의 전통산업을 지킬 필요까지야, 그런 식의 생각도 했다. 그런데 아들은 나와는 의식이 좀 다른 것 같다. 우리는 1세 동포들로부터 여러 차별 이야기, 고생한 이야기를 직접 육성으로 들은 세대이다. 그러나 우리 아래 세대는 일본 축구팀을 응원하거나 한다. 우리나 우리 아버지 세대는 그저 돈벌이 수단으로, 밥벌이 수단으로 생각하고 일했는데 아들의 경우는 조금 다른 것 같다. 집안의 전통이라는 걸 생각하는 것 같다. 할아버지가 힘들여 시작하셨고 아버지가 이어받아 내가 3대째 이어 간다고 하는.[68] 부모 입장에서는 기특한 생각도 들지만, 그리고 지금까지는 경제적으로 도움이 되었던 가업인 것도 사실이지만, 미래를 생각하면 불안한 마음이다. 내 경우는 싫어 싫어하면서 아버지 일을 물려받았다.

　사업하면서 조선인이라고 차별 받은 적은 물론 있었다. 심한 경우도 있었다. 무로마치(室町)[69] 쪽에 물건을 팔러 가면 재일조선인 메이커를 '반도인'(半島人)이라 칭하며 "반도인 제품이니까 값이 싸겠군" 식의 말을 했다. 뭐 이런 얘기를 자주 듣는 건 아니었지만 가끔은 직접

---

68) 이 아들은 시라카와 씨 장남이고, 차남은 미용실을 하고 있고 3남은 학교 교사이다.
69) 무로마치 지역은 위에 언급한 것처럼 기모노 제품의 전국 유통을 담당하는 중개상들의 본거지로 이들 중개상을 무로마치톤야라 부른다. 니시진 직물산업의 주도권을 장악해 왔으며, 일반적으로 자산가 이미지가 강하고 니시진 번화가에선 최고급 손님이었다고 한다.

들은 적이 있다. 특히 일류 중매상들은 거래를 하기 위해선 자본금 규모, 거래은행, 주로 사업거래를 하는 업체 등을 문서로 세세히 써서 내라고 한다. 그런 곳에선 재일조선인인 걸 알면 절대 거래해 주지 않는다. 나도 한번 그런 걸 모른 채 니시진에서 최고인 도매상사에 갔다가 문전박대를 당한 적이 있다. 반면 진보적인 생각을 가진 사람들도 있다. 재일조선인으로 장사하는 데는 그런 사람들의 도움이 컸고 정말 은인이 많다. 아직까지 본명을 가지고 장사한다는 것은 생각하기 힘들다. 아들들을 조선대학교까지 보내고 나름대로 민족문제에 대해 '폴리시'(policy)를 갖고 있다고 생각하지만 장사를 하면서 상대방에게 국적은 한국이라고 말하지는 못한다. 심한 편견을 가진 사람이 당연히 있고 장사하는데도 분명히 장애가 될 것이다.

예전에는 우리 집도 직접 공장을 돌리고 있었지만 지금은 전부 외주생산을 하고 있다. 지금 단고반도에서는 직조기가 매달 20여 대씩 줄고 있다는데 니시진도 마찬가지이다. 우리 집의 주 납품처인 ○○주식회사의 경우 피크 때에는 년 매상고가 230억 엔에 달했는데 작년의 경우 16억 6천까지 떨어졌다고 한다. 교토의 섬유산업은 이제 장래성이 없다. 그래서 아들도 아버지처럼 해서는 밥 먹고 살 수 없다고 말하곤 한다. 지금까지는 오비는 오비 만드는 집에서, 기자크는 기자크 집에서 만들었는데 이제는 오비도 기자크도 다 만들어 낼 능력이 있어야 하고, 더 나아가 중매상을 거치지 않고 직접 소비자에게 다가가지 않으면 안되는 시대가 되었다고 말한다. 그래서 아들도 툭하면 출장을 간다. 소매상도 만나고 직접 소비자도 만나면서 판매방식의 변화를 꾀하고 있다. 나는 지금까지 중매상만 상대해 왔는데 말이다. 기모노 구매량이 너무 축소되었기에 그렇게 하지 않으면 생존할 수 없는 힘든 상황에 처해 있다. 얼마 전까지만 해도 부잣집 아들의 대명사로 '니시진의 도련님'(西陣の坊っちゃん)이란 말이 사용 되었는데, 지금은 '아직까지 그런 데서 고생하고 있냐'는 식이 되었다.

니시진 일을 한 것은 생활을 꾸려가기 위한 것이었지 일본의 전통산업이라든지 민족의상을 만든다는 식의 생각은 없었다. 그리고 특별히 내가 선택한 것도 아니었다. 다만 내가 하던 때는 기모노 산업의 형편이 좋은 편이어서 사는데 도움을 받았다. 그러나 생각해 보면 순일본의 전통산업, 일본의 민족의상을 만드는 일을 재일조선인이 한다는 것은 특별한 의미를 갖는다고도 할 수 있다. 태평양전쟁에서 패전에 이르는 혼란기 동안 니시진은 일시 휴업상태였다고 흔히 말하지만 사실은 조선인들이 니시진을 계속 '돌리면서' 니시진을 지켰다고 해야 하나, 기초를 다졌다고 해야 하나 그런 역할을 한 셈이다. 당시에는 조선인조합이 압도적인 힘을 가지고 있었고 일본인조합은 아무 것도 할 수 없었다. 그러나 역사에는 그런 사실이 공백 처리되어 있다. 니시진을 지탱하는데 조선인의 노력이 굉장히 중요했었는데 그런 부분이 전혀 남아 있지 않은 것이 섭섭하다. 〈니시진직물조합〉에서 이렇게 훌륭하게 책을 만들어내어도 제2차 세계대전 이전이나 전쟁 직후 부분에 대해서는 아무 것도 없고 '재일'이라던가 '한국' 등의 표현은 전혀 없다. 내 친구 아버지가 직조 일로 전통공예사 자격을 받았는데 천황에게 헌납할 물건을 만들게 되었다. 그런 이유로 뒤쪽에 일장기를 걸어 놓고 직조기 앞에서 사진을 찍게 되었는데 그 자료에는 해당 헌상물이 재일조선인이 만든 것이라는 언급은 전혀 없었다고 한다.

시라카와가의 경우는 1930년 무렵 니시진에 유입되어 직조공으로 출발해서 일본의 패전 직후 독립 사업체를 시작했고, 비로드 붐과 그 이후를 줄곧 직조일을 하면서 비교적 성공적인 가업을 키워 온 경우이다. 시라카와씨는 한국 국적을 유지하고, 자식들을 민족학교에 보내고, 지역내 민족단체에서 역할을 하는 등 민족문제에 대해 분명한 "폴리시"를 견지해 왔으나 위의 조용굉과 마찬가지로 일본이름으로 사업을 운영한다.

특히 흥미로운 것은 이 집에서 직조 일이 3대에 걸쳐 가업으로 계승되면서 니시진 일에 대해 각 세대가 느끼는 편차를 드러내는 부분이다. 시라카와씨 본인만 하더라도 인용처럼 "생활을 꾸려나가기 위한 것" 이상 다른 의미는 없었고 장래가 불투명해진 지금 굳이 아들이 계승하지 않아도 된다고 생각한다. 살펴보았듯이 1세들에게 니시진 일은 현순임의 경우처럼 오랜 숙련을 통해 자부심을 느끼고 애착을 갖게 되기도 하지만 일차적으로는 생계가 곤란한 상황에서 생존을 위한 수단이었을 뿐이다.

그러나 시라카와 씨 장남은 단순한 경제성뿐만 아니라 '가업계승'에 적지 않은 의미를 부여하고 있다. 또한 자신의 민족정체성에 대해서도 부모세대보다는 훨씬 유연한 태도를 취한다. 시라카와 씨는 평생 기모노 재료를 만든 셈이지만 기모노를 입어본 적이 없는데 반해 한국 국적인 장남은 기모노를 입고 모교인 조선대학교을 방문해 '사건'을 일으킬 정도로 일본적인 것에 대해 부모세대와는 감각적으로 정치적으로 다른 입장을 취하고 있다. 추정컨대 민족정체성에 대한 그의 입장은 3세 이후 재일조선인에 대한 최근 연구들이 많이 지적한 것처럼 '재일성'(在日性)을 근간으로 자신의 복합적 정체성을 적극 껴안으려는 자세인 듯하다. 나아가 일본의 핵심전통산업을 '가업'으로 전유하는 그의 사고야말로 교토 섬유산업을 저변에서 뒷받침해 왔음에도 불구하고 여전히 비가시화되고 인정받지 못하는 재일조선인으로부터의 결정적인 '반격'으로 읽을 수도 있을 것이다. 일본민족의 전통이 주변부에 위치한 이민족의 사적 영역으로 의미화될 때 그것이 애초에 상정한 안정성과 균질성은 균열될 수밖에 없기 때문이다.

5. 교토 섬유산업 속 조선인 노동자의 비가시성

식민지배와 함께 일본으로 이주한 조선인들은 1910년대 후반 이래 각 지역에서 특징적인 직업에 종사하는 경향을 보이게 되었다. 탄광노동은 물론이고 교토의 섬유산업, 세토(瀬戸)의 도자기산업, 오사카·고베의 고무산업, 각 항구의 항만노동 등이 그것이다.[70] 해방 이전에 일본의 도시에 살던 조선인들은 이미 정주적 요소를 가지고 있었는데, 그 배경에는 이런 식으로 일정한 직업이 확보되었기 때문이다. 살펴본대로 교토 섬유산업은 일거리와 생계수단을 찾아 일본으로 이주했던 많은 조선인에게 정착과 생계유지를 위한 중요한 수단이 되었다. 민족차별과 부당한 대우를 받고 중노동에 저임금이었지만, 섬유산업 노동은 일용직 노동에 비해 숙련도를 더할 수도 있었고 실제 일부는 장인이 되거나 독립사업자로 성공을 거두기도 하였다. 또한 일본 패전 직후의 비로드 경기 붐 속에 급증한 조선인 업자들은 재일조선인의 조직화와 민족금융기관 설립에 중요한 밑거름이 되었고, 나아가 섬유 일로 축적한 자산을 바탕으로 파친코나 야키니쿠야(焼肉屋) 등으로 전업을 통해 에스닉 비즈니스의 기초를 쌓은 것도 살펴본 대로이다. 다른 한편 교토 섬유산업의 명성과 가시성에 비해, 그리고 다른 직종에서의 재일조선인의 역할에 비해 교토 섬유산업 속의 재일조선인은 최근까지도 거의 가시화되지 못했다. 위의 시라카와씨 언급대로 "[교토 전통섬유에 대한] 공적인 자료에 재일조선인 관련 이야기는 전혀 없다."[71]

---

70) 樋口雄一, 『日本の朝鮮韓国人』, 同成社, 2002.
71) 이러한 비가시성은 사회 일반뿐만 아니라 학계에서도 마찬가지다. 다카노 아키오(高野昭雄,「戦前期京都市西陣地区の朝鮮人労働者」)는 니시진의 재일조선

이상의 고찰을 근거로 교토 전통섬유산업에서의 재일조선인의 '비가시성'(invisibility)에 대한 이유를 몇가지 추정해 볼 수 있겠다. 하나는 교토 섬유산업이 갖는 고도의 분업화와 그런 구조 속에 존재하는 개별 노동자나 사업자의 영세하고 불안정한 지위이다. 니시진 직물이나 교토 유젠 모두 20여 개 이상의 분업화된 공정을 거쳐 만들어지는데, 재일조선인이 주로 담당한 것은 그 중 일부 과정인 셈이다. 니시진직물의 경우 오리모토가 생산을 기획하고 주문을 내는 주체가 되고, 재일조선인들은 대부분 영세 직인으로 옷감 직조를 담당해 왔다.[72] 그리고 그 방식은 개별 생산단위(주로 가구)가 오리모토와 개별적인 계약관계를 맺고, 완성된 품목별로 공임(piece rates)을 받는 식이다. 주문량 역시 경기상황에 따라 유동적이어서 오리모토에 대해 직인이 매우 취약한 관계에 놓일 수밖에 없다. 동일한 직종에 종사하는 직인 노동자로서 횡적 연대도 기대하기 힘든, 기본적으로 매우 전근대적인 생산관계인 셈이다. 교토유젠의 경우도 재일조선인이 주로 담당해 온 일은 중요한 과정이라고는 하나, 저임금·중노동으로 이루어지는 찌기와 헹구기 공정이다.

교토 전통섬유산업 속의 재일조선인의 이러한 위치는 예를 들어 고

인에 대한 흔치 않은 학술논문을 쓰면서 "교토를 대표하는 전통산업인 니시진 직물 관련 산업에 제2차 세계대전 전부터 많은 조선인이 종사하고 있었음에도 불구하고 그 전체상을 분석한 선행연구는 보이지 않는다"고 지적하고 있다. 그런 만큼 다카노의 이 논문은 니시진직물 산업을 지탱한 조선인 노동자의 전전 상황을 파악하는데 많은 도움이 되었다. 다만 시기적으로 전전 상황에 국한된 것이 아쉽다.
72) 물론 제2차 세계대전 전에도 니시진 직물업 분야에서 상당규모의 제조업자로 독립한 재일조선인이 십 수 명 존재했다고 하지만(金泰成, 「西陣織'と'友禅染'業の韓國·朝鮮人業者について」) 단순 비율로 보면 그야말로 극소수인 셈이다.

베나 오사카의 고무산업(속칭 '케미칼 슈즈' 산업)의 경우와 잘 비교될 수 있을 것이다. 이 지역의 고무산업도 물론 생산과정이 분업화되어 있지만 그 모든 과정을 재일조선인이 주도함으로써 고무산업이 말 그대로 재일조선인의 '에스닉 비즈니스'로서의 위상을 갖는다. 교토의 경우 1945년에서 50년 사이의 비로드 생산은 교토 섬유산업의 역사에서 일종의 재일조선인 에스닉 비즈니스처럼 운영되었던 셈이다. 그러나 살펴본 것처럼 비로드 수요가 급감하면서 재일조선인 대부분은 기자크나 오비생산으로 전환하지 못했다.

또한 생산과정에서 재일조선인이 처한 주변적 위치 외에 교토 섬유제품이 갖는 상징적 위상, 즉 일본의 중요 전통문화라는 위상이 그 속에 존재하는 이질적 존재에 대한 회피심리와 결부되어 재일조선인의 기여와 역할을 비가시화 시켰을 것으로 추정해 볼 수 있다.[73] 시라카와씨가 언급한, 전통공예사 자격을 받고 천황 헌상품을 짤 정도로 숙련된 재일조선인 장인(匠人)은 오히려 그 탁월한 능력 때문에 더더욱 민족적 배경을 숨겨야 할 것이다. 적어도 지금까지 일본사회에서 지배적인 문화민족주의적 사고틀에서는 일본문화와 전통을 이해하고 구현할 수 있는, 혹은 구현해야 하는 사람은 일본인의 피를 나눈 사람뿐이다.[74]

교토의 전통섬유처럼 일본의 핵심적 문화 전통의 경우에는 더더욱 그러하다. 오사카·고베의 고무산업에 종사하는 재일조선인들이 1980년대 후반 이후 본명선언을 한 경우가 적지 않은 것과 비교해 니시진에서

---

73) 이러한 점은 반대로 파친코 비즈니스와 재일조선인의 관계에 대한 매우 분명한 인정과 강조 분위기와 비교될 수 있을 것이다.
74) 이러한 경향에 대해 링거는 '일본인됨'을 정의하는 준거로서 "혈통, 문화, 언어가 하나의 패키지처럼" 간주되어 왔다고 표현한다 (Linger, *No One Home: Brazilian Selves Remade in Japan*, Stanford: Stanford University Press, 2001, 277쪽).

는 장인급 직인이나 수십 년간 사업을 해 온 경우라도 민족적 배경을 드러내기 힘든 것은 그 산업이 갖는 상징적 위상과 무관하지 않을 것이다. 말하자면 파친코업이나 고무산업처럼 위신이 서는 것과는 거리가 멀고 주류 일본사회의 주변을 구성하는 분야를 주변부 재일조선인이 담당하는 것에 비해, 니시진직물이나 유젠염색제품을 생산하는 재일조선인의 존재는 단순히 일의 영역을 넘어 일본의 문화적 아이덴티티를 손상시키거나 적어도 불편하게 하기에 충분하다.

재일조선인이 지역산업, 그것도 "교토의 '얼굴'로 형용되는 전통산업의 구성원으로 참여해 온 것은 특이한 케이스"[75]라고도 볼 수 있다. 이 것이 가능했던 것은 교토 전통섬유 생산방식의 전근대성과 노동조건의 열악성 때문인 것도 살펴본 대로이다. 특히 제1차 세계대전 종결 이후의 불황 국면을 통해 교토유젠의 증업·수세업이 비용절감을 위해 재일조선인의 독립공정이 되고 니시진 직물업계에 저임금을 감내할 조선인 노동자가 증가한 것은 이들 전통산업의 유지에 조선노동자들의 뒷받침이 매우 중요했음을 잘 보여준다. 이들은 조용굉이나 현순임의 경우처럼 일차적으로 생계유지를 위해 열심히 일했고 그런 절박한 상황에서 '일본의 전통산업에 종사한다'는 것에 대해 의식을 하거나 반대로 위화감을 느낄 여유도 없었다. 반면 박동현의 경우처럼 잘 나가던 사업 아이템이 더 이상 가능성을 보이지 않자 미련 없이 다른 직종, 특히나 파친코업이나 야끼니쿠야처럼 별로 위신이 높지 않은 부문으로 전업한 니시진 출신의 수많은 재일조선인, 60년 이상 직조 일을 하면서 소위 '일본적' 장인정신 / 직인정신을 체화한 재일조선인, 일본의 전통을 가문의 전통으로 변질시

---

75) 金泰成, 「'西陣織'と'友禅染'業の韓國·朝鮮人業者について」.

키는 젊은 세대 재일조선인의 등장 등은 교토 섬유가 표상해온 유구한 '일본적' 전통에 균열을 내기에 충분하다. 다만 그 산업 자체의 침체와 함께 교토 섬유산업에서 재일조선인의 역할이 향후 명맥을 유지하기조차 힘들어진 현재, 재일조선인에 의한 균열의 가능성은 이제 교토 섬유산업의 지나간 역사 속에서나 발굴해야 할지도 모른다.

참고문헌

강재언·김동훈 지음, 하우봉·홍성덕 옮김, 『재일 한국·조선인-역사와 전망』, 소화, 2000.

김효진, 「'앤티크 기모노붐'을 통해 본 기모노의 근대화와 재생」, 『비교문화연구』 17집 2호, 2011.

도노무라 마사루(外村大) 지음, 신유원·김인덕 옮김, 『재일조선인 사회의 역사학적 연구』, 논형, 2010.

이붕언 지음, 윤상인 옮김, 『재일동포 1세, 기억의 저편』, 동아시아, 2009.

피터 스토커 지음, 김보영 옮김, 『국제이주』, 이소출판사, 2004.

京都市社會課, 『市内在住朝鮮出身に関する調査』, 京都市, 1936.

高野昭雄, 「戰前期京都市西陣地区の朝鮮人労働者」, 『研究紀要』第14号, 世界人權問題研究センター, 2009a.

_____, 『近代都市の形成と在日朝鮮人』, 人文書院, 2009b.

金子八朗, 「生糸恐慌と製糸業労働者の労働條件(上)」, 『三田学会雑誌』7月, 1948a.

_____, 「生糸恐慌と製糸業労働者の労働條件(下)」, 『三田学会雑誌』9月, 1948b.

金泰成, 「'西陣織'と'友禅染'業の韓國·朝鮮人業者について - 第三回公開シンポジウム 報告 京都'在日'社会の形成と生活·そして展望」, 『民族文化教育研究』第三号, 2000.

同志社大學人文科學研究所編, 『和装織物の研究』, ミネルバ書房, 1982.

飯沼二郎編, 『七十万人の軌跡: 在日朝鮮人を語る』, 麦秋社, 1984.

山口伊太郎·山口安次郎, 『織ひとすじ千年の技』, 祥伝社, 2003.

生活実態調査班, 「京都市西陣·柏野地区朝鮮人集団居住地域の生活実態」, 『朝鮮

問題研究』Vol. III, No. 2, 1959.

水野直樹也,「第三回公開シンポジウム報告 京都『在日』社会の形成と生活・そして展望」,『民族文化教育研究』第三号, 2000.

李洙任,「京都西陣と朝鮮人移民」,『京都産業学研究』5号, 2007.

_____,「京都の伝統産業に携わった朝鮮人移民の労働観」,『京都産業学研究』6号, 2008.

趙純熙,「時代の先驅者 趙勇宏の歩み」, 大阪学院大学卒業論文. (연대 미상)

宗藤圭三・黒松巌 編,『伝統産業の近代化：京友禅業の構造』, 有斐閣, 1959.

板垣竜太,『朝鮮近代の歴史民族誌: 慶北尚州の植民地経験』, 明石書店, 2008.

片方信也,『西陣：織の町・京町家』, つむぎ出版, 2007.

樋口雄一, 2002,『日本の朝鮮韓国人』, 同成社, 2002. 통

河 明生,『韓人日本移民社会経済史―戦前篇』, 明石書店, 1997.

韓載香,「京都繊維産業における在日韓國朝鮮人企業のダイナミズム」, 東京大學COEものづくり経営研究センター Discussion Paper No. 23, 2004.

_____,『在日企業の産業経済史』, 名古屋大学出版会, 2010.

黒松嚴 編,『西陣機業の研究』, 同志社大學人文科學研究所研究叢書 VIII, ミネルバ書房, 1965.

Hareven, Tamara K, *The Silk Weavers of Kyoto*, Berkeley and Los Angeles: Univ. of California Press, 2002.

Kondo, Dorinne, *Crafting Selves: Power, Gender, and Discourses of Identity in a Japanese Workplace*, Chicago: University of Chicago Press, 1990.

Linger, Daniel Touro, *No One Home: Brazilian Selves Remade in Japan*, Stanford: Stanford University Press, 2001.

Moeran, Brian, *Folk Art Potters of Japan: Beyond an Anthropology of Aesthetics*, Honolulu: University of Hawaii Press, 1997.

Yanagisako, Sylvia, *Producing Culture and Capital: Family Firms in Italy*, Princeton and Oxford: Princeton Univ. Press, 2002.

현대일본생활세계총서 3

현대일본의 전통문화 : 새로운 과거 오래된 현재

07 오키나와의 전통예능 활성화와 소수민족 정체성의 행방

진필수

1. 오키나와인이라는 소수민족

현대 일본의 에스니시티 문제는 일본의 민족주의(nationalism), 식민주의(colonialism), 소수집단(minority group) 문제와 직접적으로 연결된 것이다[1]. 일본의 전통적 소수민족으로서 류큐인(琉球人)[2], 아이누인, 재일조선인은 오랜 기간 사회적・학문적 관심의 표적이 되어 왔다. 일본의 주류 집단과 이러한 소수민족들 사이에는 정치적 갈등과 문화적 갈등이 상존해 왔으며, 차별과 동화 및 저항의 문제가 소수민족들의 일상생활에 뿌리 깊게 내재되어 있었다[3]. 본고는 현대 일본의 소수민족 문제를 문화

---

* 이 글은 한국문화인류학회『한국문화인류학』43집 1호(2010)에 수록된「오키나와(沖繩)의 전통예능 활성화와 소수민족 정체성의 행방: 에이사(エイサー)의 사례」를 본 단행본의 취지에 맞게 수정・보완한 것이다.
1) 小熊英二,『日本人の境界』, 岩波書店, 1998 참조.
2) 요즘에는 아마미・오키나와인(奄美・沖繩人)이라는 용어도 사용되고 있다.
3) 冨山一郎,『近代日本社会と「沖繩人」:「日本人」になるということ』, 日本経済評

적 차원에서 이해하고자 하며, 정치적 갈등이 잠재화되거나 주기적 폭발의 양상을 띠는 가운데서도 장기간의 문화적 동화가 지속된 상황에서는 소수민족 정체성이 어떠한 방식으로 유지·재구성·소멸될 수 있는가를 오키나와(沖繩)의 사례를 통해 검토해 보고자 한다.

본고는 오키나와 사례를 일본의 지역적 아이덴티티 문제로 파악하지 않고, 소수민족 문제로 접근하는 데에 특징이 있다. 한국의 지식인들 사이에서 유구(琉球)나 오키나와에 대한 지식과 친근감이 척박해진 것은 해방 후 불과 60~70년 사이의 일이다. 요즘 한국에서 오키나와인들을 하나의 민족이나 소수민족이라고 이야기하면, 매우 생소하게 받아들이는 사람들이 많다. 때문에 본고의 문제의식에 대해 두 가지의 부연 설명을 첨가해 둘 필요가 있겠다.

첫째, 오키나와를 일본의 한 지역으로만 파악하는 것은 일본 주류사회의 시각이며, 국가체제로의 정치사회적 통합과 문화적 동화를 기정사실화하거나 지향하는 일종의 이데올로기를 담고 있다. 근대 일본국가로의 편입 이후 오키나와인들이 스스로의 민족적 독자성을 주장하는 담론은 이러한 통념에 가로막혀 알려지지 않거나 억압되었다. 그동안 오키나와에 대한 정보와 지식이 대부분 일본 본토로부터 유입되어 왔기 때문에 한국에서도 이 점이 잘 부각되지 않았다. 한국에서의 일본연구는 이러한 통념으로부터 자유로울 수 있으며, 이러한 발화의 위치를 이용하여 일본과 오키나와를 새롭게 이해하는 시각을 제시할 수 있는 가능성을 가지고 있다.

論社, 1990. 도미야마 이치로(임성모 역), 『전장의 기억』, 이산, 2002. 정근식·전경수·이지원 외, 『기지의 섬 오키나와』, 논형출판사, 2008. 정근식·주은우·김백영 외, 『경계의 섬 오키나와』, 논형출판사, 2008 등 참조.

현대일본의 전통문화 : 새로운 과거 오래된 현재

둘째, 오키나와인들은 근대 일본이라는 '상상의 공동체' 내부에서 자신에게 가해지는 폭력과 억압에 대해 오랜 기간 이야기(발화)할 수 없는 존재로 위치 지워져 왔다. 일본인이 되어야 한다는 압력과 노력 속에서 오키나와인들은 자기 안의 씻을 수 없는 문화적 '개성'(원초적 자질)을 스스로 타자화시키고 배제하려는 태도를 취해 왔다[4]. 현대 오키나와에서도 일부 급진적인 지식인 및 운동가들을 제외하면, 일본인과 오키나와인들의 '민족적' 차이를 부각시키는 언행을 매우 자제하고 있다는 점에서 이러한 지적은 여전히 유효성이 있다. 오키나와 문화에 대한 자부심은 1990년대 중반 이후의 새로운 현상이며, 현대 오키나와의 청년세대가 엷어져 가는 오키나와 문화의 개성을 적극적으로 창안하고 표현하는 것은 이전과 비교해 획기적인 변화이다. 나는 이 점에 주목할 필요가 있다고 생각했다.

일본 내의 소수민족 정체성을 이야기할 때 한국인 독자와 연구자들이 흔히 머리 속에 떠올리는 것이 재일조선인의 아이덴티티 문제이다. 일본의 패전 이후 60년이 지난 현재, 재일조선인 3,4세들도 일본인으로의 동화의 압력 속에서 아이덴티티의 혼란을 겪고 있다[5]. 일본 주류사회의 주변에서 정치적·문화적 통합의 대상이 된다는 측면에서 보면, 재일조선인과 오키나와인의 위치는 유사한 점이 많이 있다. 그러나 모국을 가진 디아스포라로서의 재일조선인과 일본의 한 원주민 집단이자 나라를 잃은 소수민족으로서의 오키나와인은 역사성과 실천적 과제에 있어

---

4) 도미야마 이치로, 『전장의 기억』; 伊波普猷, 『伊波普猷全集 第五巻』, 平凡社, 1974 등 참조.
5) 이에 관해서는 최근 김겨레(『다문화 공생 일본과 은폐되는 식민 - 재일조선인 청년단체 KEY의 활동을 사례로』, 서울대학교 인류학과 석사논문, 2009)의 자전적이고도 문제의식 넘친 연구를 참조할 만하다.

적지 않은 차이를 가지고 있다. 양자에 관한 비교론적 시각이 마련되기 위해서는 본고를 포함해 한국에서도 오키나와에 관한 민족지적 자료들이 축적되어야 할 것이며, 그 위에서 독자적인 논의 지평이 형성되어야 할 것이다.

기존의 소수민족 정체성을 뒷받침하던 언어, 혈통, 역사의식, 전통적 신앙 및 생활관습 등 원초적 문화 요소가 소멸되거나 약화되어 가는 상황에서, 현대 오키나와인들은 어떠한 문화 요소를 통해 소수민족 정체성을 자각하고 주장할 것인가? 이 점을 해명하는 것이 본고의 목적이다. 현대 오키나와의 장노년 세대 사람들은 방언사용의 정당성을 비로소 깨닫고 방언사용에 대해 자부심까지 가지게 되었지만, 다음 세대에게는 자신들의 방언이 더 이상 전승되지 못하리라는 현실을 목도하고 있다[6]. 방언을 잃어가는 오키나와의 청년 세대는 무엇으로 자신의 정체성을 자각하고 주장할 것인가? 이것이 현대 오키나와 사회를 지배하고 있는 걱정거리이자, 하나의 화두이다. 본고에서는 이른바 전통예능[7]이 소수민족

---

6) 오키나와인들의 소수민족 정체성을 나타내는 지표로서 언어의 문제에 대해서는 많은 논의가 있어 왔다. 이에 대해서는 이지원(「오키나와의 아이덴티티 문제와 자문화인식」,『사회와 역사』제78집, 2008, 223-276쪽)을 참조하기 바란다.
7) 여기서 전통예능이란 용어를 일반론적으로 정의하는 것은 매우 어려운 일일 뿐만 아니라, 본 연구의 의도에서도 벗어나 있다. 여기서 전통예능은 말 그대로 오키나와 사람들이 과거로부터 이어져온 자신들의 전통적인 예능이라고 인식하고 지칭하는 것들을 총괄적으로 지시하는 의미로 사용한다. 문제는 오키나와 사람들이 과연 어떤 것들을 자신의 전통예능이라고 인식하는가 하는 점이며, 그것 자체가 하나의 연구주제이다. 현단계에서 눈에 띠는 특징과 경향성만을 이야기하면, 대개 류큐왕국 시대(근대 일본제국주의 시대 이전)부터 전승되어온(또는 그렇게 믿어지거나 주장되는) 음악, 무용, 가극 등을 오키나와에서는 전통예능이라고 지칭한다. 오키나와 각 지방에서는 류큐왕부(琉球王府)와 반드시 관련된 것이 아니더라도 그 지방에서 오래 전부터 전승되어온 민요나 무용 등을 전통예능이라고 하기도 하며, 흔히 각 마을이나 지방마다 전통예

정체성을 자각시키는 수단으로 재구성되어 확산되는 현상을 분석하고자
한다. 일본어사용 세대로 포괄되는 현대 오키나와 청년 세대가 에이사를
「오키나와」의 전통예능으로 확립해 가는 과정 속에서 신체화된 방식을
통해 소수민족 정체성을 구성해 가는 양상을 분석하고자 한다.

2. 에이사의 유래와 현황

요즘 오키나와에서 에이사는 북을 가지고 춤을 추는 오키나와 특유
의 예능이라고 알려져 있다. 1990년대 후반부터는 소위 오키나와붐의 흐
름 속에서 일본 본토에서도 폭넓게 알려져 있다. 에이사에 대한 본고의
논의를 위해서는 에이사의 유래와 현황을 차근차근 추적해 나갈 필요가
있다.

에이사의 유래에 대해서는 몇 가지 설이 있지만, 지금의 에이사를
이해하는 데 도움이 되는 것은 대체로 두 가지 정도이다. 우선 에이사는
오키나와제도(沖縄諸島)에서 행해지던 본오도리(盆踊り)였다는 설이 있
다[8]. 주지하다시피 오키나와와 일본에서 본(盆)은 저승에 사는 조상신들
이 자손들의 집을 찾아오는 기간으로 믿어져 왔다. 본오도리는 조상신들

능보존회(伝統芸能保存会)라는 단체가 있다. 이러한 전통예능을 잘 볼 수 있는
기회가 매년 음력 8월 15일 각 지방에서 벌어지는 마을 축제(이에 관해서는 진
필수, 『미군기지와 오키나와 촌락공동체: 지속과 재편』, 서울대학교 인류학과
박사논문, 2008, 217-225쪽 참조)이며, 관광이벤트화된 도시 축제나 전통예술
공연을 통해서도 이른바 전통예능이 전승되고 있다.
8) 宜保榮治郎, 『エイサー: 沖縄の盆踊り』, 那覇出版社, 1997, 11-19쪽. 沖縄市企画
部平和文化振興課(編), 『エイサー360度: 歴史と現在』, 那覇出版社, 1998, 36-48쪽
등 참조.

을 공양하기 위해 마을 사람들이 모여서 추는 집단무용이며, 마을 사람들을 결속시키는 의례이기도 하다. 현대 오키나와의 에이사는 주로 본 기간에 행해지며, 조상신들을 공양하고 북과 노래로 시끄럽게 하여 조상신들을 따라온 악귀를 쫓는다는 의미로 해석되고 있다. 오키나와제도뿐만 아니라, 류큐열도(琉球列島) 전체에서 본 행사는 일본 본토와 달리 음력 7월 13~15(16)일에 거행된다.

에이사의 춤과 노래는 불교의 염불가 및 염불무(念仏踊り)가 대중화된 것이라는 설도 있다[9]. 일본의 본 자체가 불교에서 유래한 점을 생각하면, 어렵지 않게 수긍이 되는 이야기이다. 문제는 과거 류큐왕국 시대에 불교가 오키나와 지역에 폭넓게 전파되지 못하고, 사족(士族) 지배계층 문화로 국한되어 있었던 점이다[10]. 이렇게 본다면, 염불가 및 염불무적 요소는 어느 시기엔가 사족 지배계층으로부터 백성들에게 전파된 것이라는 추측이 가능하다. 1870년대 이후 류큐왕국의 멸망과 함께 관직을 잃은 사족들이 삼삼오오 백성촌락 근처로 낙향하여 오키나와 각지에 야두이촌락(屋取村落)을 형성하였다. 현대 오키나와 각지의 에이사가 이러한 야두이촌락의 에이사를 모방한 것에서 유래되었다는 기록이 다수 존재하고 있다. 그러나 현대 오키나와 각지의 에이사에서 염불적 성격을 갖는 노래와 춤의 비중이 매우 낮은 점을 생각하면, 에이사를 염불가 및 염불무의 전파와 확산으로만 이해하기에는 힘든 측면이 있다.

오키나와 사람들의 구술과 문헌 기록에서 에이사가 연행되고 있었던 시기로 명확히 밝혀진 것은 1890년대에서 1945년 사이이다[11]. 이 시

---

9) 宜保榮治郎, 『エイサー: 沖縄の盆踊り』, 19-32쪽. 沖縄市企画部平和文化振興課 (編), 『エイサー360度: 歴史と現在』, 26-33쪽.
10) 仲松弥秀, 『神と村』, 梟社, 1990[1975].

기 에이사에 대한 이야기들은 에이사의 원형적 모습뿐만 아니라, 그것의 전승주체가 변화한 맥락을 잘 드러내주고 있다. 메이지시대 후반부터 오키나와에도 풍속개량운동과 황민화운동의 여파가 미쳤고, 이 와중에서 청년남녀들이 마을 주변의 들판이나 해변에 모여 함께 놀던 이른바 모아소비(毛遊び) 풍습은 외설적인 것으로 낙인찍혔다. 또한 오키나와 각지에서는 이 시기부터 각 지역 청년남녀들을 청년단으로 조직화하는 움직임이 활발히 전개되었다. 이러한 상황에서 에이사는 출구가 막혀버린 청년남녀들의 모아소비 에너지를 새롭게 흡수하는 장치가 되었고, 노래와 춤의 레퍼토리가 늘어나고 놀이의 성격을 가미하게 되었다. 그 결과 에이사의 전승집단은 마을주민 전체에서 청년남녀 내지 청년단으로 변모하게 되었다.

에이사가 오키나와의 전통예능으로 자리 잡게 된 결정적 계기는 1956년 〈오키나와 전도 에이사콩쿠르〉(沖縄全島エイサーコンクール)[12]의 개최이다. 오키나와에서 1956년은 미군기지 건설을 위한 미군의 강제적인 토지수용에 대해 오키나와 주민 전체가 반대투쟁[13]을 벌이던 시기이다. 오키나와 주민들의 대대적인 반대투쟁에 위협을 가하기 위해 당시 미국 민정부[14]는 미군의 오키나와인 상점 출입을 금하는 〈오프 리미츠〉(off limits)선언을 발표하였다. 이로 인해 이 당시 미군기지앞 상점가 및 유흥가로 발전하던 코자시(コザ市)[15]의 상인들과 주민들은 큰 피해를

---

11) 沖縄市企画部平和文化振興課(編), 『エイサー360度: 歴史と現在』, 48-49쪽.
12) 1977년 제22회부터 오키나와 전도 에이사마쓰리(沖縄全島エイサー祭り)로 명칭이 변경되었다.
13) 소위 섬전체의 투쟁(島ぐるみ闘争)이라고 한다.
14) 당시 오키나와를 통치하던 미국의 정부기관이다.
15) 현재는 오키나와시(沖縄市)로 명칭이 변경됨.

입고 실의에 **빠졌다**. 이러한 상황에서 코자시의 행정가들과 유지(有志)들은 지역 활성화와 관광객 유치의 전략으로서 에이사 경연대회를 개최하였다. 오키나와 각지로부터 10개팀이 참가한 제1회 〈오키나와 전도 에이사콩쿠르〉는 약 3만 명의 관객을 동원하는 대성황을 이루었다[16]. 이후 〈오키나와 전도 에이사콩쿠르〉는 코자시를 상징하는 축제가 되었으며, 청년단들의 경쟁의식을 불러일으키며 에이사의 형식과 내용에 큰 영향을 미쳤다. 오키나와 각지에서 다양한 모습으로 행해지던 에이사를 한 장소에 모음으로써 '보여주는' 에이사로의 탈바꿈을 선도하였으며, 손동작 중심의 소박한 에이사를 북 중심의 화려한 에이사로 변모시키는 역할을 하였다.

오키나와에서 1990년대는 에이사 마쓰리의 시대였다고 해도 과언이 아니다. 오키나와 관광의 발전, 지자체의 지역진흥 전략, 일본 본토에서의 오키나와붐(오키나와 음악, 예술, 민속 등의 인기)이 맞물리면서 오키나와와 일본 각지에서 다양한 에이사 축제가 개최되기 시작했다. 각 마을과 지역에 뿌리를 둔 에이사단(이른바 지역 청년회) 외에 에이사를 취미로 하는 에이사 동호회와 새로운 춤동작과 반주를 통해 에이사를 창작해가는 전문에이사단이 우후죽순처럼 생겨나면서, 에이사의 지역적·연령적 저변도 크게 확대되었다. 현재 오키나와에서는 매년 여름 11개 이상의 에이사 마쓰리가 열리고 있으며, 관광지, 일본 본토, 오키나와인들의 해외이민지로 확산되면서 에이사는 오키나와를 대표하는 전통예능으로 자리잡아 왔다.

---

16) 田渕愛子, 「沖縄観光におけるエイサーの概観」, 『ムーサ』 第3号, 2002, 40쪽.

3. 지역 청년회의 에이사와 신체화된 정체성

이 절에서는 필자가 2003년 4월 이후 지속적인 현지연구를 수행하고 있는 킨초(金武町) 나미사토구(並里区)의 청년회를 중심사례로 하여, 지역 청년회의 에이사에 대해서 살펴보고자 한다. 지역 청년회의 에이사는 에이사의 전형적인 형태를 이해하는 데 도움이 되리라 생각하며, 다음 절에서 제시되는 다양한 형태의 에이사는 지역 청년회가 연행하는 소위 전통에이사로부터의 변형이나 이탈이라고 볼 수 있다. 단일 사례의 특수성을 보완하기 위해 쓰지[17]가 보고한 오키나와시(沖縄市) 치바나(知花) 마을의 에이사와 대조하는 작업을 거쳤다.

1) 지역 청년회의 에이사
: 킨초(金武町) 나미사토(並里) 마을의 사례

오키나와의 지역 청년회는 근세 촌락공동체의 연령결사체에까지 그 연원을 거슬러 올라갈 수도 있지만, 대개는 1910년대 오키나와 청년단으로 조직화되면서 각 마을과 지역에 정착된 것으로 알려져 있다[18]. 청년조직은 제2차 세계대전 당시 일본의 전쟁수행에 이용되었던 죄과 때문에 전후 미군에 의해 일시적으로 해체가 강요되지만, 지역사회의 활성화를 위해 1948년 오키나와 지역 전체에서 부활되었다. 현재도 구(区)와 아자(字)와 같은 전통적 마을 단위를 기반으로 청년회가 구성되어 있다.

1970년대 이후 일본 전체의 산업화와 도시화 흐름 속에서, 마을과

---

17) 辻央, 『沖縄におけるエイサー研究の諸問題』, 琉球大学修士論文, 2003.
18) 『미군기지와 오키나와 촌락공동체 지속과 재편』, 168쪽 참조.

지역 사회에서 청년회의 역할은 쇠퇴의 일로를 걸어온 것이 사실이다. 무엇보다 농촌 지역의 과소화(過疎化)는 청년회의 구성원 충원에 문제를 발생시켰고, 청년회의 규모가 축소되면서 지역사회에 대한 자원봉사 기능도 크게 약화되었다. 이러한 상황에서 오키나와의 많은 지역 청년회는 구성원 충원의 전략으로 에이사를 이용하기 시작했고, 청년회 활동에 대한 지역주민들의 기대도 다양한 영역의 자원봉사로부터 후술할 구본(旧盆)에이사의 전승과 연행에 국한되기에 이르렀다. 요즘 오키나와의 청년회는 에이사를 하기 위한 청년회라는 말까지 나오고 있으며, 실제로 청년회 활동은 에이사와 관련된 것에 집중되고 있다(부록 참조).

킨초 나미사토 마을의 에이사는 1950년대 중반 인근 야두이촌락(屋取村落) 이후바루(伊保原) 마을의 에이사를 모태로 하고, 마을 고유의 춤과 노래를 가미하여 재구성한 것이라고 한다. 1980년대 초반 촬영된 나미사토 청년회 에이사의 사진이 청년회관에 보관되어 있는 데, 에이사의 복장이나 춤동작이 매우 소박한 것으로 나타나 있다. 지금처럼 북을 들고 춤을 추는 것이 아니라, 대부분의 남녀가 간편한 복장에 맨손이나 부채를 들고 춤을 추었던 모습을 확인할 수 있다.

나미사토 청년회는 회칙상 18세에서 25세까지의 남녀청년으로 구성되어 있다. 26세부터 30세까지의 청년들은 '오비'라고 불리며, 청년회의 일에 대해 조언하거나 돕는 역할을 한다. 평소 활발하게 활동하는 인원은 20-30명 정도이며, 에이사를 하는 시기에는 60명 이상의 인원이 모이기도 한다.

에이사단 구성을 역할별로 살펴보면, 나미사토 청년회 에이사단은 오다이코(大太鼓), 시메다이코(締太鼓), 데오도리(手踊り), 가네(鐘), 지우

타이(地謡)¹⁹⁾, 스루가(スルガー)²⁰⁾, 하타가시라(旗頭)로 구성된다. 오다이코(大太鼓)는 에이사단의 맨 앞에서 큰 북을 치면서 에이사 연행을 주도해 가는 역할을 하는데, 나미사토 청년회는 상황에 따라 6-12명으로 오다이코단를 구성하며 연행 경력이 3년 이상인 고참들에게 이 역할을 맡긴다. 시메다이코(締太鼓)는 오다이코 뒤에 서서 작은 북으로 오다이코와 같은 동작의 춤을 추는데, 오다이코의 2배 이상이 되도록 인원이 배치되며, 연행 경력 1-2년의 신참들이 주로 이 역할을 맡는다. 데오도리(手踊り)는 시메다이코의 옆이나 사이에 서서 북춤과 조화를 이루면서 손동작이나 부채로 춤을 추는 역할이며, 나미사토 청년회에서는 연행 경력과 상관없이 여성들이 이 역할을 맡는다. 데오도리의 숫자는 시메다이코의 숫자와 대략 일치되도록 한다.

가네(鐘)는 종소리가 나는 작은 금속악기로 박자를 넣으면서 에이사의 리듬을 조정하는 역할이며, 연행 경력이 오래된 고참 2-4명이 담당한다. 지우타이(地謡)는 산싱(三線)이라는 악기로 반주하면서 노래를 부르는 역할을 말한다. 에이사단은 지우타이의 노래와 반주에 맞추어 정해진 춤동작을 연행해 나가는데, 에이사의 춤동작을 연습할 때는 녹음테이프를 사용하는 경우가 많다. 지우타이는 산싱과 노래 실력을 별도로 연마하는 전문가이며, 다른 구성원에 의해 대체될 수 없다. 나미사토 청년회의 에이사에는 2-4명의 지우타이가 등장한다. 스루가(スルガー)는 염불을 외는 승려에서 유래되었다고 알려져 있는데, 남루한 승려 복장에다 악귀를 퇴치한다는 의미로 얼굴에는 무섭게 보이는 분장을 한다. 에이사

---

19) 지카타(地方)라고도 한다.
20) 이 용어는 킨지역에서 주로 사용되며, 일반적으로는 촌다라(チョンダラ, 京太郎)라고 한다.

단에서 스루가가 수행하는 실제 역할은 익살스런 행동으로 관객들의 흥미를 유발하고, 춤을 추는 동안 대열을 누비고 다니면서 구성원들의 사기를 독려하는 것이다. 나미사토 청년회의 에이사에는 항상 2명 이상의 스루가가 등장하며, 에이사의 춤동작을 숙달하여 신참의 단계를 막 벗어난 사람이 맡는 경우가 많다. 하타가시라(旗頭)는 춤을 추는 동안 에이사단의 깃발을 세우고 있는 역할이며, 나미사토 청년회는 2개의 장대로 된 깃발을 가지고 있다.

대부분의 지역 청년회는 지우타이가 담당하는 반주 음악으로 오키나와의 전통적인 민요를 채용하고 있다. 다만, 청년회에 따라 세부적인 곡목 구성은 조금씩 다르다. 같은 곡목의 민요를 채용하더라도 에이사단에 따라 안무가 다르기 때문에 에이사단의 개성은 상실되지 않는다. 나미사토 청년회 에이사의 반주 곡목은 총 10곡의 전통 민요로 구성되어 있으며, 앞뒤에 지우타이가 즉흥 반주를 넣기도 한다. 즉흥반주 없이 전곡에 맞추어 춤을 출 경우에 35-40분이 걸리는데, 상황에 따라 에이사단 리더(청년회장과 임원)와 지우타이의 협의로 5-6곡을 선별하여 15-20분 정도로 축약하는 경우가 많다.

2) 에이사의 전승과정과 학습동기

나미사토 청년회는 구본(旧盆) 행사의 두 달 전, 대개 매년 7월 1일부터 에이사 연습을 시작한다. 매일(월~금) 저녁 8시경에 마을 광장인 우후마시챠(大松下)에 모여 에이사의 춤동작을 연습한다. 연습은 주로 그해 처음으로 에이사를 배우는 신입회원의 교육에 초점이 맞추어지며, 신입회원들과 그들을 지도하는 청년회 임원들을 합치면 대략 20-25명이 매일 연습에 참가한다. 교육담당자는 총 10곡의 민요에 대한 춤동작을 신입회원에게 스텝부터 하나하나 가르쳐준다. 스텝이 어느 정도 숙달되면, 손으로 북치는 동작을 가르쳐준다. 에이사를 전문화한 단체일수록 교육과정이 엄격하고 시간이 많이 걸린다고 하는데, 나미사토 청년회의 경우에는 2-3일 정도 교육을 받고 나면, 앞사람(대개는 숙달된 고참)의 동작을 보면서 대체로 따라할 수 있게 된다. 전곡의 춤동작을 매일 대여섯 번 정도 연습하는데, 한 달 정도가 지나면 자연스럽게 몸에 익혀지는 느낌을 받을 수 있다. 데오도리를 배우는 여성들의 학습 속도는 더욱 빨라서 일주일만에 춤동작을 익히는 사람도 있다. 안무가 그리 복잡하지 않은데다 매년 똑같기 때문에 에이사의 경험이 3년 이상 된 청년회 회원들은 연습에 매일 참가하지 않더라도 에이사 공연 당일에 합류해서 바로 춤을 출 수 있을 정도이다.

매일 밤 마을 광장으로부터 에이사의 민요 음악이 울려 퍼지면, 마을사람들은 한여름의 축제 기간이 시작되었다는 것을 알게 된다. 나미사토 마을에서 에이사가 자리 잡은 지도 어느새 50년이나 되었기 때문에, 장노년층의 사람들도 에이사의 노래를 들으면 옛날 생각에 몸이 저절로 들썩여진다고 한다. 즉 나미사토 청년회를 거쳐 간 사람에게는 그 노래와 춤이 몸 안에 깊숙이 각인되어 있는 셈이다. 눈에 보이는 장면만으로는 스무 살을 갓 넘긴 청년들이 배우고 가르치면서 매일 밤 에이사를 추고 있지만, 사실은 그 동작과 분위기를 익힌 적이 있는 많은 사람들이 보이지 않게 마음속으로 에이사를 추고 있는 것이다. 나미사토 사람들은 이러한 춤과 음악의 신체적 각인을 통해 '공통의 감각'을 공유한다. 이러한 신체적 감각은 좁게는 각 마을 단위로 공유되며, 넓게는 에이사라는 예능 양식을 체화한 사람 모두에게 확대될 여지가 있다.

나미사토 청년회 회원들의 직업은 건설업 노무자, 목수, 트럭 운전기사, 자동차공장 수리공, 농업종사자, 컴퓨터관련 회사 직원, 호텔 견습 요리사, 제빵기술자, 이자카야(居酒屋) 종업원, 농협 직원, 사회복지시설 종사자, 전력회사 직원, 대학생, 고등학생, 아르바이트생 등으로 다양하다. 이들은 에이사를 하면서 결속되고 통합된다. 낮에는 제각각 일을 하다가, 저녁때가 되면 에이사를 하러 모여든다. 약 2시간의 연습이 끝나면 이들은 모두 청년회관에서 뒷풀이 술자리를 가지며 친목을 도모한다. 청년회 회원들은 대부분 마을 토박이지만, 나미사토 에이사를 배우기 위해 찾아오는 사람이라면 일본 본토 사람이건 외국인이건 누구나 받아들인다.

요즘은 다른 곳에서 에이사를 배울 기회도 많은데, 고향 청년회에서 에이사를 배우는 이유는 애향심을 잃지 않고, 자기 마을을 위해 뭔가 봉사할 기회를 갖기 위함이라고 한다. 이러한 모범 답안을 잠시 제쳐두고 보면, 에이사에 참가하는 남녀 젊은이들의 공통된 동기는 역시 에이사의 춤동작이 '폼 나기(かっこういい)' 때문이다. 에이사를 하는 청년들은 화려한 복장을 하고 힘차게 북을 치면서 춤을 추는 자기 자신이 매우 멋있다고 느낀다. 에이사의 동작을 완전히 익힌 나미사토의 청년들은 단체 동작의 통일성을 해치지 않는 범위에서 자신의 춤동작을 더 멋있게 만들기 위해 고심한다. 대표적인 예로, 에이사에 숙달된 청년들은 그냥 북을 치는 것이 아니라, 북채를 손등 위로 한 바퀴 돌리면서 북치는 기술을 연마한다. 그리고 에이사는 오키나와 청년들에게 유행이다. 요즘과 같은 분위기에서는 에이사를 하지 않으면 마치 혼자 뒤쳐진 느낌이 들 정도라고 한다.

청년들이 에이사에 참여하는 또 하나의 중요한 동기는 북을 치고 춤을 추는 것이 즐겁고 신나기 때문이다. 특히 남자 청년들의 경우, 에이사는 기본적으로 북을 가지고 춤을 추는 것이기 때문에 그 자체가 재미있고 신나는 일이다. 일단 북치는 감각을 몸에 익히고 나면, 그 다음 해 에이사 시즌이 돌아왔을 때 에이사를 하고 싶어서 '참을 수가 없다'(たまらない)고 한다.

또한 에이사는 여러 사람들과 어울리면서 친구를 사귈 수 있는 계기를 마련하고 남녀 젊은이들에게 사교의 장을 마련하기도 한다. 같은 마을과 지역에 살더라도, 또한 같은 청년회에 소속되어 있다 하더라도 에이사를 함께 하면서 팀웍을 기르고 동고동락하는 것이 친구를 만드는 데 큰 도움이 된다고 한다. 여름철 동안 에이사를 함께 하면, 에이사의 모든 행사가 끝나고 나서도 버릇처럼 친구들에게 전화를 해서 만나게 된다고 한다. 에이사를 통한 남녀 간의 자연스런 만남은 연애와 결혼으로 이어지기도 한다. 에이사가 남녀 교제의 장이라는 점은 나미사토 마을에서 널리 인식되어 왔으며, 에이사를 계기로 만나서 결혼하는 남녀가 예전부터 매년 1-2쌍씩 정도는 있어 왔다고 한다.

3) 구본에이사와 신체화된 정체성

지역 청년회 에이사의 가장 중요한 목표는 음력 7월 13일부터 15일까지의 〈구본에이사〉(旧盆エイサー)를 성공적으로 수행하는 것이다. 본 기간에 청년회가 에이사를 추는 것은 마을 사람들에 대한 일종의 의무처럼 되어 있다. 나미사토 사람들 사이에서 본에이사의 의미는 흔히 북을 치고 노래를 부르면서 주위를 시끄럽게 하여 조상신을 따라온 악령들을

쫓는 것이라고 이야기되고 있다. 구본에이사 이외에 지역 청년회가 각종 에이사 마쓰리에 참가하는 것은 그 해 청년회 회원들이 공통의 추억들을 만들고, 청년회를 대외적으로 알리기 위한 일종의 선택 사항이다.

구본에이사는 본기간 동안 마을과 지역 곳곳을 순회(道ジュネー)하는 방식으로 진행된다. 나미사토 청년회가 본기간에 에이사를 연행하는 장소를 살펴보면, 크게 두 가지로 구분된다. 하나는 청년회가 매년 에이사를 연행하도록 지정해 놓은 장소이다. 이 중에는 지역사적으로 유서 깊은 장소들이 있다. 나미사토 청년회는 나미사토구 공민관 앞의 마을광장, 우후마시챠(大松下: ウフマシチャ)를 3일 동안의 길거리 에이사의 출발지로 삼고 있다. 여기는 과거 구사무소가 있던 곳으로 오랜 동안 마을의 중심지로 인식되어 왔다. 출발지인 만큼 여기서는 에이사단 전원이 모여서 춤을 춘다. 마을의 발상지라고 알려진 킨타가(キンタガー)와 오카와(大川: 노인들은 우후카로 발음한다)도 중요한 장소이다. 이 두 곳은 마지막 날에 도착하게 되는데, 킨타가에서는 에이사단 전원이 모여서 전곡에 맞추어 춤을 춘 뒤, 청년회 임원들을 중심으로 20-30분간 각종 장기자랑을 한다. 공민관 인근에 있는 오카와는 3일 동안의 길거리 에이사의 종착지이며, 여기서는 전곡에 맞추어 에이사를 춘 뒤 긴 시간 동안 각종 여흥을 즐기고 구본에이사를 마감하는 의식을 거행한다.

다른 하나는 기부금을 낸 사람들의 집이나 가게이다. 에이사가 악령을 쫓는 의례 내지 길한 것이라는 믿음 때문에, 구본에이사가 시작되면 많은 주민들이 기부금을 내고 자기 집이나 가게에 와서 에이사를 춰 달라는 부탁을 한다. 이러한 기부금은 청년회의 1년 운영비로 사용된다. 지역유지들은 자발적으로 기부금을 내는 경우가 많고, 지역 내의 큰 상점들은 사업의 번영을 기원하고 지역 내의 평판을 생각해서 기부금을 내고 에이사팀을 초청한다. 기부금의 액수는 1천엔에서 2만엔까지 다양하다. 2003년도 봉 기간 동안 나미사토 청년회가 받은 기부금 총액이 사상 처음으로 1백만 엔을 넘어 마을에서 화제가 되었다.

나미사토 청년회는 대개 두 팀으로 나누어서 마을을 순회한다. 3일 동안 매일 점심때부터 저녁 늦게까지 에이사가 계속된다. 에이사에 대한 주민들의 반응은 매우 우호적이다. 에이사팀이 자리를 잡고 춤출 준비를 하면, 지나가던 행인들도 발길을 멈추고 집에 있던 주민들은 밖에 나와서 에이사를 구경한다. 어린 아이들은 아예 에이사팀을 따라다니기도 한다. 낮에는 청년들의 얼굴을 식별할 수 있기 때문에 마을 주민들은 쉬거나 춤이 정지되는 틈을 타서 아는 청년을 불러 격려의 말을 하기도 한다. 친구들끼리 인사를 나누는 경우도 있고, 이웃집 아주머니, 아저씨가 손을 흔들어 주기도 한다. 격려 인사와 화답 속에서 마을 어른들은 청년들을 새로운 지역 구성원으로 인지해서 받아들이고, 청년들은 마을 사람들에 대한 유대감과 마을에 대한 소속감을 키워 나간다.

밤이 되면, 청년들 상호간의 유대감이 한층 강화되고 청년들과 주민들의 심리적 거리도 더욱 좁혀지는 느낌을 받을 수 있다. 청년들은 3일 동안 같은 춤동작을 하루에 30-40번이나 반복하기 때문에 저녁때가 되면 몸이 거의 녹초가 된다. 청년회 임원들은 이탈자가 생기지 않도록 마지막까지 청년들을 독려하고, 청년들은 술을 마시고 기합 소리를 외치면서 서로 간에 힘을 불어넣는다. 청년들은 이러한 육체적 한계 상황 속에서 에이사의 감흥과 동작을 몸 안에 각인하게 되고, 동료들에 대한 유대감을 급격히 확장시키게 된다.

밤에 에이사를 보러 나온 마을 주민들은 구경꾼의 입장을 벗어나 에이사의 참여자가 되기도 한다. 지우타이의 노래에 맞춰 춤을 추기도 하고, 스루가에게 장난을 걸기도 한다. 본 제사를 위해 친척집에 모여 있던 사람들 중에는 에이사의 음악을 듣고 달려 나와 청년들과 함께 춤을 추다가 들어가는 사람도 있다. 기부금을 낸 집에 가서 에이사을 추고 나면, 음식, 과일, 음료수 등 집주인의 극진한 대접이 기다리고 있다. 마을을 순회하다 보면 청년회 회원들의 집 근처를 지나게 되는데, 이때는 그 청년의 가족, 친척, 이웃들이 몰려 나와 열렬한 성원을 보내준다.

이렇게 해서 3일 동안의 구본에이사를 마치고 나면, 본기간과 연습기간에 축적된 고락의 감정이 어우러져 청년회 구성원들 간의 유대감은 절정에 이르게 된다. 또한 청년들은 구본에이사를 통해 봉사의 의무를 실천함으로써 자기 마을에 대한 소속감을 내면화하며, 자타가 인정하는 마을 사람으로서의 정체성을 획득하게 된다. 이러한 유대감, 소속감, 정체성의 공유가 하나의 예능 양식을 통해 신체화된 방식으로 일어난다는 점에 에이사의 중요성이 있는 것이다.

〈그림 1〉 구본에이사의 준비(필자 촬영)　〈그림 2〉 길거리에서의 연행(필자 촬영)

〈그림 3〉 청년회원들의 여흥 시간(필자 촬영)

〈그림 4〉 지우타이(필자 촬영)

〈그림 5〉 카챠아시(필자 촬영)

〈그림 6〉 마을광장에서의 구본에이사(필자 촬영)

4. 에이사 연행의 변용된 맥락과 소수민족 정체성

지역 청년회의 에이사는 마을과 같은 좁은 범위의 지역 정체성을 재생산하는 데 주로 공헌해 왔다. 그러한 지역 정체성은 분절적인 성격을 갖는 만큼 지역 청년회의 에이사가 처음부터 '오키나와'의 예능 양식으로 통합적으로 인식되어 오키나와인 정체성을 자각시키는 효과를 가질 수 있었던 것은 아니다. 에이사가 오키나와의 소수민족 정체성을 신체화시키는 수단이 될 수 있다는 점은 에이사가 다양한 주체와 상황을 통해 '오키나와'의 전통예능으로 재구성되고 오키나와다움을 나타내는 표상으로 정립되어온 측면을 통해 이해될 필요가 있다.

1) 전문 에이사단의 활동과 연행 주체의 다양화

(1) 류큐국 마쓰리타이코와 전문에이사단의 등장에 따른 변화

〈류큐국 마쓰리타이코〉(琉球国祭り太鼓)는 1982년 오키나와시의 지원으로 아와세(泡瀬) 지역 비행청소년들의 계도 목적으로 결성되었다. 공식적 결성 시기는 1983년 12월으로 기록되어 있다. 활동 초기에는 오키나와의 에이사를 전문화한 단체라기보다 와다이코(和太鼓)를 연행하는 단체로도 알려져 있었다. 이 단체는 1992년 슈리성(首里城) 개원 기념 행사에서 류큐의 전통예능을 잘 표현했다는 평가를 받으면서 산토리 지역문화상을 수상한 것을 계기로 오키나와 에이사의 전통을 계승하고 새롭게 창작하는 에이사 단체를 표방하게 된다.

과거 이 단체의 임원이었던 T씨에 따르면, 단체의 주요 활동가들이 활동 초기부터 출신 지역의 에이사마쓰리를 넘어, 오키나와의 타지역, 일본 본토, 해외 각지의 각종 행사에 참가하면서 오키나와적 예능을 창작하고 알리는 데 고민했다고 한다. 실제로 이 단체는 1992년 이후 거의 매월 오키나와 내외의 축제 및 이벤트에 참여하여 에이사를 선보이고 에이사에 대한 관심과 흥미를 확산시켜 왔다. 1998년 1월, 아르헨티나 지부 결성을 시발점으로 〈류큐국 마쓰리타이코〉는 오키나와현, 일본 본토, 오키나와인 해외이민자 거주지에 지부를 결성해 왔다. 2002년 12월 현재 오키나와현내 12개 지부, 일본 본토에 11개 지부, 국외에 8개 지부를 두고, 총인원이 1,200명에 이르고 있다. 기획과 안무는 이 단체를 처음 창립하고 주도해 온 아와세 본부(迎恩館)의 메도루마(目取真) 형제가 맡고 있으며, 본부와 지부는 연락망을 가지고 이합집산하면서 각종 행사에 에이사단을 파견한다.

단체의 활동비와 운영비는 공연 수입과 스폰서의 지원금으로 충당되지만, 에이사를 직업으로 하는 사람은 한 사람도 없다고 한다. 본부 임원과 일부 자원봉사자를 제외하면, 본부, 지부 모두 대부분의 멤버가 20대 초반의 남녀청년으로 구성되어 있다. 일년내내 공연을 하기 때문에 체력과 시간이 뒷받침되지 않는 멤버는 은퇴해서 OB의 신분으로 단체의 활동을 지원한다. 신입 멤버는 적어도 1년의 연습생 기간을 거쳐야 공연에 참여할 수 있으며, 최근에는 오키나와 출신 청년들의 가입이 적어져 아와세 본부 에이사단에서도 일본본토 출신 청년의 비율이 반을 넘었다고 한다. 초중학생으로 구성된 주니어부도 따로 두고 있다.

〈류큐국 마쓰리타이코〉의 활동이 큰 반향을 불러일으키면서 1990년대 이후 전문 에이사단이 우후죽순처럼 등장하였다. 지금은 오키나와에만 백 개가 넘는 전문 에이사단이 존재하는 것으로 알려져 있다. 각종 에이사마쓰리나 창작에이사 콘테스트를 통해 이들의 존재가 널리 알려지고 있다. 전문 에이사단 중에는 동호회가 발전하여 에이사의 연행 양식을 창작할 수 있는 수준에 오른 유형도 있고, 무용가나 다이코(太鼓) 전문가가 에이사의 연행 양식을 채용한 유형도 있다.

〈류큐국 마쓰리타이코〉의 영향력이 확대되자, 에이사 관계자들은 기존의 안무와 민요를 전승하는 데 주력하는 지역 청년회 에이사를 전통 에이사로, 안무와 음악 등을 적극적으로 변형·창작해가는 전문 에이사단의 에이사를 창작에이사로 구분하는 경향이 나타나고 있다. 다부치[21]는 이전 에이사와 구별되는 류큐국 마쓰리타이코 에이사의 특징을 여섯 가지로 지적한 바 있다[22]. 그의 지적은 주로 조직 구성과 기술적 측면에

---

21) 田渕愛子, 「沖縄観光におけるエイサーの概観」, 41-42쪽.

국한되어 있는데, 본고의 논의에서 볼 때 〈류큐국 마쓰리타이코〉의 무엇보다 중요한 특징은 오키나와적 표상을 의도적으로 구성하고 관객들에게 전달하는 점이다. 특히 일본적인 것과 구별되는 표상을 메도루마 형제가 의도적으로 선택한다는 점은 잘 알려진 사실이다. 예를 들어, 중국풍 복장, 琉球国(류큐국) 글씨가 쓰인 깃발의 강조, 가라테(空手)나 류큐무용 요소의 삽입, 현대 오키나와 예술가들의 음악을 반주로 선택한다는 점이 지적될 수 있다.

〈류큐국 마쓰리타이코〉와 함께 전문 에이사단이 일으킨 중요한 혁신은 오키나와 본섬(혹은 오키나와제도)의 본오도리(盆踊り)라는 에이사의 종래 관행 및 이미지를 깼다는 점이다. 다시 말해, 에이사 연행의 지역적 확대와 일상화라는 현상을 초래하였다. 지역적으로는 에이사가 오키나와제도에 국한되지 않고 류큐열도 전체, 그리고 일본 전역으로 확대되어 오키나와가 발신·주도하는 예능 형태

〈그림 7〉 류큐국 마쓰리타이코의 연행 장면
(나카마하지메 씨 촬영)

---

22) 첫째. 멤버 구성이 촌락이나 특정 지역 단위에 구애되지 않는다. 둘째, 지역밀착형 에이사의 상징인 길거리 순회를 하지 않고, 탈지역형 활동이 중심을 이룬다. 셋째, 데오도리(手踊り)가 없고, 오다이코(大太鼓)에 비해 시메다이코(締太鼓)의 비율이 적다. 넷째, 시메다이코는 공중에서 일회전 하는 등 동작이 크고 화려하다. 필자가 인터뷰한 이 단체의 한 관계자는 안무에 최초로 정지동작을 넣은 점을 지적하기도 했다. 다섯째, 시메다이코는 남자가 담당하지만, 오다이코는 남녀구별이 없다. 여섯째, 오키나와팝(Okinawan pops)을 중심으로 현대 오키나와 음악을 반주로 사용한다(田渕愛子,「沖縄観光におけるエイサーの概観」, 41-42쪽).

로 인식되기 시작했다. 연행시기에 있어서는 여름의 본 기간 전후에 국한되던 것이 언제든지 행해질 수 있는 것으로 바뀌게 되었다. 이와 함께 에이사의 의미도 조상공양과 지역공동체의 결속에서 축제 및 놀이의 구성요소 내지 연행예술로 전환되어 인식되는 경향이 나타나고 있다.

(2) 연행 주체 및 상황의 다양화

1980년대 이후 전문에이사단의 활동과 함께 에이사의 연행 주체 및 상황이 다양화되는 현상이 나타났다. 이러한 징후는 1970년대 후반부터 경연이 아닌 축제 형식의 에이사 마쓰리가 정착되고 지역 청년회 이외에 부인회, 어린이회, 에이사 동호회 등이 마쓰리에 참가하는 모습에서 이미 보여지고 있었다.

연행 주체의 다양화 및 저변 확대에 있어 중요한 사실은 학교 교육에 에이사가 이용되는 것이다. 1980년대 초반부터 초중학교 운동회 및 학예회에서 아동들에 의한 에이사가 연행되기 시작했다. 2000년대 들어서는 에이사가 초등학교의 정규 체육수업 항목으로 개발되어 많은 학교 아동들에게 교육되고 있다. 전신운동과 많은 운동량 때문에 에이사는 체육으로서도 큰 효과가 있는 것으로 분석되고 있다. 오시로[23])에 따르면, 〈류큐국 마쓰리타이코〉나 지역 청년회의 영향으로 아동들의 에이사에 대한 학습의욕이 높고,[24]) 생애교육의 차원에서 오키나와의 음악, 리듬,

---

23) 大城憲政, 「小学校の体育: 表現運動としての郷土の踊りエイサー」, 『女子教育』 第44号 第3巻, 2002.

24) 필자의 현지연구 경험에 비추어 보면, 이 견해는 다분히 교육자의 시점에 입각한 것으로 보인다. 나미사토 마을의 청년들은 에이사를 연습하다가 어린 시절 학교에서 배우던 에이사를 유치하고 우스꽝스러운 것으로 흉내내는 경우가 많았다. 이들은 어린 시절 학교에서 배우던 에이사를 하기 싫었던 것으로 기억하

몸놀림을 표현운동으로서 몸에 익히게 만들고, 향토의 전통무용과 지역 활동을 계승해 나갈 주체를 길러내며, 오키나와의 전통문화에 대한 자부심과 발신의욕을 고취하는 데에 있어 에이사의 가치는 매우 크다고 한다.

각종 페스티발과 학교의 체육수업, 운동회, 학예회 등을 통해 에이사는 여름의 본기간 이외에도 언제든지 듣고 볼 수 있는 것이 되었다. 요즘 오키나와 사람들은 '축하하고 싶은 행사가 있을 때(めでたいとき)', 춤 출 사람만 구할 수 있으면 에이사를 추게 하는 것이 좋다고 말한다. 가정의 결혼식이나 집 신축 행사, 회사나 지방자치체의 축하기념 행사 등에서도 에이사를 추는 광경을 흔히 볼 수 있게 되었다.

2) 오키나와적 예능으로의 통합: 에이사마쓰리의 맥락

이하에서는 에이사가 연행되는 상황 및 장소의 맥락에 따라 형성되는 에이사의 의미를 해석해 보고자 한다. 먼저 이 항에서는 오키나와 내에서 거행되는 에이사마쓰리의 맥락에서 에이사의 의미를 생각해 보고, 다음 항에서는 에이사가 연행되는 상황 및 장소를 관광지, 일본 본토, 해외 이민지로 나누어 에이사의 의미를 해석해 본다.

(1) 에이사마쓰리의 종류

오키나와현, 특히 오키나와 본섬의 각 시초손(市町村)에서 주최하는 에이사 마쓰리는 적어도 11개 이상이 된다. 나하시와 오키나와시를 제외

고, 지금 자신들이 하고 있는 청년회 에이사는 매우 즐거운 것으로 대비시켜서 말하는 경우가 종종 있었다.

하면, 시초손이 주최하는 에이사마쓰리는 주로 지자체 내의 아자(字) 및 구(区), 즉 마을 단위의 청년회가 참가한다. 관객은 주로 지역주민이 되며, 내부의 경쟁의식과 전통예능을 통한 지역의 결속이 흥행의 원동력이 된다. 관광이나 지역 활성화의 목적이 표방되기는 하지만, 외부인 관객의 유치 활동이 무리하게(재정 및 행사 구성에 있어) 진행되는 경우는 거의 없다. 시기는 본 기간 직후가 대부분인데, 이 역시 지역주민과 청년회의 사정을 우선적으로 고려한 것이라 할 수 있다. 대부분의 시쿄손이 1990년대 이후 이 행사를 창설했기 때문에 2009년 현재 개최횟수가 10-20회를 맞는 경우가 대부분이며, 1990년대 에이사붐과 함께 생겨난 마쓰리라고 할 수 있다.

역사나 흥행의 면에서 대표적인 에이사마쓰리로는 〈오키나와 전도 에이사마쓰리〉(沖縄全島エイサー祭り), 〈청년 후루사토 에이사마쓰리〉(青年ふるさとエイサー祭り), 〈일만인 에이사마쓰리〉(一万人エイサー祭り)의 세 가지를 들 수 있다. 이 세 가지 에이사마쓰리는 현대 오키나와의 에이사를 집약해서 보여주는 장으로 인식되고 있는데, 성격에 있어서는 다소 차이가 있다. 〈오키나와 전도 에이사마쓰리〉는 전통과 권위를 자랑하는 에이사마쓰리로서 지역 청년회의 전통에이사를 주축으로 하고 전문 에이사단의 창작에이사를 가미하는 방식으로 진행된다. 〈청년 후루사토 에이사마쓰리〉는 지역 청년회의 전통에이사를 중심적인 구성으로 하되, 지역청년회가 전승해온 향토예능을 연행시키는 데 특징이 있다. 최근에는 창작에이사 경연 대회를 추가했다. 〈일만인 에이사마쓰리〉는 〈류큐국 마쓰리타이코〉가 주축이 되어 추진하는 마쓰리로서, 지역 청년회보다 창작에이사 단체의 참여 비중이 더 높고, 각종 에이사 동호회

의 참가와 〈류큐국 마쓰리타이코〉의 안무를 숙달한 개인들의 참가도 특징적이다.

(2) 에이사가 오키나와적 예능으로 통합되는 맥락

여기서는 〈오키나와 전도 에이사마쓰리〉, 〈청년 후루사토 에이사마쓰리〉, 〈일만인 에이사마쓰리〉의 세 가지 주요 마쓰리에 대한 분석을 수행하고자 한다. 1956년에 시작된 오키나와 전도 에이사마쓰리는 오키나와시 주최로 매년 본 직후 주말에 열리고 있다. 에이사의 진수를 보려면 〈오키나와 전도 에이사마쓰리〉에 가봐야 한다는 말이 있을 정도로 그 명성이 높다. 매년 수천 명의 관객이 오키나와시 코자운동공원(コザ運動公園)의 행사장을 꽉 채우며, 오키나와 지역 자본을 대표하는 오리온 맥주회사의 시음 행사도 함께 열린다. 이 행사의 참가 경력은 모든 에이사 단체에게 일종의 명예로 인식되며, 행사에서의 출연 순서는 뒤에 출연할수록 더 높은 명성을 얻게 된다[25].

출연 단체의 구성을 보면 '오키나와 전도'라는 대회 수식어에 의문을 가질 수도 있다. 2008년의 경우 28개 출연 단체 중에 20개 단체가 오키나와시 내의 지역(区) 청년회였다. 〈오키나와 전도 에이사마쓰리〉는 기본적으로 오키나와시의 에이사마쓰리에 타지역 에이사 단체를 초청하는 방식으로 출연 단체가 구성되어 왔다. 그러나 지금은 '오키나와 전도'라는 수식어에 아무도 의문을 달지 않을 정도로 그 권위를 인정받고 있다. 즉 오키나와시의 지역 청년회들이 전후 에이사의 발전을 주도해 왔

---

25) 1976년까지 콩쿠르 형식의 경연대회였지만, 심사결과에 대한 반발이 많아 1977년부터 축제 형식의 행사로 전환되어 지금에 이르고 있다.

고 그만큼 수준이 높다는 점은 오키나와 사람들에게 일종의 상식으로 자리 잡았다. 손다 청년회(園田青年会), 모로미자토 청년회(諸見里青年会), 단골 초청단체인 헤이시키야 청년회(平敷屋青年会), 센바루 에이사보존회(千原エイサー保存会), 류큐국 마쓰리타이코는 유명한 에이사 단체로 알려지게 되었고, 다른 지역 청년회들은 〈오키나와 전도 에이사마쓰리〉를 보고 새로운 대형(隊形), 복장, 소품 등을 구상할 수 있었다. 유명 에이사 단체들은 에이사가 없던 지역(오키나와 및 일본 각지, 그리고 해외 이민자 거주지)에 에이사를 직접 전수해 주면서 저변을 확대하고 있다[26].

〈오키나와 전도 에이사마쓰리〉가 성행하기 전까지 에이사는 '오키나와'의 전통예능이라기보다 오키나와 본섬의 각 촌락과 지역에서 파편적으로 행해지던 본오도리의 일종에 지나지 않았다. 안무, 반주, 복장, 소품 등이 모두 지역에 따라 제각각이었다. 〈오키나와 전도 에이사마쓰리〉는 에이사의 형식과 의미에 동질성을 확대함으로써 제각각의 에이사를 '오키나와'의 에이사로 통합해 가는 역할을 했다고 볼 수 있다. 〈오키나와 전도 에이사마쓰리〉는 에이사를 추는 오키나와의 청년들을 모으는 역할을 하였으며, 서로를 바라보게 했으며, 에이사를 정의하고 동질성을 확대했으며, 모방, 전파, 이식을 가능하게 했다. 오키나와시 지역 청년회

---

26) 에이사가 아마미제도(奄美諸島), 오키나와제도(沖縄諸島), 미야코·야에야마제도(宮古·八重山諸島)를 아우르는 '오키나와'의 전통예능으로 인식되는가 하는 문제는 '오키나와'내부의 중심과 주변의 문제를 그대로 반영하고 있다. '오키나와'에는 각 지방 고유의 본오도리나 민속 무용이 전승되고 있으며, 야에야마의 안가마(アンガマ)와 아마미의 팔월무(八月踊り)가 대표적인 예이다. 야에야마와 아마미의 청년세대가 '오키나와'라는 상징적 공동체에 소속감을 느끼고, 오키나와의 중심부 권력 및 문화적 헤게모니가 다른 지역에 대해 통합적 힘을 발휘하는 한에서 에이사는 '오키나와'의 전통예능 내지 대표적 예능이라 말해질 수 있다.

들이 전승하고 개발하는 에이사가 더 정통하고 우수하다는 통념이 생겨났으며, 헤이시키야 에이사나 센바루 에이사와 같이 일부 독특한 에이사를 제외하면, 다른 지방의 에이사 및 본오도리는 주변화되거나 에이사의 범주 밖으로 밀려났다. 소박한 복장, 손동작, 조상공양 중심의 에이사는 사라지고, 오다이코, 시메다이코 중심의 구성, 화려한 복장, 퍼레이드 형식의 대형 등 〈오키나와 전도 에이사마쓰리〉에 적용한, 오키나와시 지역 청년회들의 보여주기 위한 에이사가 일종의 표준으로 자리 잡게 되었다.

〈청년 후루사토 에이사마쓰리〉는 '오키나와현 청년단협의회' 주최로 1964년 시작되어 매년 8월말 챠탄공원(北谷公園)[27]에서 열리고 있다. 이 에이사마쓰리도 처음 10회까지는 경연대회 형식을 취했는데, 〈오키나와 전도 에이사마쓰리〉와 달리 오키나와 본섬 각지의 청년회가 골고루 참가했다. 오키나와 전도 에이사마쓰리에 참가하지 못한 지역 청년회들의 대리만족 창구가 되긴 했지만, 흥행 면에서 성공하지 못했을 뿐더러 참가 단체의 수도 갈수록 줄어들었다. 지역 청년회에 의해 전승되는 향토예능 축제와 에이사마쓰리를 함께 개최한 1982년 이후 일정 정도의 흥행에 성공하여 지금에 이르고 있다. 2004년부터 창작에이사 경연 부문을 신설하여 에이사마쓰리의 흥행에 힘을 쏟고 있지만, 관객들의 수와 호응도가 〈오키나와 전도 에이사마쓰리〉에 비해서는 저조한 편이다.

에이사마쓰리로서 최근 크게 주목받고 있는 것은 나하시 국제거리(国際通り) 상가조합이 주관하여 1995년부터 매년 8월 첫째주 일요일에 열리고 있는 〈일만인 에이사마쓰리〉이다. 최근에는 이 일주일 동안을 에이사 주간으로 정하여 〈일만인 에이사마쓰리〉를 피날레로 삼고 있다. 나

---

27) 2003년까지는 나하시 오노야마(奥武山)공원에서 열렸다.

하시와 국제거리 상인조합이 관광객 유치 및 지역활성화를 위해 에이사를 여름 이벤트로 채택함으로써 〈일만인 에이사마쓰리〉가 탄생하게 되었다.

〈일만인 에이사마쓰리〉의 기획에서는 〈류큐국 마쓰리타이코〉가 큰 영향력을 행사하고 있어서 창작에이사가 주류를 이룬다. 2007년의 경우를 보면, 창작에이사 단체 20개팀, 지역 청년회 12개팀, 일반응모 참가자 55개팀, 총 87개팀 약 2,500명이 참가했으며, 주최측은 12만 명 이상의 관객이 행사장소인 국제거리를 다녀갔다고 추산하였다. 나하시 국제거리는 오키나와 내의 인적·물적 교류의 중심지이자 대부분의 오키나와 방문객이 거쳐 가는 장소로서 오키나와를 외부로 연결시키는 주된 창구이기도 하다. 나하시 국제거리의 장소성은 〈일만인 에이사마쓰리〉의 성격을 규정하는 동시에 흥행을 뒷받침하는 요소이기도 하다.

〈일만인 에이사마쓰리〉는 〈오키나와 전도 에이사마쓰리〉와는 다른 새로운 방식의 만남과 통합을 이루어내는 데 중요성이 있다. 〈류큐국 마쓰리타이코〉를 비롯한 전문에이사단의 창작에이사가 중심이 되고 지역 청년회의 전통에이사 비중을 낮춘 것도 큰 변화지만, 창작에이사 단체들이 전문성과 예술성만을 추구하기보다 〈일만인 에이사마쓰리〉를 통해 에이사의 대중성과 혼종성을 확대했다는 점에 주목할 필요가 있다. 〈일만인 에이사마쓰리〉에는 원칙적으로 에이사를 출 줄 아는 사람이라면 누구나 참가할 수 있다. 매년 1,000-1,200명 정원으로 모집하는 일반 참가자의 구성을 보면, 어린이, 성인, 노인 등 다양한 연령대의 에이사 동호회와 학교, 회사, 지역 등 다양한 조직 기반을 가진 에이사 동호회가 참가하고 있으며, 일본 본토나 외국에서 온 에이사 동호회도 있다. 그리고 창작에이사 부문과 일반참가 부문의 단체 중에는 'xx다이코'(太鼓)로 이름붙인 단체가 다수 눈에 띈다. 이들이 사용하는 북(太鼓)의 종류, 안무, 반주 음악 등을 보면 북으로 출 수 있는 춤 가운데서 에이사를 어떻게 구별해서 정의할 수 있는가 하는 의문을 갖게 만드는 경우가 있으며, 때로는 에이사와 일본 와다이코(和太鼓)의 경계에 의문을 제기하는 사람들도 있다. 그러나 'xx다이코'의 어떤 춤들도 일만인 에이사마쓰리에서 연행되는 한 잠정적으로 에이사의 범주 속에 수렴되는 것이다.

오키나와 전도 에이사마쓰리가 에이사에 대한 정의와 표준을 제공하면서 에이사를 '오키나와'의 전통예능으로 통합해 왔다면, 일만인 에이사마쓰리는 그러한 정의와 표준을 해체하고 다양한 예능 단체와 양식을 에이사라는 오키나와 예능의 이름 내지 상징 아래에 통합해내는 효과를 지니고 있다. 또한 일만인 에이사마쓰리의 연행자와 관객의 구성을 보면, 에이사가 오키나와 내부에서만 유통되는 예능양식이자 상징이 아니라, 일본이나 초국가적 맥락에서 오키나와의 이미지를 만들어내는 상징으로 정립되고 있음을 인식할 수 있다.

3) 오키나와적 예능의 표출과 발신
: 관광지, 일본 본토, 해외 이민지의 맥락

(1) 관광지에서의 에이사

2005년 통계에서 연간 오키나와 관광객은 6백만 명을 돌파하였다. 대부분의 관광객은 일본 본토에서 오고 있는데, 관광과 미디어를 통해 오키나와의 이미지는 아열대의 자연, 원일본(原日本), 이국성, 정겹고 순박한 사람들 등으로 표상되는 경우가 많다[28]. 관광의 맥락에서 전통예능

은 오키나와다움을 어필하는 주요한 수단이 된다. 에이사는 오키나와 전통예능의 한 요소로서 1990년대 중반부터 관광지에서 연행되기 시작하였다. 에이사를 정기적으로 공연하는 곳은 류큐무라(琉球村), 오키나와 월드 문화왕국・교쿠센도(沖縄ワールド文化王国・玉泉洞)의 두 곳으로 알려져 있다.

관광지에서 에이사는 무대예술로 전환되어서 연행된다. 오키나와의 전통예능을 표현하려는 연행자의 의도와 그것을 감상하려는 관광객의 시선이 만나는 장면이라고 할 수 있다. 1996년부터 에이사 공연을 시작한 오키나와월드 문화왕국・교쿠센도의 경우, 50명 규모의 전속 에이사단 마훼가시(真南風)를 두고 있다. 마훼가시는 와다이코 단체 출신의 멤버와 아르바이트 생으로 구성되어 있다. 에이사의 안무와 반주 음악은 요미탄손(読谷村) 한 지역 청년회의 에이사를 거의 그대로 옮겨온 것이다. 반주 음악이나 안무는 전통에이사의 요소를 대부분 답습하지만, 관객들의 흥미를 유발하기 위해 아크로바틱한 동작과 사자춤(獅子舞)를 첨가하는 데 특징이 있다[29].

2003년 이후 수차례에 걸쳐 필자가 관찰한 류큐무라에는 에이사 공연장이 관광객 이동 경로의 맨 마지막 장소에 설치되어 있었다. 매일 정해진 시간에 3-4회씩 공연하고 있었는데, 에이사에 적지 않은 호기심을 느끼는 일본본토 관광객들의 모습을 볼 수 있었다. 그냥 지나칠 수도 있는 공연장에 수십 명의 관광객이 모여 사진을 찍기도 하고, 마지막 부분의 카챠아시(カチャーシ)[30]에는 무대 근처로 나가 에이사단과 함께 춤

28) Tanaka, Y., "The media representation of 'Okinawa' and US/Japan hegemony," *Inter-Asia Cultural Studies* 4(3), 2003, 419-432쪽.
29) 田渕愛子, 「沖縄観光におけるエイサーの概観」.

을 추는 사람들도 있었다. 이 과정에서 에이사는 관광객들에게 오키나와의 이국적 느낌과 정겨운 이미지를 전달하는 것으로 보였다. 류큐무라 내의 한 상점주인은 최근 들어서는 에이사가 너무 많이 알려져 이전만큼 일본 본토 관광객의 주목을 끌지 못한다고 말하기도 했다.

(2) 일본 본토에서의 에이사

에이사는 일본 본토에서의 오키나와붐과 긍정적 의미에서 일본의 오키나와화[31]를 확인할 수 있는 좋은 소재이다. 일본 본토에서 에이사는 다양한 모습으로 파급되고 있다. 그 양상을 전체적으로 이해하기 위해서는 몇 가지 유형을 설정해 보는 것이 효과적일 것이다.

첫째, 일본 본토의 축제 및 이벤트에 오키나와의 에이사 단체가 게스트로 참가하는 경우가 있다. 이러한 예는 비교적 오래 전부터 있어 왔고, 요즘은 그 숫자를 일일이 헤아릴 수 없을 정도로 많다. 여기에는 오랜 명성을 가진 지역 청년회가 초청되는 경우가 있는가 하면, 새롭게 주목받는 전문에이사단이 초청되기도 한다. 류큐국 마쓰리타이코의 예를 통해 그 양상을 살펴볼 수 있다. 이 단체는 1986년 〈대긴자 마쓰리〉(大銀

---

30) 카챠아시는 '섞어서 돌린다'는 뜻이며, 산싱 연주에서 줄을 빠르게 튕기는 주법을 의미하기도 한다. 에이사 뿐만 아니라, 예술 공연이 끝나면 산싱의 빠른 리듬에 맞춰 연행자와 관객이 섞여서 함께 춤을 추는 모습을 흔히 볼 수 있는데 이러한 상황을 총칭해서 카챠아시라고 한다.
31) 전후 1972년까지 일본에서는 미군기지가 축소되고, 오키나와에서는 미군기지 건설이 활발히 진행된 바 있다. 1972년 오키나와의 일본복귀 이후 미일군사동맹의 강화 흐름 속에서 일본 본토에 미군기지가 또 다시 확대되는 현상을 두고 일본의 오키나와화라는 말이 생겨났다. 1990년대 중반 이후 일본의 주류음악계와 대중문화에서 오키나와적인 것이 큰 인기를 끌면서 파급되어 왔는데, 이러한 현상을 흔히 오키나와붐이라고 말하고 있다.

座まつり, 도쿄), 1987년 〈요코하마 돈타쿠〉(横浜どんたく, 가나가와현), 전국체전 피날레(海邦国体フィナーレ), 1988년 〈삿포로 눈축제〉(さっぽろ雪まつり, 홋카이도), 오카야마 박람회(岡山博覧会, 오카야마현) 등으로 일본 본토 원정을 시작했으며, 1998년 이후에는 거의 매년 10개 이상의 일본 본토 축제 및 이벤트에 참가해온 것으로 나타나고 있다. 이 단체가 참가한 일본 본토의 대표적인 마쓰리로는 〈아오모리 네부타마쓰리〉(青森ねぶた祭り, 아오모리현), 〈아와오도리〉(阿波踊り, 도쿠시마현), 〈요사코이소란 마쓰리〉(よさこいソーラン祭り, 홋카이도), 〈신주쿠 마쓰리〉(新宿まつり: 도쿄) 등이 있다.

둘째, 일본 본토에서 개최되는 에이사 마쓰리가 있다. 일본 본토에서 에이사를 중심으로 하나의 마쓰리를 구성한다는 것은 모험적인 시도이기는 하지만, 이는 그만큼 에이사가 일본 본토에서도 큰 인기를 끌고 있다는 점을 입증하는 것이다. 대표적인 예로 도쿄의 〈신주쿠 에이사마쓰리〉(新宿エイサー祭り)가 있다. 이 마쓰리는 2002년부터 신주쿠 상인조합이 매년 7월 마지막 토요일에 개최하는 에이사마쓰리로서, 지역활성화와 관광객 유치를 위한 이벤트로서의 성격을 띠고 있다. 2009년 7월 29일 열린 이 마쓰리에는 총 21개팀이 참가하였다. 참가 단체는 오키나와의 지역 청년회와 전문에이사단, 일본 본토 각지의 창작에이사단이나 에이사 동호회로 구성되었다.

오사카 다이쇼구(大正区) 에이사마쓰리는 오랜 역사를 가지고 있다. 2009년 올해로 35회를 맞이하는 이 마쓰리는 매년 9월 셋째주 일요일에 열리며, 오사카 거주 오키나와 출신자들이 벌이는 오키나와 문화제로서의 성격을 지니고 있다. 다이쇼구 오키나와현인회(大正区沖縄県人会), 오사카 오키나와현인회 연합회(大阪沖繩県人会連合会), 오키나와현인회 효고현본부(沖繩県人会兵庫県本部), 오키나와현 오사카사무소(沖繩県大阪事務所), 오키나와 관광협회 오사카사무소, 오사카 관광협회, 오사카 상공회의소가 이 마쓰리의 후원자이다. 2004년 제30회 에이사마쓰리의 기록을 보면, 총11개의 에이사 단체가 참가하였는데. 대부분 오사카, 도쿄, 교토, 효고(兵庫), 나라(奈良) 등지의 오키나와 출신자들이 결성한 에이사 단체들이었다. 이 해에는 줄다리기가 특별 행사로 열렸으며, 오키나와 전통의 사자춤(獅子舞い) 공연과 산싱 연주자들의 공연도 있었다.

셋째, 일본 본토에서 활동하는 에이사 동호회 또는 전문에이사단이 있다. 에이사 단체의 지속적인 활동은 일회적인 행사보다 훨씬 큰 파급효과를 낸다. 에이사 단체들이 결성되어 있을 경우, 계기만 있으면 언제든지 에이사 공연이나 관련 행사를 치를 수 있기 때문이다. 일본의 대도시나 오키나와 출신자 밀집거주지에는 많은 에이사 단체가 결성되어 있으며, 인터넷을 통해서도 회원모집 광고를 쉽게 찾아볼 수 있다.

구성원들의 차이에 따라 에이사의 의미도 일정한 차이를 갖게 된다. 우선 일본 본토 에이사 단체 중에는 오키나와 출신자들로 구성된 경우가 많이 있다. 이 경우 에이사는 일본 사회 내에서 우치난츄(ウチナンチュ, 오키나와인이라는 뜻) 아이덴티티를 형성하거나 확인하는 과정으로서 의미를 갖게 된다[32]. 오키나와 출신자들의 에이사 단체는 흔히 향우회와 관련되기도 하지만, 향우회와 상관없는 사람들이 오키나와적인 예능을 몸에 익히고자 자발적으로 결성하는 경우도 많다. 흥미로운 점은 오키나

---

32) 井口淳子, 「ウチナーンチュになるためのエイサー—尼崎・琉鼓会にみる芸能とアイデンティティの関わり」, 『音楽研究』, 2001.

와의 특정 지역(예를 들어, 나미사토 마을) 청년회로부터 에이사의 안무와 형식을 전수받는 경우에도 그 지역(나미사토 마을)의 에이사라고 생각하지 않고, '오키나와'의 에이사로 의미화한다는 것이다. 즉 일본 본토에 가면, 어떠한 지역 청년회나 에이사단의 에이사도 모두 '오키나와'의 에이사가 되는 것이다. 그러나 오키나와, 미야코(宮古), 야에야마(八重山) 등 여러 지역 출신자들이 함께 모여 있는 향우회에서 에이사 단체를 만들 경우에는 어느 지역의 전통예능이나 에이사 양식을 선택해서 전수받을 것인가를 놓고 구성원 내부의 갈등이 생기는 경우도 있다[33].

일본본토 출신자들이 중심이 되는 에이사 단체도 급속히 늘어나고 있다. 이러한 단체들의 정보는 인터넷상의 회원모집 광고를 통해 쉽게 접할 수 있으며, 대도시의 특정 지역을 거점으로 결성되는 경우가 많은 것으로 보인다. 이들 단체는 북칠 때의 환희에서 오는 에이사의 매력, 폼나는 예능으로서의 에이사의 매력, 이국적 민속 무용으로서의 에이사의 매력, 마쓰리 참가에서 오는 환희 같은 것을 회원 모집의 전략적 문구로 내세우고 있다. 오키나와의 전통예능이라는 에이사의 본질상, 이들 단체는 어떤 형태로든 오키나와 지향성을 가질 수밖에 없다. 대부분의 본토 에이사 단체가 가진 공통성은 오키나와의 특정 에이사단과 일종의 사제 관계를 맺고 에이사의 안무와 형식을 전수받는다는 것이다. 본토 에이사 단체의 연혁이나 자기소개에는 최초에 오키나와의 어느 청년회나 에이사단으로부터 안무와 형식을 전수받았는지가 명기되어 있다. 흥미로운 점은, 오키나와의 지역 청년회나 에이사단은 한번 자신들의 에이사를 전

---

33) 成定洋子, 「関西のエイサー祭りに関する一考察ー「がじゅまるの会」における役割ー」, 『沖縄文化』 第18卷, 1993.

〈그림 8〉 2004년 〈신주쿠 에이사마쓰리〉에서의
나미사토 청년회(나카마하지메 씨 촬영)

수하고 나면, 그것을 전수받은 에이사 단체가 이후에 어떠한 변형과 창작을 하건 관여하지 않는다는 것이다[34]. 오히려 새로운 변형과 창작을 통해 자기들만의 고유한 에이사 형식을 갖도록 권고함으로써, 다양성 속에서 에이사가 일본 본토로 파급되어 가도록 하고 있는 것이다.

(3) 해외 이민지에서의 에이사

오키나와 출신 이민자들이 이민지에서 닛케이진(日系人) 단체와 별도로 오키나와현인회(沖縄県人会)를 구성하여 운영하는 것은 잘 알려진 사실이다. 남미, 하와이, 미국 본토 등의 이민지에서 오키나와 출신자들은 이민사회와 닛케이진에 대한 이중의 구별을 통해 소수민족 정체성을 구성해 왔다. 새로운 세대가 모국 사회에서보다 더 빨리 모국어 및 모국 관습을 잃어가는 상황에서 전통예능은 일찍부터 이민자들의 소수민족 정체성을 유지하는 수단으로 이용되어 왔다. 이민사회나 닛케이진 단체가 주최하는 축제나 이벤트에서 류큐무용, 민요, 민속악기 연주, 에이사 등의 전통예능은 우치난츄(오키나와인) 아이덴티티를 표출하는 주요한 수단이 되어 왔다.

1990년대 중반 이후 에이사는 이민 3,4세의 모국체험으로서 큰 인기

---

34) 井口淳子,「ウチナーンチュになるためのエイサー−尼崎・琉鼓會にみる芸能とアイデンティティの関わり」.

를 끌고 있다[35]. 에이사는 이민사회가 소수민족에게 기대하는 엑소티시
즘과 이민지 문화에 익숙해진 이민 3,4세들의 내면화된 엑소티시즘을 동
시에 충족시키는 데 매우 효과적인 것이었다. 1980년대까지 이민지에서
연행되던 손동작 중심의 소박한 에이사는 닛케이진 사회에서 본오도리
의 한 분파로 인식되는 경우도 있었다. 1990년대 들어 다이코 중심의 화
려한 에이사가 이민지에 전해지고, 〈류큐국 마쓰리타이코〉가 지부를 두
고 창작에이사를 전파시킴으로써 에이사는 해외 이민지에서도 유행을
일으키고 있다.

에이사가 다른 전통예능에 비해 더 인기가 있고, 오키나와시 청년회
로부터 전파된 전통에이사보다 〈류큐국 마쓰리타이코〉의 것과 같은 창
작에이사가 더 인기 있는 것은 반주 가사에 대한 언어적 장벽, 산싱 연주
자의 부재 등을 그 원인으로 꼽을 수 있다. 이민지에서의 에이사 유행은
닛케이진 사회에서의 와다이코 인기와 상승 작용을 일으키는 면이 있다.
그러나 에이사는 다이코를 들고 이동할 수 있으며, 퍼레이드 형식의 축제
및 이벤트에 적합하기 때문에 와다이코와는 명확히 구별될 수 있다. 과거
의 에이사가 닛케이진의 본오도리에 묻혀 있던 것에 비해 1990년대 이후
전파된 에이사는 일본의 전통예능으로부터 스스로를 구별해 내는 데 더
효과적이라고 할 수 있다[36].

---

35) 寺内直子,「ロサンジェルスにおける沖縄系アメリカ人の芸能活動」,『沖縄文化』
    第33巻 1号, 1997.
36) 寺内直子,「ハワイの沖縄系「盆踊り」」,『沖縄文化』第36巻 1号, 2000.

5. 말과 기호보다는 몸과 감각으로

　　에스니시티에 대한 기존의 많은 연구들은 언어, 혈통, 역사의식, 종교 등 원초적 감정(primordial attachment)을 발현시키는 문화요소가 일정한 권력 작용과 문화적 실천에 의해 주체들의 의식(머리) 속에서 유대감이나 소속감으로 의미화되는 과정에 대해 주된 관심을 두어 왔다. 그러나 어떤 집단에 대한 소속감과 구성원들간의 유대감의 공유는 결코 머리 속의 사고 작용만으로 완성될 수 있는 것은 아니다. 소속감과 유대감은 어떠한 행위의 실천, 나아가 그 행위를 통해 얻어지는 신체적 감각과 감성을 통해 형성되는 측면을 가지고 있다. 그동안 에이사는 '오키나와'의 전통예능으로 재구성되어 왔으며, 오키나와적인 몸놀림, 리듬, 아우라(aura)를 신체화시키는 의미를 가져 왔다.

　　현대 오키나와의 청년 세대가 방언과 같은 원초적 문화 요소를 상실해 간다고 하더라도, 에이사와 같은 전통예능을 통해 신체화된 감각은 소수민족 정체성을 유지해 가는 하나의 자원이 될 것이다. 예능적 자질은 언어나 혈통과 같은 요소에 비해 배타성이 덜하다는 특징이 있다. 오키나와 말이나 오키나와 사람의 혈통은 외부자가 획득하기 힘든 것이고 오키나와 비오키나와를 명확하게 구분해내는 요소이지만, 에이사를 할 수 있다는 자질은 상대적으로 쉽게 획득할 수 있는 것이고 변화와 통합의 가능성을 더 많이 내포하고 있다. 에이사와 같은 전통예능은 예능이 갖는 유연성과 개방성 때문에 소수민족 정체성을 유지해가는 데 더욱 생명력 있는 자원이 될 수도 있다.

　　오키나와의 청년세대가 에이사를 연습하거나 연행하는 과정에서 일본적인 것과 구별되는 것으로서의 오키나와적 예능이나 오키나와 사람으로서의 (민족적) 아이덴티티에 대해 직접적으로 이야기하는 모습은 찾아보기 어렵다. 해외 이민지의 맥락이나 전통예능의 정치적 성격을 토론하는 장에서라면 그와 같은 이야기를 들을 수 있을 지도 모르겠다. 그러나 현대 오키나와의 에이사는 정치성을 띤 문화운동의 일환으로 전개되는 것이 아니다. 그렇기 때문에 에이사는 더 많은 오키나와 청년들과 일본 청년들에게 쉽게 파급되고 있는 것 같다. 에이사의 인기는 북치고 춤추는 것이 즐겁고, 폼 난다고 느끼는 청년 세대의 취향에 의존하고 있다고 볼 수 있으며, 유사한 취향만 가지고 있다면 한국의 청년들에게 보급되어도 전혀 이상할 것이 없다.

그러나 모든 행위자들이 명확한 의식의 형태로 자각한 것은 아닐지라도 에이사는 오키나와의 소수민족 문제에서 중요한 정치적 의미를 띠고 있다. 특히 일본의 내부식민지로 위치 지워져 온 근대 오키나와의 역사를 돌이켜 볼 때, 에이사를 비롯한 오키나와 전통예능의 활성화는 특별한 의미를 가지고 있다. 메이지시대 후반부터 시작된 풍속개량운동과 이어진 생활개선운동에서, 오키나와어, 맨발과 오키나와식 복장 및 음주, 돼지변소, 세골장(洗骨葬)의 장묘관습, 오키나와식 이름, 유타(ユタ) 및 점복신앙, 모아소비(毛遊び), 산싱연주 및 노래, 각종 축하행사, 위생 및 시간관념 등의 오키나와 관습은 개량과 개선의 대상이 되었다[37]. 지금도 오키나와 노인들이 생활 풍습의 변화를 이야기할 때 생활개선운동이란 용어는 일종의 콤플렉스처럼 되뇌어지고 있음을 볼 수 있다.

도미야마가 지적하는 것처럼[38], 근대 이후 오키나와 사람들에게 일

---

37) 도미야마 이치로, 『전장의 기억』, 45쪽.

본인인 된다는 것은 생존과 직결된 문제였다. 일본인이 된다는 것은 자기 내부에 각인된 원초적 문화 요소를 타자화시켜 의식세계 밖으로 밀어내는 작업이었다. 이렇게 일상을 구성하는 신체적 실천만이 오키나와 사람들을 일본인이라는 상상의 공동체에 편입시켜 주는 출입증이 되었다. 생활의 규율은 작업장의 노동규율과 전장의 군율로도 확대되어, 오키나와 사람들은 지배자의 폭력과 억압에 저항하거나 자신의 문화적 개성을 표현할 논리와 언어를 상실한 채 오키나와전(沖縄戦)의 희생과 종전을 맞이하였다. 일본인이 되기 위한 오키나와인의 실천은 전후에도 변함없이 요구되어 왔으며, 자문화에 대한 부정과 수치심으로 인해 오키나와인들은 일본 사회 내의 이질적 주체로서 스스로를 대변하고 정당화할 목소리를 형성하는 데 어려움을 겪어 왔다.

에이사를 비롯한 전통예능의 활성화는 오키나와인들의 자문화 인식 태도가 크게 변화하였음을 나타내는 징표이다. 현대 오키나와의 청년 세대는 이전 세대와 달리 자기 문화에 대한 자부심으로 충만해 있으며, 자신들의 전통예능을 일본 본토와 해외에 전수하는 입장에 서기까지 했다. 포스트콜로니즘 세계의 피억압 주체가 자기 입장을 대변할 수 있는 논리와 언어를 갖지 못했다고 해서 곧바로 주체의 해체나 분열을 겪는 것은 아닐 것이다. 전(前)담론적(pre-discursive) 영역에서 형성되는 오키나와인의 신체가 반담론적(anti-discursive) 저항의 몸짓과 발화형식을 창조할 가능성은 미래를 향해 열려 있다. 쉽게 말해 현재의 오키나와 청년 세대들이 방언을 사용하지 못하고, 자신들의 문화적 독자성을 명확한 논리와 언어로 표현하지 못한다고 할지라도 "오키나와인(우치난츄)이라는

---

38) 도미야마 이치로, 『전장의 기억』.

범주는 곧 사라질 것이다" 라든지 "오키나와 주민들은 일본인이다"라는 언명을 부정할 수 있는 신체적 감각과 몸의 표현은 유지되어 갈 수 있는 것이다.

에이사를 통한 소수민족 정체성의 자각이 본오도리를 전승하고 있는 일본 다른 지역주민들의 지역 정체성 자각과 무엇이 다른가라는 반문을 던지는 독자들이 있을 것이다. 또한 아이누인 후손들이나 미국의 인디언 부족 후손들이 관광객 앞에서 펼쳐 보이는 전통 무용을 떠올리면서 에이사가 문화적 정체성을 잃어가는 소수민족의 최후 방편이 될 것이라고 예견하는 독자도 있을 것이다. 이러한 문제들은 에이사 및 전통예능이 갖는 정치성, 또는 정치적 영역에 대한 상호관련성을 통해 분석되어야 할 것이다.

에이사의 혁신과 흥행이 오키나와의 미군기지 문제와 묘하게 교차해 온 점이 흥미롭다. 1950년대 중반 섬 전체의 투쟁과 미군의 탄압 속에서 오키나와 전도 에이사마쓰리가 시작되었고, 1990년대 중반 미군기지 반환운동이 한창일 무렵 에이사붐이 일기 시작했다. 에이사의 대중 동원력과 반기지운동의 대중 동원력이 상관성을 가지고 있거나 상승 작용을 일으켰을 가능성은 많이 있다. 2009년 9월 이후 후텐마기지 반환문제가 일본 전국의 뉴스거리가 되었을 때 오키나와인들은 단순히 미군기지로 인한 피해만을 생각하는 것이 아니라, 자신들의 정치적 자율성과 문화적 자율성에 대한 요구를 표현하고자 했다. 에이사의 혁신과 흥행이 이러한 정치경제적 과정 속에서 진행되어 왔다는 점이 결코 간과되어서는 안 될 것이다.

김겨레,『다문화 공생 일본과 은폐되는 식민 - 재일조선인 청년단체 KEY의 활동을 사례로』, 서울대학교 인류학과 석사논문, 2009.

도미야마 이치로, 임성모 옮김,『전장의 기억』, 이산, 2002.

이지원,「오키나와의 아이덴티티 문제와 자문화인식,"『사회와 역사』, 제78집, 2008, 223-276쪽.

정근식·전경수·이지원 외,『기지의 섬 오키나와』, 논형출판사, 2008.

정근식·주은우·김백영 외,『경계의 섬 오키나와』, 논형출판사, 2008.

진필수,『미군기지와 오키나와 촌락공동체: 지속과 재편』, 서울대학교 인류학과 박사논문, 2008.

大城憲政,「小学校の体育: 表現運動としての郷土の踊りエイサー」,『女子教育』第44号 第3巻, 2002.

冨山一郎,『近代日本社会と「沖縄人」:「日本人」になるということ』, 日本経済評論社, 1990。

寺内直子,「ロサンジェルスにおける沖縄系アメリカ人の芸能活動」,『沖縄文化』第33巻 1号, 1997.

_____,「ハワイの沖縄系「盆踊り」」,『沖縄文化』第36巻 1号, 2000.

成定洋子,「関西のエイサー祭りに関する一考察ー「がじゅまるの会」における役割ー」,『沖縄文化』第18巻, 1993.

小熊英二,『日本人の境界』, 岩波書店, 1998.

辻央,『沖縄におけるエイサー研究の諸問題』, 琉球大学修士論文, 2003.

伊波普猷,『伊波普猷全集 第五巻』, 平凡社, 1974。

宜保榮治郎,『エイサー: 沖縄の盆踊り』, 那覇出版社, 1997.

田渕愛子,「沖縄観光におけるエイサーの概観」,『ムーサ』第3号, 2002.

井口淳子,「ウチナーンチュになるためのエイサーー尼崎・琉鼓会にみる芸能とアイデンティティの関わり」,『音楽研究』, 2001.

仲松弥秀,『神と村』, 梟社, 1990[1975].

沖縄市企画部平和文化振興課(編), 『エイサー360度: 歴史と現在』, 那覇出版社, 1998.

Tanaka, Y., "The media representation of 'Okinawa' and US/Japan hegemony," *Inter-Asia Cultural Studies* 4(3), 2003, 419-432쪽.

〈부록〉 나미사토구 청년회 2004년도 활동 내용

날짜	행사 내용	장소	주최자
4.8	임원회	나미사토 청년회회관 (이하 청년회관)	나미사토구 청년회 (이하 청년회)
5.22	2004년도 나미사토구 청년회 총회 (전년도 및 본년도 예산결산보고와 신임임원 승인)	청년회관	청년회
5.26	임원회	청년회관	청년회
6.1	임원회(에이사 준비 등)	청년회관	청년회
6.3	에이사 홍보 활동 개시(전임원)	나미사토구내	청년회
6.7	에이사 연습 개시	청년회관앞 마을광장	청년회
6.29	청년 후루사토 에이사 축제 (青年ふるさとエイサー祭り) 준비모임	청년회관	청년회
7.1	임원회(청년 후루사토 에이사 축제 준비)	청년회관	청년회
7.4	제40회 청년 후루사토 에이사 축제 출연 - 25년만의 출연	챠탄초(北谷町) 육상경기장	오키나와현 청년단협의회
7.4	킨초민 체육대회 배드민턴 경기 참가	킨초 체육관	킨초 체육협회
7.9	임원회(도쿄 신주쿠 에이사 축제 준비)	청년회관	청년회
7.23	나미사토구 청년회 신주쿠 에이사 장행회(壯行会)	마을광 (大松下 :ウフマシチャ)	나미사토구
7.23	류큐병원 유스즈미회(夕涼み会) 에이사 공연 - 자원봉사 활동	류큐병원 내 남쪽 병동	청년회
7.25	킨초 체육대회 농구 경기 참가	킨초 체육관	킨초 체육협회
7.30	도쿄 신주쿠 에이사 축제 참가를 위해 출발 - 국립지바대학(国立千葉大学) 대학생들에게 에이사 지도 및 교류회	도쿄 일본 청년회관	나미사토구 ·지바대학 사회교육학과

07 : 오키나와의 전통예능 활성화와 소수민족 정체성의 행방 **387**

7.31	2004년 도쿄 신주쿠 에이사 축제 (東京都新宿エイサーまつり) 출연 - 청년회 회원만 60명 참가	신주쿠 아루타 앞에서 신주쿠 코마극장 앞까지	신주쿠구 (新宿区) 사교조합・ 오키나와현 콘벤션 뷰로
8.2	야마가타현 이사와지구 오키나와 교류단 환영회에서 에이사 공연	나미사토공민관 체육관	나미사토구
8.9	임원회 - 구본(旧盆) 행사 준비	청년회관	청년회
8.13	킨초 육상경기대회 선수선정회의	나미사토공민관 2층학습실	나미사토구 스포츠진흥회
8.20	이시카와지구 음주운전 박멸 총궐기대회 참가	이시카와시립 운동장	이시카와지구 음주운전 박멸 운동협의회・이시 카와 경찰서
8.21	나고시・온나손 청년단협의회 에이사 축제 시찰	나고십자로 주변・온나손 후레아이 광장	각 지구 청년단협의회
8.27	구본 에이사 길거리 순회 1일째	이사카와시 ・킨구 일대	청년회
8.28	구본 에이사 길거리 순회 2일째	나미사토 3구 일대	청년회
8.29	구본 에이사 길거리 순회 3일째	나미사토구 ・킨구 일대	청년회
8.30	킨초 청년 에이사 축제 (金武町青年エイサー祭り)	킨구 마을 광장	킨쵸 청년단협의회
8.30	구본 에이사 길거리 순회 4일째	나미사토 4구 일대	청년회
9.2	전국 전력 축구대회 전야제에서 에이사 공연	킨화력발전소	오키나와전력 노동조합
9.3	나미사토구 주고야(十五夜) 행사 연기연습 개시	나미사토 공민관	나미사토구
9.10	킨초 육상경기대회 결단식	나미사토공민관 2층회의실	나미사토구 스포츠진흥회
9.12	제49회 전도 에이사 축제 (全島エイサー祭り) 출연 - 39년만의 출연	오키나와시 육상경기장	전도 에이사 축제 실행위원회 ・오키나와시

9.24	나미사토구 주고야 행사 예행연습 및 무대 설치 등 자원봉사 활동	나미사토공민관 및 마을 광장	나미사토구
9.26	제58회 킨초 육상경기대회 참가	초영 운동장	킨초 체육협회
10.1	나미사토쿠 주고야(十五夜) 행사 출연 및 각종 자원봉사 활동	마을광장 (大松下)	나미사토구
10.2	주고야(十五夜) 행사 무대 및 물품 정리 - 자원봉사 활동	나미사토공민관 및 마을 광장	나미사토구
11.2	임원회	청년회관	청년회
11.7	나미사토구 한대항 그라운드 골프대회 참가 및 자원활동	파파무이	나미사토구
11.13	얀바루 청년의 모임 - 북부지구 다른 청년회와의 교류회	나고시(名護市) 청년의 집	북부지구 청년단협의회
12.3	임원회	청년회관	청년회
12.13	킨초 자선댄스 파티에서 자원봉사 활동	중앙공민관	킨초 자선댄스 파티 실행위원회
1.5	킨초 성인식 축하회 자원봉사 활동	중앙공민관	킨초 교육위원회
1.7	킨초 신년회 참가	중앙공민관	킨초야쿠바
1.13	나미사토구 신년회 참가	나미사토 체육관	나미사토구
1.29	오키나와현 청년의 모임 - 오키나와현 다른 청년회와의 교류회	이에지마 (伊江島) 한 호텔	오키나와현 청년단협의회
2.7	임원회	청년회관	청년회
2.27	나미사토구 공민관 축제 참가 - 활동사진 전시, 신주쿠 에이사 비디오 상영, 해수(海水)로 두부 만들기 코너 운영	나미사토 공민관	나미사토구
3.19	홋콰바루(福花原) 해안 청소	홋콰바루	청년회

필 자 약 력

권숙인

서울대학교 인류학과를 졸업하고 스탠포드대학에서 인류학 박사학위를 받았으며 숙명여대 일본학과 교수를 거쳐 현재 서울대 인류학과 교수로 재직 중이다. Univ. of California at San Diego 방문교수를 지냈으며 2011년 12월 현재 Harvard-Yenching Institute에 초빙교수로 체류 중이다. 박사학위 논문 이래 현대 일본사회를 구성하는 주변부 집단의 정체성 문제를 주로 연구해 왔으며, 최근 수 년 간은 식민지 조선의 일본인에 대한 연구도 진행하고 있다. 저서 『현대 일본사회와 지방의 아이덴티티』(1996), 편저 『다문화사회 일본과 정체성 정치』(2010), 역서 『여성 문화 사회』(2008)를 비롯해 다수의 공저가 있다. 최근의 논문으로는 「소토코모리, 일본 밖을 떠도는 젊은이들」(2011), 「식민지 조선의 일본인: 피식민 조선인과의 만남과 식민의식의 형성」(2008), 「디아스포라 재일한인의 '귀환': 한국사회에서의 경험과 정체성」(2008), 「식민지배기 조선 내 일본인학교: 회고록을 통해 본 소·중학교 경험을 중심으로」(2008) 등이 있다.

박규태

현재 한양대학교 일본언어문화학과 교수로 재직하고 있다. 서울대학교 독문과 및 동대학원 종교학과를 졸업하고 일본 도쿄대학에서 종교학을 전공하여 문학박사를 취득하였다. 일본 종교와 사상을 중심으로 일본문화 전반에 관심을 갖고 있으며 최근에는 특히 일본 신사와 한반도의 관계에 대해 연구하고 있다. 주요 저서로 『일본정신의 풍경』(2009), 『상대와 절대로서의 일본』(2005), 『일본의 신사』(2005), 『애니메이션으로 보는 일본』(2005), 『아마테라스에서 모노노케히메까지』(2001), 『국학과 일본주의』(2011, 공저) 등이 있으며, 주요 역서로 『일본문화사』(2011), 『신도, 일본 태생의 종교시스템』(2010), 『국화와 칼』(2008), 『일본정신의 고향 신도』(2007), 『일본 신도사』(1998), 『도쿠가와시대의 철학사상』(2000), 『일본사상이야기40』(2002) 등이 있다.

조아라

서울대학교 일본연구소 HK연구교수. 서울대학교 지리학과박사(2007). 리쓰메이
칸(立命館) 대학에서 객원연구원을 지냈으며, 서울시정개발연구원에서 문화정책을
연구하였다. 사회지리, 문화지리, 지역개발, 일본지역연구 등이 주요 연구 분야로
특히 대도시권, 전통경관, 다문화사회, 행정구역, 관광정책, 문화정치 등 사회공간
적 주제를 넘나들며 지역의 역동성을 심층적으로 포착하는 연구를 수행하고 있다.
주요 업적으로는『관광으로 읽는 홋카이도 : 관광산업과 문화정치』(2011),『다문화
사회 일본과 정체성 정치』(2010, 공저) 등의 저서와『관광목적지 브랜딩』(2007, 공
역) 등의 역서,「아이누 민족문화 관광실천의 공간정치」(2011),「일본 행정구역 개
편의 공간특성과 유형」(2010),「일본 홋카이도의 지역개발 담론과 관광 이미지의
형성」 등 수편의 학술논문이 있다.

이은경

현재 서울대학교 일본연구소 일본연구소 HK연구교수로 재직하고 있다. 서울대
학교 동양사학과에서 학사와 석사학위를, 일본 도쿄대학 총합문화연구과에서 일본
지역연구로 박사(학술)학위를 취득했다. 주요 연구분야는 일본 근현대의 역사 및
여성저널리즘·기독교·생활 등이며, 저서로『일본사의 변혁기를 본다』(2011, 공
저), 주요 논문으로는「다이쇼기 일본 여성운동의 조직화와 노선 갈등」(2011),「전
후 일본 남성들의 여성해방 인식: 점령기『婦人公論』의 언설을 중심으로」(2011),
「전후 일본여성의 대외인식—일본YWCA의『女性新聞』(1946~1950) 기사를 중심으로」
(2010),「근대 일본 여성기독교인과 생활: 羽仁もと子(1873~1957)의 언설을 중심으
로」(2010) 등이 있다.

김효진

고려대학교 일본연구센터 HK조교수. 서울대학교 인류학과에서 학사 및 석사학위를 받았고 하버드 대학교 인류학과에서 교토의 교마치야 재생운동에 관한 논문으로 박사학위를 취득했다. 서울대학교 일본연구소 HK연구교수를 거쳐 2011년부터 현직에 재직중이다. 오타쿠 문화를 중심으로 한 현대 일본사회의 대중문화 및 젠더 정치학, 세계화 속의 문화민족주의와 인터넷 등을 주로 연구하고 있다. 주요 저서로 『전후 일본, 그리고 낯선 동아시아』(공저 2011)가 있고 역서로는 『남자는 원래 그래?』(2005)가 있으며, 논문으로는 "Crossing Double Borders: Korean Female Amateur Artists in the Globalization of Japanese Dōjin Culture"(2011) 「후조시는 말할 수 있는가?: 여자 오타쿠의 발견」(2010), 「90년대 이후 교마치야재생운동의 명암: 니시진의 사례를 중심으로」(2010), 「'귀여운' 역사는 가능한가?: 『헤타리아』를 통해 본 초국가시대의 일본 오타쿠문화」(2009) 등이 있다.

이지선

현재 숙명여자대학교 일본학과 조교수로 재직하고 있다. 서울대학교 국악과 및 동대학원 음악과를 졸업하고 오차노미즈여자대학에서 비교문화학을 전공하여 학술박사를 취득했다. 서울대학교 동양음악연구소 선임연구원, 한림대학교 일본연구소 연구원, 서울대학교 일본연구소 HK연구교수를 지냈다. 일본의 전근대에 발생한 전통예능에 관한 연구와 한일 전통문화 비교 연구를 주로 수행해왔으며, 최근에는 전시기 및 전후 일본의 음악운동에 대해서 관심을 가지고 있다. 저서 『일본의 전통문화』(2008)와 『일본전통공연예술』(2007), 역서 『일본음악의 역사와 이론』(2003)를 비롯해 다수의 공저가 있다. 주요논문으로는 「일본의 우타고에운동과 사회주의권 동아시아」(2011), 「제국 일본과 식민지 조선의 음악정책」(2010), 「일본 고려악을 통해서 본 고대 한국음악에 관한 연구」(2009), 「중일전쟁 전후 일본의 음반검열에 관한 연구」(2009), 「일본의 고악기 및 음악복원에 관한 고찰」(2008), 「한국과 일본의 전통실내악 비교」(2007), 「폰토초(先斗町) 게이코(芸妓)의 교육과 예술활동」(2007) 등이 있다.

진필수

서울대학교 인류학과를 졸업하고 동대학교에서 인류학 박사학위를 받았으며 서울대 일본연구소 HK연구교수로 재직 중이다. 2002년 4월부터 2005년 9월까지 류큐대학 외국인객원연구원을 지냈으며, 2010년 3월부터 현재까지 오키나와 연구자들의 국제학술단체인 〈琉球·沖繩學會〉 총무를 맡고 있다. 박사학위 논문 이래 오키나와 미군기지 문제와 오키나와인들의 소수민족 정체성에 관해 주로 연구해 왔으며, 최근에는 오키나와, 일본, 한국에 대한 비교문화론적 연구와 함께 섬과 해양을 통해서 보는 동아시아 연구로 관심을 확대하고 있다. 저서 『오키나와 문화론: 미군기지와 촌락공동체』(2011), 공저 『기지의 섬 오키나와』(2008), 『경계의 섬 오키나와』(2008), 『나무를 껴안아 숲을 지킨 사람들』(2011) 등이 있다. 최근의 논문으로는 「오키나와의 무라아스비(村遊び)와 전통예능의 전승양상」(2010), 「하토야마 내각에 있어 후텐마기지 반환문제와 미일안보체제의 재인식 - 오키나와 주민들의 시점」(2011) 등이 있다.

IJS 서울대학교 일본연구소

현대일본생활세계총서 **3**

현대일본의 전통문화
: 새로운 과거 오래된 현재

초판1쇄 인쇄 2012년 06월 21일
초판1쇄 발행 2012년 06월 30일

기 획 서울대학교 일본연구소
저 자 권숙인 외
발행인 윤석현
발행처 도서출판 박문사
등 록 제2009-11호
전 화 (02)992－3253(대)
전 송 (02)991－1285
주 소 서울시 도봉구 창동 624－1 북한산현대홈시티 102－1206

전자우편 bakmunsa@hanmail.net
홈페이지 http://www.jncbms.co.kr
책임편집 이신

ISBN 978－89－94024－94－3 94910   **정가** 22,000원